21世纪高等继续教育精品教材

会计学

（第二版）

主编 卢雁影 常树春

中国人民大学出版社

21 世 纪 高 等 继 续 教 育 精 品 教 材

总　序

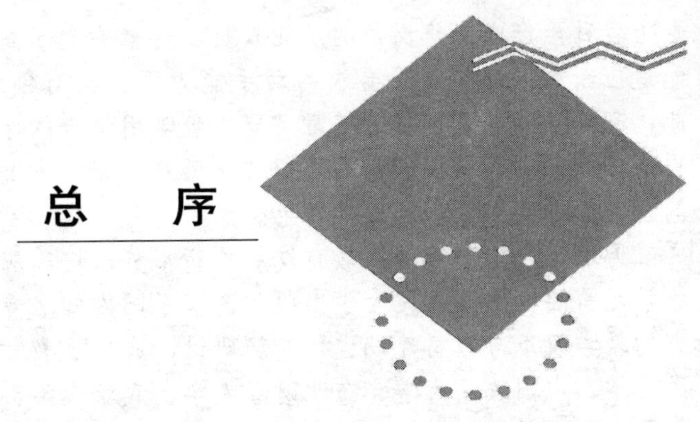

21 世纪，科学技术发展日新月异，发明创造层出不穷，知识更新日趋频繁，全民学习、终身学习已经成为适应经济与社会发展的基本途径。近年来，我国高等教育取得了跨越式的发展，毛入学率由 1998 年的 8%迅速增长到 2004 年的 19%，已经进入到大众化的发展阶段，这其中高等继续教育发挥了重要的作用。同时，高等继续教育作为“传统学校教育向终身教育发展的一种新型教育制度”，对实现“形成全民学习、终身学习的学习型社会”、“构建终身教育体系”的宏伟目标，发挥着其他教育形式不可替代的作用。

目前，我国高等继续教育的发展规模已占全国高等教育的一半左右，随着我国产业结构的调整、传统产业部门的改造以及新兴产业部门的建立，各种岗位上数以千万计的劳动者，需要通过边工作边学习来调整自己的知识结构、提高自己的知识水平，以适应现代经济与社会发展的要求。可见，我国高等继续教育的发展，既肩负着重大的历史使命又面临着难得的发展机遇。

我国的高等继续教育要抓住机遇发展，完成自己的历史使命，从根本上说就是要全面提高教育教学质量，这涉及多方面的工作，但抓好教材建设是提高教学质量的基础和中心环节。众所周知，高等继续教育的培养对象主要是已经走上各种生产或工作岗位的从业人员，这就决定了高等继续教育的目标是培养能适应新世纪社会发展要求的动手能力强、具有创新能力的应用型人才。因此，高等继续教育教材的编写“要本着学用结合的原则，重视从业人员的知识更新，提高广大从业人员的思想文化素质和职业技能”，体现出高等继续教育的针对性、实用性和职业性特色。

为适应我国高等继续教育发展的新形势、培养应用型人才、满足广大学员的学习需要，中国人民大学出版社邀请了国内知名专家学者对我国高等继续教育的教学改革与教材建设进行专题研讨，成立了教材编审委员会，联合中国人民大学、中国政法大学、东北财经大学、武汉大学、山西财经大学、东北师范大学、华中科技大学、黑龙江大学等30多所高校，共同编撰了“21世纪高等继续教育精品教材”，计划在两三年内陆续推出百种高等继续教育精品系列教材。教材编审委员会对该系列教材的作者进行了严格的遴选，编写教材的专家、教授都有着丰富的继续教育教学经验和较高的专业学术水平。教材的编写严格依据教育部颁布的“全国成人高等教育公共课和经济学、法学、工学主要课程的教学基本要求”；教材内容的选择克服了追求“大而全”的现象，做到了少而精，有针对性，突出了能力的训练和培养；教材体例的安排突出了学习使用的弹性和灵活性，体现“以学为主”的教育理念；教材充分利用现代化的教育手段，形成文字教材和多媒体教材相结合的立体化教材，加强了教师对学生学习过程的指导和帮助，形象生动、灵活方便，易于保存，可反复学习，更能适应学员在职、业余自学，或配合教师讲授时使用，会起到很好的教学效果。

这套“21世纪高等继续教育精品教材”在策划、编写和出版过程中，得到教育部高教司、中国成人教育协会、北京高校成人高教研究会的大力支持和帮助，谨表深切谢意。我们相信，随着我国高等继续教育的发展和教学改革的不断深入，特别是随着教育部“高等学校教学质量和教学改革工程”的实施，这套高等继续教育精品教材必将为促进我国高校教学质量的提高做出贡献。

杨干忠

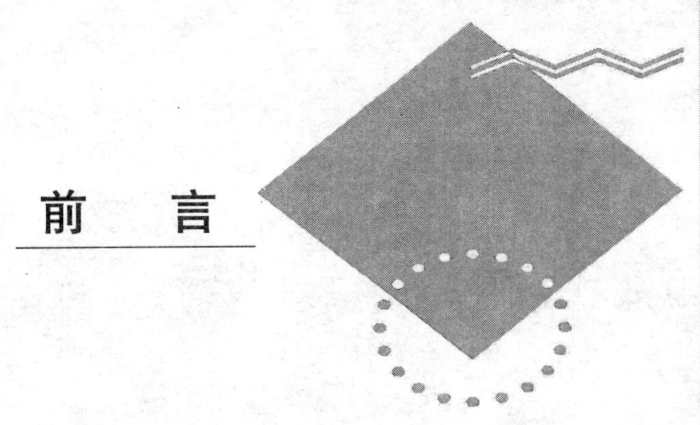

前　言

会计学是管理学科中的重要组成部分，它借助于会计信息系统，为管理决策提供系统而有效的信息，为管理决策服务。

本书内容包括会计学基础、会计要素核算、财务报告编制与分析三大部分。在编写过程中，力求突出基础性和实用性特点，以当前最新的会计法规体系为依据，分别从会计学的基础理论、财务会计核算和财务决策分析等三个方面，对初学会计者应该掌握和了解的会计学知识作了全面的阐述，尤其突出了会计核算基础实务和财务分析基本技能的阐释。

本书理论联系实际，内容丰富，体系合理，通俗易懂。该书不仅可以作为非会计专业的会计学教材，还可作为各类经济管理人员自学用书。

本书由卢雁影和常树春担任主编，并负责全书体系的设计和总撰，具体分工为：黑龙江大学常树春编写第一章、第二章、第三章，大连理工大学吴灏文编写第四章和第五章，武汉大学鄢洪平编写第六章、第七章和第八章，武汉大学卢雁影编写第九章和第十章，于2004年6月初次出版。

2006年2月15日财政部发布了修订后的基本会计准则和38项具体会计准则，10月30日又发布了应用指南。根据新的会计准则体系和内容，由卢雁影、鄢洪平对本书进行了修订。

由于作者水平的限制，书中疏漏之处在所难免，敬请广大读者批评指正。

作者

2007年4月20日

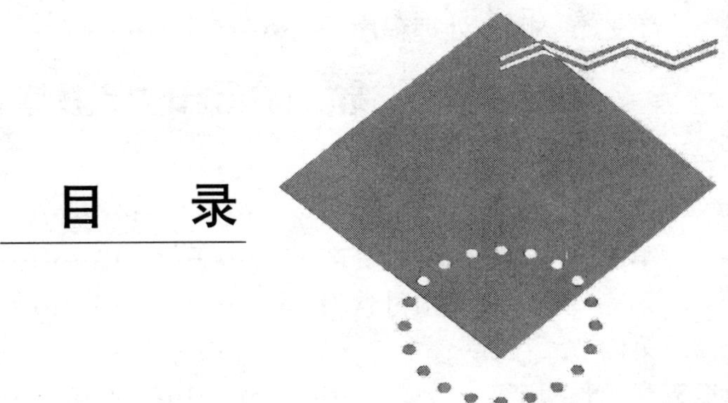

目　录

第一篇　会计学基础

第二篇　会计要素核算

第三篇　财务报表编制与分析

第一篇

会计学基础

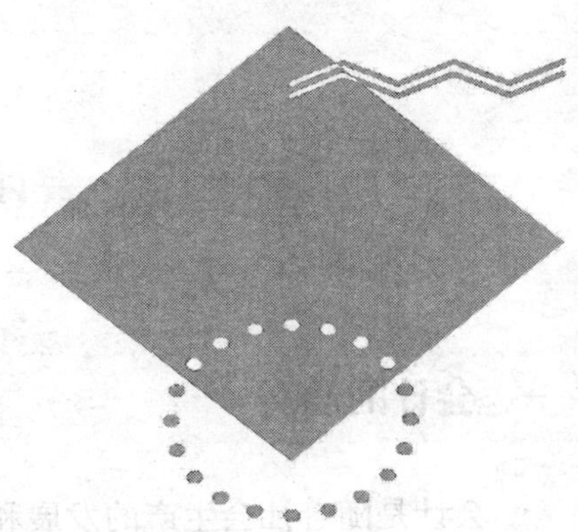

第一章 总 论

【本章要点】

- 会计的涵义、职能与目标；
- 会计对象与会计要素；
- 会计核算的基本前提、会计信息质量要求和会计计量属性；
- 我国的会计规范体系。

【本章引言】

本章主要阐述会计学的一些基本理论问题和重要概念。

第一节　会计的涵义、职能与目标

一、会计的涵义

会计是随着社会生产的发展和加强经济管理的要求而产生、发展并不断完善起来的。人类要生存，社会要发展，就要进行物质资料的生产。生产活动一方面创造物质财富，取得一定的劳动成果；另一方面又要发生劳动耗费，包括人力、物力的耗费。在任何社会里，人们进行生产活动时，总是力求以尽可能少的劳动耗费，取得尽可能多的劳动成果，做到所得大于所费，以提高经济效益。为了达到这一目的，除了采用先进技术外，还必须对生产活动加强管理，对劳动耗费及其劳动成果进行确认、计量、记录、报告，并进行比较和分析，借以反映和监督生产活动，以便总结过去，了解现状，安排未来，会计便由此而产生。

纵观会计发展的演变过程，会计最初表现为人类对经济活动的计量与记录行为，如我国古代的"结绳记事"、"刻木记载"就是会计产生的萌芽阶段。这些简单的计量与记录行为，主要是计算劳动成果，为劳动成果的分配服务，只是生产过程中的一种附带工作。随着社会经济的不断发展，当社会生产力发展到一定水平，出现了剩余产品、社会分工和私有制，特别是商品生产和商品交换有了一定发展之后，会计才逐渐从生产职能中分离出来，成为一种独立的职能，并逐步形成了专门从事这一工作的专职人员。

社会生产活动的发展，尤其是社会生产商品化程度的不断提高，使会计有了一个从简单到复杂、从低级到高级不断发展的过程。一般认为，从单式记账法过渡到复式记账法，是近代会计的形成标志。1494 年意大利数学家卢卡·巴其阿勒有关复式记账论著的问世，标志着近代会计的开端。

随着社会经济的发展和管理要求的不断提高，会计的地位和作用及核算的内容、方法等都发生了很大的变化。科学技术水平的提高也对会计的发展起了较大的促进作用。现代数学、现代管理科学与会计的结合，特别是电子计算机技术引进会计领域，使会计在操作方法上有了根本性的变化。一般认为，成本会计的出现和不断完善，以及在此基础上管理会计的形成并与财务会计相分离而单独成科，是现代会计的开端。管理会计的产生和发展，是会计发展史上的一次重大变革，从此现代会计形成了财务会计和管理会计两大分支。

在会计从简单到复杂，从低级到高级的不断发展、完善过程中，会计的内涵和处延也在不断地丰富，因此，很难得出一个国内外公认的会计概念。综合中外会计界的各种说法，会计的涵义可表述为：会计是以货币为主要计量单位，以凭证为依据，借助于专门的技术方法，对一定主体的经济活动进行全面、综合、连续、系统的核算与监督，旨在提高经济效益的一种管理活动。

二、会计的职能

会计作为经济管理的重要组成部分，其作用的发挥是通过会计的职能来实现的。会计的职能就是会计在经济管理工作中所具有的功能。随着会计的发展，会计的职能也在不断变化，但其基本职能可以归纳为两个方面，即核算和监督。

（一）会计的核算职能

会计的核算职能又称反映职能，是指主要运用货币计量形式，通过确认、计量、记录和报告，从数量上连续、系统和完整地反映各企事业单位已经发生或完成的经济活动情况，为加强经济管理和提高经济效益提供会计信息。会计的核算职能是会计最基本的职能。

对各单位发生的经济活动以货币为主要单位进行确认、计量、记录、报告，是会计核算的主要表现形式。而提供完整的、系统的会计信息，是会计核算的结果，目的是帮助人们对生产经营活动进行科学的决策，实施有效的监督。

会计核算贯穿于会计工作的全过程。从核算的内容来看，它包括记账、算账、报账、用账。从核算的时间过程来看，既包括事后核算，也包括事中和事前核算。事后核算主要是从数量方面综合反映企事业单位已经发生或已经完成的各项经济活动，它主要是通过记账、算账、报账的形式来完成的，是把个别的、分散的、零星的经济业务，通过记录、分类、计算、汇总，转化为一系列有用的经济信息，使人们能从数量上对经济业务形成确认，从而掌握生产经营活动全过程的情况。会计的核算职能主要是事后核算，这是会计的基本工作。

事中核算主要是指在计划执行过程中，通过核算和监督对经济活动进行干预和控制，使经济活动过程按计划或预期的目标进行。事前核算主要是根据核算资料进行预测，参与计划和决策，使经济活动能按预期进行。

（二）会计的监督职能

会计的监督职能是指会计具有按照一定的目的和要求，利用会计核算所提供的会计信息及其他经济信息，对企业和行政事业单位的经济活动进行控制和考核，使之达到预期目标的功能。

会计监督的依据是国家制定的财经法规制度和企业的章程、规章、计划、预算、定额。在会计核算中，依据财经法规制度、规章等审核会计资料，是会计监督的主要表现形式。而保证经济活动的合法性、合理性、有效性，使经济活动达到预期目标，则是进行会计监督的结果。

会计监督的核心就是要干预经济活动使之遵守国家的财经法规制度的规定，以保证经济活动的合法性；同时还要从本单位的经济利益出发，对经济活动的合理性、有效性进行事前、事中的控制、分析和检查，以防止损失和浪费。

会计的上述两项基本职能是相辅相成、辩证统一的关系。会计核算是会计监督的基础和前提，没有会计核算提供的符合质量要求的会计信息，就不可能进行会计监督；会计监督是会计核算的深化和发展，如果只有会计核算而不进行严格的监督，则所提供的会计信息就不能在经济管理中发挥应有的作用，会计核算也就失去了存在的意义。

三、会计目标

会计目标也称会计目的，是指会计活动所应达到的境地或标准。有了会计目标，就意味着向会计提出了它应当达到的要求，从而为会计活动指明了方向。会计目标所要解决的问题是向谁提供信息和提供什么样的信息。在我国，《企业会计准则》对会计目标作了明确的规定：财务会计报告的目标是向财务会计报告使用者提供与企业财务状况、经营成果和现金流量等有关的会计信息，反映会计管理层受托责任履行情况，有助于财务会计报告使用者作出经济决策。

会计目标是会计管理运行的出发点和最终要求。会计目标决定和制约着会计管理活动的方向，在会计理论结构中居于最高层次，是会计准则、会计制度赖以设计、规划和制定的基础，是评价和修改各种会计规范的依据；在会计实践活动中，会计目标决定着会计管理活动的方向，是优化会计行为，制定、改进和评价会计程序和方法的依据，控制着会计工作的各个环节和整个过程，涉及会计工作的方方面面。

由于现代会计有财务会计和管理会计两个分支，它们各有主要的服务对象即信息的使用者，其会计目标也不相同。

（一）财务会计的主要目标

财务会计侧重于向企业外部提供有关整个企业的财务状况、财务状况的变动和经营成果的信息，所以财务会计也称对外报告会计。财务会计信息的主要形式和对外传递的主要手段是财务报告，包括会计报表、附表、会计报表附注和财务情况说明书。必须指出，财务会计信息对企业的经营者和内部各有关管理部门进行决策和控制也有重要的作用。

（二）管理会计的主要目标

管理会计侧重于向企业的经营者和内部管理部门提供旨在进行经营规划、加强经营管理、作出预测和决策所需要的相关信息，所以管理会计也称对内报告会计。同财务会计信息有所区别，管理会计信息不限于反映企业经济活动中的财务方面，它主要不是提供历史信息，而是提供反映和控制现在、预测和规划未来的信息。管理会计信息常以各种备选方案与业绩评估为主要形式，其提供信息的形式灵活多样，不拘一格。

第二节　会计对象与会计要素

一、会计对象

会计对象是指会计核算和监督的内容，即会计的客体。研究会计的对象，可以帮助我们明确会计的任务，正确运用会计的方法。只有深刻地理解会计所要核算和监督的具体内容，才能懂得核算和监督所要达到的目的和应采用的专门方法。

会计核算和监督的内容，简单地说就是社会再生产过程中可以用货币表现的经济活动，这也是会计的一般对象。

社会再生产过程是由生产、分配、交换、消费四个相互关联的环节组成的。生产就是人们利用机器设备对劳动对象进行加工，生产和创造物质产品；分配是指生产中创造的国民收入在国家、业主、投资者及劳动者个人之间进行分配；交换就是将产品由生产领域经过流通领域到消费领域，以满足社会和人民生活的需要；消费是指再生产过程中发生的人力、物力、财力等各种消耗。构成社会再生产过程的经济活动，是由企业、行政和事业单位完成的。

由于企业、行政和事业等单位在社会再生产过程中所处的地位不同，担负的任务不同，其经济活动的具体内容和方式不同，因此会计核算和监督内容的具体表现形式也不一样。概括起来，会计对象可分为两类：企业单位的会计对象和行政事业单位的会计对象。

（一）企业单位的会计对象

企业是组织生产经营活动的基本单位，是按照经济核算的原则，独立进行生产经营活动的经济实体。其中工业企业和商品流通企业的会计对象具有代表性。

1. 工业企业的会计对象

工业企业的会计对象，简单地说就是在工业企业生产经营过程中发生的、能够用货币表现的各项经济业务。

工业企业的经营活动大体可分为供应过程、生产过程和销售过程三个阶段。其中供应过程是企业购买原材料等劳动对象，为生产做准备的过程。在供应过程中，企业以现金、银行存款等支付原材料的采购费用，同时购入原材料，从而使以现金、银行存款等形态存在的货币资金转化为以原材料形态存在的生产储备资金。生产过程是企业工人运用劳动资料对原材料进行加工生产，制造出商品产品的过程。产品的生产过程，是生产耗费的过程，也是资金存在形态转变的过程。在生产过程中，除了耗用原材料费用外，还会发生劳动资料的磨损费用，以及以现金支付的工资费用等，从而使企业的生产储备资金、以固定资产形态存在的固定资金，以及货币资金转化为以在产品形态存在的生产资金。在生产过程结束时，在产品已制成产成品，生产资金又转化为以产成品形态存在的成品资金。销售过程是企业销售产品、取得销售收入的过程。在销售过程中，企业通过市场将产品销售出去，取得销售收入，收回货币资金。从销售收入中扣除已销产品成本，补偿企业耗费后便形成企业的利润。企业的经营成果，一部分以所得税的形式上交国家，一部分用于增加企业经营活动资金，形成生产积累，进行扩大再生产；剩余部分以分红的形式支付给投资者。

工业企业资金依次通过供、产、销三个过程，从货币资金开始，转为生产储备资金，又转为生产资金，再转为成品资金，最后又回到货币资金，完成了资金的一次周转。资金周而复始的周转称为资金循环。在上述资金周转与循环过程中所发生的能以货币表现的所有经济业务都是工业企业会计所要核算和监督的内容。

2. 商品流通企业的会计对象

商品流通企业的经济活动主要是组织商品流通，把社会产品从生产领域转移到消费领域。商品流通企业的经营活动过程，主要包括商品购进和商品销售两个阶段。在商品购进过程中，主要经济业务是采购商品，使货币资金转换为商品资金；在商品销售过程中出售商品，使商品资金又转换为货币资金，如此不断循环。在商品经营过程中，发生的商品采购费用、支付工资及经营费用、货款结算、成本计算、上交税金、利润分配等经济业务，就是商品流通企业会计所要核算和监督的内容。

（二）行政事业单位的会计对象

行政事业单位也是社会再生产过程的基本单位，包括国家行政机关、司法机关、教育文化、医疗卫生等单位。行政事业单位虽然不从事产品的生产和交换，但为了完成国家所赋予的各项任务，同样需要具备一定数量的资金。行政事业单位的资金有国家行政拨款投入的，有自身业务收入的。国家投入的称为预算收入，单位自筹的称为预算外收入。同样，支出也可以分为预算内支出和预算外支出。因此，行政事业单位的经济活动一方面是通过预算内（外）收入取得的货币资金；另一方面要发生预算内（外）支出，以货币资金支付各种行政费用和业务费用。行政事业单位经济活动中发生的预算内（外）财务收支活动，就是行政事业单位的会计对象。

二、会计要素

会计要素是对会计对象进行的基本分类，是会计对象的具体化，是用于反映会计主体财务状况，确定经营成果的基本单位。它为会计分类核算提供了基础，也为会计报表构筑了基本框架，因此又称为会计报表要素。

我国颁布实施的《企业会计准则》，将会计核算和监督的内容，划分为六个会计要素，即：资产、负债、所有者权益、收入、费用和利润。其中，资产、负债和所有者权益是反映企业财务状况静态的要素；收入、费用和利润是反映企业经营成果的动态要素。

(一) 资产

资产是指由于过去的交易或事项形成并由企业拥有或者控制的、预期会给企业带来经济利益的资源。它包括各种财产、债权和其他权利。

1. 资产的特征

(1) 资产是由于过去的交易或事项所形成的。也就是说，资产必须是现实的资产，而不能是预期的资产，是企业在过去的一个时期里，通过交易或事项所形成的，是过去已经发生的交易或事项所产生的结果。至于未来交易或事项以及未发生的交易或事项可能产生的结果，则不属于现实的资产，不得作为资产确认。

(2) 资产是企业拥有或者控制的。一般来说，一项资源要作为企业的资产予以确认，应该拥有此项资源的所有权，企业可以任意调度使用，其他企业或个人未经同意，不能擅自使用本企业的资产。但在某些情况下，对于一些特殊方式形成的资产，企业虽然对其不拥有所有权，但能够实际控制，按照实质重于形式的原则，也应当确认为企业的资产，如融资租入固定资产等。

(3) 资产能够给企业带来未来的经济利益。这是资产的本质特征。在企业的生产经营活动中，凡是能够给企业提供未来经济利益的资源都可以成为资产。资产必须具有使用价值和交换价值。没有使用价值，不能给企业带来效益的物品，不能确认为资产。例如，库存已失效或已毁损的存货等，它们已经不能给企业带来未来经济利益，因此不能再确认为资产。

2. 资产的分类

任何企业要进行正常的经营活动，都必须拥有一定数量和结构的资产。为了正确反映企业的财务状况，通常将企业的全部资产按其流动性划分为流动资产与非流动资产两大类。流动资产是指那些可以合理地预期将在一年内转换为现金或被销售、耗用的资产，主要包括货币资金、应收票据、应收账款、存货等。除流动资产以外的所有其他资产统称为非流动资产，包括持有至到期投资、长期股权投资、固定资产、无形资产等。

（二）负债

负债是指由于过去的交易或者事项形成的、预期会导致经济利益流出企业的现时义务。

1. 负债的特征

（1）负债是基于过去的交易或事项而产生的。也就是说，导致负债的交易或事项必须已经发生，如从银行借款或赊购商品等。只有源于已经发生的交易或事项，会计上才有可能确认为负债，企业预期在将来要发生的交易或事项可能产生的债务，不能确认为负债。

（2）负债是要在将来支付的经济责任。负债的本质是经济责任，它是现时存在的、由过去的经济活动所形成的当前的经济责任。这种责任将来必须用交付资产、提供劳务等方式来偿还，从而引起企业未来经济利益的流出。不是由企业承担的，不能列为企业的负债，如企业的投资者以借款向企业投资，借款虽然是负债，但由于不是企业承担，所以不能属于企业的负债而应由投资者承担。

（3）负债必须是到规定日期偿还的，有确切的收款人和偿还日期。负债是在约定时间必须偿还的债务，其偿还日期、收款人及具体金额在发生或形成之时就已由合同、法规等所规定或制约，即有确切的收款人、偿还期限和具体金额。企业将来可能发生的交易或事项形成的经济责任，其金额、收款人、偿还日期都难以确定，因此不能将其列入负债。

2. 负债的分类

负债按其流动性，一般可分为流动负债和非流动负债。

（1）流动负债。流动负债是指将在一年或超过一年的一个营业周期内偿还的债务，包括短期借款、应付票据、应付账款、预收货款、应付工资、应付福利费、应交税费、应付利润、其他应付款等。

（2）非流动负债。非流动负债是指偿还期在一年或超过一年的一个营业周期以上的债务，包括长期借款、应付债券、长期应付款等。长期负债是企业向债权人筹集的可供长期使用的一种资本来源。同流动负债相比，长期负债的特点是数额较大，偿还期限较长。

（三）所有者权益

所有者权益是指所有者在企业资产扣除负债后由所有者享有的剩余权益。

1. 所有者权益的特征

（1）所有者权益表明了企业的产权关系，即企业归谁所有。所有者对企业的投资，形成了企业资产的主要来源，从而为企业的生产经营提供了资金方面的保证。同时因为投资者拥有所有权（或者产权），说明企业是归投资者所有的，由此派生出投资者参与或委托管理权以及利润的分配权等相应的权益。

(2) 所有者权益在企业的生产经营期间内不需要归还。这是所有者权益与负债的一个主要区别。负债是企业对外所承担的经济责任，企业负有到期偿还的义务，而所有者权益除了在企业清算减资时，一般情况下不需要归还投资者。

(3) 所有者权益在日常的使用过程中不需要支付费用，但在会计期末要参与企业的利润分配，表现为投资报酬，而负债不能参与利润分配，只能按照预先约定的条件取得利息收入。

2. 所有者权益的构成

所有者权益由实收资本、资本公积、盈余公积和未分配利润四部分构成。

(1) 实收资本。实收资本是指投资者（包括国家、法人单位、个人和外商等）按照企业章程或合同协议的约定实际投入企业经营活动的资本金（形态上表现为各种财产物资）。

(2) 资本公积。资本公积是指由投资者或其他人（或单位）投入，所有权归属于投资者，但不构成实收资本的那部分资本或资产。包括股本溢价、接受捐赠的资产价值和资本汇率折算差额等。

(3) 盈余公积。盈余公积是指企业从净利润中提取的公积金，包括法定盈余公积金、任意盈余公积金和公益金。

资本公积、盈余公积可以按照规定的程序转增资本金。

法定盈余公积金和任意盈余公积金可以用来弥补企业亏损，在特殊情况下经批准还可以发放股利；公益金则用于企业职工集体福利设施支出。

(4) 未分配利润。未分配利润是指企业留待以后年度分配的结存利润。

盈余公积金和未分配利润都是企业从逐年实现的净利润中形成的企业内部尚未使用或分配的利润，统称为留存收益。

3. 所有者权益的来源

所有者权益的来源包括所有者投入的资本、直接计入所有者权益的利得和损失、留存收益等。直接计入所有者权益的利得和损失，是指不应计入当期损益、会导致所有者权益发生增减变动的、与所有者投入资本或者向所有者分配利润无关的利得或损失。利得是由企业非日常活动所形成的、会导致所有者权益增加的、与所有者投入资本无关的经济利益的流入。损失是由企业非日常活动所发生的、会导致所有者权益减少的、与向所有者分配利润无关的经济利益的流出。

(四) 收入

收入是指企业在日常活动中形成的、会导致所有者权益增加的、与所有者投入资本无关的经济利益的总流入。

1. 收入的特征

(1) 收入是从企业的日常活动中产生的，而不是从偶发的交易或事项中产生的。如企业销售产品、提供劳务的收入等。有些交易或事项也能为企业带来经济利益，但不属于企业的日常活动，其流入的经济利益只是利得，而不是收入，如出售固定资产取得的收益等。

(2) 收入可能表现为企业资产的增加，如销售产品而收取的现金或增加的应收账款等；也可能表现为企业负债的减少，如以商品或劳务抵偿债务；或者两者兼而有之，如在销售产品的货款中部分收取现金，部分抵偿债务。

(3) 收入能导致企业所有者权益的增加。由于收入能增加资产或减少负债或两者兼而有之，因此，根据“资产－负债＝所有者权益”等式，企业取得收入一定能增加所有者权益。

(4) 收入只包括本企业经济利益的流入，不包括为第三方或客户代收的款项。如企业代国家收取的增值税等，不属于本企业的经济利益，因此，不能作为本企业的收入。

2. 收入的分类

收入分为狭义收入和广义收入。

狭义收入包括营业收入和投资收益。营业收入是指企业在从事销售商品、提供劳务和让渡资产使用权等日常经营业务过程中取得的收入；投资收益是指企业在从事各项对外投资活动中取得的净收入（各项投资业务取得的收入大于其成本的差额），其性质也属于让渡资产使用权取得的收入。

广义收入除了包括狭义收入之外，还包括公允价值变动收益和营业外收入，公允价值变动收益是指交易性金融资产等公允价值变动形成的收益。营业外收入是指企业在日常经营业务以外取得的收入。

(五) 费用

费用是指企业在日常活动中发生的、会导致所有者权益减少的、与向所有者分配利润无关的经济利益的总流出。

1. 费用的特征

(1) 费用是过去的日常经营活动所产生的各种耗费。与销售商品、提供劳务或他人使用本企业资产等日常经营活动无关的支出，如营业外支出等，不属于费用要素。

（2）费用会引起企业经济利益的流出，具体表现为资产的减少或负债的增加。

2. 费用的分类

费用分为狭义费用和广义费用。

狭义费用包括营业费用和投资损失。营业费用包括营业成本、营业税费、销售费用、管理费用和财务费用；投资损失是指企业在从事各项对外投资活动中发生的净损失（各项投资业务取得的收入小于其成本的差额）。

广义费用可以分为本年税前费用和所得税两部分。本年税前费用除了包括狭义费用之外，还包括公允价值变动损失、资产减值损失和营业外支出。公允价值变动损失是指交易性金融资产等公允价值变动形成的损失；资产减值损失是指各项资产发生减值形成的损失；营业外支出是指企业在经营业务以外发生的支出。所得税费用是指应在会计税前利润中扣除的所得税费用。

（六）利润

利润是指企业在一定会计期间的经营成果，利润包括收入减去费用后的净额、直接计入当期利润的利得和损失等。利润按其构成的不同层次，可分为营业利润、利润总额和净利润。

上述会计要素的划分在会计核算中具有重要作用，它是对会计对象进行科学分类和设置会计科目的基本依据，并构成会计报表的基本框架。

第三节　会计核算的基本前提和一般原则

一、会计核算的基本前提

会计核算的基本前提也称会计假设，是指会计核算中对某些难以确切界定的，但对会计工作有重大影响的问题，根据正常情况所做的合理推断。会计核算的基本前提既是企业会计核算的依据，也是制定会计准则和会计核算制度的重要指导思想。按照国际会计惯例，结合我国实际情况，企业在组织会计核算时，应以会计主体、持续经营、会计分期、货币计量、权责发生制作为会计核算的基本前提。

（一）会计主体

会计主体也称会计实体，是指会计工作为之服务的特定单位或组织。会计主体既可以是一个企业，也可以是若干企业组成的集团、公司；既可以是法人，也可以是不具有法人资格的经济实体。之所以提出会计主体前提，就是为了把特定会计主体的经济活动与其他会计主体以及投资者的经济活动区分开，从而明确会计核算的空间范围。

作为会计主体，必须具备三个条件：（1）具有一定数量的经济资源；（2）进行独立的生产经营活动或其他活动；（3）实行独立核算，提供反映本主体经济情况的会计报表。会计主体确定之后，会计人员只是站在特定会计主体的立场上，核算特定会计主体的经济活动。

（二）持续经营

持续经营是指会计主体的生产经营活动将会持续地、正常地进行下去。也就是说，在可以预见的未来，企业不会因进行清算、解散、倒闭而不复存在。它是针对在市场经济条件下作为会计主体的企业存在着竞争，其经营持续的期间具有不确定性，而为企业正常经营活动作出的时间性规定。

一般地说，企业的存在状态有两种类型，一是能够在长时间内生存发展，即持续经营；二是有明显证据表明企业即将破产清算。虽然这两种情况随时都会存在，但相对而言，前者是较为普遍、大量和重要的情况，而后者则属于个别或较特殊的状态。因此，把日常会计核算的基础确定在企业能够持续经营这一前提上是合理的。

会计核算上所采用的一系列会计处理方法都是建立在持续经营前提的基础上。例如，在持续经营的前提下，才能运用历史成本原则计量企业的资产，并按照原来的偿还条件偿还它所承担的债务。如果是在清算的条件下，则不能运用历史成本原则，资产的价值必须按照实际变现的价值来计算，负债则必须按照资产变现后的实际负担能力来清偿。正是由于持续经营前提在会计工作中得到肯定，因而会计核算所收集的经济数据和所运用的各种会计程序、方法所提供的信息，才能保持一定的稳定性和可靠性。

（三）会计分期

会计分期是指把企业持续不断的生产经营过程，划分为较短的等距会计期间，以便分期结算账目，按期编制会计报表。它是对会计工作时间范围的具体划分。

企业在持续经营的情况下，要计算会计主体的盈亏情况，反映其生产经营活动成果，从理论上来说只有等到企业所有的生产经营活动最终结束时，才能通过收入与费用比较，进行确切的计算。但实际上这是不允许的，也是行不通的。因为企业的投资者、债权人、国家财税部门需要及时了解企业的财务状况和经营成果，需要企业定期提供其决策、管理和征纳税依据的财务信息，这就需要会计人员将企业持续不断的生产经营活动人为地划分为相等的较短的期间进行核算，这种人为的分期就是会计分期。

会计期间是指在会计工作中，为核算生产经营活动或预算执行情况所规定的起讫日期。会计期间通常是一年，称为会计年度。我国《企业会计准则》规定以日历年度作为我国的会计年度，即以公历1月1日至12月31日为一个会计年度。每一会计年度再按日历划分为半年度、季度和月度，半年度、季度和月度均为会计中期。

会计期间的划分对会计核算有着重要的影响和作用，有了这一前提才产生了本期与非本期的区别，才产生了收付实现制和权责发生制的区别，才能正确贯彻配比原则。只有正确地划分会计期间，才能准确地提供经营成果和财务状况的资料，才能进行会计信息的对比。

（四）货币计量

货币计量是指会计主体在会计核算中以货币作为统一计量单位记录和反映会计主体的经营情况。

货币计量假设包含两层含义：一是一切会计事项均可采用货币计量，即货币可作为计量的共同尺度；二是假定货币币值是稳定不变的。企业的生产经营活动具体表现为商品的购销、各种原材料和劳务的耗费等实物运动。由于各种实物和劳务的耗费没有统一的计量单位，无法比较。为了全面完整地反映企业单位的生产经营活动，会计核算客观上需要一种统一的计量单位作为会计核算的计量尺度。在商品经济条件下，货币是衡量商品价值的共同尺度，会计核算必然选择货币为计量单位，以货币形式来反映企业生产经营活动的全过程。会计在以货币为量度时，是以货币价值不变、币值稳定为条件的，对于货币购买力的波动不予考虑。因为只有在币值稳定或相对稳定的情况下，不同时点的资产价值才具有可比性，不同时间的收入和费用才能进行比较，会计核算提供的会计信息才能客观、可靠地反映企业的经营状况。但货币本身的价值是不稳定的，币值变动时有发生，也就是说，货币并不是一个充分稳定的计量单位，这就需要假定币值不变。

在我国，会计核算一般以人民币为记账本位币，企业的生产经营活动一律通过人民币进行核算反映。日常经营业务收支以外币为主的企业，也可以选用某种外币为记账本位币，但编制财务会计报告时应当折算为人民币反映。

(五) 权责发生制

权责发生制又称应收应付制或应计制，是指企业的会计核算应当以经济利益和经济责任的发生为标准来确定收入和费用的归属期。具体地说，凡是本期已经实现的收入和已经发生的费用或应当负担的费用，不论款项是否已经实际收付，都应作为本期的收入和费用入账；凡是不属于本期的收入和费用，即使款项已在本期收付，也不能作为本期的收入和费用处理。权责发生制的核心是根据权责关系的实际发生和影响期间来确认企业的费用和收益。因此，能够正确划分并确定各个会计期间的经营成果。

同权责发生制相对应的是收付实现制，也称现金制，它是以款项实际收付为标准来确定收入和费用的归属期。即：凡是本期实际收到的收入和实际付出的费用，不论是否属于本期，都应作为本期的收入和费用处理。这种会计处理方法比较简单，但对各期损益的确定不够合理。

权责发生制强调经营成果的计算，因此，有经营收支的企业都应采用权责发生制原则；收付实现制强调财务状况的切实性，主要适用于行政事业单位。

二、会计信息质量要求

会计信息是会计主体按照国家统一会计制度规定所提供的一种标准语言文字信息，它是经过加工或者处理的会计数据。根据我国的《企业会计准则——基本准则》的规定，对会计信息的质量提出了下述八大要求。

(一) 客观性要求

客观性要求又称真实性要求，是指会计核算应以实际发生的交易或事项为依据，如实反映企业的财务状况、经营成果和现金流量，做到内容真实、数字准确、资料可靠。

客观性要求具有三方面的含义：一是真实性，指提供的会计信息如实反映企业的财务状况和经营成果；二是可靠性，指对经济业务的确认、计量、记录和报告应以客观事实为依据，不受主观意志所左右；三是可验证性，指有可靠的凭据以供复查其数据的来源和信息提供的过程。

（二）相关性要求

相关性要求又称有用性要求，是指会计信息要同信息使用者的经济决策相关联。

会计信息的使用者包括投资者、债权人、政府、职工、其他利益主体乃至社会公众。不同的使用者使用会计信息的目的不同，因为他们各自进行的是不同的经济决策，企业的会计信息正是为这些与企业相关的各种经济决策提供信息支持，因而要求与这些经济决策相关。具体来说，会计核算信息既要满足国家宏观经济管理的需要，又要满足有关各方了解企业财务状况、经营成果和现金流量的需要，还要满足企业加强内部经营管理的需要。否则，即使是客观真实地反映了企业经营情况的会计信息，也毫无价值。

（三）明晰性要求

明晰性要求是指会计记录和会计报表应当清晰明了，便于理解和利用。

会计核算的目的是通过记账和报账，向企业内外有关单位和个人提供对决策有用的会计信息，这就要求会计信息要简明、易懂，能清楚扼要地反映企业的财务状况和经营成果，以利于会计信息的使用者准确、完整地把握会计信息所要说明的内容。

（四）可比性要求

可比性要求是指企业会计核算应当按照规定的会计处理方法进行，会计核算应当口径一致，相互可比。可比性要求包括横向可比和纵向可比。

为了使不同经济单位之间的会计信息可以进行比较，会计核算要按照会计准则的要求，选用公认的统一会计处理方法进行核算，使其提供的会计核算资料便于比较、分析和汇总，做到不同企业、不同行业的会计信息相互可比，以满足国家宏观经济管理和调控的需要。当然，横向可比性并不排除企业一定程度的自主性与灵活性。各个企业与行业、部门可以在会计准则的统驭下，结合行业和企业的特点，制定具体企业会计制度与核算办法，实现可比性与灵活性的最佳结合。

纵向可比是指企业的会计核算方法前后各期应当保持一致，不得随意变更。当然，纵向可比并不表明企业绝对不能变更会计方法和会计原则。当企业的经营情况、经营规模和经营方式，或国家有关政策规定发生重大变化时，企业可以根据实际情况，选择使用更能客观真实反映企业经营情况的会计程序和会计处理方法。为了便于会计信息使用者进行比较分析，企业应该在财务报告的附注中说明变更的情况、变更的原因及其对企业财务状况和经营成果的影响。

横向可比与纵向可比，实际上是一个问题的两个方面。横向可比解决的是不同企业之间在同一会计期间的可比问题，纵向可比解决的是同一企业在不同会计期间的可比问题。两者不同之处仅表现在：横向可比要求不同企业尽可能采取统一的会计处理方法，纵向可比要求同一企业在不同时期尽可能采用相同的会计处理方法。

（五）实质重于形式要求

实质重于形式要求是指企业应当按照交易或事项的经济实质进行会计核算，而不应当仅仅按照它们的法律形式作为核算的依据。

在会计核算中，交易或事项的外在法律形式并不总能完全真实地反映其实质内容，有时会碰到一些经济实质与法律形式不吻合的现象。例如，以融资方式租入的固定资产，在租期未满以前，从法律形式上讲，所有权并没有转移给承租人，但是从经济实质上讲，与该项固定资产相关的收益和风险已经转移给承租人，承租人实际上也能行使对该项固定资产的控制，因此，在会计核算上将以融资租赁方式租入的固定资产视为承租人的固定资产，一并计提折旧和大修理费用，这就是实质重于形式原则的具体体现。

遵循实质重于形式原则，体现了对经济实质的尊重，能够保证会计核算信息与客观事实相符。

（六）重要性要求

重要性要求是指会计核算在全面反映企业的财务状况和经营成果的同时，对于影响经营决策的重要经济业务应当分别核算，单独反映，并在财务报告中作重点说明；而对于次要的会计事项，在不影响会计信息真实性的情况下，则可以适当简化，合并反映。

对于某一会计事项是否重要，除了严格按照有关的会计法规的规定之外，更重要的是依赖于会计人员结合本企业具体情况所做出的职业判断。一般来说，应当从质和量两个方面来进行分析。以性质来说，当某一事项有可能对决策产生重要影响时，就属于重要项目；从数量方面来说，当某一项目的数量达到一定规模时，就可能对决策产生影响。

（七）谨慎性要求

谨慎性要求也称稳健性要求，是指在处理企业不确定的经济业务时，应持谨慎态度，如某一经济业务有多种处理方法可供选择时，应采取不导致夸大资产、虚增利润的方法。

在市场经济条件下，激烈的竞争及企业环境变化不定等因素，使企业生产经营存在巨大风险。例如，企业应收账款由于债务人破产、死亡等原因而不能收回；固定资产由于技术进步等原因而提前报废等等。为了避免损失发生时对企业正常生产经营产生较大影响，企业必须对面临的风险和可能发生的损失做出合理预计。谨慎性原则在会计上的应用是多方面的，如对应收账款计提坏账准备、固定资产折旧采用加速折旧法等。

由于谨慎性要求要求确认一切可能的损失，不预计任何可能的收入，因而可能导致企业资产计价偏低，负债计价偏高，从而影响企业各期经营成果的正确性。

（八）及时性要求

及时性要求是指会计核算工作要讲求时效，要求会计业务的处理必须及时进行，以便会计信息的及时利用。

任何信息的使用价值不仅要求其真实可靠，而且还必须保证信息的时效性。不及时的信息将使其有用性大打折扣，甚至毫无价值。因此，要求企业要及时收集会计信息，及时对会计信息进行加工处理，及时传递会计信息，以便会计信息的及时利用。

三、会计的计量属性

《企业会计准则——基本准则》规定，企业在将符合确认条件的会计要素登记入账并列报于会计报表（又称财务报表）及其附注时，应当按照规定的会计计量属性进行计量，确定其金额。计量属性是指会计要素可计量的某一方面的特性或外在表现形式。《企业会计准则——基本准则》列举了五种计量属性，并要求企业在对会计要素进行计量时，一般应当采用历史成本，采用重置成本、可变现净值、现值、公允价值计量的，应当保证所确定的会计要素金额能够取得并可靠计量。

（一）历史成本计量属性

历史成本，又称为实际成本。历史成本原则是指企业的各种资产应按其取得或购建时发生的实际成本进行核算。所谓实际成本，就是取得或制造某项财产物资时所实际支付的现金或其他等价物。在历史成本计量下，资产按照购买时支付的现金或者现金等价物的金额，或者按照购置资产时所付出的等价的公允价值计量。负债按照因承担现时义务而实际收到的款项或者资产的金额，或者承担现时义务的合同金额、或者按照日常活动中为偿还负债预期需要支付的现金或者现金等价物的金额计量。

（二）重置成本计量属性

重置成本又称现行成本，是指按照当前市场条件，重新取得同样一项资产所需支付的现金或现金等价物金额。在重置成本计量下，资产按照现在购买相同或者相似资产所需支付的现金或者现金等价物的金额计量；负债按照现在偿付该项债务所需支付的现金或者现金等价物的金额计量。负债的重置成本，是不含折扣金额的。

（三）可变现净值计量属性

可变现净值又称为结算价值，是指在正常生产经营过程中，以预计售价减去进一步加工成本和销售所必需的预计税金、费用后的净值。在可变现净值计量下，资产按照其正常对外销售所能收到现金或者现金等价物的金额，扣减该资产至完工时估计将要发生的成本、估计的销售费用以及相关税费后的金额计量。当然，在运用可变现净值时，一定要注意可变现净值低于估计成本时，才能计提跌价准备。

（四）现值计量属性

现值是指未来现金流量按照一定方法折合成的当前价值。它主要分为复利现值和年金现值。在现值计量下，资产按照预计从其持续使用和最终处置中所产生的未来净现金流入量的折现金额计量。负债按照预计期限内需要偿还的未来净现金流出量的折现金额计量。

（五）公允价值计量属性

公允价值是指熟悉市场情况的双方都能够接受的价格。在公允价值计量下，资产和负债按照在公平交易中，熟悉情况的交易双方自愿进行资产交换或者债务清偿的金额计量。

第四节　会计规范体系

会计规范是指进行会计工作所应遵循的标准、法规。我国会计规范包括会计法、会计准则、会计制度等，以《中华人民共和国会计法》为主，形成了一个比较完整的法规体系。

一、中华人民共和国会计法

《中华人民共和国会计法》（以下简称《会计法》）是我国会计工作的基本法规，是我国会计法规的母法。它于 1985 年 1 月 21 日经第六届全国人民代表大会常务委员会第九次会议审议通过，自 1985 年 5 月 1 日起施行。为了适应我国社会主义市场经济的发展和深化改革的需要，《会计法》于 1993 年 12 月 29 日和 1999 年 10 月 31 日进行了两次修订。

《会计法》包括总则，会计核算，公司、企业会计核算的特别规定，会计监督，会计机构和会计人员，法律责任，附则，共 7 章 52 条。制定《会计法》的目的是为了规范和加强会计工作，保障会计人员依法行使职权，发挥会计工作在维护社会主义市场经济秩序，加强经济管理，提高经济效益中的作用。国家机关、社会团体、公司、企事业单位和其他组织都必须依照《会计法》办理会计事务。

二、会计准则

会计准则是会计核算工作的基本规范，它就会计核算的原则和会计处理方法及程序作出了规定。我国会计准则是由财政部制定颁布的，包括企业会计准则和非企业会计准则。

（一）企业会计准则

我国的会计准则由基本准则、具体准则和应用指南三部分构成。基本准则是纲，是准则中的准则，它统御着所有具体准则；具体准则是目，是依据基本准则的要求对有关业务或报告做出的具体规定；应用指南是补充，是对具体准则操作的指引。这三部分共同构成了中国企业会计准则体系。

1. 基本准则

《会计准则——基本准则》发布于 1992 年 11 月 30 日，于 1993 年 7 月 1 日起在全国所有企业施行。2006 年 2 月 15 日，财政部发布了修订后的基本准则，并于 2007 年 1 月 1 日开始在全国所有企业中执行。基本准则规定了会计目标、会计核算的基本前提、会计要素、会计信息质量要求、会计计量属性以及财务会计报告的基本要求。基本准则是制定具体准则的依据。

2. 具体准则

《会计准则——具体准则》根据基本会计准则的精神制定，用来指导企业各类经济业务的确认、计量、记录和报告。38 项具体准则具体规范了三类经济业务或会计事项的处理：

(1) 一般业务处理准则。主要规范各类企业普遍适用的一般经济业务的确认与计量。如存货核算、长期股权投资、固定资产、无形资产、投资性房地产、职工薪酬、收入、建造合同、所得税、股份支付、政府补助、外币折算、借款费用、资产减值、每股收益、企业合并、企业年金基金、财务报表列报、现金流量表、中期财务报告、分部报告、资产负债表日后事项、会计政策、会计估计变更和前期差错更正等。

(2) 特殊行业会计准则。主要规范特殊行业的会计业务或事项的处理，如生物资产、石油天然气开采等。

(3) 特定业务准则。主要规范特定业务的确认与计量，如债务重组、非货币性资产交换、租赁、或有事项、金融工具确认与计量、金融资产转移、金融工具列报、套期保值、原保险合同、再保险合同等。

38 项具体准则在 2007 年 1 月 1 日暂时在上市公司中执行，并鼓励其他企业执行。以后将在所有大中型企业中执行。

3. 应用指南

《会计准则——应用指南》根据基本准则和具体准则制定，是指导会计实务操作的细则，主要解决在运用会计准则处理经济业务时所涉及的会计科目、账务处理、会计报表及其格式及其编制说明，类似于以前的会计制度。由于金融企业的会计业务与其他企业的会计业务存在较大的差别，所以应用指南包括金融企业的会计科目、会计报表和非金融企业的会计科目、会计报表。应用指南有助于会计人员完整、准确地理解和掌握会计准则，确保会计准则的贯彻实施。应用指南包括两大部分内容：一是准则解释部分，主要对各项准则的重点、难点和关键点进行具体解释和说明；二是会计科目和财务报表部分，主要根据企业会计准则规定应当设置的会计科目及主要账务处理、报表格式及编制要求等。这两个部分从不同角度对企业会计准则进行了细化，以解决实务操作问题。

（二）非企业会计准则

非企业会计准则是企业之外的其他单位适用的会计准则，主要包括《事业单位会计准则（试行）》（1997 年 5 月 28 日发布，自 1998 年 1 月 1 日起施行）等。

三、会计制度

会计制度是根据会计法和会计准则所制定的具体规则、方法和程序的总称。我国现行的会计制度主要包括企业会计制度和非企业会计制度。

（一）企业会计制度

我国从 1992 年开始进行了一系列的会计制度改革，现行的会计制度是在 1993 年构建的 8 大行业 13 个会计制度演变而来的，由《企业会计制度》、《小企业会计制度》和《金融企业会计制度》三大部分组成。

财政部于 2000 年 12 月 29 日正式颁布了《企业会计制度》，并于 2001 年 1 月 1 日起在股份有限公司范围内实施，2005 年已在工业企业中全面实施。新的《企业会计制度》不再区分行业，将原有的行业会计制度统一为一个会计制度，有助于比较会计信息，有利于提高会计信息的质量。《企业会计制度》包括四个部分，第一部分是会计制度，主要解决会计确认、计量的主要政策和原则；第二部分是会计科目和会计报表；第三部分是主要经济业务会计分录举例；第四部分是相关法规。

财政部于 2001 年 11 月 27 日正式颁布了《金融企业会计制度》，并于 2002 年 1 月 1 日起在上市的金融公司中执行。

财政部于 2004 年 4 月 27 日正式颁布了《小企业会计制度》，并于 2005 年 1 月 1 日起在全国范围内实施。

一旦具体准则在所有大中型企业应用的时机成熟，《企业会计制度》和《金融企业会计制度》将随之废止。

（二）非企业会计制度

非企业会计制度是指除企业以外的其他单位适用的会计制度，主要包括《事业单位会计制度》（自 1998 年 1 月 1 日起施行）、《行政单位会计制度》（自 1998 年 1 月 1 日起施行）、《财政总预算会计制度》（自 1998 年 1 月 1 日起施行）、《民间非营利组织会计制度》（2005 年 1 月 1 日执行）等。

除了会计准则和会计制度之外，财政部还根据会计实务的需要，对会计准则和会计制度中没有规定或者虽有规定，但已经不能适应新的情况的会计问题，做出了暂行规定或补充规定，它们也属于国家统一的会计核算制度的范畴。

【本章小结】

会计是以货币为主要计量单位，以凭证为依据，借助于专门的技术方法，对一定主体的经济活动进行全面、综合、连续、系统的核算与监督，旨在提高经济效益的一种管理活动。其基本职能是核算和监督。

会计核算和监督的内容称为会计对象，会计的一般对象是社会再生产过程中可以用货币表现的经济活动。将会计对象具体化，可划分为六个会计要素，即：资产、负债、所有者权益、收入、费用和利润。

企业在组织会计核算时，应以会计主体、持续经营、会计分期和货币计量作为基本前提。在具体核算时，还必须遵循会计核算的一般原则。

会计规范是进行会计工作所应遵循的标准、法规。我国的会计规范体系由会计法、会计准则和会计制度构成。

【复习思考题】

1. 会计的基本职能有哪些？
2. 如何理解各会计要素？
3. 简述会计核算的基本前提。
4. 会计信息质量要求包括哪些方面？
5. 我国会计规范体系包括哪些内容？
6. 某企业 1 月份发生下列经济业务：

(1) 销售产品 8 000 元，货款存入银行。

(2) 销售产品 10 000 元，货款尚未收到。

(3) 收到上月份应收的销货款 15 000 元。

（4）收到购货单位的预付货款 12 000 元，下月交货。

（5）预付 1 月～6 月的仓库租金 18 000 元，本月摊销 3 000 元。

（6）本月应计提银行借款利息 2 000 元。

要求：根据上述经济业务内容，按权责发生制和收付实现制原则确认和计算企业 1 月份的收入和费用。将计算结果填入表 1—1 内。

表 1—1

业务号	权责发生制		收付实现制	
	收入	费用	收入	费用
（1）				
（2）				
（3）				
（4）				
（5）				
（6）				
合计				

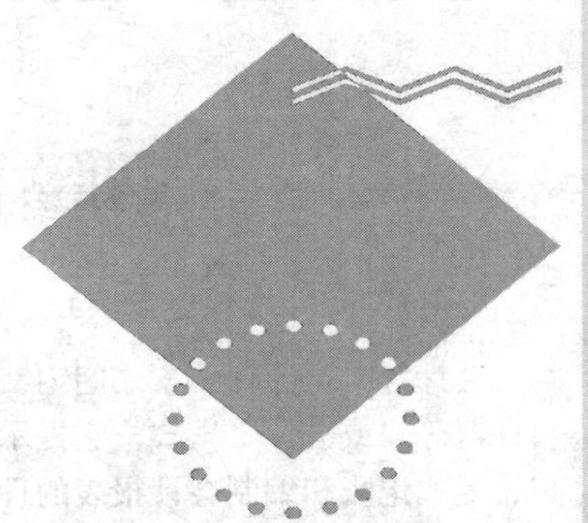

第二章 账户和复式记账

【本章要点】

- 会计要素与会计等式；
- 会计科目和会计账户的关系；
- 复式记账法的原理及应用；
- 总分类账户与明细分类账户。

【本章引言】

在对会计要素具体内容进行科学分类的基础上设置会计科目，并根据会计科目开设账户。如何利用账户这种形式来正确、完整地反映经济业务的来龙去脉，就需要运用一种科学的记账方法。为此，本章将主要阐述为什么要设置会计科目和账户，账户的基本结构与基本内容，复式记账的基本原理等内容。

第一节　会计等式

会计等式是会计要素之间内在经济联系的数学表达式，又称会计方程式、会计恒等式或会计平衡式。它提示了会计要素之间本质的内在联系，是设置账户、复式记账和编制会计报表的理论依据。它可分为反映资产、负债、所有者权益之间关系的会计等式；反映收入、费用、利润之间关系的会计等式和扩展会计等式。

一、反映资产、负债、所有者权益之间关系的会计等式

任何企业要从事生产经营活动，都需要拥有或控制一定数量和结构的、具有未来经济利益的经济资源，这些经济资源在会计上称为资产，如银行存款、存货、房屋、机器设备等。而企业的资产最初进入企业的渠道无外乎两种：一是由投资人提供；二是由债权人提供。既然企业的投资人和债权人为企业提供了这些资产，就必然对企业的这些资产享有要求权。这种对企业资产的要求权，在会计上称为权益。其中属于债权人的部分称为债权人的权益，通常又称为负债；属于投资人的部分称为投资人权益，又称为所有者权益。

可见，资产表明企业拥有什么经济资源和拥有多少经济资源，权益则表明是谁提供了这些经济资源，谁对这些经济资源拥有要求权。既然权益是对资产的要求权，那么，资产与权益之间就是相互依存的关系。没有资产，就没有有效的权益；同样，企业所拥有的资产也不能脱离权益而存在。从某一时点看，有一定数额的资产，就必然有一定数额的权益；反之，有一定数额的权益，也必然有一定数额的资产。二者之间必然保持数量上的平衡关系。资产与权益之间的这种平衡关系，可以用下面的等式来表示：

资产＝权益＝债权人权益＋所有者权益

　　　＝负债＋所有者权益

上述等式反映了资产、负债和所有者权益三个会计要素之间的联系和基本数量关系，这种数量关系表明了企业在一定时点上的财务状况，因此也被称为

静态会计等式，它是编制资产负债表的理论依据。

[例 2—1] 某企业 2003 年 12 月 31 日的资产、负债和所有者权益状况如表 2—1 所示。

表 2—1 单位：元

资产	金额	负债及所有者权益	金额
库存现金	10 000	负债：	
银行存款	2 000 000	短期借款	10 000
应收账款	50 000	应付账款	20 000
原材料	80 000	长期借款	70 000
产成品	100 000	小计	100 000
固定资产	860 000	所有者权益：	
		实收资本	3 000 000
资产总计	3 100 000	负债及所有者权益总计	3 100 000

从表 2—1 可知，该企业 2003 年 12 月 31 日拥有或控制的资产总额为 3 100 000元，具体表现为：现金10 000元，银行存款2 000 000元，应收账款 50 000元，原材料80 000元，产成品100 000元，固定资产 860 000 元。这些资产的来源渠道有两个：一是负债 100 000 元，具体表现为短期借款 10 000 元，应付账款 20 000 元，长期借款 70 000 元；二是所有者权益，即所有者投入企业的资本 3 000 000 元。由此可见，该公司资产总额 3 100 000 元，负债及所有者权益总额 3 100 000 元，两者数额相等。用会计等式则表示如下：

资产(3 100 000)＝ 负债(100 000)＋ 所有者权益(3 000 000)

二、反映收入、费用、利润之间关系的会计等式

企业是营利性的经济组织，企业的经营是以盈利为目的的。在企业生产经营活动中会取得各种收入，同时也会发生各种相应的费用。收入和费用相比较其差额为企业的经营成果，即利润。收入、费用和利润之间的关系用公式表示为：

收入－费用＝利润

该等式表明了企业在一定时期内所取得的经营成果，因此又称为动态会计等式，它是编制利润表的理论基础。

三、扩展会计等式

收入、费用、利润的变化会引起企业资产和所有者权益的变化。因为，收入会增加企业资产，费用会使资产因消耗而减少；如果收入大于费用，则企业净资产增加，反之，企业净资产减少。企业实现的利润归属于所有者权益，表明所有者在企业中的权益数额增加；反之，企业亏损，只能由所有者承担，表明所有者权益数额减少。所以通过企业生产经营活动产生收入、费用、利润后，原来的会计等式就转化为如下扩展会计等式：

资产＝负债＋所有者权益＋利润

＝负债＋所有者权益＋（收入－费用）

这个等式不仅没有破坏会计静态等式的平衡关系，而且把企业的财务状况和经营成果联系起来了，说明了企业经营成果对资产和所有者权益产生的影响，反映了会计六项要素之间的有机联系。

扩展会计等式还可变形如下：

资产＋费用＝负债＋所有者权益＋收入

利用这一变形在说明复式记账方法和账户基本结构时比较方便。

在上面介绍的等式中，“资产＝负债＋所有者权益”是最基本的会计等式，所谓会计等式主要是指这一公式。由于它既是企业资金运动的起点，又是企业资金运动在一定期间后的终点，因此是设置账户的依据，也是记录每一项引起会计要素变动的经济业务的出发点。

四、经济业务对会计等式的影响

企业在经营过程中，会不断发生各种各样的经济业务，例如购买材料、支付工资、销售产品、上交税金等等。这些业务在会计上称作“会计事项”，而每项经济业务的发生都会对会计要素产生影响，使之发生增减变化，并进而影响会计等式。但是，无论发生什么经济业务，都不会破坏上述资产与权益之间的平衡关系。

各企业单位发生的经济业务虽然多种多样，错综复杂，但由此引起的资产和权益的增减变化归纳起来，不外乎下述四种类型。

(一) 资产项目之间此增彼减，增减金额相等

例如，企业从银行存款中提取现金 20 000 元备用。这项业务的发生，只引起资产内部两个项目之间以相等的金额一增一减的变动，即“银行存款”减少 20 000 元，“库存现金”增加 20 000 元。这一增一减，只表明资产形态的转化，而不会引起资产总额的变动，更不涉及负债和所有者权益项目。因此，不会破坏资产和权益之间的平衡关系。

(二) 权益项目之间此增彼减，增减金额相等

例如，企业向银行借入短期借款 10 000 元，直接偿还前欠某单位货款。这项业务的发生，只引起权益项目之间以相等的金额一增一减的变动，即“短期借款”增加 10 000 元，“应付账款”减少 10 000 元。这一增一减，只表明资金来源渠道的转化，即从“应付账款”转化为“短期借款”，而不会引起权益总额的变动，更不涉及资产项目。因此，不会破坏资产和权益之间的平衡关系。

(三) 资产和权益项目之间同时增加，增加的金额相等

例如，投资人向企业投入资本 100 000 元，存入银行。这项业务的发生，一方面使资产中“银行存款”增加 100 000 元，另一方面又使权益中的“实收资本”增加 100 000 元，资产和权益同时等额增加 100 000 元，虽然双方总额发生变动，但二者仍保持平衡关系。

(四) 资产和权益项目之间同时减少，减少的金额相等

例如，企业用银行存款归还短期借款 10 000 元，这项业务的发生，一方面使资产中“银行存款”减少 10 000 元，另一方面又使权益中“短期借款”减少 10 000 元，资产和权益同时等额减少 10 000 元，虽然双方总额发生变动，但二者仍保持平衡关系。

上述四种类型的经济业务引起资产和权益的增减变化见图 2—1。

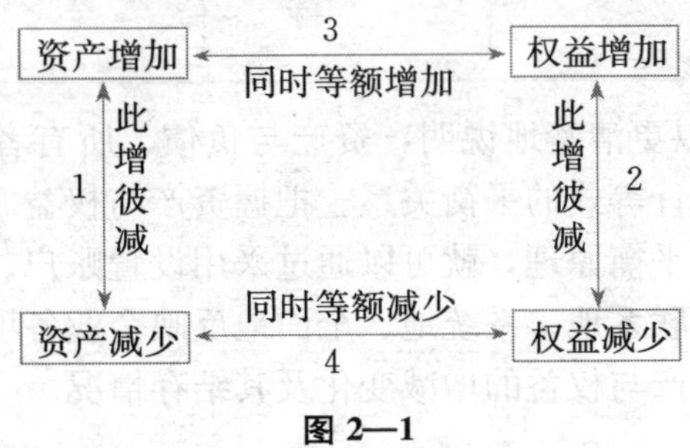

图 2—1

如果我们对“资产＝负债＋所有者权益”会计等式进行分类组合，将上述四种类型业务具体化，可表现为如下九种情况：

(1) 一项资产增加，另一项资产减少，增减金额相等，保持平衡；

(2) 一项所有者权益增加，另一项所有者权益减少，增减金额相等，保持平衡；

(3) 一项负债增加，另一项负债减少，增减金额相等，保持平衡；

(4) 一项负债增加，一项所有者权益减少，增减金额相等，保持平衡；

(5) 一项负债减少，一项所有者权益增加，增减金额相等，保持平衡；

(6) 资产与负债同时增加，增加金额相等，保持平衡；

(7) 资产与所有者权益同时增加，增加金额相等，保持平衡；

(8) 资产与负债同时减少，减少金额相等，保持平衡；

(9) 资产与所有者权益同时减少，减少金额相等，保持平衡。

上述经济业务的四种类型及九种具体情况可用表 2—2 表示。

表 2—2

经济业务		资产 ＝	负债 ＋	所有者权益
类型 1	(1)	＋－		
类型 2	(2)			＋－
	(3)		＋－	
	(4)		＋	－
	(5)		－	＋
类型 3	(6)	＋	＋	
	(7)	＋		＋
类型 4	(8)	－	－	
	(9)	－		－

通过表 2—2 可以更清楚地说明，资产与负债、所有者权益的任何类型的变化，都不会破坏会计等式的平衡关系。把握资产与权益之间的这种规律性联系，根据会计等式的平衡原理，就可以通过采用设置账户、复式记账等会计核算的专门方法，相互联系地、系统地、全面地反映企业各项经济业务对资产与权益的影响，掌握资产与权益的增减变化及其结存情况。

第二节　会计科目和会计账户

设置会计科目和会计账户是会计核算的一种专门方法，会计的首要任务是记录经济业务，反映经济活动情况，为经济管理工作提供系统的核算资料和经济信息。而核算资料和经济信息主要来源于会计账户。为了设置会计账户，必须首先确定会计科目。

一、会计科目的内容和级次

（一）设置会计科目的意义

会计科目是对会计要素的具体内容进行分类核算的项目。

企业经济业务的发生必然引起相关会计要素发生增减变化。由于企业的经济业务错综复杂，即使涉及同一种会计要素，也往往有不同的性质和内容。例如，固定资产和存货虽然都属于资产，但它们的经济内容，以及在经济活动中的周转方式和所起的作用各不相同。又如，应付账款和长期借款，虽然都是负债，但它们的形成原因和偿付期限也各不相同。再如，所有者投资和企业取得的利润（在分配前），虽然都是所有者权益，但它们的形成原因与用途却不一样。为了实现会计的基本职能，要从数量上反映各项会计要素的增减变化，就不但需要取得各项会计要素增减变化及其结果的总括数字，而且要取得一系列更加具体的分类的数量指标。这就要求对会计要素按其经济内容或用途作进一步分类，因而需要设置会计科目。

设置会计科目为编制整理会计凭证和登记会计账簿提供了依据，也为编制会计报表提供了基础；能够提供全面统一的会计信息，有利于信息使用者掌握和分析企业的财务状况和经营成果。

（二）设置会计科目的原则

会计科目作为反映会计要素的构成及其变化情况，为投资者、债权人、企业管理者等提供会计信息的重要手段，在其设置过程中应该遵循下述原则。

1. 满足经济管理的需要

企业的会计核算资料应能满足各方面的需要：满足政府部门加强宏观调控、制定方针政策的需要；满足投资人、债权人及有关方面对企业经营和财务状况做出准确判断的需要；满足企业内部加强经营管理的需要。因此，在设置会计科目时要兼顾对外报告和企业内部经营管理的需要，并根据需要提供数据的详细程度，分设总分类科目和明细分类科目。通过总分类科目提供的是总括性指标，它可以基本上满足企业外部有关方面的需要；通过明细分类科目提供的是明细核算资料，主要为企业内部管理服务。

2. 应结合会计要素的特点

会计科目作为对会计要素具体内容进行分类核算的项目，其设置应能保证全面、系统地反映会计要素的全部内容，不能有遗漏。同时，会计科目的设置还必须反映会计要素的特点。除了需要设置各行各业的共性会计科目外，还应根据各自经营活动的特点，设置相应的会计科目，不能千篇一律。例如，对于企业的固定资产必须计提折旧，并同时反映其原始价值和折余价值，因而在设置会计科目时，除了应设置“固定资产”科目外，还必须设置“累计折旧”科目；而行政事业单位一般不计提固定资产折旧，因而不必设置“累计折旧”科目。又如，实行独立核算的企业，必须正确计算盈亏，为了核算和监督不同会计期间财务成果的取得和分配情况，就必须设置“本年利润”科目和“利润分配”科目；而实行预算管理的行政事业单位，因不计算盈亏，更不存在财务成果的分配问题，因而无须设置上述科目。

3. 统一性与灵活性相结合

所谓统一性是指在设置会计科目时，应根据提供会计信息的要求，按照财政部颁布的《会计科目和主要账务处理》对一些主要会计科目的设置及其核算内容进行统一的规定，以保证会计核算指标在一个部门，以至全国范围内综合汇总、分析利用。我国的会计科目是由财政部统一制定的。所谓灵活性是指在保证提供统一核算指标的前提下，各单位可以根据本单位的具体情况和经济管理要求，对统一规定的会计科目作必要的增补或合并。例如，在工业企业中，根据管理的要求可将“生产成本”科目分为“基本生产成本”科目和“辅助生产成本”科目。

4. 简明适用，并保持其相对稳定性

每一个会计科目都有特定的核算内容，各科目之间既有联系，又要有明确的界限。为了便于编制会计凭证、汇总资料和编制会计报表，在设置会计科目时，对每一个科目的特定核算内容必须严格地、明确地界定。同时，会计科目的名称应与其核算的内容相一致，并力求文字简洁、涵义明确、通俗易懂。另外，为了便于在一定范围内综合汇总和在不同时期内对比分析会计核算资料，对会计科目的设置应保持相对稳定，不宜过于频繁的变更，以保证会计核算指标的可比性。

（三）会计科目的内容

会计科目的内容是指在制定会计制度时要规定会计科目反映的经济内容和登记方法，要依据会计要素各组成内容的客观性质划分，并要适应宏观和微观经济管理的需要。会计科目内容反映各科目之间的横向联系。

目前，在我国实行统一的会计制度，这种制度的典型特征就是由国家规定统一的会计科目和会计报表格式。为了便于掌握和运用会计科目，对会计科目要进行分类和编号，并编成会计科目表。

现将财政部颁发的《会计科目和主要账务处理》中规定的主要会计科目名称及编号列示如下，见表2—3。

表2—3　　一般企业会计科目表

顺序	编号	会计科目名称	顺序	编号	会计科目名称
		一、资产类	18	1408	委托加工物资
1	1001	库存现金	19	1471	存货跌价准备
2	1002	银行存款	20	1501	持有至到期投资
3	1012	其他货币资金	21	1502	持有至到期投资减值准备
4	1101	交易性金融资产	22	1511	长期股权投资
5	1121	应收票据	23	1512	长期股权投资减值准备
6	1122	应收账款	24	1531	长期应收款
7	1123	预付账款	25	1601	固定资产
8	1131	应收股利	26	1602	累计折旧
9	1132	应收利息	27	1603	固定资产减值准备
10	1221	其他应收款	28	1604	在建工程
11	1231	坏账准备	29	1605	工程物资
12	1401	材料采购	30	1606	固定资产清理
13	1403	原材料	31	1701	无形资产
14	1404	材料成本差异	32	1702	累计摊销
15	1405	库存商品	33	1703	无形资产减值准备
16	1406	发出商品	34	1711	商誉
17	1407	商品进销差价	35	1801	长期待摊费用

续前表

顺序	编号	会计科目名称	顺序	编号	会计科目名称
36	1901	待处理财产损溢	56	4103	本年利润
		二、负债类			四、成本类
37	2001	短期借款	57	5001	生产成本
38	2101	交易性金融负债	58	5101	制造费用
39	2201	应付票据	59	5201	劳务成本
40	2202	应付账款	60	5301	研发支出
41	2203	预收账款			五、损益类
42	2211	应付职工薪酬	61	6001	主营业务收入
43	2221	应交税费	62	6051	其他业务收入
44	2231	应付利息	63	6101	公允价值变动损益
45	2232	应付股利	64	6111	投资收益
46	2241	其他应付款	65	6301	营业外收入
47	2401	递延收益	66	6401	主营业务成本
48	2501	长期借款	67	6402	其他业务成本
49	2502	应付债券	68	6403	营业税金及附加
50	2701	长期应付款	69	6601	销售费用
51	2711	专项应付款	70	6602	管理费用
52	2801	预计负债	71	6603	财务费用
		三、所有者权益	72	6701	资产减值损失
53	4001	实收资本	73	6711	营业外支出
54	4002	资本公积	74	6801	所得税费用
55	4101	盈余公积	75	6901	以前年度损益调整

（四）会计科目的级次

会计科目的级次要体现会计信息的不同详细程度，即要兼顾各会计信息使用者的需要对会计科目进行分级，它反映会计科目内部的纵向联系，一般情况下，会计科目的级次可分为以下两类。

1. 总分类科目

总分类科目也称一级科目，它是对会计要素的具体内容进行总括分类的科目，用来提供总括性的核算指标。如原材料、固定资产、实收资本等都属总分类科目。总分类科目原则上由财政部统一制定。

2. 明细分类科目

明细分类科目是对总分类科目进一步分类的科目，用来提供详细的核算指标。如“应付账款”总分类科目下按具体单位分设明细科目，具体反映应付哪个单位的货款。明细分类科目除按会计制度规定设置的以外，各单位可根据实际需要自行设置。

为了适应管理工作的需要，在有的总分类科目下设的明细科目太多时，可在总分类科目与明细分类科目之间增设二级科目（也称子目）。即总分类科目统辖下属数个二级科目，再在每个二级科目下设明细科目。

现以工业企业“生产成本”科目为例，说明总分类科目与明细分类科目之间的关系如表 2—4 所示。

表 2—4

总分类科目（一级科目）	明细分类科目	
	二级科目（子目）	明细科目（细目）
生产成本	××车间	××产品 ××产品
	××车间	××产品 ××产品
其他应收款	备用金	××部门或个人

当然，也不是所有总分类科目都设置明细分类科目，如“库存现金”、“银行存款”、“累计折旧”等总分类科目就不设置明细分类科目。

二、会计科目与账户的关系

会计科目的确定，只是对会计要素的具体内容进行了科学的分类，确定了某个项目的名称。但是，如果只有分类的名称，而没有一定的格式，还不能把发生的经济业务连续、系统地记录下来，以取得有用的会计信息。为了序时、连续、系统地记录由于经济业务的发生而引起的会计要素的增减变动，提供各种有用的会计信息，还必须根据规定的会计科目开设相应的账户。

账户是指根据会计科目开设的，具有一定格式和结构，用于分类反映会计要素增减变动及其结果的一种工具。

可见，会计科目与账户是两个不同的概念，二者之间既有联系又有区别。它们的联系是：会计科目是设置账户的依据，是账户的名称；账户是会计科目的具体运用。会计科目所反映的经济内容，就是账户所要登记的内容，两者共同完整地构成了分类核算和监督会计要素具体内容的专门方法，缺一不可。它们的区别是：会计科目只是账户的名称，没有具体的结构；而账户除了名称之外，还具有一定的结构，可以连续、系统地记录和反映会计要素的增减变化及其结果，因此，账户比会计科目有更丰富的内涵。会计科目只解决了核算什么内容的问题，而账户还解决了如何进行具体核算的问题。由于账户按照会计科目命名，二者名称完全一致，所以在会计实务中，会计科目与账户往往互相通用，不严格加以区分。

三、账户的基本结构

账户是用来记录经济业务的，因而，必须具有一定的结构。所谓账户结构，是指用来记录经济业务的账户的具体格式，即账户应由哪几部分组成，以及如何在账户中记录会计要素的增加、减少及余额情况等。

由于经济业务发生所引起的各项会计要素的变动，从数量上看无外乎增加和减少两种情况。因此，用来分类记录经济业务的账户，在结构上也相应地分为两个基本部分，即左右两方，以一方登记增加额，另一方登记减少额，至于哪一方登记增加额，哪一方登记减少额，则取决于所采用的记账方法和所记录的经济业务内容。

账户要依附于簿籍开设，亦即账簿，这样，每一个账户只表现为账簿中的某张或某些账页，它们一般应包括下列基本内容：

(1) 账户的名称（即会计科目）；

(2) 日期和摘要（记录经济业务的日期和概括说明经济业务的内容）；

(3) 增加和减少的金额及余额（记录的金额）；

(4) 凭证编号（账户记录的依据）。

账户的一般格式如表 2—5 所示。

表 2—5 **账户名称（会计科目）** 第　页

年		凭证编号	摘要	借方金额	贷方金额	借或贷	余额
月	日						

上列账户左右两方的金额栏，其中一方记录增加额，一方记录减少额，增减金额相抵后的差额，称之为账户余额。余额按其表示的时间不同，分为期初

余额和期末余额。因此，在账户中所记录的金额有期初余额、本期增加额、本期减少额和期末余额四个核算指标。

期初余额是指上期末余额转入本期数。

本期增加额也称本期增加发生额，是指一定时期（如月份、季度、半年度或年度）内账户所登记的增加金额的合计数。

本期减少额也称本期减少发生额，是指一定时期（如月份、季度、半年度或年度）内账户所登记的减少金额的合计数。

期末余额是期初余额加上本期增加发生额与本期减少发生额相抵后的差额。

四个核算指标之间的数量关系，可用下列公式表示：

期末余额＝期初余额＋本期增加发生额－本期减少发生额

在理论上和教学上为了说明的方便，账户的基本结构可以简化为“丁”字形，称为“丁字账”，只保留左右两方，用于登记金额要素，其他部分略去。格式如图 2—2 所示。

左方	账户名称（会计科目）	右方

图 2—2

第三节　复式记账

一、复式记账原理

（一）记账方法的概念

为了对会计要素进行核算和监督，在按一定原则设置会计科目，并按会计科目开设账户之后，就需要采用一定的记账方法，把所发生的经济业务在相应的账户中加以记录。

所谓记账方法，就是根据一定的原理、记账符号、记账规则，采用一定的计量单位，利用文字和数字在账簿中登记经济业务的方法。

（二）记账方法的种类

记账方法按其记录经济业务的方式不同，可分为单式记账法和复式记账法两大类。

1. 单式记账法

单式记账法是指对于发生的每一笔经济业务只在一个账户中登记的方法，一般只登记现金、银行存款的收付业务，以及应收账款、应付账款的结算业务，而不登记其他实物收付业务。例如，用银行存款 10 000 元购买材料，业务发生后，只在银行存款账户中记录银行存款减少 10 000 元，而对材料增加情况则不予记载；又如，向某企业销售产品 15 000 元，货款尚未收回，则只登记应收账款账户增加 15 000 元，而对主营业务收入增加情况不予记载。只有当经济业务既涉及现金或银行存款，又涉及债权、债务时，才同时在两个相应的账户上进行登记。例如，收到某企业所欠货款 15 000 元存入银行，业务发生后，既要在银行存款账户上记录增加 15 000 元，又要在应收账款账户上记录减少 15 000 元。显然，单式记账法强调考虑现金、银行存款的收付不能搞错，欠人的债务、人欠的债权必须记录清楚，而其他财产物资因为都在本企业的管理之下，因而不需记账。

单式记账法具有以下四个特点：（1）没有一套完整的账户体系；（2）不需对每一笔经济业务进行记录和反映；（3）账户之间的记录没有直接的联系；（4）账户记录没有相互平衡的概念。可见采用单式记账法，所获得的信息资料是不完整的，它不能全面、系统地反映经济业务的来龙去脉，也不便于检查账户记录的正确性和完整性。随着商品经济的发展，需要运用会计核算和监督的经济活动越来越复杂，单式记账法已不能适应经济管理的要求。目前，我国的企事业单位都已不允许采用这种记账方法。

2. 复式记账法

复式记账法是对发生的每一项经济业务，都以相等的金额，在两个或两个以上相互关联的账户中进行记录的一种记账方法。在本章第一节已经指出，任何一项经济业务的发生，都会引起有关会计要素之间或某项会计要素内部至少两个项目之间发生增减变动，而增减的金额相等。因此，为了全面、系统地核算和监督经济活动过程，对于发生的每一项经济业务，都应当以相等的金额在有关的至少两个账户中进行登记。复式记账法正好满足了这一要求。例如，用银行存款 10 000 元购买材料，按复式记账法，一方面要在银行存款账户中记录减少 10 000 元，另一方面又要在原材料账户中记录增加 10 000 元；又如，向某企业销售产品 15 000 元，货款尚未收回，按复式记账法，一方面要在应收账款账户中记录增加 15 000 元，另一方面又要在主营业务收入账户中记录增加 15 000 元。

复式记账法具有以下四个特点：(1) 需要设置完整的账户体系；(2) 必须对每一项业务都进行反映和记录；(3) 对每一项经济业务都要在相互关联的两个或两个以上的账户中作双重记录；(4) 由于对每项经济业务都以相等的金额进行分类登记，对应账户之间总是保持相互平衡的关系，因而可据以进行试算平衡，以检查账户记录是否正确。可见，采用复式记账法，能够获得完整的信息资料，能够全面、系统地反映经济业务的来龙去脉，提高会计信息的清晰度，有利于进行试算平衡，以检查账户记录的正确性。复式记账法是一种科学的记账方法，较单式记账法具有不可比拟的优越性，因而，被世界各国广泛采用。

复式记账法根据记账符号、记账规则和试算平衡公式等的不同，可以分为借贷记账法、增减记账法和收付记账法等，其中最主要的是借贷记账法。1992 年 11 月 30 日财政部发布的《企业会计准则》明确规定，所有企业一律采用借贷记账法。目前，我国的企业和行政事业单位都采用这种记账方法。

二、借贷记账法

借贷记账法是以“借”、“贷”作为记账符号，以“有借必有贷，借贷必相等”为记账规则，对每项经济业务都在两个或两个以上有关账户中相互联系地进行记录的一种复式记账方法。

借贷记账法大约起源于 13、14 世纪资本主义萌芽时期的意大利，并流行于沿海城市，到 15 世纪已逐步发展成为一种比较完备的复式记账法。“借”、“贷”二字的含义，最初是从借贷资本家的角度来解释的。借贷资本家在账户中按债权和债务开户，并在每个户头下分为借方和贷方，含有“借进”、“贷出”之意，用以表示债权债务关系的增减变化。随着商品经济的发展，商贸活动范围日益扩大，借贷记账法由银行扩展到商业、制造业以及非营利组织，用来记录各种经济业务。这样，“借”、“贷”二字就失去了原有的含义，转化为纯粹的记账符号，成为会计上的专门术语，用以标明记账的方向。

借贷记账法在长期的实践中逐步成为比较科学、严密、完善的一种复式记账法。

(一) 借贷记账法的账户结构

在借贷记账法下，账户的基本结构是：左方为借方，右方为贷方。至于哪一方登记增加，哪一方登记减少，则要根据账户的性质即账户所反映的经济内容决定。

在"资产＝负债＋所有者权益"的会计等式中，由于资产反映企业资金存在的情况，负债和所有者权益反映企业资金来源的情况，两者反映的是同一资金的两个对立面，因而对于资产和负债及所有者权益的增减变化，必须按相反的方向来记录账户的内容。长期以来，人们习惯地在资产类账户中用借方登记它的增加额，贷方登记它的减少额；而在负债和所有者权益类账户中，则用相反的方向反映，即用贷方登记增加额，借方登记减少额。另外，企业取得的收入和发生的费用，最终会导致所有者权益的变化，按照"资产＝负债＋所有者权益＋收入－费用"的扩展会计等式，收入的增加可视同为所有者权益的增加，费用的增加可视同为所有者权益的减少，这就决定了收入类账户的结构与所有者权益类账户的结构基本保持一致，成本费用类账户的结构与所有者权益类账户的结构相反，而与资产类账户的结构基本保持一致。

下面分别说明各类账户的结构。

1. 资产类账户的结构

在资产类账户中，借方登记资产的增加额，贷方登记资产的减少额，账户若有余额一般在借方，表示期末（期初）资产的实有数额。在一个会计期间内（如月、季、年），记入账户的借方金额合计数称为"本期借方发生额"，记入账户的贷方金额合计数称为"本期贷方发生额"。资产类账户的结构如图 2—3 所示。

借方	资产类账户		贷方
期初余额	×××		
本期增加额	×××	本期减少额	×××
	×××		×××
本期发生额	×××	本期发生额	×××
期末余额	×××		

图 2—3

资产类账户的期末余额可根据下列公式计算：

期末借方余额＝期初借方余额＋本期借方发生额－本期贷方发生额

2. 负债及所有者权益类账户的结构

在负债及所有者权益类账户中，贷方登记增加额，借方登记减少额，账户若有余额一般在贷方，表示期末（期初）负债及所有者权益的实有数额。负债及所有者权益类账户的结构如图 2—4 所示。

借方	负债及所有者权益类账户		贷方
		期初余额	×××
本期减少额	×××	本期增加额	×××
	×××		×××
本期发生额	×××	本期发生额	×××
		期末余额	×××

图 2—4

负债及所有者权益类账户的期末余额可根据下列公式计算：

期末贷方余额＝期初贷方余额＋本期贷方发生额－本期借方发生额

3. 收入类账户的结构

由于收入类账户的结构与所有者权益类账户的结构基本一致，因而，收入类账户的贷方登记收入的增加额，借方登记收入的减少额或结转额。企业的各项收入是形成利润的主要因素，期末本期收入的增加额减去收入的减少额后的差额，应转入本年利润账户，所以，收入类账户期末一般无余额。收入类账户的结构如图 2—5 所示。

借方	收入类账户		贷方
本期减少额或结转额	×××	本期增加额	×××
	×××		×××
本期发生额	×××	本期发生额	×××

图 2—5

4. 成本费用类账户的结构

由于成本费用类账户的结构与资产类账户的结构基本一致，因而成本费用类账户的借方登记其增加额，贷方登记其减少额或结转额。企业发生的各种费用是影响利润减少的因素，期末本期有关费用支出的增加额减去其减少额后的差额，应转入本年利润账户，所以，成本费用类账户期末一般无余额，如有余额为借方余额，表示期末资产数额。成本费用类账户的结构如图 2—6 所示。

借方	成本费用类账户		贷方
本期增加额	×××	本期减少额或结转额	×××
	×××		×××
本期发生额	×××	本期发生额	×××

图 2—6

以上四类账户的基本结构可汇总归纳，如图 2—7 所示。

借方	各类账户的基本结构　　　　贷方
资产增加	资产减少
负债减少	负债增加
所有者权益减少	所有者权益增加
收入减少或结转	收入增加
成本费用增加	成本费用减少或结转

图 2—7

应用借贷记账法登记经济业务时，首先应分析经济业务涉及哪些账户，然后根据经济业务内容确定在有关账户中是记增加还是记减少，最后根据账户的结构确定在有关账户中是记借方还是记贷方。

(二) 借贷记账法的记账规则

记账规则是指在账户中记录经济业务应遵循的规则。任何一种记账法都必须规定登记各种类型经济业务的科学记账规则。为了满足资产、负债和所有者权益之间的平衡关系，借贷记账法的记账规则，可概括为“有借必有贷，借贷必相等”。其中包含两层含义：(1) 对发生的每一笔经济业务都必须以相等金额，在两个或两个以上有关账户中相互联系地进行登记；(2) 对发生的每笔经济业务都应当作有借有贷的相反分录。

现举例说明借贷记账法的记账规则。

[**例 2—2**]　振兴公司 2004 年 3 月份发生以下经济业务：

(1) 1 日，购入原材料 20 000 元，材料已验收入库，货款以银行存款支付。

这项经济业务的发生，涉及资产类账户中的“银行存款”和“原材料”两个账户，使银行存款减少 20 000 元，原材料增加 20 000 元。按照资产类账户的结构，增加应记借方，减少应记贷方。因此，这项经济业务在账户中应作如下登记，如图 2—8 所示。

(2) 5 日，向银行借入短期借款 10 000 元，直接偿还其他单位的应付购货款。

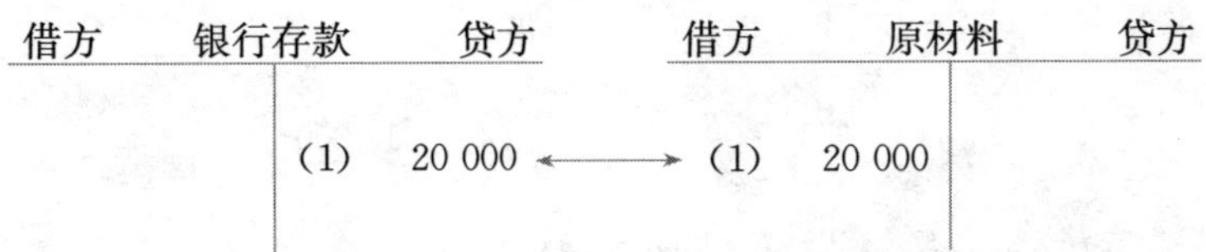

图 2—8

这项经济业务的发生，涉及负债类账户中的“短期借款”和“应付账款”两个账户，使短期借款增加 10 000 元，应付账款减少 10 000 元。按照负债类账户的结构，增加应记贷方，减少应记借方。因此，这项经济业务在账户中应作如下登记，如图 2—9 所示。

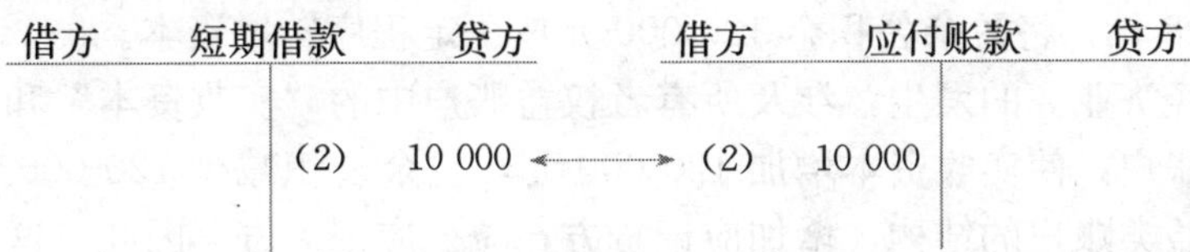

图 2—9

(3) 8 日，收到投资人投入机器设备一台，价值 38 000 元。

这项经济业务的发生，使“固定资产”这一资产账户和“实收资本”这一所有者权益账户同时增加 38 000 元。资产账户增加记借方，所有者权益账户增加记贷方。因此，这项经济业务在账户中应作如下登记，如图 2—10 所示。

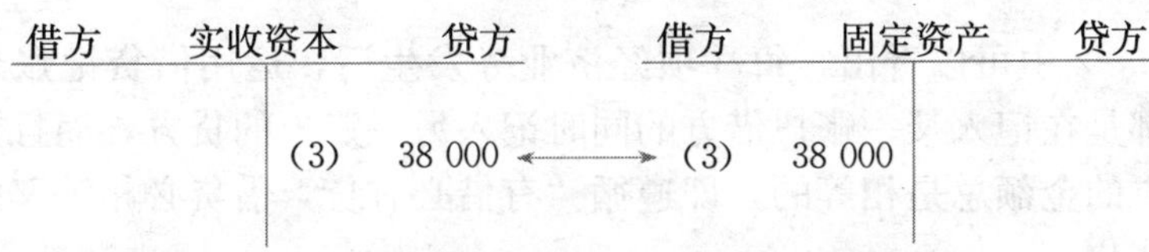

图 2—10

(4) 9 日，用银行存款 15 000 元归还长期借款。

这项经济业务的发生，使“银行存款”这一资产账户和“长期借款”这一负债账户同时减少 15 000 元。资产减少记贷方，负债减少记借方。因此，这项经济业务在账户中应作如下登记，如图 2—11 所示。

(5) 15 日，向银行申请取得长期借款 140 000 元存入银行。

这项经济业务的发生，使“银行存款”这一资产账户和“长期借款”这一负债账户同时增加 140 000 元。资产增加记借方，负债增加记贷方。因此，这项经济业务在账户中应作如下登记，如图 2—12 所示。

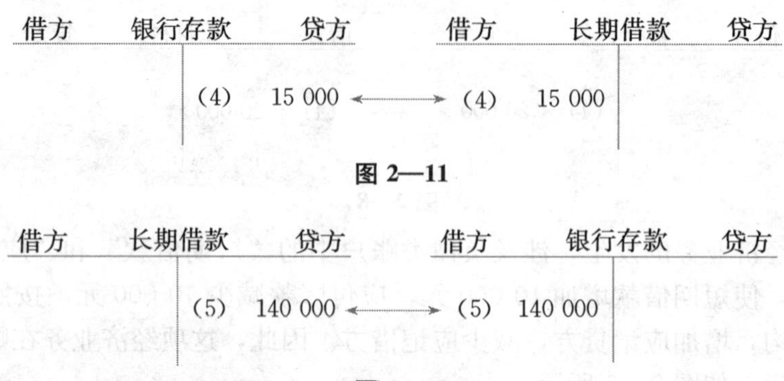

图 2—11

图 2—12

(6) 18 日，将盈余公积金 120 000 元按法定程序转增资本。

这项经济业务的发生，涉及所有者权益账户中的“实收资本”和“盈余公积”两个账户，使实收资本增加 120 000 元，盈余公积减少 120 000 元。按照所有者权益类账户的结构，增加应记贷方，减少应记借方。因此，这项经济业务在账户中应作如下登记，如图 2—13 所示。

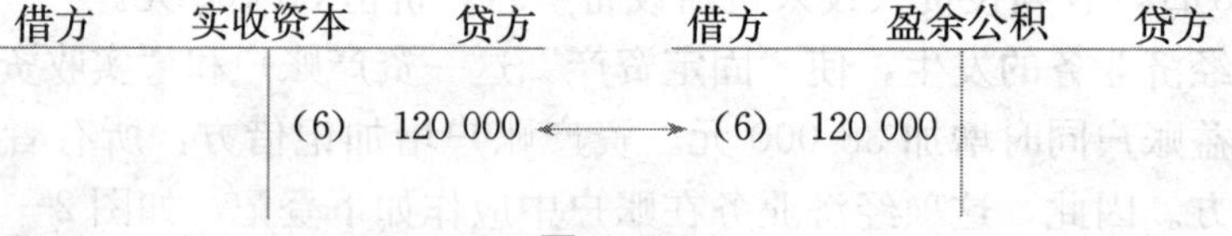

图 2—13

从例 2—2 中可以看出，每一项经济业务发生后，运用借贷记账法进行账务处理，都是在记入某一账户借方的同时记入另一账户的贷方，而且记入借方与记入贷方的金额总是相等的，即遵循“有借必有贷，借贷必相等”的记账规则来登记账户。

（三）账户对应关系与会计分录

1. 账户对应关系

在借贷记账法下，每项经济业务发生后都要在两个或两个以上账户的借方和贷方相互联系地进行记录，这样就使得有关账户之间存在相互依存的关系。会计上把这种关系称为账户的对应关系，发生对应关系的账户，称为对应账户。

在例 2—2 (1) 中，“银行存款”账户与“原材料”账户之间存在着一种相互依存的关系，即借贷对照关系。所以，就称“银行存款”账户与“原材料”账户互为对应账户，“银行存款”账户的对应账户为“原材料”账户，而“原材料”账户的对应账户则是“银行存款”账户。

由于账户对应关系反映了资产、负债和所有者权益具体内容增减变化的来龙去脉，因此，通过账户对应关系，就可以清楚地了解每一项经济业务的内容。如例 2—2（1）中，“银行存款”账户贷方与“原材料”账户借方形成借贷对照关系，根据这两个账户之间的对应关系，就可以知道这项经济业务表示的具体内容是企业用银行存款 20 000 元购入原材料。可见，在账户体系中，通过查明账户的对应关系，就可以了解各项经济业务的具体内容。

2. 会计分录

经济业务发生后，企业运用借贷记账法进行会计处理，逐笔直接记入账户，以反映经济业务对资产、负债和所有者权益具体内容增减变动的影响。在会计实务中，企业的日常经济业务频繁、复杂，如果逐笔直接记入账户，不仅工作量大，而且容易发生差错。为了保证账户记录的正确性，在把经济业务记入账户之前，应该首先分析经济业务的性质、内容，确定应记入的账户、应借应贷的方向及金额，通过记账凭证编制会计分录，然后再记入有关账户。这种在记账凭证中指明某项经济业务应借、应贷账户的名称及其金额的记录，称为会计分录，简称分录。

会计分录是账户记录的依据，其正确与否直接影响到账户的记录，乃至影响到会计报表所提供的会计信息的真实性和准确性。所以，编制会计分录是会计核算工作的第一步，也是会计核算工作的基础。

会计分录的书写形式习惯将应借账户排列在上，应贷账户排列在下，并向右缩进两格，说明它们是对应账户并保持平衡关系。每一笔分录应包括三个基本要素：记账符号、应记账户名称（会计科目）和金额。

在运用借贷记账法的记账规则编制会计分录时，应按以下步骤进行：

（1）一项经济业务发生后，先确定这项业务所涉及的对应账户；

（2）确定对应账户的记账方向；

（3）确定各对应账户应登记的金额；

（4）检查会计分录借贷是否平衡，有无错误。

现将例 2—2 中振兴公司 2004 年 3 月份发生的经济业务编制会计分录如下：

（1）借：原材料　　　　20 000
　　　　贷：银行存款　　　　20 000

（2）借：应付账款　　　　10 000
　　　　贷：短期借款　　　　10 000

（3）借：固定资产　　　　38 000

贷：实收资本　　38 000

(4) 借：长期借款　　15 000

贷：银行存款　　15 000

(5) 借：银行存款　　140 000

贷：长期借款　　140 000

(6) 借：盈余公积　　120 000

贷：实收资本　　120 000

会计分录有简单会计分录和复合会计分录两种。简单会计分录，是指只涉及两个账户的会计分录，即“一借一贷”的会计分录。如以上所列举的会计分录都属简单会计分录。复合会计分录，是指由两个以上账户所组成的会计分录，即“一借多贷”或“多借一贷”的会计分录。

(7) 20 日，振兴公司购进原材料 25 000 元，材料已验收入库，用银行存款支付货款 18 000 元，余款暂欠。

这项经济业务一方面使企业资产中的原材料增加 25 000 元，应记入“原材料”账户的借方；另一方面使企业资产中的银行存款减少 18 000 元，负债中的应付账款增加 7 000 元，应分别记入“银行存款”和“应付账款”账户的贷方。其会计分录为：

借：原材料　　25 000

贷：银行存款　　18 000

应付账款　　7 000

(8) 30 日，振兴公司收到甲公司投资转入的设备一台，价值 23 500 元，材料一批 5 000 元。

这项经济业务一方面使资产中原材料增加 5 000 元，固定资产增加 23 500 元，应分别记入“原材料”和“固定资产”账户的借方；另一方面使企业所有者权益中的实收资本增加 28 500 元，应记入“实收资本”账户的贷方。其会计分录为：

借：原材料　　5 000

固定资产　　23 500

贷：实收资本　　28 500

采用借贷记账法处理经济业务时，每项经济业务编制的会计分录，一般情况下可能出现的账户对应关系有“一借一贷”、“一借多贷”和“多借一贷”。为了保持账户对应关系的正确、清晰，以利于了解经济业务的具体内容，不允许把不同的业务合并起来编制“多借多贷”的会计分录。因为这种“多借多贷”的分录会造成账户对应关系的模糊不清，掩盖了经济业务的内容。

(四) 借贷记账法的试算平衡

试算平衡是根据会计等式的平衡关系，按照记账规则的要求，通过汇总计算和比较，以检查各类账户记录是否正确、完整的验证方法。

采用借贷记账法，由于任何经济业务都是按照“有借必有贷，借贷必相等”的记账规则记入各有关账户，所以，不仅每一笔会计分录借贷发生额相等，而且当一定会计期间的全部经济业务都记入相关账户后，所有账户的借方发生额合计数必然等于贷方发生额合计数；同时，期末结账后，全部账户借方余额合计数也必然等于贷方余额合计数。因此，通过所有账户借贷两方本期发生额和期末余额的试算平衡，可以检查账户记录的正确性。

借贷记账法的试算平衡有发生额平衡法和余额平衡法两种。

1. 发生额平衡法

发生额平衡法是以全部账户的借、贷方发生额为依据来检查账户记录正确性的方法。其计算公式为：

全部账户本期借方发生额合计=全部账户本期贷方发生额合计

2. 余额平衡法

余额平衡法是以账户余额为依据来检查账户记录正确性的方法。其计算公式为：

全部账户期初借方余额合计=全部账户期初贷方余额合计

全部账户期末借方余额合计=全部账户期末贷方余额合计

在实际工作中，试算平衡一般是在月末结出各个账户的本月发生额和月末余额后，通过编制总分类账户本期发生额试算平衡表和总分类账户余额试算平衡表来进行的。

[例 2—3] 承例 2—2，假设振兴公司某年 3 月 1 日总分类账户期初余额如表 2—6 所示。

表 2—6 单位：元

资产	金额	负债及所有者权益	金额
库存现金	10 000	应付账款	10 000
银行存款	450 000	短期借款	80 000
应收账款	15 000	长期借款	15 000
原材料	515 000	实收资本	1 185 000
固定资产	700 000	盈余公积	400 000

续前表

资产	金额	负债及所有者权益	金额
合计	1 690 000	合计	1 690 000

将期初余额及3月份发生的经济业务编制的会计分录登账并结账，如图2—14所示。

借方	库存现金		贷方
期初余额	10 000		
本期发生额	——	本期发生额	—
期末余额	10 000		

借方	银行存款		贷方
期初余额	450 000	(1)	20 000
(5)	140 000	(4)	15 000
		(7)	18 000
本期发生额	140 000	本期发生额	53 000
期末余额	537 000		

借方	原材料		贷方
期初余额	515 000		
(1)	20 000		
(7)	25 000		
(8)	5 000		
本期发生额	50 000	本期发生额	——
期末余额	565 000		

借方	应收账款		贷方
期初余额	15 000		
本期发生额	——	本期发生额	——
期末余额	15 000		

借方	固定资产		贷方
期初余额	700 000		
(3)	38 000		
(8)	23 500		
本期发生额	61 500	本期发生额	——
期末余额	761 500		

借方	应付账款		贷方
		期初余额	10 000
(2)	10 000	(7)	7 000
本期发生额	10 000	本期发生额	7 000
		期末余额	7 000

借方	短期借款		贷方
		期初余额	80 000
		(2)	10 000
本期发生额	——	本期发生额	10 000
		期末余额	90 000

借方	长期借款		贷方
		期初余额	15 000
(4)	15 000	(5)	140 000
本期发生额	15 000	本期发生额	140 000
		期末余额	140 000

借方	盈余公积		贷方
		期初余额	400 000
(6)	120 000		
本期发生额	120 000	本期发生额	——
		期末余额	280 000

借方	实收资本		贷方
		期初余额	1 185 000
		(3)	38 000
		(6)	120 000
		(8)	28 500
本期发生额	——	本期发生额	186 500
		期末余额	1 371 500

图2—14

编制试算平衡表，如表 2—7 所示。

总分类账户本期发生额及余额试算平衡表

表 2—7 ××××年 3 月 31 日 单位：元

账户名称	期初余额		本期发生额		期末余额	
	借方	贷方	借方	贷方	借方	贷方
库存现金	10 000				10 000	
银行存款	450 000		140 000	53 000	537 000	
应收账款	15 000				15 000	
原材料	515 000		50 000		565 000	
固定资产	700 000		61 500		761 500	
应付账款		10 000	10 000	7 000		7 000
短期借款		80 000		10 000		90 000
长期借款		15 000	15 000	140 000		140 000
实收资本		1 185 000		186 500		1 371 500
盈余公积		400 000	120 000			280 000
合 计	1 690 000	1 690 000	396 500	396 500	1 888 500	1 888 500

必须指出，试算平衡只是通过借贷金额是否平衡来检查账户记录是否正确。如果借贷不平衡，就可以肯定账户记录或计算有错，应查找原因并予以更正。如果借贷平衡，并不能肯定记账没有错误，因为有些记账错误并不影响借贷双方的平衡。例如重记、漏记经济业务，应借应贷科目写错，借贷方向弄反等就难以通过账户的平衡关系检查出来。因此，为了纠正账簿记录的其他错误，需要对一切会计记录进行日常或定期的复核，以保证账户记录的正确性。

第四节 总分类账户与明细分类账户

为了满足企业内部经营管理和企业外部有关各方对会计信息的不同需要，对于会计核算的内容，不仅要提供总括核算指标，而且在许多情况下还要提供明细分类核算指标。为此，企业既要根据总分类科目开设总分类账户，进行总分类核算；又要根据有关总分类科目所属的明细分类科目开设明细分类账户，进行明细分类核算。

一、总分类账户与明细分类账户的关系

总分类账户是指根据总分类科目开设的账户，用以登记各项经济业务引起的会计要素的增减变化，提供总括的分类核算资料。例如，根据“原材料”科目开设“原材料”账户，称“原材料”账户为总分类账户，用以提供各种库存材料的增减变化和结存情况的总括分类核算指标。因此，总分类账户只采用货币量度。根据有关总分类科目所属的明细分类科目开设的账户，称为明细分类账户，用以登记各项经济业务的具体内容，提供各种具体的、详细的分类核算资料。例如，根据材料的品名、规格设置的账户，称为“原材料”明细分类账户。明细分类账户除了采用货币量度外，有些账户还要采用实物量度。例如，原材料明细分类账户，既要提供货币指标，又要提供实物数量指标。对各项经济业务，通过总分类账户进行核算，称为总分类核算；对某些经济业务通过有关明细分类账户进行核算，称为明细分类核算。

需要指出的是，企业发生的经济业务并不是都要既进行总分类核算，又要进行明细分类核算，具体根据会计核算的“相关性”原则，即根据企业内部经营管理和企业外部有关各方对会计信息的不同需要，决定是只进行总分类核算，还是在进行总分类核算的同时，又进行明细分类核算。一般来说，企业的原材料、库存商品的收发、结存，以及债权债务的发生和清算等业务发生后，既要设置总分类账户进行总分类核算，又要设置有关明细分类账户进行明细分类核算。

总分类账户与明细分类账户之间的关系是：二者反映的经济业务内容相同，登记的原始依据也是相同的，只是反映经济业务的详细程度不同。总分类账户提供总括分类的核算资料，明细分类账户提供明细分类的核算资料，前者是后者的综合，后者是对前者的具体化。因此，总分类账户对其所属的明细分类账户起着统驭和控制作用；而明细分类账户对其总分类账户起着补充和具体说明的作用。据此又可将账户分为统驭账户和从属账户。设有明细分类账户的总分类账户是统驭账户，而明细分类账户则是其统驭账户的从属账户。

二、总分类账户与明细分类账户的平行登记

根据总分类账户与其所属的明细分类账户之间的关系，在会计核算中，为

了便于进行账户记录的核对，保证核算资料的完整性和正确性，对于那些既要进行总分类核算，又要进行明细分类核算的经济业务，必须采用平行登记的方法。

所谓平行登记，是指对发生的每一项经济业务，都要根据同一依据在同一时期既记入有关的总分类账户，又记入所属的明细分类账户。总分类账户和明细分类账户平行登记的要点可概括如下：

第一，同时期登记。对发生的有关经济业务，根据会计凭证，在同一会计期间内，一方面要在有关总分类账户中进行总括登记，另一方面又要在其所属的明细分类账户中进行明细登记。

第二，同方向登记。对发生的有关经济业务，记入有关总分类账户的借、贷方向，必须与记入其所属的明细分类账户的借、贷方向一致。即总分类账户记入借方，明细分类账户也应记入借方；总分类账户记入贷方，明细分类账户也应记入贷方。

第三，同金额登记。对发生的有关经济业务，记入总分类账户的金额，应与记入其所属明细分类账户的金额合计数相等。

通过平行登记，总分类账户与明细分类账户之间在金额上就形成了如下关系：

（1）总分类账户的本期借方（或贷方）发生额，与其所属明细分类账户的本期借方（或贷方）发生额之和相等；

（2）总分类账户的期末借方（或贷方）余额，与其所属明细分类账户的期末借方（或贷方）余额之和相等。

以上这种金额的关系也称为总分类账与明细分类账的勾稽关系。这一勾稽关系也是总分类账与明细分类账相互核对的理论依据。在会计实务中，可以根据这种勾稽关系来检查总分类账户和明细分类账户记录的完整性和正确性。具体做法是：月末对有关总分类账户和其所属的所有明细分类账户进行结账，根据有关总分类账户所属的所有明细分类账户的本期发生额和期末余额，编制“明细分类账户本期发生额及余额表”，与有关总分类账户的记录相核对。

下面以“原材料”账户为例，说明总分类账户与明细分类账户平行登记的方法。

［例 2—4］ 假设振兴公司 2004 年 4 月 1 日“原材料”总分类账户及其所属明细分类账户的余额如表 2—8 所示。

表 2—8　　单位：元

账户名称		数量	计量单位	单价	金额	
总账	明细账				总账	明细账
原材料					560 000	
	甲材料	10 000	千克	20		200 000
	乙材料	12 000	千克	30		360 000

4 月份发生的材料收发业务如下：

（1）2 日，从科达公司购进甲材料 3 000 千克，单价 20 元，计 60 000 元。材料已验收入库，货款未付。

（2）5 日，仓库发出甲材料 5 000 千克，单价 20 元，计 100 000 元；发出乙材料 7 000 千克，单价 30 元，计 210 000 元，总计 310 000 元。这些材料直接用于制造产品。

（3）28 日，从通达公司购进乙材料 2 000 千克，单价 30 元，计 60 000 元，材料已验收入库。用银行存款支付货款 40 000 元，余款暂欠。

根据上述资料，采用平行登记的方法登记“原材料”总分类账户及其所属的各明细分类账户。具体做法是：先将月初余额分别记入“原材料”总分类账户及其所属各明细分类账户。然后，根据上列经济业务编制会计分录如下：

（1）借：原材料——甲材料　　60 000
　　贷：应付账款——科达公司　　60 000

（2）借：生产成本　　310 000
　　贷：原材料——甲材料　　100 000
　　　　　　　——乙材料　　210 000

（3）借：原材料——乙材料　　60 000
　　贷：银行存款　　40 000
　　　　应付账款——通达公司　　20 000

根据上列会计分录，平行登记“原材料”总分类账户及其所属各明细分类账户，并分别计算各账户的本期发生额和期末余额。登记结果如表 2—9、表 2—10、表 2—11 所示。

表 2—9 **总分类账**

账户名称：原材料　　　　第　页

年		凭证号数	摘要	借方	贷方	借或贷	余额
月	日						
4	1		月初余额			借	560 000
	2	(1)	购进	60 000		借	620 000
	5	(2)	生产领用		310 000	借	310 000
	28	(3)	购进	60 000		借	370 000
	30		本期发生额及余额	120 000	310 000	借	370 000

表 2—10 **材料明细分类账**

材料名称：甲材料　　　　计量单位：千克

年		凭证号数	摘要	收入			发出			结存		
月	日			数量	单价	金额	数量	单价	金额	数量	单价	金额
4	1		月初余额							10 000	20	200 000
	2	(1)	购进	3 000	20	60 000				10 000	20	260 000
	5	(2)	生产领用				5 000	20	100 000	8 000	20	160 000
	30		本期发生额及余额	3 000	20	60 000	5 000	20	100 000	8 000	20	160 000

表 2—11 **材料明细分类账**

材料名称：乙材料　　　　计量单位：千克

年		凭证号数	摘要	收入			发出			结存		
月	日			数量	单价	金额	数量	单价	金额	数量	单价	金额
4	1		月初余额							12 000	30	360 000
	5	(2)	生产领用				7 000	30	210 000	5 000	30	150 000
	28	(3)	购进	2 000	30	60 000				7 000	30	210 000
	30		本期发生额及余额	2 000	30	60 000	7 000	30	210 000	7 000	30	210 000

为了检查总分类账户与其所属明细分类账户的登记是否正确，月末应进行相互核对。核对的方法，可以将各明细账户的本期发生额及余额相加与总分类账直接核对，也可以编制本期发生额及余额明细表与总分类账核对。根据本例编制“原材料”的本期发生额及余额明细表，如表 2—12 所示。

表 2—12　　原材料本期发生额及余额明细表　　单位：元

材料名称	计量单位	单价	月初余额		本期发生额				月末余额	
			数量	金额	收入（借方）		发出（贷方）		数量	金额
					数量	金额	数量	金额		
甲材料	千克	20	10 000	200 000	3 000	60 000	5 000	100 000	8 000	160 000
乙材料	千克	30	12 000	360 000	2 000	60 000	7 000	210 000	7 000	210 000
合计				560 000		120 000		310 000		370 000

表 2—12 表明，“原材料本期发生额及余额明细表”的月初余额合计、本期收入（借方）发生额合计、本期发出（贷方）发生额合计、月末余额合计分别与“原材料”总分类账户的月初余额、本期借方发生额、本期贷方发生额、月末余额核对相符。如果本期发生额及余额明细表与有关总分类账户的数字不符，则应查明原因，予以更正。

【本章小结】

本章首先阐述了会计等式的涵义，并把会计等式区分为反映资产、负债、所有者权益之间关系的会计等式；反映收入、费用、利润之间关系的会计等式以及扩展会计等式。

会计科目是对会计要素的具体内容进行分类核算的项目，而账户是根据会计科目开设的，具有一定格式和结构，用于分类反映会计要素增减变动及其结果的一种工具，二者之间既有联系又有区别。

借贷记账法是以“借”、“贷”作为记账符号，以“有借必有贷，借贷必相等”为记账规则，对每项经济业务都在两个或两个以上有关账户中相互联系地进行记录的一种复式记账方法。

总分类账户与明细分类账户反映的经济业务内容相同，登记的原始依据相同，只是反映经济业务的详细程度不同。

【复习思考题】

1. 为什么说经济业务的发生不会影响会计等式的平衡关系？

2. 结合会计等式的平衡关系，概述经济业务的类型。

3. 设置会计科目的原则是什么？

4. 账户与会计科目的关系如何？

5. 试述复式记账法的特点。

6. 简述借贷记账法的记账规则和账户结构。

7. 什么是账户的对应关系？什么是对应账户？

8. 为什么要编制会计分录？

9. 试述借贷记账法的试算平衡。

10. 试述总分类账户和明细分类账户之间的关系。

11. 什么是总分类账户和明细分类账户的平行登记？

12. 某企业月初资产总额 5 000 000 元，负债总额 2 200 000 元，所有者权益总额 2 800 000 元。本月发生下列经济业务：

（1）接受捐赠设备一台，价值 35 000 元。

（2）用银行存款 25 000 元归还短期借款。

（3）购入材料一批已入库，金额 5 000 元，款项以银行存款支付。

（4）收到购买单位的预付购货款 18 000 元，存入银行。

（5）从银行提取现金 22 000 元，备发工资。

（6）经批准，将盈余公积 200 000 元转增资本。

要求：

（1）逐项分析上述业务发生后对资产、负债和所有者权益三个要素增减变动的影响。

（2）月末，计算资产、负债和所有者权益三个要素的总额，并列出会计等式。

13. 东方公司 2004 年 2 月 28 日的资产负债表如表 2—13 所示。

表 2—13 单位：元

资产	金额	负债及所有者权益	金额
库存现金	2 000	短期借款	94 000
银行存款	124 000	应付账款	32 000

续前表

资产	金额	负债及所有者权益	金额
应收账款	40 000	应交税费	5 000
存货	280 000	实收资本	360 000
固定资产	150 000	盈余公积	105 000
合计	596 000	合计	596 000

该公司2004年3月份发生下列经济业务：

（1）5日，销售商品一批，货款400 000元，已存入银行。

（2）6日，用银行存款支付本月房租2 000元。

（3）7日，用银行存款支付本月销售商品的销售费用42 000元。

（4）8日，销售给天马公司商品一批，货款共计2 500元，双方同意抵扣2月份本公司欠天马公司的款项。

（5）28日，本月应付职工工资50 000元，尚未支付。

（6）30日，计算本月应付销售税金45 000元。

（7）30日，结转本月销售成本250 000元。

（8）汇总本月的收入、费用。

（9）31日，公司将全部利润转作盈余公积。

要求：试根据以上资料填制表2—14。

表2—14 单位：元

业务	资产 ＝	负债 ＋	所有者权益 ＋	收入 －	费用
期初余额					
（1）					
（2）					
（3）					
（4）					
（5）					
（6）					
（7）					
（8）					
（9）					
期末金额					

14. 宏兴公司 2004 年 3 月 31 日会计项目如表 2—15 所示。

表 2—15 单位：元

项目	金额	资产		负债		所有者权益	
		名称	金额	名称	金额	名称	金额
（1）房屋及建筑物	154 000						
（2）机器及设备	200 000						
（3）运输汽车	50 000						
（4）动力设备	36 000						
（5）库存生产用钢材	120 000						
（6）库存生产用外购零件	24 000						
（7）库存燃料	24 000						
（8）未完工产品	72 000						
（9）库存完工产品	108 000						
（10）出纳人员保管的款项	600						
（11）存入银行的款项	60 000						
（12）应收某厂的货款	40 000						
（13）暂付职工差旅费	1 400						
（14）国家投入的资本	440 000						
（15）某企业捐赠的资本	360 000						
（16）从银行借入半年期款项	30 000						
（17）应付光华厂材料款	50 000						
（18）欠交的税金	10 000						
合计	—						

要求：

（1）根据以上项目，分析说明所属的会计科目名称及要素，并分别填入相应空格栏内。

（2）计算资产总额和权益总额，检查是否平衡。

15. 某企业 2004 年 4 月末各资产、负债及所有者权益账户的余额，如表 2—16 所示。

表 2—16　　单位：元

资产	金额	负债及所有者权益	金额
库存现金	2 000	短期借款	200 000
银行存款	100 000	应付账款	50 000
应收账款	50 000	应交税费	2 000
生产成本	48 000	应付职工薪酬	28 000
原材料	110 000	实收资本	600 000
库存商品	70 000		
固定资产	500 000		
合 计	880 000	合 计	880 000

该企业 5 月份发生下列经济业务：

（1）购入原材料 46 800 元，材料已验收入库，货款以银行存款支付。

（2）其他单位投入资本 200 000 元，款项存入银行。

（3）从银行存款户提取现金 1 000 元。

（4）生产车间从仓库领用材料 20 000 元。

（5）以银行存款购入新汽车一辆，计价 150 000 元。

（6）用银行存款偿付应付供货单位材料款 20 000 元。

（7）收到购货单位前欠货款 30 000 元，存入银行。

（8）以银行存款 80 000 元归还短期借款 50 000 元和应付供货单位货款 30 000元。

（9）收到购货单位前欠货款 20 000 元，其中现金 4 000 元，支票 16 000 元存入银行。

要求：

（1）根据 5 月份发生的各项经济业务，用借贷记账法编制会计分录。

（2）开设各账户（丁字账）登记期初余额、本期发生额，结出期末余额，并编制总分类账试算平衡表进行试算平衡。

16. 某公司 2004 年 4 月份部分账户登记如图 2—15 所示。

要求：根据账户的对应关系，用文字叙述以上账户中登记的（1）～（8）项经济业务的内容，并写出会计分录。

17. 某企业 2004 年 3 月 31 日“原材料”和“应付账款”总分类账户及明细分类账户的余额如表 2—17、表 2—18 所示。

该企业 4 月份发生下列有关经济业务：

（1）3 日，用银行存款 20 000 元购进 A 材料 100 千克，材料已验收入库。

（2）8 日，以银行存款 110 000 元偿还所欠甲公司材料货款。

（3）13 日，向乙公司购进 B 材料 500 千克，单价 100 元，货款 50 000 元尚未支付。材料已验收入库。

（4）18 日，仓库发出材料一批用于产品生产，其中，A 材料 1 000 千克，单价 200 元；B 材料 2 250 千克，单价 100 元。

（5）23 日，以银行存款 65 000 元偿还前欠乙公司材料货款。

要求：

（1）开设“原材料”、“应付账款”总分类账户和明细分类账户。

（2）根据 4 月份发生的经济业务平行登记“原材料”、“应付账款”总分类账户和明细分类账户。

（3）结算“原材料”、“应付账款”总分类账户和明细分类账户的本期发生额和期末余额。

（4）根据“原材料”、“应付账款”明细账户的本期发生额和期末余额，编制本期发生额及余额明细表，并与总分类账户进行核对。

库存现金

借方		贷方	
期初余额	20 000	（5）	10 000
（1）	10 000		

原材料

借方		贷方	
期初余额	100 000		
（2）	50 000		
（7）	10 000		

银行存款

借方		贷方	
期初余额	500 000	（1）	10 000
（6）	80 000	（3）	100 000
		（7）	10 000
		（8）	200 000

固定资产

借方		贷方	
期初余额	300 000		
（3）	100 000		

应收账款

借方		贷方	
期初余额	80 000	（6）	80000

短期借款

借方		贷方	
（8）	200 000	期初余额	400 000
		（4）	100 000

其他应收款

借方		贷方	
期初余额	10 000		
（5）	10 000		

应付账款

借方		贷方	
（4）	100 000	期初余额	50 000
		（2）	50 000

图 2—15

表 2—17

原材料：

材料名称	数量（千克）	单价（元/千克）	明细账户余额（元）	总账余额（元）
A材料	1 100	200	220 000	
B材料	2 000	100	200 000	420 000

表 2—18

应付账款：

账户名称	明细账户余额（元）	总账余额（元）
甲公司	110 000	
乙公司	15 000	
合计		125 000

第三章
会计循环

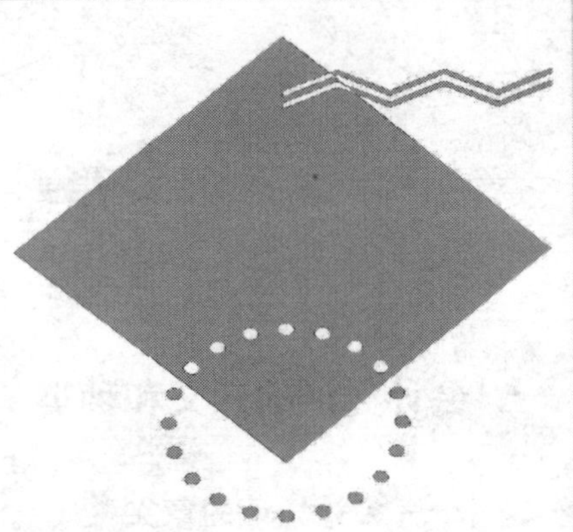

【本章要点】

- 记录经济业务的会计凭证；
- 全面、系统、连续地记录和反映各项经济业务的会计账簿；
- 反映会计凭证、账簿、会计报表的记录过程的账务处理程序。

【本章引言】

会计循环是会计主体为编制特定会计期间财务会计报表而必须经过的全部过程，其主要环节是填制和审核会计凭证、登记账簿和编制会计报表。有关会计报表的编制将在第九章专门阐述，本章主要介绍会计凭证、会计账簿以及账务处理程序等内容。

第一节　会计凭证

一、会计凭证的意义和种类

（一）会计凭证的意义

会计凭证是记录经济业务，明确经济责任的书面证明，也是登记账簿的依据。

为了保证会计记录的真实性和明确经济责任，任何一个有经济活动的单位，对其所记入账户的每一项经济业务，都必须有可靠的书面文件来证明经济业务的发生或完成。因此，合法地取得、正确地填制和审核会计凭证是会计核算的基本方法之一，也是会计核算工作的起始环节，在会计核算中具有重要的意义。

1. 通过会计凭证的填制，为登记账簿提供可靠依据

各单位对其所发生的每一项经济业务，如资产的取得和使用情况、负债的发生和偿还情况、所有者权益的增减变动情况等，都要取得或填制会计凭证。这样就把日常发生的大量经济业务，及时、全面地加以记录，并进行系统的分类和汇总，为登记账簿提供了依据，同时也为日后分析和检查经济活动和财务收支活动提供了必要的原始资料。

2. 通过会计凭证的审核，可以发挥会计的监督作用

通过会计凭证的审核，可以检查各项经济业务是否符合有关政策、法令、制度、计划和预算等规定，有无铺张浪费、不讲求经济效益或违法乱纪的行为，从而达到严肃财经纪律，改善经营管理，保护企业资财的安全与完整。

3. 通过会计凭证的填制和审核，可以加强经济管理上的责任制

由于会计凭证对发生的每一项经济业务都必须由有关经办人员办理手续，并签名或盖章。因此，可以明确各经办单位人员所负的责任，从而加强了他们的责任感，促使有关人员在自己的职责范围内严格照章办事。如果发生问题，也可以据以追查责任或进行合理的裁决，便于检查和分清责任。通过会计凭证的审核，如发现管理上的责任不清等问题，可以及时采取措施，改进工作，以加强经济管理上的责任制。

（二）会计凭证的种类

会计凭证的种类很多，可以按照不同的标准分类。其中，最基本的分类方法是按照其填制的程序和用途将其分为原始凭证和记账凭证两大类。

1. 原始凭证

原始凭证是指在经济业务发生时填制或取得的，用以证明经济业务的发生或完成情况，明确经济责任，并作为记账原始依据的会计凭证。例如，购买材料时取得的购货发票，生产过程中领用材料的领料单，产品完工的入库单等等。凡是可以用来证明经济业务实际发生或完成情况的最后书面文件都是原始凭证。

（1）原始凭证按其来源不同，可分为自制原始凭证和外来原始凭证。自制原始凭证是指由本单位有关业务经办人员在发生经济业务时自行填制的原始凭证，如购入材料验收入库时的收料单（格式如表 3—1 所示）、销售产品时开出的发货单等。

表 3—1 **收料单**

供应单位： 凭证编号

发票号码： 年 月 日 收料仓库

材料名称	规格	计量单位	数量		买价		运杂费		实际成本
			发票	实收	单价	货款	运输费	装卸费	
合计									

会计主管： 记账： 仓库保管： 经办人：

外来原始凭证是指企业同外单位发生经济业务关系时，从外单位取得的原始凭证。如购买商品时取得的购货发票（格式如表 3—2 所示）、付款时所收取的收据等。

表 3—2 **发货票**

购货单位： 年 月 日 编号

品名	规格	单位	数量	单价	金额	备注
合计	人民币（大写） 万 仟 佰 拾 元 角 分					

业务主管（盖章）： 收款： 开票：

（2）原始凭证按其填制手续次数不同，可分为一次凭证和累计凭证。一次凭证是指对一项或若干项同类经济业务，于发生或完成时一次填制完成的原始凭证。它的特点是一次完成凭证的填制工作。所有外来原始凭证和大部分自制原始凭证都属于一次凭证，如购货发票、销货发票、收料单、领料单等。

累计凭证是指在一定时期内（如一个月），连续记载同类重复发生的经济业务，填制手续在一张凭证中多次进行才能完成的原始凭证。它的特点是把经常发生的同类经济业务连续、累计地反映在一张凭证上，以便随时计算发生数，便于同计划、定额对比，起到事前控制的作用，也可以简化会计核算手续。如对生产车间使用有消耗定额的材料采用的限额领料单，就是比较典型的累计凭证。其一般格式如表 3—3 所示。

表 3—3　　限额领料单

领料部门：　　　　编号：

用途：　　年　　月　　发料仓库：　　号库

<table>
<tr><th rowspan="2">材料编号</th><th rowspan="2">材料名称及规格</th><th rowspan="2">计量单位</th><th rowspan="2">领用限额</th><th colspan="3">实际领用</th><th rowspan="2">计划产量</th><th rowspan="2">单位耗用定额</th></tr>
<tr><th>数量</th><th>单价</th><th>金额</th></tr>
<tr><td></td><td></td><td></td><td></td><td></td><td></td><td></td><td></td><td></td></tr>
</table>

<table>
<tr><th rowspan="2">领用日期</th><th colspan="2">请领</th><th colspan="3">实发</th><th colspan="3">退回</th><th rowspan="2">限额结余</th></tr>
<tr><th>数量</th><th>领料单位负责人签章</th><th>数量</th><th>发料人签章</th><th>领料人签章</th><th>数量</th><th>收料人签章</th><th>退料人签章</th></tr>
<tr><td></td><td></td><td></td><td></td><td></td><td></td><td></td><td></td><td></td><td></td></tr>
<tr><td></td><td></td><td></td><td></td><td></td><td></td><td></td><td></td><td></td><td></td></tr>
<tr><td></td><td></td><td></td><td></td><td></td><td></td><td></td><td></td><td></td><td></td></tr>
<tr><td></td><td colspan="2">合计</td><td></td><td></td><td></td><td></td><td></td><td></td><td></td></tr>
</table>

生产计划部门：　　供应部门：　　仓库：

此外，对于一些经常、重复发生的经济业务，还可以根据同类原始凭证编制原始凭证汇总表，以简化记账工作。如根据收料单编制的收料汇总表，根据发料单编制的发料汇总表等。

2. 记账凭证

记账凭证是会计人员根据审核无误的原始凭证或原始凭证汇总表编制的，用来确定会计分录，作为记账直接依据的会计凭证。

由于原始凭证的内容和格式不一，直接根据原始凭证记账容易发生差错。所以在记账前，可以先根据原始凭证或原始凭证汇总表编制记账凭证，确定应借、应贷的账户及金额，而将原始凭证作为附件附于其后，再据以记账，这样可以减少记账错误，便于核对和查账，保证记账工作的质量。

（1）记账凭证按其用途不同，可分为专用记账凭证和通用记账凭证。专用记账凭证是专门用于记录某一类经济业务的记账凭证。按其反映经济业务内容的不同，又可分为收款凭证、付款凭证和转账凭证。

收款凭证是用来记录现金和银行存款收入业务的记账凭证。一般按库存现金和银行存款分别编制。其格式见表3—4、表3—5所示。

表3—4 **收款凭证**

借方科目：库存现金　　××××年3月3日　　现收字第1号

摘要	贷方科目		金额（元）	过账	
	一级科目	二级科目			附件1张
收到出租包装物押金	其他应收款	光明工厂	350	√	
合计			350		

会计主管　　记账　　出纳　　复核　　制单

表3—5 **收款凭证**

借方科目：银行存款　　××××年3月5日　　银收字第1号

摘要	贷方科目		金额	过账	
	一级科目	二级科目			附件1张
收回前欠货款	应收账款	东方工厂	8 000	√	
合计			8 000		

会计主管　　记账　　出纳　　复核　　制单

付款凭证是用来记录现金和银行存款付出业务的记账凭证，一般按库存现金和银行存款分别编制。其格式见表3—6、表3—7所示。

表3—6 **付款凭证**

贷方科目：库存现金　　××××年3月7日　　现付字第1号

摘要	借方科目		金额（元）	过账
	一级科目	二级科目		
发放工资	应付工资		56 000	√
合计			56 000	

会计主管　　记账　　出纳　　复核　　制单

表 3—7 付款凭证

贷方科目：银行存款 ××××年 3 月 10 日 银付字第 1 号

摘 要	借方科目		金额（元）	过账
	一级科目	二级科目		
偿还银行短期借款	短期借款		25 000	√
合计			25 000	

附件 1 张

会计主管 记账 出纳 复核 制单

转账凭证是用来记录与库存现金、银行存款收付业务无关的其他业务的记账凭证。其格式见表 3—8 所示。

转账凭证

表 3—8 ××××年 3 月 18 日 转字第 1 号

摘 要	借方		贷方		金额（元）	过账
	一级科目	二级科目	一级科目	二级科目		
生产领料	生产成本	A 产品			20 000	√
		B 产品			10 000	√
			原材料	甲材料	30 000	√
合计					30 000	

附件 1 张

会计主管 记账 出纳 复核 制单

通用记账凭证是指用来记录全部经济业务的记账凭证。其格式与转账凭证相同。

（2）记账凭证按其填制方式不同，可分为复式记账凭证和单式记账凭证。复式记账凭证是在一张凭证上完整地反映一笔经济业务所涉及的全部账户及其对应关系的记账凭证。前述各种记账凭证都是复式记账凭证。

单式记账凭证是将一笔经济业务所涉及的账户，按每一账户分别填制的记账凭证，而对应账户的名称仅作参考，不据以记账。填制借方账户的称为借项记账凭证，填制贷方账户的称为贷项记账凭证。其格式见表 3—9、表 3—10 所示。

借项记账凭证

表 3—9 ××××年 3 月 8 日 编号 $1\frac{1}{2}$

摘要	总账科目	明细科目	金额（元）	过账
支付厂部电话费	管理费用	办公费	3 250	√
对应科目：银行存款	合 计		3 250	

附件 1 张

会计主管 记账 出纳 复核 制单

贷项记账凭证

表 3—10　　　　　　××××年 3 月 8 日　　　　　　编号 1 $\frac{2}{2}$

摘要	总账科目	明细科目	金额（元）	过账
支付厂部电话费	银行存款		3 250	√
对应科目：管理费用	合 计		3 250	

附件 1 张

会计主管　　　记账　　　出纳　　　复核　　　制单

采用单式记账凭证便于分工记账和汇总，但工作量大，而且在一张凭证上不能反映一项经济业务的全貌以及账户的对应关系，这种凭证主要适用于编制记账凭证汇总表（即科目汇总表）。复式记账凭证则可以集中反映一项经济业务的内容以及账户的对应关系，便于检查经济业务，同时还可以减少凭证张数。

综上所述，可将会计凭证的分类用图 3—1 列示如下。

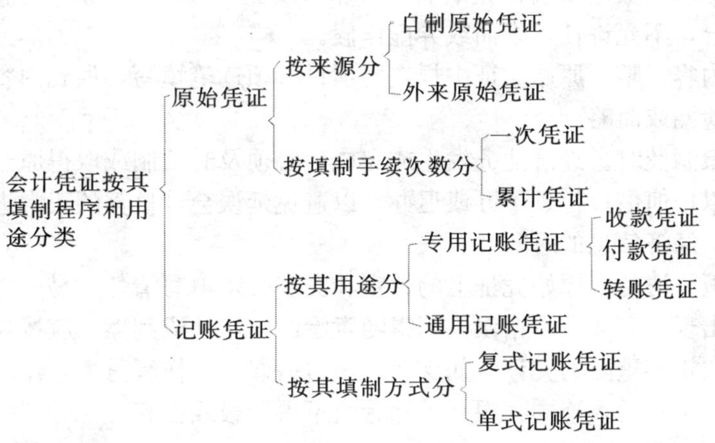

图 3—1

二、会计凭证的填制与审核

（一）原始凭证的填制与审核

1. 原始凭证的基本内容

经济业务的内容是多种多样的，记录经济业务的原始凭证所包括的具体内容也各不相同。但是，无论哪一种原始凭证都必须载明有关经济业务的发生或完成情况，都必须明确经办业务部门和人员及其他有关单位的经济责任。因此，各种原始凭证都应具备一些共同的基本内容。这些基本内容也称为凭证要素，主要有：

(1) 原始凭证的名称；

(2) 凭证填制的日期和凭证编号；

(3) 填制或接受凭证单位的名称；

(4) 经济业务的内容摘要；

(5) 经济业务涉及的财物数量、单价和金额；

(6) 经办部门和人员的签名或盖章。

2. 原始凭证的填制

原始凭证是记账的原始依据。为了保证原始凭证能够正确、及时、完整地反映各项经济业务，在填制原始凭证时必须符合下列要求：

(1) 记录真实。填制在凭证上的内容和数字必须真实可靠，与有关经济业务完全吻合，不允许任何歪曲或弄虚作假。

(2) 内容完整。原始凭证中规定的项目必须逐笔填写，做到内容完整、齐全，不得遗漏或简略。

(3) 填制及时。经济业务发生或完成后必须及时填制或取得原始凭证，任何人不得以任何借口拖延不办或迟办，以避免延误会计核算的正常进行，保证会计资料、经济信息的时效性。

(4) 填写清楚。原始凭证上的数字和文字必须填写清楚，易于辨认，如填写过程中出现文字或数字错误，不得随意涂改、挖补或刮擦，应按规范的更正方法予以纠正。重要的凭证（如支票）填写错误，应作废重填，作废的凭证加盖“作废”字样后，连同存根一起保管，不得撕毁或丢弃。

3. 原始凭证的审核

为了保证原始凭证的真实性、合法性，会计部门在收到经办人员填制的原始凭证以后，必须进行认真、细致的审核，只有经过审核无误的原始凭证，方可作为记账的依据。

对原始凭证的审核一般从以下三个方面进行：

(1) 合法、合理性审核。主要是审核原始凭证所记录的经济业务是否符合国家的相关方针、政策、法令、制度的规定；是否违反财经纪律或财务制度；审批手续是否完备；经济业务是否按规定的程序操作，是否存在合理不合法的现象等。如发现违反财经纪律和制度的情况，会计人员应拒绝付款和报销；对于营私舞弊、弄虚作假、涂改伪造凭证的违法乱纪行为，应及时扣留凭证，迅速向领导或上级部门汇报，以便进行严肃处理。

（2）完整性审核。根据原始凭证的要素，逐项审核原始凭证的内容是否完整，原始凭证的各项目是否按规定填写齐全，有关经办人员是否都已签名盖章，是否经过主管人员审批同意，手续是否完备，书写是否清晰。对于内容填列不齐、手续不完备、书写不清楚的原始凭证应退回补办手续或更正后，才能据以办理相关业务，并登记入账。

（3）正确性审核。原始凭证中有关数量、单价、金额都必须填写清楚，数量、单价、金额的计算，小计、合计的加总，数字的大、小写之间，都必须逐一进行认真审核。如发现不符情况，要退回经办人进行更正或重新填写。

（二）记账凭证的填制与审核

1. 记账凭证的基本内容

记账凭证是会计人员根据审核无误的原始凭证，按记账的要求归类整理而编制的。记账凭证虽有不同的种类和格式，但不论哪一类记账凭证，都必须满足记账的要求，有利于正确记账和提高工作效率。因此，作为记账凭证必须具备下列基本内容：

（1）记账凭证的名称；

（2）填制凭证的日期和凭证的编号；

（3）经济业务的内容摘要；

（4）应借、应贷账户的名称和金额；

（5）所附原始凭证的张数；

（6）制证、审核、记账等有关人员的签名或盖章。

2. 记账凭证的填制要求

记账凭证是登记账簿的依据，正确填制记账凭证是保证账簿记录正确的基础。填制记账凭证除了应符合原始凭证的填制要求外，还必须符合以下几点要求：

（1）凭证摘要填写简明扼要。摘要是对经济业务的简要说明。“摘要”栏的填写，既要做到简练概括，要言不烦，让人通过摘要对经济业务的内容一目了然；又要做到简繁得当，意思明确，避免产生疑义和误解。

（2）会计科目运用正确规范。必须按照规定的会计科目及核算内容，正确编制会计分录，不得任意改变会计科目的名称和核算内容，以保证核算口径一致，便于综合汇总核算指标。

(3) 会计科目对应关系清楚。账户对应关系清楚是正确运用好复式记账的关键。因此，不得把不同类型的经济业务合并填制在一张记账凭账中，以防止科目对应关系混淆不清。

(4) 记账凭证要连续编号，以便登账和备查。如果记账凭证为通用格式，在对记账凭证进行编号时，可以按照经济业务发生的时间先后顺序统一编号，即从本月第一笔经济业务发生后填制的记账凭证第1号开始，至本月最后一张记账凭第×号为止；如果采用收、付、转三种格式的记账凭证，则应采用分类统一编号，即按现金收款凭证、现金付款凭证，银行存款收款凭证、银行存款付款凭证，转账凭证分别进行编号，自成系统，如现收字第1号至现收字第×号，转字第1号至转字第×号等等。如果一笔经济业务需要编制两张以上记账凭证时，可采用分数编号法，即在原顺序编号后面，以分数形式表示该笔经济业务所编制的记账凭证的张数及该张的顺序号，例如一笔业务需要编制三张记账凭证，凭证的顺序号为转字第18号，则可编制为转字$18\frac{1}{3}$，转字$18\frac{2}{3}$，转字$18\frac{3}{3}$。月末，在最后一张记账凭证的编号旁边应注明“全”以表示本月编制的记账凭证到此全部结束。

(5) 注明所附原始凭证的张数。原始凭证应直接附在记账凭证的后面，并在记账凭证上注明所附原始凭证的张数。如果一张原始凭证涉及两张及以上记账凭证，可把原始凭证附在主要记账凭证的后面，在未附原始凭证的记账凭证上注明“单据×张附在×号记账凭证上”，以便于复核和查阅。如果原始凭证及附件数量过多，也可另行单独装订保管。

(6) 记账凭证上必须有填制人员、审核人员、记账人员和会计主管等的签章，以明确经济责任，有利于加强内部的检查、监督。

3. 记账凭证的填制方法

各种形式的记账凭证所反映的经济业务内容不同，其格式和具体填制方法也不尽相同。下面着重介绍收款凭证、付款凭证和转账凭证的填制方法。

(1) 收款凭证的填制。收款凭证是根据现金和银行存款收入业务原始凭证编制的记账凭证。由于这类业务借方账户只涉及“库存现金”和“银行存款”，故收款凭证只有两种，即现金收款凭证和银行存款收款凭证，这两种凭证可分别以“现收字”和“银收字”依次编号。收款凭证左上方的“借方科目”，应填写“库存现金”或“银行存款”科目；下方“贷方科目”栏是指与“库存现金”、“银行存款”发生对应关系的一级科目及其所属的二级或明细科目。“金额”栏中填列实际收到的现金或银行存款数额；合计数则表示借贷双方应记金额。“过账”栏一般打“√”表示已经记账，以免漏记或重记。收款凭证的填制方法参见表 3—4 和表 3—5。

(2) 付款凭证的填制。付款凭证是根据现金和银行存款付出业务原始凭证编制的记账凭证。由于这类业务贷方账户只涉及“库存现金”和“银行存款”，故付款凭证也只有两种，即现金付款凭证和银行存款付款凭证，这两种凭证可分别以“现付字”和“银付字”依次编号。付款凭证左上方的“贷方科目”，应填写“库存现金”或“银行存款”科目，下方“借方科目”栏是指与“库存现金”、“银行存款”发生对应关系的一级科目及其所属的二级或明细科目。其他栏目的填列方法与收款凭证相同。付款凭证的填制方法参见表 3—6 和表 3—7。

值得注意的是，对于现金和银行存款之间的相互划转业务，如将现金存入银行或从银行提取现金，按照习惯只编付款凭证，不编收款凭证，目的是避免重复记账。

(3) 转账凭证的填制。转账凭证是根据不涉及现金和银行存款收付业务的原始凭证编制的记账凭证。转账凭证所涉及的会计科目（一级和所属的二级或明细科目）全部填列在凭证的相应栏内，并在相应栏内填写金额，填写顺序是先借后贷，借贷金额相等。转账凭证的填制方法参见表 3—8。

在实际工作中，一些业务量少的小型企业，可以使用通用记账凭证。通用记账凭证的填制方法与转账凭证基本相同。

4. 记账凭证的审核

记账凭证是登记账簿的直接依据，为了保证账簿记录的正确性，以及整个会计信息的质量，记账前必须由专人对已填制的记账凭证进行认真、严格的审核。审核的主要内容有：

(1) 记账凭证是否附有原始凭证，所附原始凭证的张数与记账凭证所列附件张数是否相符；记账凭证所反映的经济业务是否与所附原始凭证的内容相符，金额是否一致。

(2) 记账凭证中所确定的会计分录中应借、应贷的会计科目是否正确，对应关系是否清楚，借贷是否平衡。

(3) 记账凭证中的各项内容是否填写清楚、完整，有关人员的签章是否齐全。

记账凭证要严格审核无误后，才能登记入账。若在审核中发现记账凭证的填写有错误，应查明原因，予以重填或按规定方法及时更正。

三、会计凭证的传递与保管

（一）会计凭证的传递

会计凭证的传递，是指会计凭证从取得或填制时起，经过审核、记账、装订、到归档保管时止，在本单位内部各有关部门和人员之间的传递程序和传递时间。

正确组织会计凭证的传递，对于及时利用会计凭证反映各项经济业务的情况，有效地发挥会计监督职能的作用，加强岗位责任制，合理地组织经济活动，都具有重要的意义。

会计凭证的传递，应包括合理的传递路线、传递时间和传递手续。

1. 确定会计凭证的传递路线

各单位应根据经济业务的特点、机构设置、人员分工情况，以及经营管理上的需要，明确规定会计凭证的联次及其流程。既要使会计凭证经过必要的环节进行审核和处理，又要避免会计凭证在不必要的环节停留，从而保证会计凭证沿着最简捷、最合理的路线传递。

2. 确定会计凭证的传递时间

会计凭证的传递时间，是指各种凭证在经办部门所停留的最长时间。它应考虑各部门和有关人员，在正常情况下办理经济业务所需的时间来合理确定。明确会计凭证的传递时间，能防止拖延处理和积压凭证，保证会计凭证的及时传递，提高工作效率。

3. 明确会计凭证的传递手续

会计凭证的传递手续，是指在凭证传递过程中的衔接手续。应该做到既完备严密，又简便易行。凭证的收发、交接都应按一定的手续制度办理，以保证会计凭证的安全和完整。

（二）会计凭证的保管

会计凭证的保管，是指会计凭证在登记入账后的整理、装订和归档存查。会计凭证作为记账的依据，是单位的重要经济档案，应予妥善保管，不得丢失、随意抽取或任意销毁。会计凭证的保管方法和要求是：

（1）每月记账完毕，要将本月各种记账凭证按序号排列整理，检查有无缺号或重号，附件是否齐全，然后加具封面封底，装订成册，以防散失，并在装订线上粘贴封签，盖具财务人员印章，防止任意拆装。封面上填好凭证所属年份、月份，标明凭证册数及每册起讫号、原始凭证张数等。对业务量大的企业，如一个月内凭证数量过多，也可分成若干册进行装订，在封面上注明共几册字样。

（2）装订成册的会计凭证，应由专人负责保管。查阅会计凭证应有一定的手续制度。作为会计档案，会计凭证不得外借，其他单位如因特殊原因需要调阅或复制会计凭证时，必须经本单位领导批准方可。向外单位提供的会计凭证复制件，应在备查簿中登记，由提供人和收取人共同签名和盖章。

（3）会计凭证的保管期限和销毁手续，必须严格按会计制度执行。保管期未满，任何人都不得随意销毁会计凭证。保管期满后，也必须按规定的批准手续进行销毁处理。

第二节　会计账簿

一、会计账簿的意义和种类

（一）会计账簿的意义

会计账簿是指以会计凭证为依据，全面、系统、连续地记录和反映各项经济业务的簿籍。它由具有专门格式而又联结在一起的账页所组成。设置和登记会计账簿是会计核算的一种专门方法。

会计凭证是会计核算的基础。但是，会计凭证的数量多，格式不一，资料分散，每一张凭证只能反映个别经济业务的内容。为了对经济业务进行全面、系统、连续地反映，以提供经营管理所需要的各种会计核算资料，就有必要把会计凭证提供的大量分散的核算资料，加以归类整理，登记到有关的账簿中去。

设置和登记账簿是加工整理、储存会计信息的一种重要方法，是会计核算工作的中心环节，对充分发挥会计在经济管理中的作用具有重要的意义。

1. 通过账簿记录，可以提供全面、系统、连续的核算资料

通过设置和登记账簿，把会计凭证所反映的经济业务按其性质进行分类和汇总，把分散的核算资料系统化，以连续、系统、全面地反映其资产、负债和

所有者权益的增减变动及结余情况，正确地计算和反映费用、成本、收入、利润的形成及分配情况，为经营管理提供各种必要的会计核算资料。

2. 账簿记录是编制会计报表的主要依据

大量的经济业务经过账簿的登记和加工，在一个时期终了，就可以为编制会计报表提供必要的数据。因此，科学地设置和正确地登记账簿，对保证会计报表的正确性和编报工作的及时性有着十分重要的意义。

账簿所储存积累的资料，是考核各单位财务状况，进行会计分析和会计检查的主要依据。同时账簿也是重要的经济档案，有利于会计资料的保存，以便日后查考。

（二）会计账簿的分类

会计账簿的种类多种多样。为了更好地了解和利用账簿，就需要将账簿进行适当的分类。

1. 按用途分类，可分为序时账簿、分类账簿和备查账簿

（1）序时账簿。序时账簿又称日记账，是按照经济业务发生或完成时间的先后顺序逐日逐笔连续登记的账簿。日记账按其记录经济业务的范围不同，又可分为两种：一种是用以记录全部经济业务发生情况的日记账，称为普通日记账，这种日记账目前在会计实务中很少使用；另一种是只记录某一类经济业务发生情况的日记账，称为特种日记账。如现金日记账、银行存款日记账等。

（2）分类账簿。分类账簿是对经济业务进行分类登记的账簿，分类账簿按其提供核算资料详细程度的不同，可分为总分类账簿和明细分类账簿。

总分类账簿简称总账，是根据总分类科目开设账户，用于分类登记全部经济业务，提供总括核算资料的分类账簿。

明细分类账簿简称明细账，是按照总账科目所属二级或明细科目开设账户，用来分类登记某一类经济业务，提供明细核算资料的分类账簿。

在会计实务中，序时账簿和分类账簿还可以结合在一本账簿中进行登记，这种兼有序时核算和分类核算的账簿，称为联合账簿。如日记总账就是兼有日记账和分类账双重作用的联合账簿。

（3）备查账簿。备查账簿是指某些在序时账和分类账中未能记载的事项进行补充登记的辅助性账簿，主要是为某些经济业务提供必要的参考资料。如“租入固定资产登记簿”、“代销商品登记簿”等。备查账簿应根据各单位的实际需要设置。

2. 按外表形式分类，可分为订本式账簿、活页式账簿和卡片式账簿

（1）订本式账簿。订本式账簿又称订本账，是在账簿启用之前，就把若干顺序编号的账页固定装订成册的账簿。一般具有统驭性和重要性的账簿，如总账、现金和银行存款日记账，都采用订本式账簿。采用订本式账簿，能够避免账页散失和防止抽换，从而保证账簿记录的安全和完整；但由于账页是固定的，不能根据记账需要随时进行增减，也不便于分工记账。

（2）活页式账簿。活页式账簿又称活页账，是由不固定装订在一起的活页账页组成的账簿。一般适用于各种明细账。这种账簿在记账时可根据实际需要，随时将空白账页加入账簿中，其特点是便于序时和分类连续登记，避免账页浪费，便于分工记账，比较灵活，但易于散失。

（3）卡片式账簿。卡片式账簿又称卡片账，它是由一定数量的、具有专门格式的卡片所组成的账簿。卡片式账簿一般在实物保管、使用部门使用，如在材料、库存商品、固定资产的保管使用中，可以编制“原材料卡片”、“库存商品卡片”、“固定资产卡片”等。这种账簿便于随时查阅，也便于按不同要求归类整理，不易损坏，可跨年度使用。但也存在账页易散失和可被任意抽换的问题。因此，在使用时必须按顺序编号并放在卡片箱内，由专人保管。

二、会计账簿的格式与登记

（一）序时账簿的格式及登记方法

1. 库存现金日记账的格式及登记方法

库存现金日记账是用来登记库存现金每日收入、支出和结存情况的账簿，它是由出纳人员根据现金的收款凭证和付款凭证，以及从银行提取现金的银行存款付款凭证，按照经济业务发生的时间顺序逐日逐笔进行登记的。库存现金日记账一般采用“三栏式”，设有“收入”、“支出”、“结余”三个金额栏。其格式如表3—11所示。

表3—11　　库存现金日记账

年		凭证		摘要	对方科目	收入	支出	结余
月	日	种类	编号					

库存现金日记账的登记方法如下：

（1）日期栏：是指记账凭证的日期，应与现金实际收付日期一致。

（2）凭证栏：是指登记入账的收付款凭证的种类和编号。

（3）摘要栏：摘要说明登记入账的经济业务的内容。

（4）对方科目栏：是指现金收入的来源科目或支出的用途科目，其作用在于了解经济业务的来龙去脉。

（5）收入、支出栏：是指现金实际收付的金额。每日终了，应分别计算出当日的现金收入合计数、支出合计数和结余数，并将余额与库存现金实际数核对，做到账实相符，即通常所说的“日清”。月终同样要计算出当月的现金收、付和结存的合计数，通常称为“月结”。

2. 银行存款日记账的格式及登记方法

银行存款日记账是用来登记银行存款的存入、支出以及结余情况的账簿，也是由出纳人员根据银行存款的收款凭证和付款凭证，以及将现金存入银行的现金付款凭证，按照经济业务发生的时间顺序逐日逐笔进行登记的。银行存款日记账一般采用“三栏式”，其格式与现金日记账基本相同，不再列示。

银行存款日记账的各栏应根据银行存款的收款凭证或付款凭证逐日逐笔登记，每日终了应结出存款余额，并定期与银行对账单核对，至少每月核对一次。

（二）总分类账簿的格式及登记方法

总分类账是按照总分类账户分类登记全部经济业务的账簿。由于总分类账能够全面、总括地反映和记录经济活动情况，并为编制会计报表提供资料，因此，每个单位都必须设置总分类账。

总分类账通常采用三栏式账页，其基本结构为“借方”、“贷方”、“余额”三栏。总分类账的格式如表 3—12 所示。

表 3—12 **总分类账**

年		凭证		摘要	借方	贷方	借或贷	余额
月	日	种类	编号					

总分类账可以直接根据记账凭证逐笔登记，也可以根据记账凭证汇总编制

的科目汇总表或汇总表记账凭证登记。总分类账采用什么方式登记，取决于所采用的账务处理程序。

（三）明细分类账的格式及登记方法

明细分类账是根据某个总分类账的二级或明细科目开设的，用以反映某类经济业务详细资料的账簿。

明细分类账的格式主要有三栏式、数量金额式和多栏式三种。

1. 三栏式明细分类账

三栏式明细分类账的格式与总分类账的格式相同，只设有“借方”、“贷方”和“余额”三个金额栏，不设数量栏。它主要适用于只要求反映金额而不反映数量的债权、债务账户，如“应收账款”、“应付账款”、“其他应收款”、“其他应付款”、“短期借款”等账户的明细分类账。根据记账凭证和有关原始凭证逐笔登记。

2. 数量金额式明细分类账

数量金额式明细分类账也采用“收入”、“发出”、“结存”三栏式的基本结构，但在每栏下面，又分别设置“数量”、“单价”、“金额”三个小栏目。它主要适用于既需反映金额，又需反映实物数量的财产物资账户，如“材料采购”、“原材料”、“库存商品”等账户的明细分类账。其格式如表3—13所示。

表3—13　　原材料明细分类账

材料名称：　　　　　　　　　　　　　　　　　　最低储量：

编号：　　规格：　　计量单位：　　　　　　　　最高储量：

年		凭证		摘要	收入			发出			结存		
月	日	类	号		数量	单价	金额	数量	单价	金额	数量	单价	金额

数量金额式明细分类账可根据材料或产品等收发的原始凭证逐笔登记。

3. 多栏式明细分类账

多栏式明细分类账是在账页的借方、贷方分设若干专栏进行明细分类核算的账簿。它适用于只需要进行金额核算而不需要进行数量核算，并且在管理上需要了解其构成内容的费用、收入、利润账户，如“生产成本”、“制造费用”、“管理费用”、“主营业务收入”、“本年利润”等账户的明细分类账。其格式如

表 3—14 所示。

表 3—14　　　　制造费用明细分类账

明细科目：

年		凭证号	摘要	借方					贷方	余额
月	日			工资和福利费	折旧费	修理费	办公费	水电费		

多栏式明细分类账可根据原始凭证或汇总原始凭证和记账凭证逐笔登记或汇总登记。

三、会计账簿的登记规则与错账更正

（一）会计账簿的登记规则

登记账簿是会计核算工作的一个重要环节，也是进行会计核算的一项重要的基础工作。为了保证会计核算的质量，完成会计任务，为企业经营管理和编制会计报表提供正确、及时、全面、系统的数据资料，必须认真地做好记账工作，遵循以下基本规则：

1. 账簿启用规则

为了保证账簿记录的合法性、合理性和账簿资料的完整性，明确记账责任，会计人员启用新账时，应在账簿扉页上填制“账簿启用表”，详细填明：企业名称、账簿名称、账簿编号、账簿页数（如活页账应在装订成册后写明页数）和启用日期等。并填明会计主管人员、记账人员姓名，并加盖公章和个人印章。如记账人员更换时，应在主管会计监督下办理交接手续，并在表内注明交接日期、交接人员姓名，并签字盖章，以明确责任。

2. 账簿登记规则

（1）记账必须以审核无误的会计凭证为依据，以保证账簿记录的正确性。登记账簿时，应将会计凭证的日期、编号、摘要、金额等有关资料逐项登记入账，做到摘要文字规范、数字准确、登记及时，简洁明了。

（2）为避免重记或漏记，便于查阅，每次记账完毕时，应在记账凭证“过账”栏内注明账簿的页数或打“√”，表示已经入账。

(3) 记账时必须用蓝黑墨水书写，不得用圆珠笔（银行的复写账簿除外）或铅笔登记，以保证账簿记录的耐久、清晰，防止篡改。红墨水只能在改错、划线、结账和冲账时使用。

(4) 各种账簿必须按事先编写的页码，逐页逐行顺序连续登记，不得跳行、隔页。如果发生跳行、隔页，应将空行或空页用红笔划对角线注销，并注明“作废”字样，同时由经手人员盖章。对各种账簿的账页不能任意销毁或抽换，以防弄虚作假。

(5) 账簿中记录的文字或数字应紧贴每格下线书写，一般应占全格的1/2至2/3，以便发生错账时能留有余地予以更正。

(6) 每一账页登记完毕结转下页时，应在账页最后一行结出本页发生额合计数和余额，并在摘要栏内注明“过次页”，同时把本页的发生额合计数和余额记入下一页第一行的有关栏内，并在摘要栏内注明“承前页”，然后登记新的业务，以便对账和结账。

(7) 凡需要结出余额的账户，结出余额后，应在“借或贷”栏内注明“借”或“贷”字样，以表示余额方向。没有余额的账户，应在“借”或“贷”栏内写“平”字，并在余额栏以“0”表示。

(8) 账簿记录发生错误时，不能挖补、刮擦、涂抹或用化学药水更改字迹，而应根据错误的具体情况，按规定的更正方法更正。

(9) 在新年度开始时，应将各种账簿中各账户上年年终的余额转记到新年度开设的有关账户的第一页的第一行，填写的日期是1月1日，“摘要”栏内注明“上年结转”字样，同时将上年结转余额记入“余额”栏，并标明余额的方向。

(二) 错账的更正方法

当账簿记录出现错误时，应按规定的方法进行更正。由于错误的性质和发现时间的不同，更正错误的方法也不尽相同。常用的错账更正方法有划线更正法、红字冲销法和补充登记法三种。

1. 划线更正法

在结账之前若发现账簿记录有错误，而记账凭证没有错误，即纯属账簿记录中文字或数字的笔误，应采用划线更正法进行更正。

更正时，先在错误的文字或数字上划一红线，以示注销。划线时，要划去错误数字的整个数码，不能只划其中个别数码。然后，在红线上方空白处填写正确的文字或数字，并由更正人在更正处盖章，以示负责。

[例 3—1]　记账员刘伟记账时将记账凭证上的正确数字 986.70 元过入账户时，误写成 968.70 元。应作如下更正：

986.70　[刘伟盖章]
~~968.70~~

2. 红字冲销法

红字冲销法又称红字更正法，一般运用于期末结账前发现的由于记账凭证中会计科目错误或金额多记而造成的账簿记录错误。对于上述两种不同错误，其更正方法也是不同的，应分别采用红字全部冲销法和红字差额冲销法予以更正。

(1) 红字全部冲销法。在结账之前若发现记账凭证和账簿记录中应借、应贷会计科目有错误时，应采用红字全部冲销法更正。更正时，先用红字金额填写一张与原错误记账凭证内容一样的记账凭证，并据以过账，以冲销原记录；然后，再用蓝字金额填写一张正确的记账凭证，并据以登记有关账户。

[例 3—2]　职工李奇借支差旅费 800 元，以现金付讫。原编记账凭证如下，并已登记入账。

(1) 借：管理费用　800
　　贷：库存现金　800

更正时先用红字金额（以下用□表示）填制一张与原错误凭证相同的记账凭证，并登记入账。

(2) 借：管理费用　[800]
　　贷：库存现金　[800]

然后再用蓝字金额填写一张正确的记账凭证，并据以登记入账。

(3) 借：其他应收款　800
　　贷：库存现金　800

以上错误的账簿记录及更正过程如图 3—2 所示。

(2) 红字差额冲销法。记账后如发现记账凭证和账簿记录中应借、应贷会计科目无误，只是所记金额大于应记金额时，应采用红字差额冲销法更正。更正时，按多记的金额用红字编制一张与原记账凭证应借、应贷科目完全相同的记账凭证，并据以记账，以冲销多记的金额。

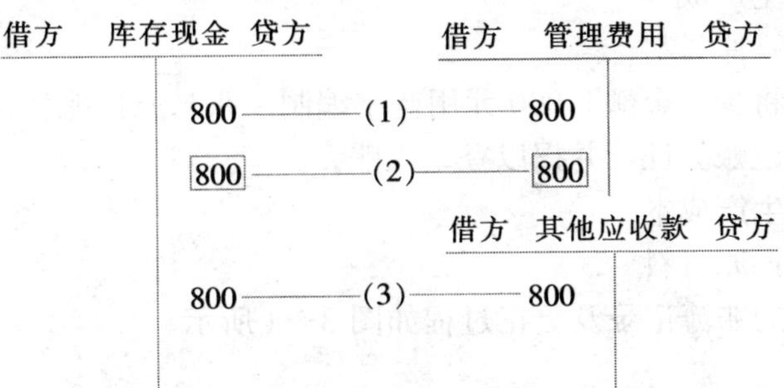

图 3—2

［例 3—3］ 用银行存款 5 900 元上交税金（多计金额 3 600）。原编记账凭证如下，并已登记入账。

（1）借：应交税费 9 500

贷：银行存款 9 500

更正时，将多记金额 3 600 元用红字金额填制一张与原记账凭证应借、应贷会计科目相同的记账凭证，并据以登记入账。

（2）借：应交税费 [3 600]

贷：银行存款 [3 600]

以上错误的账簿记录及更正过程如图 3—3 所示。

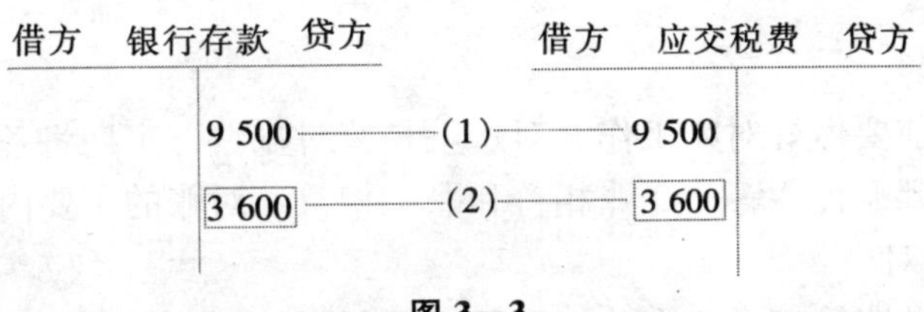

图 3—3

3. 补充登记法

记账后如发现记账凭证和账簿记录中应借、应贷会计科目无误，只是所记金额小于应记金额时，应采用补充登记法更正。

更正时，将少记金额用蓝字编制一张与原记账凭证应借、应贷科目完全相同的记账凭证，并据以记账，以补充少记的金额。

［例 3—4］ 企业生产产品领用某种材料 10 000 元（少计金额 9 000），原编记账凭证如下，并已登记入账。

(1) 借：生产成本　　1 000

　　贷：原材料　　1 000

更正时，将少记金额 9 000 元用蓝字编制一张与原记账凭证应借、应贷会计科目相同的记账凭证，并据以登记入账。

(2) 借：生产成本　　9 000

　　贷：原材料　　9 000

以上错误的账簿记录及更正过程如图 3—4 所示。

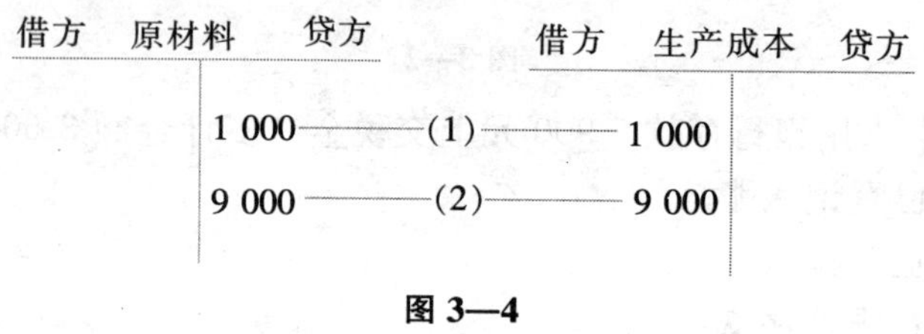

图 3—4

四、对账和结账

记账、对账和结账是登记账簿的三个相互联系不可分割的工作环节。我们已经了解了各种账簿的登记方法，下面将进一步介绍对账的主要内容和结账的主要程序。

(一) 对账

在结账之前要做好对账工作。对账就是核对账目，定期将各类账簿记录进行核对，以做到账证相等、账账相符和账实相符。对账的主要内容包括：

1. 账证核对

就是将各种账簿记录与有关记账凭证及所附的原始凭证进行核对。核对会计账簿记录与原始凭证、记账凭证的时间、凭证字号、内容、金额是否一致，记账方向是否相符，要求做到账证相符。这种核对一般是在编制记账凭证和登记账簿的日常核算工作中随时进行的，使错账及时发现并更正。

2. 账账核对

就是将各种账簿之间的有关数字相互核对，做到账账相符。这种核对要求至少在每月末进行一次。其核对的主要内容有：

(1) 总分类账各账户本期借、贷方发生额合计数，期末借、贷方余额合计数，应当分别核对相符，以检查总分类账户的登记是否正确，这种核对工作可以通过定期编制总分类账户试算平衡表进行。

（2）总分类账户本期借、贷方发生额及余额与所属明细分类账户本期借、贷方发生额合计及余额合计数相核对，以检查总分类账户和明细分类账户登记是否正确。这种核对可以通过定期编制明细分类账本期发生额与余额对照表等形式进行。

（3）现金日记账、银行存款日记账的本期发生额及期末余额与现金、银行存款总分类账的相应数字相核对。以检查日记账的登记是否正确。

（4）会计部门有关财产物资的明细分类账的期末余额，应与财产物资保管或使用部门的明细分类账的期末结存数核对相符，以检查双方登记是否正确。

3. 账实核对

就是将账簿记录与各种财产物资和货币资金的实存数相核对，做到账实相符，其主要内容有：

（1）现金日记账的余额应与库存现金实际结余数额核对相符。

（2）银行存款日记账的记录及余额应与银行转来的对账单的记录及余额核对相符。

（3）各种财产物资明细分类账的账面余额应与财产物资的实存数核对相符。

（4）各种应收账款、应付账款的明细分类账的账面余额与有关债务、债权人的债务、债权核对相符。

（二）结账

一定时期内，企业所发生的经济业务已连续、系统地登记到各账簿中，为了总结一定会计期间（月份、季度、年度）的经济活动和财务收支情况，考核生产经营成果，为编制会计报表提供所需资料，就必须进行结账。

结账，就是结算账目，是指会计人员在把一定时期内所发生的经济业务全部登记入账的基础上，结算出各账户的本期发生额和期末余额，并将期末余额结转下期的方法。

1. 结账的内容和程序

（1）结账时，首先要查明本期所发生的经济业务是否已全部登记入账，对漏记、未记的账项应及时补记。

（2）按照权责发生制原则的要求，在结账时编制有关账项调整的记账凭证并登记入账，以正确确定本期的收入、费用和成本。如属于本会计期间的待摊费用，应按标准摊入有关费用成本；对于尚未发生、支付，但应由本会计期间负担的费用，应按规定标准予以预提。

（3）对于本会计期间需要转账的业务予以转账，如将制造费用分配结转“生产成本”账户，将完工产品的生产成本转入“库存商品”账户，将损益类账户的记录转入“本年利润”账户，等等。

（4）将上述调整、转账等工作全部结束以后，分别结算出各账户的本期发生额和期末余额，并将期末余额转为下期的期初余额。

2. 结账的一般要求和方法

根据结账的时间不同，一般可分为月结、季结和年结，各期间结账的要求和方法基本一致。按照《会计基础工作规范》的要求，一般采用划线结账的方法进行结账，现简述如下：

（1）月结。月底应在各账户最后一笔业务下面划一条红线，在红线下面计算出本月借方发生额、贷方发生额及月末余额，并在“摘要”栏内注明“本月合计”或“本月发生额及月末余额”的字样，然后，在下面再划一条通栏红线。如果月末无余额，在“借”或“贷”栏内注明“平”字或在“余额”栏内写上“0”。

（2）季结。季末，在月结数的下一行内，结算并写出本季度三个月的发生额合计数，在“摘要”栏内注明“本季合计”的字样，并在季结下面划一红线。

（3）年结。年终，在第四季度季结下一行，结算并写出本年四个季度的发生额合计数，在“摘要”栏内注明“本年合计”或“本年发生额及年末余额”。然后，在年结数字的下面划两条通栏红线，表示全年封账。

年结后，要把各账户的年末余额结转到下一会计年度，并在“摘要”栏注明“结转下年”字样；在下一会计年度新建有关会计账簿的第一行“余额”栏内填写上年结转的余额，并在“摘要”栏注明“上年结转”字样。

第三节　账务处理程序

一、账务处理程序的意义和种类

（一）账务处理程序的意义

会计凭证、会计账簿和会计报表是组织会计核算的工具，而三者之间不是彼此孤立的。为了使会计工作正常地进行，保证正确、及时、完整地提供管理上所需要的信息，就必须采用一定的账务处理程序，将各种凭证、账簿和会计报表加以科学地组织，使之构成一个有机的整体。

账务处理程序，也称会计核算组织程序或会计核算形式，是指会计凭证、会计账簿和会计报表相结合的方式。它包括会计凭证和账簿的种类、格式，会计凭证与账簿之间的联系方法，由原始凭证到编制记账凭证、登记各种账簿、编制会计报表的记账程序等。

会计凭证、会计账簿和会计报表之间的结合方式不同，就形成了不同的账务处理程序。科学合理的账务处理程序既是正确组织会计核算工作的重要前提，又是会计制度设计的一项重要内容，对于保证会计工作的质量，提高会计工作的效率，都具有十分重要的意义。具体表现在：

（1）可以保证会计数据在整个账务处理过程中的各个环节有条不紊地进行传递，确保会计核算的正确、及时和完整，从而提高会计核算工作的效率。

（2）可以保证会计信息方便而迅速地形成，能够为经济管理及时提供全面、系统、准确的会计信息，从而提高会计核算工作的质量。

（3）可以减少不必要的核算环节和手续，避免繁琐重复，节约核算费用，从而提高会计核算工作的效益。

（4）有利于会计工作的分工协作，明确责任，加强会计工作的岗位责任制。

（二）设计账务处理程序的基本要求

一个适用、合理的账务处理程序，一般应符合以下基本要求：

（1）能适应本单位经济活动的特点、规模的大小、业务的繁简。

（2）能及时、准确地提供完整、系统的经济核算资料，满足经济管理的要求。

（3）有利于简化会计核算手续，提高会计核算工作的质量和效率。

（4）有利于逐步采用现代化的核算工具，适应电子计算机处理会计事务的要求。

（三）账务处理程序的种类

根据上述要求，结合我国会计工作的实际情况，我国各经济单位采用的账务处理程序主要有以下四种：

（1）记账凭证账务处理程序；

（2）科目汇总表账务处理程序；

（3）汇总记账凭证账务处理程序；

（4）日记总账账务处理程序。

以上四种账务处理程序之间既有相同之处，也有不同的地方。它们之间的根本区别就在于登记总账的依据和方法不同。

在以上四种账务处理程序中，记账凭证账务处理程序是最基本的账务处理程序，它体现了会计核算的基本原理和基本程序，可以说，其他账务处理程序都是在记账凭证账务处理程序的基础上发展、演变而来的。各种账务处理程序都有自己的优点与局限性。在实际工作中，各单位应根据实际需要选用其中一种账务处理程序，也可以同时选用多种账务处理程序，将它们的优点结合起来使用，以满足本单位经营管理的需要。

下面分别阐述各种账务处理程序的基本内容和主要特点。

二、记账凭证账务处理程序

（一）记账凭证账务处理程序的特点

记账凭证账务处理程序的主要特点是：直接根据记账凭证逐笔登记总分类账。

（二）记账凭证账务处理程序下凭证、账簿的种类和格式

在记账凭证账务处理程序下，记账凭证可采用通用记账凭证，也可采用专用记账凭证，即收款凭证、付款凭证和转账凭证。账簿一般应设置现金日记账、银行存款日记账、总分类账和明细分类账。其中，总分类账和日记账一般采用三栏式；明细分类账的格式可以根据实际需要采用三栏式、数量金额式和多栏式。

（三）记账凭证账务处理程序下账务处理的步骤

（1）根据原始凭证或原始凭证汇总表编制记账凭证；

（2）根据收款凭证和付款凭证逐笔登记库存现金日记账和银行存款日记账；

（3）根据原始凭证（或原始凭证汇总表）和记账凭证登记各种明细分类账；

（4）根据记账凭证逐笔登记总分类账；

（5）月末，将各种明细分类账、库存现金日记账和银行存款日记账余额与总分类账余额相核对；

(6) 月末，根据总分类账和明细分类账的记录编制会计报表。

记账凭证账务处理程序的账务处理步骤如图 3—5 所示。

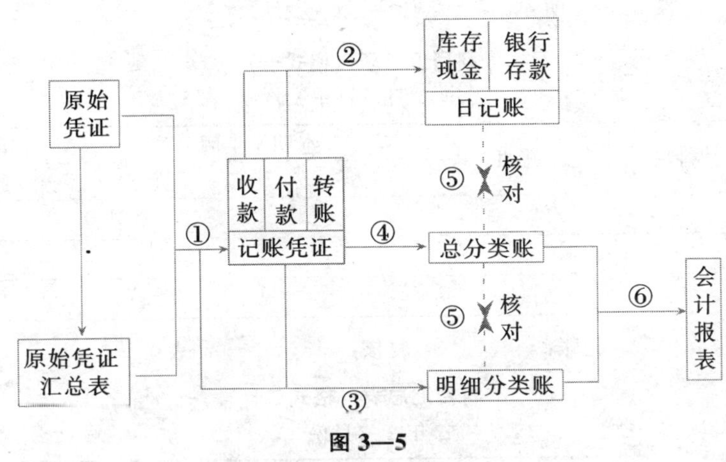

图 3—5

(四) 记账凭证账务处理程序的优缺点及适用范围

记账凭证账务处理程序的优点是：由于直接根据每张记账凭证逐笔登记总分类账，所以在总分类账中能够比较详细地记录和反映经济业务的发生情况，账户之间的对应关系清晰、明了，有利于利用账户的对应关系分析和查对账目，账务处理也比较简单。其缺点是：当经济业务较多时，登记总分类账的工作量较大。因此，这种账务处理程序一般适用于规模比较小、业务量比较少、凭证不多的单位。

三、科目汇总表账务处理程序

(一) 科目汇总表账务处理程序的特点

科目汇总表账务处理程序，也称为记账凭证汇总表账务处理程序，它的主要特点是：根据记账凭证定期编制科目汇总表（或称记账凭证汇总表），然后再根据科目汇总表登记总分类账。

科目汇总表是定期根据记账凭证按相同的科目进行汇总而编制的一种汇总表格。其编制方法是：定期（如 5 天或 10 天）将该期间内的全部记账凭证，按相同会计科目归类，汇总每一账户的借方本期发生额和贷方本期发生额，并填写在科目汇总表的相应栏内。科目汇总表可以每汇总一次编制一张，也可以按旬汇总一次，每月编制一张。任何格式的科目汇总表，都只反映账户的本期借方发生额和本期贷方发生额，不能反映账户的对应关系。科目汇总表的格式如表3—15、表3—16所示。

科目汇总表（格式一）

表3—15 年 月 日至 日 第 号

会计科目	账页	本期发生额		记账凭证起讫号数
		借方	贷方	
合计				

会计主管： 记账： 复核： 制表：

科目汇总表（格式二）

表3—16 年 月份

会计科目	账页	自1日至10日		自11日至20日		自21日至31日		本月合计	
		借方	贷方	借方	贷方	借方	贷方	借方	贷方
合计									

会计主管： 记账： 复核： 制表：

（二）科目汇总表账务处理程序下凭证、账簿的种类和格式

采用科目汇总表账务处理程序，所需设置的记账凭证、账簿的种类和格式与记账凭证账务处理程序基本相同。但为了便于相同账户的归类汇总，以准确计算账户借方和贷方的本期发生额，通常要求所有记账凭证中的会计分录保持一借一贷的账户对应关系，即编制简单会计分录。转账凭证也可一式两联，一联为借方账户，一联为贷方账户。

（三）科目汇总表账务处理程序下账务处理的步骤

（1）根据原始凭证或原始凭证汇总表编制记账凭证；

（2）根据收款凭证和付款凭证逐笔登记库存现金日记账和银行存款日记账；

（3）根据原始凭证（或原始凭证汇总表）和记账凭证登记各种明细分类账；

（4）根据各种记账凭证定期编制科目汇总表；

(5) 根据科目汇总表登记总分类账；

(6) 月末，将各种明细分类账、库存现金日记账和银行存款日记账余额与总分类账余额相核对；

(7) 月末，根据总分类账和明细分类账的记录编制会计报表。

科目汇总表账务处理程序的账务处理步骤如图3—6所示。

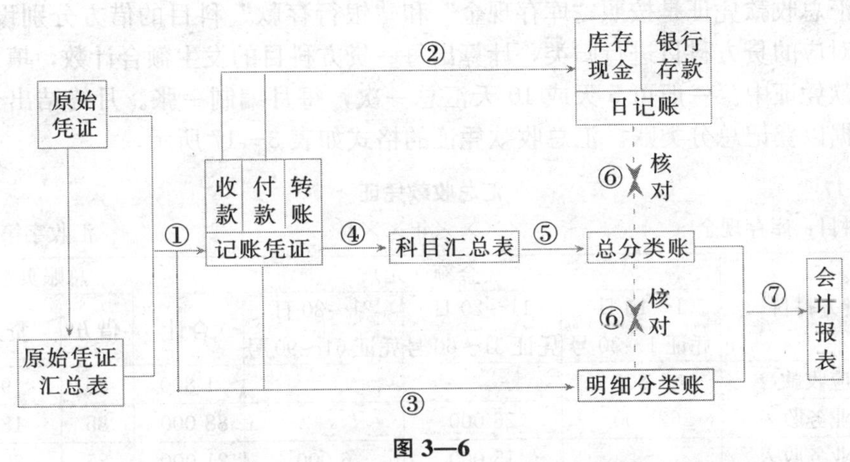

图3—6

(四) 科目汇总表账务处理程序的优缺点及适用范围

科目汇总表账务处理程序的优点是：根据科目汇总表登记总分类可以大大减轻登记总分类账的工作量，简化了总分类账的记账工作；而且科目汇总表还可以进行入账前的试算平衡，从而增强总分类账登记的正确性。其缺点是：科目汇总表不能反映账户的对应关系，总分类账户只能起到金额数字的归纳汇总，不能详细反映经济业务的性质内容，不便于分析、检查经济业务的来龙去脉。科目汇总表账务处理程序一般适用于规模较大、经济业务较多的单位。

四、汇总记账凭证账务处理程序

(一) 汇总记账凭证账务处理程序的特点

汇总记账凭证账务处理程序的主要特点是：根据记账凭证定期编制汇总记账凭证，然后再根据汇总记账凭证登记总分类账。

(二) 汇总记账凭证账务处理程序下凭证、账簿的种类和格式

在汇总记账凭证账务处理程序下，除了要分别设置收款凭证、付款凭证和

转账凭证外，还要分别设置汇总收款凭证、汇总付款凭证和汇总转账凭证；设置的账簿主要有：库存现金日记账、银行存款日记账、总分类账和各种明细分类账，其格式与记账凭证账务处理程序下采用的格式基本相同。

下面简要说明汇总记账凭证的编制方法。

1. 汇总收款凭证的编制方法

汇总收款凭证是按照“库存现金”和“银行存款”科目的借方分别设置，按其对应的贷方科目进行归类，计算出每一贷方科目的发生额合计数，填入汇总收款凭证中。一般可5天或10天汇总一次，每月编制一张。月终结出合计数，据以登记总分类账。汇总收款凭证的格式如表3—17所示。

表3—17 **汇总收款凭证**

借方科目：库存现金　　××××年××月　　汇收字第　号

贷方科目	金额（元）				总账页数	
	1～10日 凭证1～30号	11～20日 凭证31～60号	21～30日 凭证61～90号	合计	借方	贷方
其他应收款	1 800			1 800	85	9
主营业务收入	62 000	26 000		88 000	85	18
其他业务收入		15 000	6 000	21 000	85	29
银行存款			12 000	12 000	85	15
应收账款			2 000	2 000	85	13
合计	63 800	41 000	20 000	124 800	—	—

2. 汇总付款凭证的编制方法

汇总付款凭证是按照“库存现金”和“银行存款”科目的贷方分别设置，按其对应的借方科目进行归类，计算出每一借方科目的发生额合计数，填入汇总付款凭证中。一般可5天或10天汇总一次，每月编制一张。月终结出合计数，据以登记总分类账。汇总付款凭证的格式如表3—18所示。

表3—18 **汇总付款凭证**

贷方科目：银行存款　　××××年××月　　汇付字第　号

借方科目	金额（元）				总账页数	
	1～10日 凭证1～30号	11～20日 凭证31～60号	21～30日 凭证61～90号	合计	借方	贷方
应付账款	10 000	5 000		15 000	8	3
原材料	35 000	12 000	20 000	67 000	5	3

续前表

借方科目	金额（元）				总账页数	
	1～10日 凭证1～30号	11～20日 凭证31～60号	21～30日 凭证61～90号	合计	借方	贷方
固定资产	68 000			68 000	12	3
预提费用			500	500	26	3
管理费用	580	2 400	800	3 780	16	3
合计	113 580	19 400	21 300	154 280	—	—

3. 汇总转账凭证的编制方法

汇总转账凭证是按照转账凭证中每一贷方科目分别设置，按其对应的借方科目进行归类，计算出每一借方科目的发生额合计数，填入汇总转账凭证中。一般可5天或10天汇总一次，每月编制一张。月终结出合计数，据以登记总分类账。汇总转账凭证的格式如表3—19所示。

表3—19　　汇总转账凭证

贷方科目：原材料　　××××年××月　　汇转字第　号

借方科目	金额（元）				总账页数	
	1～10日 凭证1～30号	11～20日 凭证31～60号	21～30日 凭证61～90号	合计	借方	贷方
生产成本	17 800	13 800	16 400	48 000	65	4
制造费用			10 000	10 000	70	4
管理费用		6 000	8 500	14 500	16	4
合计	17 800	19 800	34 900	72 500	—	—

由于汇总转账凭证上的科目对应关系是，一个贷方科目与一个或几个借方科目相对应，因此，在汇总转账凭证账务处理程序下，为了便于编制汇总转账凭证，平时所有转账凭证也只能按一个贷方科目与一个或几个借方科目对应来填制，而不能填制一个借方科目与几个贷方科目相对应的转账凭证。也就是可以填制一借一贷和一贷多借的转账凭证，而不能填制一借多贷和多借多贷的转账凭证。

（三）汇总记账凭证账务处理程序下账务处理的步骤

（1）根据原始凭证或原始凭证汇总表编制记账凭证；

（2）根据收款凭证和付款凭证逐笔登记库存现金日记账和银行存款日记账；

（3）根据原始凭证（或原始凭证汇总表）和记账凭证登记各种明细分类账；

（4）根据各种记账凭证定期编制汇总记账凭证；

（5）根据汇总记账凭证登记总分类账；

（6）月末，将各种明细分类账、库存现金日记账和银行存款日记账余额与总分类账余额相核对；

（7）月末，根据总分类账和明细分类账的记录编制会计报表。

汇总记账凭证账务处理程序的账务处理步骤如图 3—7 所示。

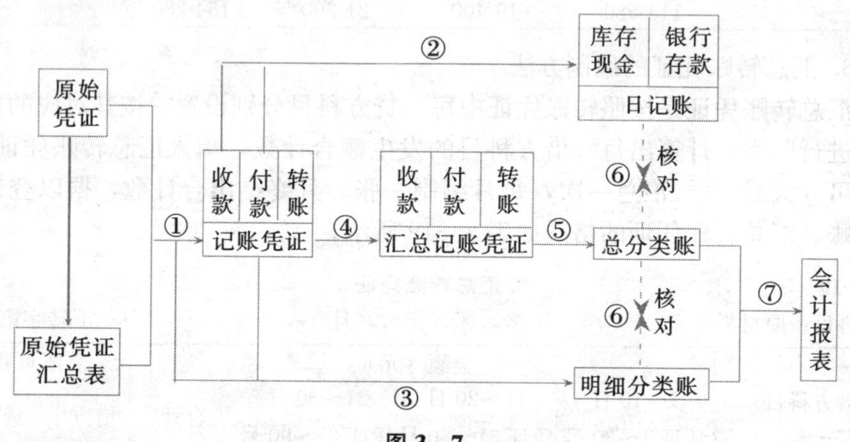

图 3—7

（四）汇总记账凭证账务处理程序的优缺点及适用范围

汇总记账凭证账务处理程序的优点是：根据汇总记账凭证登记总分类，可以减少登记总分类账的工作量，同时，由于汇总记账凭证是按账户的对应关系进行汇总，总分类账能反映账户之间的对应关系，因而便于对经济活动进行分析和检查，克服了科目汇总表账务处理程序的不足。其缺点是：汇总记账凭证的编制工作量比较大，编制手续比较繁琐，对于业务量较少的企业起不到简化登账的目的。因此，汇总记账凭证账务处理程序主要适用于经营规模较大、经济业务较多的单位。

五、日记总账账务处理程序

（一）日记总账账务处理程序的特点

日记总账账务处理程序的特点是：设置日记总账，根据记账凭证逐笔登记日记总账。

（二）日记总账账务处理程序下凭证、账簿的种类和格式

在日记总账账务处理程序下，设置的记账凭证有收款凭证、付款凭证和转账凭证；设置的账簿有现金日记账和银行存款日记账，一般采用三栏式；设置日记总账；设置各种明细分类账，根据需要可采用三栏式、数量金额式和多栏式。

日记总账既是日记账，要根据经济业务发生时间的先后顺序逐笔登记；又是总账，要将所有科目的总分类核算都集中在一张账页上，所以日记总账是将序时账和分类账结合在一起的联合账簿。它由两部分组成：一部分是用来序时核算的，包括登记经济业务发生或完成的日期栏、凭证种类号数栏、摘要栏及发生额栏；另一部分是用来进行总分类核算的，这一部分是将所运用的账户按行按栏对称排列，每一账户分设借方和贷方两栏。日记总账的账页格式如表3—20所示。

表3—20 **日记总账** 单位：元

年		凭证		摘要	发生额	现金		银行存款		原材料		
月	日	种类	号数			借方	贷方	借方	贷方	借方	贷方	
				期初余额								
				本期发生额								
				期末余额								

（三）日记总账账务处理程序下账务处理的步骤

（1）根据原始凭证或原始凭证汇总表编制记账凭证；

（2）根据收款凭证和付款凭证逐笔登记现金日记账和银行存款日记账；

（3）根据原始凭证（或原始凭证汇总表）和记账凭证登记各种明细分类账；

（4）根据各种记账凭证逐笔登记日记总账；

（5）月末，将各种明细分类账、库存现金日记账和银行存款日记账余额与日记总账余额相核对；

（6）月末，根据日记总账和明细分类账的记录编制会计报表。

日记总账账务处理程序的账务处理步骤如图3—8所示。

（四）日记总账账务处理程序的优缺点及适用范围

日记总账账务处理程序的优点是：序时核算与总分类核算结合进行，核算

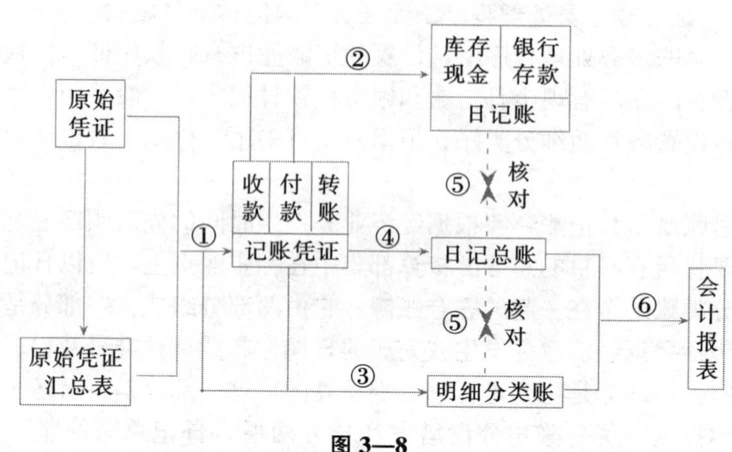

图 3—8

手续简单，同时全部账户集中在一张账页上，因而使核算清晰，账户对应关系清楚。其缺点是：如果单位的规模较大，运用的会计科目较多，日记总账的账页就会过长，不便于记账和查阅。所以，日记总账账务处理程序适用于规模较小、经济业务比较简单、使用会计科目较少的单位。

【本章小结】

会计凭证按其填制的程序和用途不同可分为原始凭证和记账凭证两大类。原始凭证按其来源不同，可分为自制原始凭证和外来原始凭证；按其填制手续次数不同，可分为一次凭证和累计凭证。记账凭证按其用途不同，可分为专用记账凭证和通用记账凭证；按其填制方式不同，可分为复式记账凭证和单式记账凭证。

账簿按用途不同，可分为序时账簿、分类账簿和备查账簿；按其外表形式不同，可分为订本式账簿、活页式账簿和卡片式账簿。

账务处理程序是指会计凭证、会计账簿和会计报表相结合的方式。主要有：记账凭证账务处理程序、科目汇总表账务处理程序、汇总记账凭证账务处理程序和日记总账账务处理程序。

【复习思考题】

1. 填制和审核会计凭证的意义是什么？

2. 会计凭证有哪些种类？

3. 原始凭证应具备哪些基本内容？如何审核原始凭证？

4. 记账凭证应具备哪些基本内容？如何审核记账凭证？

5. 什么是会计凭证的传递？正确传递会计凭证应考虑哪些问题？

6. 试述账簿的作用。

7. 更正错账的方法有哪些？各自的适用范围是什么？试举例说明。

8. 什么是对账和结账？有何内容？

9. 账务处理程序主要有哪几种？其各自的特点、优缺点及适用范围是什么？

10. 科目汇总表账务处理程序和汇总记账凭证账务处理程序两者有何异同？

11. 某企业200×年5月份发生下列经济业务：

(1) 2日，收到A公司投入资本150 000元存入银行。

(2) 4日，从银行提取现金40 000元。

(3) 8日，向B工厂购入甲材料35 000元，货款以商业汇票支付。材料已验收入库。

(4) 11日，车间领用甲材料20 000元，用于产品生产。

(5) 15日，以银行存款支付房租3 000元，水电费1 200元。

(6) 18日，销售产品一批计16 000元，货款尚未收到。

(7) 20日，管理人员张某出差归来，报销差旅费3 820元，交回现金180元。

(8) 25日，将现金12 000元存入银行。

要求：

(1) 根据上列经济业务，确定应编制的记账凭证的种类。

(2) 根据上列经济业务编制记账凭证。

12. 某企业将账簿记录与记账凭证进行核对时，发现下列经济业务的凭证内容或账簿记录有误：

(1) 开出现金支票1 200元，支付企业行政管理部门的日常零星开支。原编记账凭证的会计分录为：

借：管理费用　　12 000

　贷：库存现金　　12 000

(2) 收到购货单位偿还所欠货款 84 000 元存入银行。原编记账凭证的会计分录为：

借：银行存款　　48 000

　贷：应收账款　　48 000

(3) 采购员回厂报销属于管理费用开支的差旅费 4 000 元，原借 5 000 元，余款交回现金。原编记账凭证为：

借：管理费用　　4 000

　库存现金　　1 000

　贷：其他应收款　　5 000

该记账凭证在登记总账时，“其他应收款”科目贷方所记金额为 500 元。

(4) 用银行存款支付所欠供应单位货款 78 000 元。原编记账凭证的会计分录为：

借：应付账款　　87 000

　贷：银行存款　　87 000

要求：将上列各项经济业务账簿处理的错误，采用适当的更正错账方法，予以更正。

13. 某工厂 200×年 4 月 30 日银行存款日记账余额为 350 000 元；现金日记账余额为 35 000 元。5 月上旬发生下列银行存款和现金收付业务：

(1) 1 日，投资者投入现金 30 000 元，存入银行。

(2) 1 日，以银行存款 15 000 元归还短期借款。

(3) 2 日，以银行存款 20 000 元交纳税金。

(4) 2 日，将现金 2 000 元存入银行。

(5) 3 日，收到应收账款 40 000 元存入银行。

(6) 3 日，用现金暂付职工差旅费 1 000 元。

(7) 4 日，从银行提取现金 2 200 元备用。

(8) 5 日，以银行存款 15 000 元支付购入材料运费。

(9) 5 日，以银行存款 45 000 元支付购买材料款，材料已验收入库。

(10) 6 日，从银行提取现金 28 000 元，准备发放工资。

(11) 6 日，用现金 28 000 元发放职工工资。

(12) 7 日，销售产品一批，货款 62 500 元存入银行。

(13) 8 日，以银行存款支付本月管理部门水电费 2 000 元。

(14) 9 日，以银行存款支付销货费用 500 元。

(15) 10 日，以银行存款 4 000 元偿还应付账款。

要求：

(1) 编制记账凭证（以会计分录代替），并按经济业务顺序编号。

(2) 设置“库存现金日记账”和“银行存款日记账”，根据会计分录登记日记账，并结出余额。

第二篇

会计要素核算

第四章 流动资产

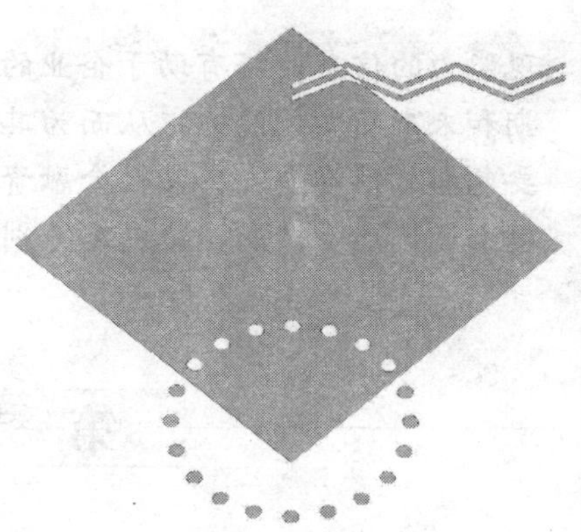

【本章要点】

- 货币资金包括库存现金、银行存款和其他货币资金；
- 交易性金融资产的核算主要涉及取得、持有和处置的内容；
- 企业经营过程中发生的各项债权表现为应收及预付款项；
- 存货核算包括原材料、在产品及产成品的内容。

【本章引言】

任何一个企业单位的生存都必须拥有或控制一定数量和质量的资产。在这些资产中有一部分资产能够在一年内或者超过一年的一个营业周期内变现或被耗用，这就是流动资产。流动资产变现能力强、变现速度快，因而，正确地对流动资产进行核算并及时为会计信息使用者提供有关资产变现能力的信息，将有助于企业的投资人和债权人观察、判断企业的现金近期和未来的支付能力，从而为其决策提供可靠的支持。企业的流动资产主要包括货币资金、交易性金融资产、应收及预付款项和存货等。本章将针对上述流动资产的具体内容分别进行阐述。

第一节 货币资金

货币资金是停留在货币形态，可以随时用作购买手段和支付手段的资金，是企业资产中流动性较强的一种资产。在任何一种商品经济社会形态中，它都充当着价值储存和价值交换的媒介。

货币资金是标准的购买手段和支付手段。它是资金的原始形态，是企业资金运动的始点，其特点是具有普遍的可接受性和较强的流动性。一个企业为了保证生产经营活动的正常进行，必须拥有一定数额的货币资金，用以购买房屋设备、采购原材料、交纳税金、开支费用以及进行投资活动等。企业货币资金流量和存量的多少，标志着其经营能力、偿债能力与支付能力的大小，是投资者分析判断企业财务状况的重要指标之一。因而，货币资金流向是否合理与恰当，对企业的资金周转和经营成败影响极大，所以，对货币资金的核算与管理就成为会计核算工作中的一个十分重要的内容。

企业单位的货币资金包括库存现金、银行存款和其他货币资金。

一、现金的核算

现金是货币资金的重要组成部分，是通用的支付手段，具有通用性和无限制可流通性，可以不受任何约定的限制，在一国或他国自由流动。现金的概念有广义和狭义的区分。狭义的现金是指存放于企业财会部门由出纳人员经管的纸币、硬币、电子货币以及折算为记账本位币的外币等，是可以投入流通的交换媒介，包括人民币现金和外币现金；广义的现金除了狭义的现金内容之外，还包括银行存款和其他货币资金，我们这里的现金是指狭义的现金概念。现金是企业流动性最强的一种资产，是一种直接的流通货币，也是对其他资产进行计量的一般尺度和会计处理的基础，它可以随时用来购买其他资产和清偿债务，支付有关费用等，正因为如此，企业单位必须对现金进行严格的管理和控制，使现金能在经营过程中合理地、通畅地流转，提高现金的使用效用，确保现金的安全。

（一）现金管理制度

前已述及，现金既是企业的一种流动性最强的资产，是交换和流通的手段，可以当作财富来储藏，同时也是最容易出问题的资产，所以加强对现金的管理对于保护企业财产的安全与完整，发挥现金资产的正常作用具有十分重要的意义，也是会计核算的重点内容和企业内部控制的关键环节。为此，国务院发布了《现金管理暂行条例》，中国人民银行也发布了《现金管理暂行条例实施细则》，对现金管理的有关问题做出了具体的规定。其主要内容包括：现金开支范围的规定、库存现金限额的确定、现金日常收支的若干规定、违反现金管理规定的处罚办法等。

2001 年 2 月 14 日，财政部发布了《关于组织征求〈内部会计控制基本规范（征求意见稿)〉和〈加强货币资金会计控制的若干规定〉(征求意见稿）意见的通知》，再一次重申了《现金管理暂行条例》及其相关制度的有关内容，特别强调了企业单位应加强对货币资金业务不相容岗位混岗现象的检查、重大货币资金支出的授权批准手续的健全等，要求更好地遵守现金管理制度的规定，以便发挥现金应有的作用。2001 年 6 月 22 日，财政部发布了《内部会计控制规范——基本规范（试行)》和《内部会计控制规范——货币资金（试行)》，作为《会计法》的配套规章。这些规范的发布和实施，对于强化企业内部货币资金监督，加强货币资金特别是现金的管理，整顿和规范社会主义市场经济秩序，都有着十分重要的意义。

按照各有关现金管理制度的规定，现金管理的具体内容包括：

(1) 现金收入和现金支出的范围。现金的收支范围是现金管理的一项重要内容，它决定了在企业中哪些经济业务可以用现金办理结算，哪些经济业务不能用现金办理结算，也就是说，现金作为一种结算手段，只能在某些规定的范围内使用。企业与其他单位的经济、业务往来，除按照规定的收支范围可以使用现金的以外，应该通过开户银行办理转账结算。中国人民银行是现金管理的主管部门，各级人民银行负责现金管理的日常监督和稽查。凡在银行开户的各企业单位，必须接受开户银行对其现金收支的日常管理和监督。

(2) 企业库存现金限额的确定。在银行开户的各个企业单位，对其库存的现金量必须核定最高限额。按照《现金管理暂行条例》及其实施细则的规定，企业库存现金限额由企业提出计划，报开户银行审批。经过开户银行核定的库存现金限额，各个企业单位必须严格遵照执行。企业单位由于业务范围、内容发生变化，需要增加或减少限额时，应向开户银行提出申请，经过开户银行批准之后方可调整库存现金限额。

(3) 现金收支的日常管理。按照《现金管理暂行条例》及其实施细则的规定，各个企业单位的现金收支的日常管理应按下列规定办理：1) 各个企业单位在日常发生的经济业务中收入的现金，应于当日送存开户银行，当日送存银行确有困难的，由开户银行确定具体的送存时间。2) 企业单位因业务需要必须支付现金的，可以从本单位库存现金中支付或者从开户银行提取现金支付。但不得从本单位收入的现金中直接支付现金，即不得坐支现金。因特殊原因需要坐支现金的单位，要事先报经开户银行审查批准，由开户银行核定坐支的范围以及限额，坐支单位必须在现金日记账上如实反映坐支的具体金额，并按月向开户银行报告坐支的金额及其具体情况。3) 在某些特殊情况下如采购地点不确定、交通极其不便利、抢险救灾等，如果通过银行办理转账结算不是很方便，而必须使用大额现金进行结算的，企业单位要向开户银行提出书面申请，由本单位财会部门负责人签字盖章，报经开户银行审查批准后方可从银行提取大额现金，以办理有关款项的支付。

企业单位必须建立健全现金账目包括现金日记账和现金总账。在现金日记账中逐笔登记现金的收入与支出，现金日记账要做到日清月结，保证账实相符。不得用不符合财务制度的凭证顶替库存现金（即不准白条抵库）；企业单位之间不准相互借用现金；不准利用银行账号谎报用途套取现金；不准将单位收入的现金以个人的名义存入银行；不准保留账外公款（即不准私设小金库）。

（二）现金管理的内部控制制度

现金内部控制的目的是为了保护现金的合理流动和库存现金的安全与完整。现金内部控制的一个重要原则是内部相互牵制，也就是钱账分管。具体地说就是，一方面出纳员负责办理现金的收、付和保管业务，非出纳员不得经手现金的收、付与保管；另一方面，出纳员不得兼管稽核、收入、支出、费用、债权、债务账目的登记工作以及会计档案的保管工作。任何单位不得由一人办理货币资金业务的全过程。但是出纳员在经手办理现金收、付、保管业务的同时，可以兼管现金日记账和现金总账的登记工作。企业的出纳人员应定期进行轮换，不得一人长期从事出纳工作。

现金的内部控制包括动态的控制和静态的控制，动态的控制是指对现金收入的控制和现金支出的控制，静态的控制是指对库存现金的控制。

企业的各种收入的款项要尽可能使用转账结算，如果非要收取现金，对于收取的现金，要及时送存银行。现金收入时应编制收款凭证，收款凭证的编制工作与现金账的登记工作要分工进行，及时做好会计记录，并对这些会计记录进行定期或不定期的严格检查。

要严格按照现金开支的范围支付现金。根据企业的内部管理的要求确定现金开支的审批权限，审批人应当根据货币资金授权批准制度的规定，在授权范围内进行审批，不得超越审批权限，未经授权的部门和人员一律不得办理货币资金业务，发生现金支付业务时应按照“支付申请、支付审批、支付复核、办理支付”的程序进行。在有关制度中应规定有关报销凭证的格式、手续和处理方法，对于现金付款凭证的填写要与现金账的登记分工进行，以便于明确责任。对于现金支出的会计记录，要进行定期或不定期的严格检查。

出纳员要对库存现金进行严格的控制。根据现金收、付款凭证逐日逐笔登记现金的收、付款业务，随时进行账款核对，并按月结账，做到日清月结。按照确定的库存现金限额的要求控制库存现金量，对于超过限额的部分，应及时送存银行，库存现金量不足限额时应及时补提现金。建立现金清查制度。与现金的使用和保管有关的人员应定期或不定期的对库存现金进行实地盘点以确定其实有额，随时检查是否存在白条抵库、公款私存、小金库以及库存现金溢缺等情况存在，一旦发现问题，要及时采取措施加以处理。

总而言之，对于现金的内部控制，是管好、用好现金的关键，必须建立健全现金内部控制的规范流程，涵盖企业单位内部的各项经济业务、各个部门和各个岗位，将内部控制落实到决策、执行、监督、反馈等各个环节，同时把握内部控制的关键环节，达到现金控制要求的职能分开、少用现钞、有效支付、明确责任和加强监督，严格现金开支审批权限的设置，结合企业的具体情况制定出相应的货币资金内部控制的制衡机制。

（三）大额现金支付的管理

长期以来，我国现金的管理对于稳定物价、抑制通货膨胀、保持社会总供给与总需求的基本平衡发挥了重要的作用。随着社会主义市场经济体制的建立和发展，我国经济货币化程度不断加深，货币流通的格局发生了根本性变化——居民储蓄现金收支量越来越大，各种电子货币不断涌现，形成了许多新的漏现渠道，单笔用现量越来越大，现金管理工作出现了许多的新问题和新情况。大额现金支取成为现金管理的一个重点和难点。为了适应社会主义市场经济发展的需要，防范和打击经济金融犯罪活动，控制不合理现金投放，借鉴国际惯例，经国务院批准，中国人民银行于 1997 年 8 月颁布了《关于大额现金支付管理的通知》，它既是对 1988 年国务院颁布的《现金管理暂行条例》的重要补充，也是我国加强大额现金支付管理的重要法律依据。

（四）现金日常收支的核算

企业单位在日常经营过程中，经常会发生一些与现金的收、付有关的经济业务，随着这些经济业务的发生，必然涉及现金的总分类核算。现金的核算通过设置“库存现金”账户来进行。该账户的性质是资产类，其借方登记库存现金的增加，贷方登记库存现金的减少，期末余额在借方，表示库存现金的期末结余额。为了反映现金增减变化的具体情况，企业还应设置现金日记账，以便于对库存现金增减变动的过程及其结果进行序时的核算。有外币现金的企业，还应当分别按人民币和外币设置“现金日记账”进行明细核算，对于同时存在不同币种的企业，在会计上只能选择一个币种作为记账本位币，但应该分别币种设立明细账，进行明细核算。

1. 现金收入的核算

企业单位由于销售商品、提供劳务以及从银行提取现金等而发生现金收款业务时，出纳员应根据审核无误的原始凭证收讫现金后，在有关的原始凭证上加盖“现金收讫”戳记，然后由会计人员根据原始凭证编制现金收款凭证或银行存款付款凭证（货币资金内部相互划转业务即从银行提取现金），出纳员根据现金收款凭证或银行存款付款凭证就可以登记现金日记账和现金总账。

企业收入现金的途径主要包括：与营业活动有关的现金收款业务，与投资活动有关的现金收款业务，与筹资活动有关的现金收款业务以及其他现金收款业务。举例说明现金收入的核算如下：

［例 4—1］ 探索者股份公司销售一件产品，单价 1 000 元，增值税税额 170 元，收到现金款。

这是一项由于主营业务收入的实现而导致现金增加的收款业务，应编制现金收款凭证。其会计分录为：

借：库存现金　　1 170

　　贷：主营业务收入　　1 000

应交税费——应交增值税（销项税额） 170

［例 4—2］ 探索者股份公司开出现金支票从银行提取现金 2 000 元，以备零星开支用。

从银行提取现金属于货币资金内部相互划转的业务，对于这种业务，为了避免重复记账，应编制银行存款付款凭证。其会计分录为：

借：库存现金 2 000

贷：银行存款 2 000

根据上述业务所编制的会计分录就可以逐日逐笔登记现金日记账，序时或定期登记现金总账。

2. 现金支出的核算

企业日常发生现金支出业务时，出纳员应根据审核无误的原始凭证支付现金后，在有关原始凭证上加盖“现金付讫”戳记，然后根据原始凭证编制现金付款凭证，并据以登记现金日记账和现金总账。企业常见的现金付款业务包括：与营业活动有关的现金付款业务，与投资活动有关的现金付款业务，与筹资活动有关的现金付款业务，其他现金付款业务等。举例说明现金支出的核算如下：

［例 4—3］ 探索者股份公司用现金 2 000 元发放职工困难补助。

职工困难补助应在福利费中开支，需要编制现金付款凭证。其会计分录为：

借：应付职工薪酬——福利费 2 000

贷：库存现金 2 000

［例 4—4］ 探索者股份公司用现金 720 元购买行政管理部门的办公用品。

行政管理部门的办公用品费属于公司的管理费用，应编制现金付款凭证。其会计分录为：

借：管理费用 720

贷：库存现金 720

［例 4—5］ 探索者股份公司用现金 200 元报销职工市内交通费。

市内交通费属于公司的管理费用，应编制现金付款凭证。其会计分录为：

借：管理费用 200

贷：库存现金 200

根据上述现金付款凭证就可以逐日逐笔登记现金日记账，序时或定期登记现金总账。

企业在核算现金收支业务时应注意的是企业内部各部门、各单位周转使用的备用金，应在“其他应收款”科目核算，或单独设置“备用金”科目核算，不在“库存现金”科目核算。

(五) 现金清查的核算

1. 现金清查的方法

现金是企业一项比较重要的流动资产，在其管理的过程中，由于种种原因使得现金经常会出现长、短款现象，即现金的账实不符。造成现金账实不符的原因从大的方面来说包括两大类，一类是操作失误造成，另一类是人为舞弊造成，具体有以下几种情况：(1) 出纳员收、付现金时出现差错；(2) 出纳员在保管现金的过程中由于疏忽而丢失了现金；(3) 发生现金收、付业务时实际收到或付出了现金，但未作现金收款凭证或付款凭证；(4) 发生现金收、付业务时所编制的会计分录中金额产生错误或记错了账户；(5) 依据现金收、付款凭证登记现金日记账时发生错误；(6) 库存现金被盗。

为了保证现金的账实相符，需要定期、不定期的对现金进行清查。现金清查是企业财产清查内容中的一个重要组成部分，是保证货币资金安全与完整的重要措施，也是出纳工作的一项重要内容。现金清查所采取的方法是实地盘点法。现金清查包括出纳员每日的清点核对和财产清查人员定期或不定期进行的清查。

企业定期、不定期地对现金进行清查，由清查小组的工作人员通过实地盘点的方法进行。在具体清查时，出纳员必须在场。通过实地盘点确定库存现金实有数，然后与现金日记账的余额核对相符。清查之后应将清查结果填列到“现金盘点报告表”中，并由现金清查人员和出纳员签字盖章。对现金清查中发现的盘盈（长款）、盘亏（短款）金额，必须认真查明原因，及时报请有关部门批准，并按规定进行相关的账务处理。

2. 现金长、短款的处理

现金清查过程中发现的长、短款，应根据“现金盘点报告表”以及有关的批准文件进行批准前和批准后的账务处理。现金长、短款通过“待处理财产损溢——待处理流动资产损溢”账户进行核算。

现金长、短款在批准前的处理是：以实际存在的库存现金为准，当现金长款时，增加现金账户的记录，以保证账实相符，同时记入“待处理财产损溢——待处理流动资产损溢”账户，等待批准处理；当现金短款时，应冲减现金账户的记录，以保证账实相符，同时记入“待处理财产损溢——待处理流动资产损溢”账户，等待批准处理。

现金长、短款在批准后应视不同的原因采取不同的方法进行处理。一般来说，对于现金长款，如果无法查明原因，其批准后的处理是增加营业外收入，对于应付其他单位或个人的长款，应记入“其他应付款——应付现金溢余(××单位或个人)”账户；对于现金短款，如果是应由责任人赔偿或由保险公司赔偿的，应转记入“其他应收款——××赔偿人”或“其他应收款——应收保险赔款”账户；如果是由于经营管理不善造成、非常损失或无法查明原因的，应增加企业的管理费用。举例说明现金长、短款批准前后的账务处理如下：

[例 4—6] 探索者股份公司在财产清查中发现现金短款 480 元，经查是由于出纳员的责任造成的。进行批准前和批准后的处理。

批准前：借：待处理财产损溢——待处理流动资产损溢 480
　　贷：库存现金 480

批准后：借：其他应收款——××出纳员 480
　　贷：待处理财产损溢——待处理流动资产损溢 480

[例 4—7] 探索者股份公司在财产清查时发现现金长款 760 元，无法查明原因，进行批准前和批准后的处理。

批准前：借：库存现金 760
　　贷：待处理财产损溢——待处理流动资产损溢 760

批准后：借：待处理财产损溢——待处理流动资产损溢 760
　　贷：营业外收入 760

[例 4—8] 探索者股份公司在财产清查时发现现金短款 220 元，经反复查对，原因不明，进行批准前和批准后的处理。

批准前：借：待处理财产损溢——待处理流动资产损溢 220
　　贷：库存现金 220

批准后：借：管理费用——现金短款 220
　　贷：待处理财产损溢——待处理流动资产损溢 220

二、银行存款的核算

银行存款是企业存入银行和其他金融机构的各种款项。广义的银行存款包括银行结算户存款、其他货币资金和专项存款等一切存入银行及其他金融机构的款项。狭义的银行存款仅指存入银行结算户的款项。企业的银行存款包括人民币存款和外币存款。企业应根据《银行账户管理办法》和《支付结算办法》的规定，在银行开立基本存款账户、一般存款账户、临时存款账户和专用存款账户。基本存款账户是指企业办理日常转账结算和现金收付业务的账户，包括工资、奖金等现金的支取等；一般存款账户是指企业在基本存款账户以外的银行借款转存、与基本存款账户的存款人不在同一地点的附属非独立核算单位开立的账户，该账户不能办理现金支取。临时存款账户是企业因临时经营活动需要而开立的账户，该账户可办理转账结算和现金的收付业务；专用存款账户是指企业因特定用途的需要而开立的账户，企业对特定用途的资金包括基建资金、更改资金、特准储备资金等可以通过该账户办理。一个单位只能选择一家银行的一个营业机构开立一个基本存款账户，不得在多家银行机构开立基本存款账户，也不得在同一家银行的几个分支机构开立一般存款账户。

（一）银行结算方式

在我国，企业日常大量的与其他单位或个人之间的经济业务往来，大多都是通过银行办理结算的。结算是指企业与外部单位或个人之间发生经济业务往来时所引起的货币收付行为。我国国内银行的转账结算方式主要分为两大类，一类是银行票据结算方式，另一类是银行其他结算方式。为了规范银行的各种结算方式，使得企业之间款项收付处于正常运行状态，1995 年 5 月经全国人民代表大会常务委员会讨论通过，颁布了《中华人民共和国票据法》，并于 1996 年 1 月 1 日开始施行。为了更好地贯彻实施《中华人民共和国票据法》，保证支付结算活动的正常进行，促进社会主义市场经济的发展，经国务院批准于 1997 年 8 月 1 日中国人民银行又颁布实施了《票据管理实施办法》，并在此基础上对银行结算办法进行了全面的修改、完善，形成了《支付结算办法》，于 1997 年 9 月 19 日公布，自同年 12 月 1 日施行。《支付结算办法》规定了统一的票据凭证和结算凭证格式及其流转程序。根据《中华人民共和国票据法》和中国人民银行有关结算办法的规定，目前，企业可以采用以下几种结算方式，即：银行汇票、银行本票、商业汇票、支票、信用卡、汇兑、委托收款、托收承付和信用证等。

1. 银行汇票结算方式

汇票是出票人签发的，委托付款人在见票时或者在指定时间无条件支付确定的金额给收款人或持票人的票据，包括银行汇票和商业汇票两种。银行汇票是汇款人将款项交存当地出票银行，由出票银行签发给汇款人持往同城或异地办理转账结算或支取现金的票据。银行汇票适用于企业单位、个体经济户和个人向同城或异地支付的各种款项。银行汇票在实际使用时比较灵活，票随人到，方便用款，必要时可以背书转让（背书转让以不超过出票金额的实际结算金额为限，否则不得背书转让），也可以通过银行办理分次支付或转汇，持票人可以凭填明“现金”字样的汇票提取现金，也可以凭票购货，余款由出票银行退交申请人。银行汇票的付款期限为自出票日起1个月内。超过付款期限提示付款不获付款的，持票人须在票据权利时效内向出票银行做出说明，并提供本人身份证件或单位证明，持银行汇票和解讫通知向出票银行请求付款。

银行汇票的持票人一旦丧失汇票，可以凭法院出具的其享有票据权利的证明，向出票银行请求付款或退款。

2. 银行本票结算方式

银行本票是申请人将款项交存银行，由银行签发的，承诺在见票时无条件支付确定的金额给收款人或持票人的票据。银行本票适用于同城的商品交易、劳务供应和其他款项的结算。企业单位和个人在同一票据交换区域支付各种款项，都可以使用银行本票。在我国银行本票采用记名式，见票即付，信誉较高，允许在票据交换区域内背书转让，便于融通资金。银行本票的付款期限最长不超过两个月，在付款期内见票即付，超过提示付款期限不获付款的，在票据权利时效内向出票银行做出说明，并提供本人身份证或单位证明，可持银行本票向银行请求付款。

银行本票分为定额本票和不定额本票两种。不定额本票没有金额起点限制，在签发前的金额是不确定的，签发时由经办银行根据申请人的申请用压数机压印金额。定额本票的面额在本票签发前就已经确定，面额有1 000元、5 000元、10 000元和50 000元四种。在票面划去转账字样的，为现金本票。银行本票的申请人和收款人均为个人的可以办理现金银行本票。注明“现金”字样的银行本票可以挂失止付，否则不得挂失止付，转账的银行本票如果丧失，必须到法院办理公告或提起诉讼。

采用银行本票结算方式的，收款单位收到银行本票后，应将银行本票连同进账单一并送交银行办理转账，根据银行盖章退回的进账单第一联及销货等有关原始凭证编制收款凭证；付款单位填送“银行本票申请书”，并将款项交存银行，在收到银行签发的银行本票后，根据申请书存根联编制付款凭证。公司因银行本票超过付款期限和其他原因要求退款时，在交回本票和填制的进账单，经银行审核盖章后根据进账单第一联编制收款凭证。

3. 商业汇票结算方式

商业汇票是由收款人或付款人（或承兑申请人）签发，由承兑人承兑，并于到期日向收款人或持票人无条件支付款项的票据。商业汇票结算方式适用于企业先发货后收款或者双方约定延期付款的具有真实的交易关系或债权债务关系等款项的结算，同城结算和异地结算均可使用。商业汇票的付款期限由交易双方共同商定，但根据《商业汇票结算办法》规定，其最长期限不超过 6 个月，其提示付款期限自汇票到期日起 10 日内。商业汇票一律记名，允许背书转让，持票人如果急需资金，还可以到银行办理贴现、转贴现、再贴现，但持票人必须提供与其直接前手之间的增值税发票和商品发运单复印件方可向银行办理贴现。定日付款或者出票后定期付款的商业汇票，持票人应当在汇票到期日前向付款人提示承兑；见票后定期付款的汇票，持票人应当自出票日起 1 个月内向付款人提示承兑。汇票未按规定期限提示承兑的，持票人丧失对其前手的追索权。付款人应当自收到提示承兑的汇票之日起 3 日内承兑或者拒绝承兑。付款人拒绝承兑的，必须出具拒绝承兑的证明。

采用商业汇票结算方式，可以使企业之间的债权债务关系表现为外在的票据，使商业信用票据化，具有较强的约束力。对于购货企业来说，由于可以延期付款，可以在资金暂时不足的情况下及时购进材料物资，保证生产经营顺利进行。对于销货企业来说，可以疏通商品渠道，扩大销售，促进生产。

商业汇票按照承兑人的不同可以分为商业承兑汇票和银行承兑汇票两种。

商业承兑汇票是由收款人签发，经付款人承兑，或由付款人签发并承兑的票据。在银行开立账户的法人之间订有购销合同的商品交易，可以使用商业承兑汇票。商业承兑汇票的收款人或被背书人如为同城结算，应于汇票到期日到开户银行办理结算，如为异地，应于汇票到期日前五日内送交其开户银行办理收款。采用商业承兑汇票结算方式的，收款单位将要到期的商业承兑汇票送交银行办妥收款后，在收到银行的收账通知时，据以编制收款凭证；付款单位在收到银行的付款通知时，据以编制付款凭证。

银行承兑汇票是由收款人或承兑申请人签发，并由承兑申请人向开户银行申请，经过银行审查同意承兑的票据。采用银行承兑汇票结算方式的，收款单位将要到期的银行承兑汇票、解讫通知连同进账单送交银行办理转账，然后根据银行盖章退回的进账单第一联编制收款凭证，付款单位在收到银行的支款通知时，据以编制付款凭证。

4. 支票结算方式

支票是出票人委托办理支票存款业务的银行或其他金融机构在见票时无条件付款给收款人或持票人的票据。

支票结算是同城结算中应用比较广泛的一种结算方式，单位和个人在同一票据交换区域内的各种款项的结算，都可以使用支票。支票由银行统一印制，支票上印有“现金”字样的为现金支票，现金支票只能用于支取现金，不能办理转账业务；支票上印有“转账”字样的为转账支票，转账支票只能用来办理转账业务，不能支取现金；支票上未印有“现金”或“转账”字样的为普通支票，普通支票可以用于支取现金，也可以用于转账。在普通支票左上角划两条平行线的，为划线支票，划线支票只能用于转账，不得支取现金。

出票人签发支票时，一律采用记名式。签发日期应填写实际的出票日期，不得签发远期支票。支票的提示付款期为 10 天，中国人民银行另有规定的除外，超过提示付款期限，付款人可以不予付款，但出票人仍对持票人承担支付票款的责任。签发的支票上应加盖与预留银行印鉴相符的印章，如果发生不符，银行将按票面金额处以 5%但不低于 1 000 元的罚款。银行也可以与出票人约定使用支付密码，作为银行审核支付支票金额的条件。出票人应保持可靠的资信，在支票存款账户内存有一定的资金以备支付，不得签发空头支票，否则银行予以退票，并由银行按票面金额处以 5%但不低于 1 000 元的罚款，同时持票人有权要求出票人赔偿支票金额 2%的赔偿金。转账支票可以背书转让。这里的背书是指在支票背面记载有关事项并签章的票据行为。在转账支票提示付款期限内，由原持票人即背书人在支票的背面“背书”栏加盖印章，并在“被背书人”栏注明支票接受人的名称，同时注明转让日期。

采用支票结算方式的，对于收到的支票，持票人应在收到支票后规定的期限内填制进账单连同支票一起送交开户银行办理结算。根据银行盖章退回的进账单第一联和有关原始凭证编制收款凭证，或根据银行转来的签发人送交银行的支票由银行审查后盖章的进账单第一联和有关原始凭证编制收款凭证；对于付出的支票，应根据支票存根和有关原始凭证编制付款凭证。根据银行存款的收、付款凭证登记银行存款日记账和总账。

5. 信用卡结算方式

信用卡是商业银行向单位和个人发行的，凭以向特约单位购物、消费和向银行存取现金，且具有消费信用的特制载体卡片。发行信用卡的目的主要是为了减少现金的使用。

信用卡按使用对象分为单位卡和个人卡；按信誉等级分为金卡和普通卡。

凡在中国境内金融机构开立基本存款账户的单位可申领单位卡。单位卡可申领若干张，持卡人资格由申领单位法定代表人或其委托的代理人书面指定和注销，持卡人不得出租或转借信用卡。单位卡账户的资金一律从其基本存款账户转账存入，在使用过程中，需要向其账户续存资金的，也一律从其基本存款账户转账存入，不得交存现金，不得将销货收入的款项存入其账户。单位卡一律不得用于10万元以上的商品交易、劳务供应款项的结算，不得支取现金。

信用卡在规定的限额和期限内允许善意透支，透支额金卡最高不得超过10 000元，普通卡最高不得超过5 000元。透支期限最长为60天。透支超过规定限额或规定期限，并且经发卡银行催收无效的透支行为称为恶意透支，持卡人使用信用卡不得发生恶意透支，对恶意透支的要依法追究其刑事责任。严禁将单位的款项存入个人卡账户中。

6. 汇兑结算方式

汇兑是汇款人委托银行将款项汇给外地收款人的结算方式。企业单位、个体经济户和个人办理异地款项结算均可使用汇兑结算方式。这种结算方式应用范围广泛，没有金额起点限制，手续简便，划款及时。汇兑分为信汇和电汇两种。信汇是汇款人委托银行以邮寄方式将汇款凭证转给外地收款人指定的汇入行，此时应填写信汇凭证；电汇是汇款人委托银行以电汇方式将汇款凭证转发给收款人指定的汇入行，此时应填写电汇凭证。

汇款人办理汇款时，应在信汇凭证（一式四联）或电汇凭证（一式三联）上详细填明汇入地点、汇入银行名称、收款人名称、汇款用途等项内容。确定不得转汇的，应在备注栏注明。如果需要支取现金的，应在信、电汇凭证中“汇款金额”大写栏注明“现金”字样，同时审查汇款人资格。采用汇兑结算方式的，收款单位对于汇入的款项应在收到银行收账通知（信汇凭证第四联或电汇凭证第三联）时，据以编制收款凭证；付款单位对于汇出的款项应在向银行办理汇款后，根据汇款回单编制付款凭证。

7. 委托收款结算方式

委托收款结算方式是收款人委托其开户银行向付款单位收取款项的一种结算方式。这种结算方式适用于单位和个人凭已承兑商业汇票、债券、存单等付款人债务证明办理款项的结算。特别是公用事业费的结算，同城异地均可使用，付款期限为3天。按照款项划转方式的不同可以分为邮寄划回和电报划回两种，由收款人选用。

采用委托收款方式，收款人委托银行收款时应填写委托收款凭证，详细填明付款人名称、账号及开户银行、收款金额的大小写、所收款项内容等。付款人在付款期内如果发现问题可以全部拒付，但必须在两日内退回有关单证，否则开户银行自第3日起每天按委托金额处以万分之五但不低于五元的罚款。收款单位对于托收款项，应根据委托收款结算凭证回单联和销售凭证编制转账凭证进行挂账处理。在收到银行的收账通知时，根据委托收款结算凭证通知联编制收款凭证；付款单位在收到银行转来的委托收款凭证后，于规定的付款期满次日根据付款通知联以及所附发票账单等编制付款凭证。

8. 托收承付结算方式

托收承付结算方式是指收款单位根据经济合同发货后委托银行向异地付款单位收取款项，由付款单位根据经济合同，核对单证后，向银行承认付款的结算方式。结算过程包括托收和承付两个环节。

托收承付结算方式适用于国有企业、供销合作社和经营管理较好的、经开户银行审查同意的城乡集体所有制工业企业，必须是商品交易以及因商品交易而引起的劳务供应的款项，每笔商品交易的金额起点为10 000元，新华书店系统每笔金额起点为1 000元。收款人发货后向开户银行办理托收手续；付款人开户银行见单后通知付款人承付货款。按照《支付结算办法》的规定，承付货款的方式包括验单承付和验货承付两种。验单承付是付款人对有关单证进行审查核对无误即可付款，其承付期为3天；验货承付是付款人对到达货物进行检验，证明与合同完全相符之后付款，其承付期为10天。付款人在承付期内，有权根据正当理由，向银行提出全部或部分拒绝付款。但付款人不得无理拒付，经开户银行审查如属无理拒付，开户银行要实行强制扣款和处以2 000～5 000元的罚款。付款人在承付期满日如果因款项不足而暂未支付的部分，可以办理逾期付款，逾期付款要按日计算支付逾期付款金额万分之五的赔偿金。

采用异地托收承付结算方式，收款单位对于托收的款项应根据银行承办托收退回的托收结算凭证回单及销售凭证、代垫运杂费等有关的原始凭证，进行挂账的账务处理，待收到银行的收账通知时，根据托收承付结算凭证（第四联）编制收款凭证；付款单位对于承付的款项根据托收承付结算凭证的承付通知和有关发票账单等原始凭证编制付款凭证。

9. 信用证结算方式

信用证结算方式是指购货单位开户银行应申请人的申请，开给销货单位的凭符合信用证条款的单据付款的承诺。是国际结算的一种主要的结算方式。经中国人民银行批准经营结算业务的商业银行总行以及经商业银行总行批准开办信用证结算业务的分支机构，也可以办理国内企业之间商品交易的信用证结算业务。

我国目前国内信用证采用不可撤销、不可转让的跟单信用证。信用证结算方式适用于国内企业订有购销合同的商品交易，同城异地均可使用，但只限于转账结算。信用证按其开立方式可以分为信开信用证和电开信用证两种。信开信用证是指由开证行加盖信用证专用章和经办人名单并加编密押，寄送通知行的信用证；电开信用证是指由开证行加编密押，以电传方式发送通知行的信用证。

信用证的是以购销合同的存在为依据的，但一经开出则不受购销合同的约束，信用证业务只处理单据，一切都以单据为准，所以，信用证业务实质上是一种单据的买卖。为了保证买卖双方各自的权益，要求企业在办理信用证业务时，必须遵守中国人民银行制定的《国内信用证结算办法》的要求。

采用信用证结算方式时，付款人首先要向开户银行申请开证，开户银行经审查后签发信用证，发送收款人开户银行，同时向申请人收取万分之五但不低于100元的开证手续费，另外收取不低于开证金额20%的保证金。信用证的有效期限最长不超过6个月，交单期最长不超过15天。付款单位应在开证并存入保证金时，将存入专户的款项转入其他货币资金账户，待收到有关采购单据和跟单信用证时，再冲销其他货币资金账户的记录；收款单位发货并办妥托收手续后，如果月内可以收款的，应根据收账通知等编制收款凭证，否则月内应挂账，待以后实际收款时再编制收款凭证。

（二）银行存款收付业务的核算

银行存款是企业的一项比较重要的货币资金，涉及银行存款增减变化的经济业务发生的又比较频繁，为了随时掌握银行存款的增减变化过程（动态）及其结果（静态），为合理调度资金和组织货币资金的收支平衡提供信息资料，需要设置"银行存款"账户，同时必须设置银行存款总账和银行存款日记账。

我们已经知道，银行存款收付业务的结算方式有多种，在不同的结算方式下，企业应当根据不同的原始凭证编制银行存款的收付款记账凭证，据以登记银行存款日记账和总账，企业将款项存入银行等金融机构时，应根据有关原始凭证编制记账凭证，借记"银行存款"账户，贷记"库存现金"等有关账户；提取在银行等金融机构中的存款时，借记"库存现金"等有关账户，贷记"银行存款"账户。举例说明银行存款收付业务的核算如下。

[例4—9] 探索者股份公司收到购货单位前欠购货款10万元，存入银行。这是一笔收款业务，应根据银行进账单编制收款凭证，并据以登记有关账簿。其会计分录为：

借：银行存款　　100 000

　贷：应收账款　　100 000

[例4—10] 探索者股份公司开出支票支付本月办公用品费5 200元。这

是一笔付款业务，应根据支票存根和有关收据编制付款凭证，并据以登记有关账簿。其会计分录为：

借：管理费用　　5 200

　贷：银行存款　　5 200

企业应当设置“银行存款日记账”，按照银行存款收付业务发生时间的先后顺序逐日逐笔登记，每日业务终了应结出余额。企业应定期至少每月一次将日记账的记录与银行对账单进行核对，并保证其相符，如果不符，则应采取有关方法进行处理。

有外币业务的企业，应在“银行存款”账户下分别按人民币和各种外币设置“银行存款日记账”，进行银行存款的明细核算。

（三）银行存款清查的核算

前已述及，货币资金是企业的一种非常重要的流动资产，也是比较容易出现问题的资产。而货币资金的收支业务除少量可以按规定通过现金进行结算外，大部分的货币资金收支业务都是通过银行办理转账结算的。因而就涉及企业和开户银行双方之间账目核对的问题。为了检查企业和开户银行双方记账过程及结果是否正确，查明银行存款的实有数，保证企业的主要货币资金的安全与完整，就应该定期、不定期的对银行存款进行清查。银行存款的清查包括对银行存款的账证核对、账账核对和账单核对。银行存款的账证核对是指将银行存款日记账与登记银行存款所依据的收、付款凭证进行核对，以查明记账金额、记账方向是否正确；银行存款的账账核对是指将银行存款日记账与银行存款总账进行核对，以查明银行存款日记账与其总账的借方发生额、贷方发生额和期末余额是否分别相符；银行存款的账单核对是指将银行存款日记账与开户银行开出的对账单进行核对。在对银行存款日记账与银行开出的对账单进行核对时，应首先将截止到核对日为止的所有银行存款的收、付业务登记入账，并对发生的错账、漏账及时查清更正，然后再与银行对账单逐笔核对。如果二者余额相符，则说明基本正确，如果二者余额不符，则可能是企业或银行某一方记账过程有错误或者存在未达账项。所谓未达账项是指企业和开户银行双方之间，由于传递单证需要时间、确认收付的口径不一致等原因，而造成对于同一笔款项收付业务，双方记账时间不一致，银行和企业中一方已经接到有关的结算凭证确认收付并已登记入账，而另一方尚未接到有关的结算凭证尚未入账的款项。总体来说，未达账项有两大类，一类是企业记账而银行未记账的账项，另一类是银行记账而企业未记账的账项。具体地说未达账项有以下四种：

（1）企业收款记账，银行未收款未记账的账项，如企业收到其他单位的购货支票等。

（2）企业付款记账，银行未付款未记账的账项，如企业开出付款支票，但持票人尚未到银行办理转账手续等。

（3）银行收款记账，企业未收款未记账的账项，如托收货款收账等。

（4）银行付款记账，企业未付款未记账的账项，如银行代企业支付公用事业费等。

上述任何一种未达账项的存在，都会使企业银行存款日记账的余额与银行开出的对账单的余额不符。当发生第（1）、（4）两种情况时，企业的银行存款日记账的账面余额将大于银行对账单余额；当发生第（2）、（3）两种情况时，企业的银行存款日记账账面余额将小于银行对账单余额。所以，在与银行对账时首先应查明是否存在未达账项，如果存在未达账项，就应该编制银行存款余额调节表对有关的账项进行调整。银行存款余额调节表是在企业银行存款日记账余额和银行对账单余额的基础上，分别加减未达账项，确定调节后余额，如果调节后双方余额相符，就说明企业和银行双方记账过程基本正确，而且这个调节后余额是企业当时可以实际动用的银行存款的限额。如果调节后余额不符，企业和开户银行双方记账过程可能存在错误，属于开户银行错误，应当由银行核查更正；属于企业错误，应查明错误所在，区别漏记、重记、错记或串记等情况，分别采用正确的方法进行更正。其调节的方法可以采取以下几种：

第一种方法：以现有的余额为准，对企业银行存款日记账和银行对账单同时进行调节，计算调节后余额，其计算公式为：

$$\begin{aligned}&\begin{matrix}\text{企业的银行存款}\\\text{日记账余额}\end{matrix}+\begin{matrix}\text{银行收款企业未}\\\text{收款的账项}\end{matrix}-\begin{matrix}\text{银行付款企业未}\\\text{付款的账项}\end{matrix}\\&=\begin{matrix}\text{银行对账单}\\\text{的余款}\end{matrix}+\begin{matrix}\text{企业收款银行未}\\\text{收款的账项}\end{matrix}-\begin{matrix}\text{企业付款银行未}\\\text{付款的账项}\end{matrix}\end{aligned}$$

第二种方法：以银行对账单余额为准，调节企业银行存款日记账余额，其计算公式为：

$$\begin{aligned}\begin{matrix}\text{银行对账}\\\text{单余额}\end{matrix}=&\begin{matrix}\text{企业存款日}\\\text{记账余额}\end{matrix}+\begin{matrix}\text{企业付款银行未}\\\text{付款的账项}\end{matrix}-\begin{matrix}\text{企业收款银行未}\\\text{收款的账项}\end{matrix}\\&+\begin{matrix}\text{银行收款企业未}\\\text{收款的账项}\end{matrix}-\begin{matrix}\text{银行付款企业未}\\\text{付款的账项}\end{matrix}\end{aligned}$$

第三种方法：以企业银行存款日记账余额为准，调节银行对账单余额，其计算公式为：

$$\text{企业银行存款日记账余额}=\text{银行对账单余额}+\text{企业收款银行未收款的账项}-\text{企业付款银行未付款的账项}+\text{银行付款企业未付款的账项}-\text{银行收款企业未收款的账项}$$

下面以第一种方法为例，说明银行存款余额调节表的具体编制方法：

［**例 4—11**］　探索者股份公司 2003 年 12 月 31 日核对银行存款日记账。12 月 31 日银行存款日记账余额为 174 660 元，同日银行开出的对账单余额为 205 700元。经银行存款日记账与银行对账单逐笔核对，发现两者的不符是由下列原因造成的：

(1) 公司于 12 月 28 日开出支票购买办公用品 1 200 元，公司根据支票存根和有关发票等原始凭证已记账，但收款人尚未到银行办理转账。

(2) 12 月 29 日公司的开户银行代公司收进一笔托收的货款 38 000 元，银行已记账，但尚未通知公司。

(3) 12 月 30 日开户银行代公司支付当月的水电费 2 000 元，银行已记账，但付款通知单尚未送达公司，因而公司未记账。

(4) 公司于 12 月 31 日收到客户交来的购货支票，金额 15 000 元当即存入银行，公司根据进账单等已记账，但因跨行结算，所以银行未记账。

(5) 12 月 30 日公司的存款利息收入 1 580 元，银行已主动划入本公司账户，但尚未通知公司，因而公司暂未记账。

(6) 12 月 30 日公司本月收到并送存银行的某单位购货支票 6 200 元，因付款单位存款余额不足而被退回，但银行尚未通知企业。

(7) 12 月 26 日公司支付销售产品的广告费 4 820 元，公司误记为 4 280 元，少记 540 元。

(8) 12 月 29 日银行记账时发生串户，将一笔不属于本公司的收款 14 000 元误记入本公司账户。

根据调节前的余额和查出的未达账项以及有关的错账等内容，编制 12 月 31 日的银行存款余额调节表见表 4—1，确定调节后的余额。

银行存款余额调节表

表 4—1　　2003 年 12 月 31 日　　单位：元

项目	金额	项目	金额
银行对账单余额： 加：公司收款，银行未收款的	205 700	公司银行存款日记账余额： 加：银行收款，公司未收款的	174 660

续前表

项目	金额	项目	金额
购货支票	15 000	未达账项	38 000
减：公司付款，银行未付款的		银行存款利息收入	1 580
办公用品费	1 200	减：银行付款，公司未付款的	
银行串户	14 000	水电费	2 000
		退回某单位支票	6 200
		公司少记广告费	540
调节后的余额	205 500	调节后的余额	205 500

从表4—1我们可以看出，表中左右两方调整后的金额相等，这说明该公司的银行存款实有数既不是205 700元，也不是174 660元，而是205 500元，同时还说明公司和银行双方在账目记录过程中除了已经发现的错误之外，其他的错误可能不存在（但这不是绝对的，如两个差错正好相等，抵消为零）。如果调节后的余额仍然不等，则说明有错误存在，应进一步查明原因，采取相应的方法进行更正。在本例中，对于已发现的公司少记广告费的错误，应采取补充登记法进行更正，其会计分录为：

借：销售费用　　540

　贷：银行存款　　540

这里需要注意的是对于未达账项的处理。按照我国会计制度的规定，对于未达账项不能以银行存款余额调节表为原始凭证而调节银行存款日记账的账面记录，对于银行已经记账而企业尚未记账的未达账项，应该在实际收到有关的收、付款结算凭证后，即未达账项变成“已达账项”时再进行相关的账务处理。之所以采取这样的方法进行处理，一方面是为了简化会计核算工作，防止重复记账，同时也考虑到在企业正常经营过程中，会计期末的未达账项数额一般不会很大，转变成已达账项的时间也不会很长，而且，在权责发生制原则的要求下，收入和费用的确认与收款和付款的记录不在同一个会计期间完成是正常的，因而，对未达账项暂不进行处理并不影响企业本期经营成果的确定。由此，编制银行存款余额调节表只起对账的作用，而不能将银行存款余额调节表作为调整账面记录的依据。

企业应加强对银行存款的管理，并定期对银行存款进行检查，如果有确凿证据表明存在银行或其他金融机构的款项已经部分或全部不能收回的，例如，吸收存款的单位已宣告破产，其破产财产不足以清偿的部分，或者全部不能清偿的，应当作为当期损失，冲减银行存款，借记“营业外支出”账户，贷记“银行存款”账户。

三、其他货币资金的核算

企业在经营过程中，为了应付日常开支、购买物资、结算债权债务等，除了需要现金和银行存款之外，还需要其他货币资金。

其他货币资金是指性质与现金、银行存款相同，但其存放地点和用途与现金和银行存款不同的货币资金。包括外埠存款、银行汇票存款、银行本票存款、信用证保证金存款、信用卡存款和存出投资款等。企业为了核算其他货币资金的具体内容，应设置“其他货币资金”账户，并相应设置有关明细账户。

（一）外埠存款的核算

外埠存款是指企业到外地进行临时或零星采购时，汇往采购地银行开立采购专户的款项。企业汇出款项时，应根据银行汇单联借记“其他货币资金——外埠存款”账户，贷记“银行存款”账户；根据采购物资的发票账单等报销时，应借记“原材料（或在途物资）”、“应交税费——应交增值税”账户，贷记“其他货币资金”账户。

企业汇出款项填写汇款委托书时应加盖“采购资金”字样，汇入银行应以汇款单位的名义开立采购专户，采购资金存款不计利息，除采购员的差旅费可支取少量现金外，其他一律转账，采购专户只付不收，付完结束账户。

（二）银行汇票存款的核算

银行汇票存款是企业为了取得银行汇票，按照规定存入银行的款项。企业将款项交存银行取得汇票之后，应根据银行盖章退回的“银行汇票委托书”存根联借记“其他货币资金——银行汇票”账户，贷记“银行存款”账户；用银行汇票支付款项之后，根据有关发票等，借记“原材料”、“应交税费——应交增值税”账户，贷记“其他货币资金——银行汇票”账户。

银行汇票使用完毕，应转销“其他货币资金——银行汇票”账户，如果银行汇票付款后有余额，应转入银行存款结算户。

（三）银行本票存款的核算

银行本票存款是指企业为取得银行本票，按规定存入银行的款项。企业按规定将款项交存银行取得银行本票时，应根据银行盖章退回的申请书存根联借记“其他货币资金——银行本票”账户，贷记“银行存款”账户；支付有关款项之后，应根据有关凭证借记“原材料”、“应交税费——应交增值税”账户，贷记“其他货币资金——银行本票”账户。

（四）信用证保证金存款的核算

企业开具信用证时，根据银行盖章退回的“信用证委托书”回单、交存备用金的进账单，借记“其他货币资金——信用证存款”账户，贷记“银行存款”账户。

收到供货单位的信用证结算凭证及其他账单之后，编制的会计分录基本同上。

（五）信用卡存款的核算

企业申领信用卡并交存备用金，根据进账单借记“其他货币资金——信用卡存款”账户，贷记“银行存款”账户；用信用卡结算有关款项时，根据有关发票账单等借记“管理费用”等账户，贷记“其他货币资金——信用卡存款”账户。

（六）存出投资款的核算

存出投资款是企业已存入证券公司但尚未进行投资的现金。当企业将款项存入证券公司时，应借记“其他货币资金——存出投资款”账户，贷记“银行存款”账户；购买股票、债券之后，应根据投资的实际成本借记“交易性金融资产”账户，贷记“其他货币资金”账户。

这里仅以外埠存款为例说明其他货币资金的会计核算过程。

［例 4—12］ 探索者股份公司委托当地开户银行汇款 20 万元给采购地银行开立采购专户。汇出款项时，根据有关凭证编制如下的会计分录：

借：其他货币资金——外埠存款　　200 000
　　贷：银行存款　　200 000

［例 4—13］ 承例 4—12，收到采购员交来的购货发票等，购货金额为 12 万元，增值税20 400元，会计分录为：

借：原材料　　120 000
　　应交税费——应交增值税（进项税额）　　20 400
　　贷：其他货币资金——外埠存款　　140 400

［例 4—14］ 承例 4—12、4—13，采购员完成了采购任务，将剩余的外埠存款转回当地银行，企业根据收款通知，转销其他货币资金账户：

借：银行存款　　59 600
　　贷：其他货币资金——外埠存款　　59 600

第二节　交易性金融资产

企业所拥有的资金除了用于正常的生产经营所需的货币性资产、生产性有形资产和无形资产外，往往还出于某种目的将多余的、暂时闲置的资金用于购买其他企业或机构的股权或债权，形成对外投资。本节将阐述交易性金融资产的有关内容。

一．交易性金融资产概述

交易性金融资产，主要是指企业为了近期内出售而持有的金融资产。比如，企业以赚取差价为目的从二级市场购入的股票、债券、基金等。

交易性金融资产是以进行交易为目的而持有的，在交易前发生的公允价值变动直接影响交易性金融资产的价值。为了集中反映企业各种交易性金融资产的现有价值，以便了解和掌握企业交易性金融资产的情形，各种交易性金融资产应通过“交易性金融资产”科目核算，并按照交易性金融资产的类别和品种，分别“成本”、“公允价值变动”进行明细核算。

交易性金融资产属于流动资产，在资产负债表上，一般以“交易性金融资产”项目列示在流动性资产项目内。

二、交易性金融资产的核算

“交易性金融资产”科目核算企业持有的以公允价值计量且其变动计入当期损益的金融资产，包括为交易目的所持有的债券投资、股票投资、基金投资、权证投资等和直接指定为以公允价值计量且其变动计入当期损益的金融资产。

企业取得交易性金融资产时，按交易性金融资产的公允价值，借记本科目（成本），按发生的交易费用，借记“投资收益”科目，支付的价款中包含已宣告但尚未发放的现金股利或已到付息期但尚未领取的债券利息，借记“应收股利”或“应收利息”，按实际支付的金额，贷记“银行存款”等科目。

交易性金融资产持有期间被投资单位宣告发放的现金股利，或在资产负债表日按分期付息、一次还本债券投资的票面利率计算的利息，借记“应收股利”或“应收利息”科目，贷记“投资收益”科目。

资产负债表日，交易性金融资产的公允价值高于其账面余额的差额，借记本科目（公允价值变动），贷记“公允价值变动损益”科目；公允价值低于其账面余额的差额，做相反的会计分录。

出售交易性金融资产时，应按实际收到的金额，借记“银行存款”等科目，按该项交易性金融资产的成本，贷记本科目（成本），按该项交易性金融资产的公允价值变动，贷记或借记本科目（公允价值变动），按其差额，贷记或借记“投资收益”科目。同时，按该项交易性金融资产的公允价值变动，借记或贷记“公允价值变动损益”科目，贷记或借记“投资收益”科目。

本科目期末借方余额，反映企业交易性金融资产的公允价值。

［例 4—15］ 2006 年 1 月 1 日，购入债券：面值 100 万元，利率 3%，企业不准备长期持有，划分为交易性金融资产。取得时，支付价款 103 万元（含已宣告发放的利息 3 万元），另支付交易费用 2 万元。

（1）购入时：

	借方	贷方
借：交易性金融资产——成本	1 000 000	
应收利息	30 000	
投资收益	20 000	
贷：银行存款		1 050 000

（2）2006 年 4 月 5 日，收到最初支付价款中所含利息 3 万元：

	借方	贷方
借：银行存款	30 000	
贷：应收利息		30 000

（3）2006 年 12 月 31 日，应计 2006 年利息收入：1 000 000×3%=30 000

	借方	贷方
借：应收利息	30 000	
贷：投资收益		30 000

（4）2006 年 12 月 31 日，债券公允价值为 110 万元：

	借方	贷方
借：交易性金融资产——公允价值变动	100 000	
贷：公允价值变动损益		100 000

（5）2007 年 4 月 5 日，收到 2006 年利息 3 万元：

借：银行存款　　30 000

　贷：应收利息　　30 000

(6) 2007 年 10 月 6 日，将该债券处置（售价 120 万元）：

借：银行存款　　1 200 000

　贷：交易性金融资产——成本　　1 000 000

　　　　　　　　　——公允价值变动　　100 000

　　投资收益　　100 000

借：公允价值变动损益　　100 000

　贷：投资收益　　100 000

总收益＝(－2)＋3＋10＋10＝21(万元)

第三节　应收及预付款项

在商业信用高度发达的市场经济条件下，企业之间的商品交易大多是建立在商业信用基础上的，很难想像在没有赊销的情况下，货物和服务每天能有这么大量的销售。企业在日常生产经营过程中发生的各项债权，构成企业的应收及预付款项，包括应收款项（应收账款、应收票据和其他应收款）和预付账款等。

一、应收账款的核算

由于商业信用的存在，企业在交易时，不立即结清账款，也不签发任何票据，而是以挂账的形式明确双方的债权债务关系，因此就产生了应收账款。所谓应收账款是企业因销售商品、产品、提供劳务等业务而应向购货单位或接受劳务的单位收取的款项，它代表企业获得未来经济利益（未来现金流入）的权利。对应收账款的核算包括应收账款的确认、入账价值的确定、账户的设置、账务处理以及坏账的核算方法等内容。

（一）应收账款的确认

应收账款的确认是指对应收账款的范围和入账时间的确定。应收账款的范围一般包括销售商品、提供劳务等应收取的价款、增值税款和代垫的运杂费等。应收账款的入账时间应结合收入实现的时间进行确认。另外确认应收账款还需要依据一些表明商品或劳务提供过程已经完成、债权债务关系已经成立的书面文件，如购销合同、商品出库单、发票和发运单等。

（二）应收账款入账价值的确定

应收账款作为一种在未来能够收现的债权，应该按照未来可得现金的现值入账。但是，由于应收账款转化为现金的期限一般不会超过一年，其现值与交易发生日确定的金额不会有很大的差别，所以在实际工作中，遵循重要性原则，对应收账款都是以其成交价格加以计量即按照交易日的实际发生额确认应收账款的入账价值。

应收账款按交易日的实际发生额入账时，应注意现金折扣的内容。现金折扣是指在赊销的情况下，债权人为了鼓励债务人在赊销期内尽早付款而给予债务人的一种债务扣除，债务人在赊销期内的不同时间付款可享受不同比例的折扣。现金折扣的表示方式一般是“折扣/付款期限”，如2/10、1/20、n/30等，其含义分别是10天内付款折扣2%，20天内付款折扣1%，30天内付款则不给折扣。在存在现金折扣的情况下，对应收账款入账价值的确定有两种方法：

（1）总价法。该法是将未减去现金折扣前的全部金额作为实际应收款项计入应收账款的方法。现金折扣只有客户在折扣期内支付款项时方可予以确认，当企业给予客户现金折扣时，从融资的角度考虑，属于企业的一种理财费用，会计上作为期间费用计入财务费用。

（2）净价法。该法是将扣减最大现金折扣后的净额作为实际应收款项计入应收账款的方法。这种方法认为客户都会提前付款，客户取得折扣被视为一种正常现象，因而客户如果超过折扣期限而使得本企业多收入的款项作为企业提供信贷服务而获得的收入，在产生折扣时冲减财务费用。对于现金折扣，在我国是采用总价法进行核算的。

为了核算应收账款业务，企业应设置“应收账款”账户，该账户的性质属于资产类，其借方登记应向购买单位或接受劳务单位收取的价款、税款、代垫的各种款项以及已经转销而又收回的坏账等，贷方登记收回的应收账款、改用商业汇票结算的应收账款、转作坏账的应收账款等，如果企业不单独设置预收账款账户，则对于发生的预收款也在该账户核算。期末余额如果在借方，表示尚未收回的应收账款；期末余额如果在贷方，表示企业预收的账款。“应收账款”账户应按不同的购货单位或接受劳务的单位设置明细账，进行明细核算。

企业因销售商品而发生应收账款业务时，对全部应收取的款项借记“应收账款”账户，对于价款贷记“主营业务收入”账户，对于增值税贷记“应交税费——应交增值税”账户，对于代垫款项贷记“银行存款”等账户；企业改用商业汇票结算应收账款时，应借记“应收票据”账户，贷记“应收账款”账户；收回应收账款时，应借记“银行存款”等账户，贷记“应收账款”账户。

举例说明应收账款的核算如下：

[例 4—16] 探索者股份公司赊销给某单位一批商品，发票注明产品的价款100 000元，增值税17 000元，另用银行存款1 000元代购买单位垫付运杂费。公司采用托收承付结算方式，已办妥托收手续。其会计分录为：

借：应收账款　118 000
　贷：主营业务收入　100 000
　　应交税费——应交增值税（销项税额）　17 000
　　银行存款　1 000

[例 4—17] 承例 4—16，经过双方商定，上述应收账款改用商业汇票结算，公司已收到商业汇票。其会计分录为：

借：应收票据　118 000
　贷：应收账款　118 000

[例 4—18] 探索者股份公司采用赊销的方式销售一批商品给客户，赊销期一个月。该批商品的售价500 000元，适用的增值税率 17%，规定的现金折扣条件为 2/10、1/20、*n*/30，产品交付并办妥托收手续。其有关的会计处理如下：

（1）办妥托收手续时：

借：应收账款　585 000
　贷：主营业务收入　500 000
　　应交税费——应交增值税（销项税额）　85 000

（2）如果上述货款在 10 天内收到，其会计处理为：

借：银行存款　573 300
　财务费用　11 700
　贷：应收账款　585 000

（3）如果上述货款在 20 天内收到，其会计处理为：

借：银行存款　579 150
　财务费用　5 850
　贷：应收账款　585 000

(4) 如果超过了现金折扣的最后期限收到货款，其会计处理为：

借：银行存款　　585 000

　　贷：应收账款　　585 000

(三) 坏账损失的核算

在赊销交易中，销货和收款是在不同的时间进行的，购货企业可以此作为一种融资的手段，销货企业可以通过信用交易扩大销路。但从另一个角度来考察，在市场充满风险的情况下，企业的应收账款在未来是否能够收回，存在着不确定性，因而，便有发生坏账的风险。企业无法收回的应收账款称为企业的坏账，由于发生坏账而给企业造成的损失，称为坏账损失。

1. 核算方法

对于坏账损失的核算会计上曾经有两种方法可以选择，即直接转销法和备抵法。

(1) 直接转销法，是在实际发生坏账时，作为一种损失直接计入期间费用，同时冲销应收账款，其账务处理为借记“管理费用”账户，贷记“应收账款”账户。这种核算方法平时账务处理比较简单，但是不符合权责发生制和配比原则的要求，哪个会计期间发生坏账损失，哪个期间的利润会处于较低的水平，在没有实际发生坏账的会计期末，会夸大资产负债表中应收账款的可实现价值。

(2) 备抵法，是按期估计坏账损失，计入期间费用，同时建立坏账准备金，待实际发生坏账时，冲销已经提取的坏账准备金。采用备抵法核算坏账损失就避免了直接转销法的缺点。企业在会计核算过程中遵循谨慎性原则和配比原则的要求对应收账款提取坏账准备金，可以将预计未来不能收回的应收账款作为坏账损失计入费用，既保持了成本费用和利润的稳定性，避免虚盈实亏，又在一定程度上消除或减少了坏账损失给企业带来的风险，在会计报表上列示应收账款净额，使企业应收账款可能发生的坏账损失得到及时地反映，从而会计信息使用者能更加清楚地了解企业真实的财务状况。

按照我国现行会计制度的要求，我国企业单位应该采用备抵法核算坏账损失，计提坏账准备金。坏账准备的计提方法包括应收账款余额百分比法、账龄分析法、销货百分比法等，具体采用哪一种方法由企业自行确定。企业应当列出目录，具体注明计提坏账准备的范围、提取方法、账龄的划分和提取比例等内容，按照管理权限，经股东大会或董事会或经理（厂长）会议或类似权力机构批准，并且按照法律、行政法规的规定报有关各方备案，并备置于企业所在地，以供投资者查阅。方法一经确定，不得随意变更。如需变更，仍然按照上述程序，经批准后，报送有关各方备案，并在会计报表附注中予以说明。

2. 坏账准备的计提

企业在确定坏账准备的计提比例时，应当根据以往的经验、债务人的实际财务状况和现金流量情况，结合有关信息进行合理的估计。除有确凿证据证明应收款项无法收回或收回的可能性不大，如债务人撤销、破产、现金流量严重不足、发生意外事故以及应收款项逾期3年以上者，但下列各种情况不能全额计提坏账准备：（1）当年发生的应收款项；（2）计划对应收款项进行重组；（3）与关联方发生的应收款项；（4）其他已逾期，但无确凿证据证明不能收回的应收款项。

对于企业的应收票据、预付账款等应收款项原则上不提坏账准备，但如果有确凿证据证明不能收回或收回的可能性不大，应先将其转入应收账款、其他应收款等账户，然后再计提坏账准备。

为了核算坏账准备金的提取和实际转销情况，在会计核算过程中，需要设置“坏账准备”账户，该账户的性质从属于应收账款账户即属于资产类，其贷方登记提取的坏账准备（包括首次计提和以后补提的准备）、已转销的坏账又收回时而恢复的坏账准备，借方登记实际发生坏账时冲销的坏账准备、年末冲销多提的坏账准备，年内期末余额如果在借方，表示实际发生的坏账损失大于已提取的坏账准备的差额（也就是提取不足的坏账准备），余额如果在贷方，表示已提取但未使用的坏账准备。需要注意的是该账户的年末余额一定在贷方，反映年末依据应收账款余额的一定比例提取的作为应收账款的备抵余额，通过应收账款与坏账准备两个账户进行备抵之后的差额即为应收账款的可变现净值。

3. 注意事项

为了正确运用好企业会计制度所规定的计提坏账准备的原则，企业在核算坏账损失时，应注意以下几点：

（1）企业应向债务人函证应收账款，对应收账款的可收回性进行评价。

（2）企业应根据具体情况，自行确定计提坏账准备的方法、计提比例等，如果企业历史上发生坏账损失的记录较少，且债务人的信用较好，企业仍然可以在较低的水平上计提坏账准备。

（3）企业在确定坏账准备的计提比例时，应根据以往的经验、债务单位的实际财务状况和现金流量情况，以及其他相关信息合理地估计，如市场情况和行业惯例，特别是赊销金额巨大的客户的支付能力等因素。

年末采用应收账款余额百分比计算提取坏账准备金时，首先用应收账款余额乘以计提比例，在此基础上结合以前年度已经计提（或提取不足）的坏账准备金进行调整（注意观察“坏账准备”账户的余额方向），确定本次应该计提的坏账准备金额，其计算公式为：

应提取的坏账准备金（估计）＝应收账款年末余额×计提比例

本期实际计提的坏账准备金＝应提取的坏账准备金＋调整前“坏账准备”借方余额－调整前“坏账准备”贷方余额

对上述的计算公式作如下的说明：当调整前的“坏账准备”账户为借方余额时，应将本期估计的坏账损失数加上调整前“坏账准备”账户的借方余额作为本期提取的坏账准备额；当调整前“坏账准备”账户为贷方余额，而且该余额小于本期估计的坏账损失数额时，应按其差额作为本期提取的坏账准备额；当调整前的“坏账准备”账户为贷方余额，但该余额大于本期估计的坏账损失数额时，应按其差额冲减多计提的坏账准备额。

备抵法下核算坏账损失的账务处理是：提取坏账准备时，借记“资产减值损失”账户，贷记“坏账准备”账户；冲销多提的坏账准备时，借记“坏账准备”账户，贷记“资产减值损失”账户；实际发生坏账冲销坏账准备金时，借记“坏账准备”账户，贷记“应收账款”账户；已经转销的坏账如果又收回，应首先借记“应收账款”账户，贷记“坏账准备”账户，然后再借记“银行存款”账户，贷记“应收账款”账户。举例说明备抵法核算坏账损失的账务处理如下：

［例 4—19］ 探索者股份公司自 1995 年末开始计提坏账准备。1995 年末应收账款余额为 200 万元，1996 年末应收账款余额为 160 万元，1997 年 6 月份发生一笔坏账 10 000 元，1997 年末应收账款余额为 210 万元，1998 年 3 月份上一年度已经转销的坏账又收回 4 000 元，1998 年末应收账款余额为 220 万元，1999 年末应收账款余额 260 万元，2000 年末应收账款余额为 180 万元，该公司坏账准备提取比例为 5‰，计算各年度提取的坏账准备并进行相关的账务处理。

（1）1995 年末应提取的坏账准备金为 10 000 元（＝2 000 000×5‰），其会计分录为：

借：资产减值损失　　10 000

　贷：坏账准备　　10 000

（2）1996 年末应提取的坏账准备金为 8 000 元（＝1 600 000×5‰），实际

计提额为－2 000 元（＝8 000－10 000），即应冲销以前多提的坏账准备 2 000 元，其会计分录为：

借：坏账准备　　2 000

　　贷：资产减值损失　　2 000

(3) 1997 年 6 月份发生坏账 10 000 元，其会计分录为：

借：坏账准备　　10 000

　　贷：应收账款　　10 000

(4) 1997 年末应提取的坏账准备金为 10 500 元（＝2 100 000× 5‰），实际计提额为 12 500 元（＝10 500＋2 000），其会计分录为：

借：资产减值损失　　12 500

　　贷：坏账准备　　12 500

(5) 1998 年 3 月份收回已转销的坏账，其会计分录为：

借：应收账款　　4 000

　　贷：坏账准备　　4 000

借：银行存款　　4 000

　　贷：应收账款　　4 000

(6) 1998 年末应提取的坏账准备金为 11 000 元（＝2 200 000×5‰），实际计提额为－3 500 元（＝11 000—14 500），即应冲销多提的坏账准备 3 500 元，其会计分录为：

借：坏账准备　　3 500

　　贷：资产减值损失　　3 500

(7) 1999 年末应提取的坏账准备金为 13 000 元（＝2 600 000× 5‰），实际计提额为 2 000 元（＝13 000－11 000），其会计分录为：

借：资产减值损失　　2 000

　　贷：坏账准备　　2 000

(8) 2000 年末应提取的坏账准备金为 9 000 元（＝1 800 000× 5‰），实际计提额为－4 000 元（＝9 000－13 000），应冲销多提的坏账准备 4 000 元，其会计分录为：

借：坏账准备　　4 000

　　贷：资产减值损失　　4 000

企业已经确认为坏账的应收款项，并不意味着完全放弃了追索权，其后一旦重新收回，应及时入账。

二、应收票据的核算

应收款项的另一种形式是应收票据。与应收账款不同，应收票据需要依据在赊销业务中由债权人或债务人签发的表明债务人在约定时日应偿付约定金额的书面文件，因而受到法律的保护，具有较强的法律约束力。完整意义上说，应收票据包括期票和商业汇票，它们都代表着企业在未来收取一定金额款项的权利，并隐含着预期的经济利益（票据的利息）。应收票据作为商业信用的工具，在到期前可以向银行贴现或背书转让，因而比应收账款具有更高的流动性。在资产负债表上，按照变现能力的大小，应收票据一般列在应收账款之前。

（一）应收票据的入账价值

应收票据的入账价值在会计上有两种确认方法，一种是按照票据的面值确认，另一种是按票据的未来的现金流量的现值确认。由于我国目前允许使用的商业汇票最长期限为 6 个月，遵循重要性原则，为了简化核算手续，在形成应收票据时一般按面值记账，对于带息票据在会计期末（主要是指中期期末和年度终了）按应收票据的票面价值和规定的利率计提利息，相应地增加应收票据的账面余额。

（二）应收票据的会计处理

为了核算应收票据的具体发生情况，企业应设置“应收票据”账户，其借方登记应收票据的面值和期末计提的利息，贷方登记到期收回或背书转让或申请贴现的票据价值，借方余额表示尚未收回的票据价值。由于票据是一种无条件付款，可以随时背书或贴现的书面凭证，对于某一特定单位或个人为对象的明细分类核算已无必要，因而不需要设置明细分类账户，但为了便于管理和分析票据的具体情况，应该设置“应收票据”备查簿，记录每张票据的具体事项，以备查考。

（三）不同应收票据在核算上的区分

应收票据在核算上应区分带息票据和不带息票据。

1. 不带息票据的核算

不带息票据是指票据上未注明利率，只按票面金额结算票款的票据。不带息票据的到期价值等于应收票据的面值。企业收到票据时，应借记“应收票据”账户，贷记“应收账款”等有关账户，票据到期收回款项时，应借记“银行存款”账户，贷记“应收票据”账户。举例说明不带息应收票据的核算如下：

［**例 4—20**］ 探索者股份公司销售一批产品，发票注明的价款 500 000 元，增值税 85 000 元，收到一张已承兑商业汇票。应编制的会计分录为：

借：应收票据 585 000

贷：主营业务收入 500 000

应交税费——应交增值税（销项税额） 85 000

上述票据如果到期不能收回，则应将其转入应收账款：

借：应收账款 585 000

贷：应收票据 585 000

2. 带息票据的核算

带息应收票据是指根据票面金额和票面利率计算到期利息的票据。对于带息应收票据，应于中期期末、年度终了和票据到期时计算票据利息，增加应收票据的账面价值，同时冲减财务费用。利息的计算公式为：

应收票据利息＝应收票据面值×票面利率×时间

上式中的“时间”是指票据的签发日至利息的计算日的时间间隔。票据的时间可以按月或日表示。在实际工作中，为了简化起见，通常将一年定为 360 天。票据时间按月表示的，应以到期月份中与出票日相同的那一天为到期日。如果是月末签发的，则以到期月的月末日为到期日，同时，利率换算成月利率；票据时间按日表示的，应按企业持有票据实际经历天数计算，但出票日和到期日只能算其中的一天，即“算头不算尾或算尾不算头”，同时利率应换算成日利率。图 4—1 列示了 90 天期票据的起止日期（算尾不算头）：

3 月		4 月		5 月		6 月
18～31		1～30		1～31		1～16
13 天	＋	30 天	＋	31 天	＋	16 天

合计 90 天

图 4—1 票据按日表示的时间计算方法

举例说明带息应收票据的核算如下：

［**例 4—21**］ 探索者股份公司于 2002 年 9 月 30 日销售一批产品，发票注明的价款为 200 万元，增值税额 34 万元，收到一张已承兑商业汇票，该汇票的期限 5 个月，票面利率 6%。

（1）收到票据时：

借：应收票据　　2 340 000

　贷：主营业务收入　　2 000 000

　　应交税费——应交增值税（销项税额）　　340 000

（2）年度终了计算票据利息：

票据利息：2 340 000×6%×3÷12＝35 100（元）

借：应收票据　　35 100

　贷：财务费用　　35 100

（3）票据到期收回款项：

收款金额为 2 398 500 元（＝2 340 000＋2 340 000× 6%× 5÷12），其中应计入收款年度损益的利息为 23 400 元（＝2 340 000×6%×2÷12）：

借：银行存款　　2 398 500

　贷：应收票据　　2 375 100

　　财务费用　　23 400

如果上述票据到期不能按期收回款项，票据就成为一种失信票据，收款企业应将票据的面值和利息转入应收账款，同时停止计提利息：

借：应收账款　　2 398 500

　贷：应收票据　　2 398 500

（四）应收票据的贴现

我们知道，商业汇票是可以背书转让的，当企业资金短缺时，就可以采取这一方式融通资金。而企业将商业汇票（在我国主要是银行承兑汇票）背书转让给银行，就属于贴现行为。所谓应收票据“贴现”又称银行贴现，是指票据持有人将未到期的票据在背书后转让给银行，银行受理后，从票据中扣除按银行贴现率计算确定的贴现利息，然后将余款付给持票人的行为，也就是贴现银行作为受让方买入未到期的票据，预先扣除贴现日起至票据到期日止的利息，而将余额付给贴现者的一种交易行为。在票据贴现时，需要计算以下几个项目：

$$\text{票据到期值}=\text{票据面值}+\text{票据面值}\times\text{票面利率}\times\text{票据到期月数(或天数)}\div 12(\text{月或 }360\text{ 天})$$

贴现利息＝票据到期值×贴现利率×贴现天数÷360

贴现金额＝票据到期值－贴现利息

根据上面的有关计算公式可以看出，票据贴现期的长短以及贴现率和票据利率的差异决定了贴现时是获得利息收入还是发生利息费用，也就是说当票据的贴现金额低于面值时，会发生利息费用，否则，就会产生利息收入。

按照中国人民银行《支付结算办法》的规定，在计算贴现金额时应扣除贴现日至汇票到期前一日的利息，如果承兑人在异地的，应另加3天的划款日期。举例说明应收票据贴现的核算过程如下：

[例4—22] 探索者股份公司于2002年7月17日将一出票日为5月15日、期限为4个月、票面利率为6%、面值为1 000 000元的商业汇票向银行申请贴现。银行的贴现利率为8%，假设公司与票据承兑人在同一票据交换区域内。其会计处理为：

该票据的贴现天数＝15＋31＋15－1＝60（天）

票据到期值＝1 000 000＋1 000 000×6%×4÷12＝1 020 000（元）

票据贴现利息＝1 020 000×8%×60÷360＝13 600（元）

票据贴现金额＝1 020 000－13 600＝1 006 400（元）

借：银行存款　　1 006 400

　贷：应收票据　　1 000 000

　　　财务费用　　6 400

如果已经贴现的商业汇票到期，而承兑人的银行存款账户不足支付，申请贴现的企业在收到银行退回的商业汇票、支款通知和拒付理由书等，按所付的本息借记“应收账款”账户，贷记“银行存款”账户；如果申请贴现的企业银行存款账户余额不足，银行将作为逾期贷款处理，申请贴现的企业应借记“应收账款”账户，贷记“短期借款”账户。由此可见，贴现票据实际上是企业的一种或有负债，除非在票据贴现背书时注明“无追索权”，这样就将应收票据上的风险和未来经济利益全部转让给银行，否则，带追索权的票据贴现，贴现企业因背书而在法律上负有连带责任。当票据到期付款人付款，则或有负债消失；如果付款人不能付款，则背书人需承担付款义务，该项或有负债就成为企业的一项实际负债。

三、预付账款的核算

企业在购买材料物资的过程中，为了避免价格风险，或者受市场供应的限制，或者受生产季节的限制等原因，对于某些材料物资有时需要采取预先订购的方式，即按照购货合同规定预付一部分货款，这部分预先付给供货单位的订货款就构成企业的预付账款。显然预付账款是由于购货而非销货所引起的一种短期债权。预付账款必须以购销双方签订的购销合同为条件，按照规定的程序和方法进行核算。

为了核算预付账款业务，企业需要设置"预付账款"账户，其借方登记企业按照购货合同的规定预付给供货单位的货款以及收料后办理结算时应补付的货款，贷方登记收到货物时冲销的预付款或供货单位退回的预付款，期末余额如果在借方，表示预付款的结余额，如果在贷方，表示企业尚未补付的货款即欠供货单位的货款。本账户应按照供货单位的名称设置明细账，进行明细核算。这里需要说明的是对于预付款业务不多的企业，也可以不单独设置"预付账款"账户，而是将发生的预付款业务在"应付账款"账户中进行核算。但在编制会计报表时，仍然要将"预付账款"和"应付账款"的金额分开报告。会计期末，预付账款按历史成本反映。

企业按照购货合同的规定向供货单位预付款时，借记"预付账款"账户，贷记"银行存款"等账户，收到供货单位发来的货物时，根据发票账单等凭证载明的价款、税款等，借记"原材料"、"应交税费——应交增值税"等账户，贷记"预付账款"账户，需要补付货款时，借记"预付账款"账户，贷记"银行存款"账户，如果是退回多余款则做相反的账务处理。

企业的预付账款，如有确凿的证据证明其不符合预付账款性质，或者因供货单位破产、滞销等原因已无望再收到所购货物时，应将原记入预付账款账户的金额转入其他应收款账户，企业应按预计不能收到所购货物的预付账款的账面余额，借记"其他应收款——预付账款转入"账户，贷记"预付账款"账户。企业可以对这部分预付账款计提坏账准备。除转入"其他应收款"账户的预付账款外，其他的预付账款不得计提坏账准备。

举例说明预付账款的核算如下：

[例 4—23] 新世纪股份有限公司按照购货合同的规定用银行存款250 000元预付给某单位订购甲材料。其会计分录为：

借：预付账款——某单位　　250 000

　贷：银行存款　　250 000

[例 4—24] 承例 4—23，上述预付款的甲材料现已到货，随货附来的发票注明其价款 600 000 元，增值税 102 000 元，不足款项随后通过银行支付。该公司材料按实际成本核算。

(1) 收到货物时的会计分录为：

借：原材料　　600 000

应交税费——应交增值税（进项税额）　　102 000

贷：预付账款——某单位　　702 000

（2）补付货款时的会计分录为：

借：预付账款——某单位　　452 000

贷：银行存款　　452 000

四、其他应收款的核算

在企业生产经营过程中，除了应收账款和应收票据之外，还会形成其他各种应收款项，如职工个人欠款、应收保险赔偿款、备用金等，它们都是由企业销售商品或提供劳务以外的其他因素引起的临时债权。为了便于管理和分析，应将这类应收款项与应收账款和应收票据区分开来，单独设置账户进行核算，在期末资产负债表上，也应作为流动资产的单独项目加以反映。

为了反映和监督企业其他应收款的发生和结算情况，应设置“其他应收款”账户，借方登记实际发生的各种其他应收、暂付款项，贷方登记收回的其他应收、暂付的款项，期末余额在借方，表示企业尚未收回的各种其他应收、暂付款项的结余额。本账户应按照其他应收、暂付款项的项目和不同的债务人设置明细账户，进行明细核算。企业发生其他应收、暂付款项时，应借记“其他应收款”账户，贷记“库存现金”、“银行存款”、“其他业务收入”、“待处理财产损溢”、“营业外收入”等账户；收回其他应收、暂付款项时，借记“库存现金”、“银行存款”等账户，贷记“其他应收款”账户。

企业用其他应收款与其他单位的资产进行交换，或者以其他资产换入其他单位的其他应收款的，可以比照非货币性交易核算的有关规定办理。企业应当定期或者至少于每年年度终了时，对其他应收款进行检查，预计其可能发生的坏账损失并计提坏账准备。其坏账准备的计提方法与应收账款计提坏账准备的方法相同。对于确实无法收回的其他应收款，按照企业的管理权限，经股东大会或董事会，或经理（厂长）会议或类似权力机构批准作为坏账损失处理，冲销计提的坏账准备。经批准作为坏账的其他应收款，应借记“坏账准备”账户，贷记“其他应收款”账户。已确认并转销的其他应收款，如果以后又收回，按实际收回的金额，借记“其他应收款”账户，贷记“坏账准备”账户，同时，借记“银行存款”账户，贷记“其他应收款”账户。

下面举例说明其他应收款的核算过程。

[例 4—25] 探索者股份公司某职工出差预借差旅费 1 500 元，付给现金。其会计分录为：

借：其他应收款——××职工　　1 500
　　贷：库存现金　　1 500

[例 4—26] 探索者股份公司在年末对其他应收款计提的坏账准备金为 1 280 元。其会计分录为：

借：资产减值损失　　1 280
　　贷：坏账准备　　1 280

第四节　存　货

一、存货概述

存货是企业的一项重要的流动资产，通常其价值占企业资产的很大比重。存货核算不仅是计算和确定企业生产成本和销售成本、确定期末结存存货成本的重要内容，而且也是恰当地反映企业财务状况、正确地计算企业经营成果的主要依据。为了加强存货的会计核算和管理，进一步提高存货信息的真实性，我国财政部于 2006 年 2 月在《企业会计准则——存货》的基础上，修订并发布了《企业会计准则第 1 号——存货》，要求上市公司从 2007 年 1 月 1 日起施行。该准则主要规范了存货的确认、计量、发出存货成本的确定以及存货信息的披露等内容。

（一）存货的概念及特点

存货是指企业在日常生产经营过程中持有以备出售的产成品或商品，处在生产过程中的在产品，在生产过程或提供劳务过程中耗用的材料或物料等。这个定义强调了企业持有存货的最终目的是为了生产耗用或者出售，而不是自用，这一点明显区别于固定资产等长期资产。

存货会计的一个重要任务就是对存货的确认和计量，即计算确定存货的数量和价值，而要确定存货的数量和价值，就必须了解存货的特点及其包括的具体范围，在此基础上，方可进一步学习有关存货的入账价值的确定、存货数量的确定方法以及发出存货的计价等内容。存货作为一种重要的流动资产，除了具有流动资产的一般特点外，还具有以下几个特点：

(1) 企业的存货必须是为了在生产经营过程中耗用或销售的流动资产，而不包括非生产用资产，如在建工程使用的物资等；

(2) 存货在正常情况下，都能够在一年内转化为货币资金或转化为其他资产，处于不断地销售、耗用之中，即存货的变现能力较强；

(3) 存货本身属于一种非货币性资产，因而，存货在未来销售时所能取得的现金数额，受未来的销售价格影响较大，带有一定的不确定性，所以应该对存货计提跌价准备。

(二) 存货的范围及种类

按照《企业会计准则第1号——存货》的规定，存货在同时满足以下两个条件时，才可以确认：

第一，该存货包含的经济利益很可能流入企业。我们知道，资产最重要的特征就是预期会给企业带来未来的经济利益，而存货作为企业的一项重要的流动资产，其确认的关键就是要判断存货是否很可能给企业带来经济利益或所包含的经济利益是否很可能流入企业。通常，存货的所有权是存货包含的经济利益很可能流入企业的一个重要标志，因此，确定企业存货所应包括的范围依据的一条基本原则就是：凡是在盘存日期，其法定所有权属于企业的一切存货，不管其存放地点如何均属于企业的存货。

第二，该存货的成本能够可靠地计量。成本能够可靠地计量是资产确认的一个基本条件。存货作为企业资产的一个组成部分，要予以确认也必须能够对其成本进行可靠地计量。

只有符合存货的定义同时具备上述两个条件的存货，才可以在资产负债表上作为存货项目加以列示。

制造业企业的存货按其用途的不同可以分为不同的种类：(1) 原材料：是指企业在生产过程中经过加工改变其形态或性质并构成产品实体的各种原料及主要材料、辅助材料、外购半成品、燃料、修理用备件、包装材料等。(2) 委托加工材料：是指发出并委托外单位加工中的材料，由于加工中的材料已运离本企业，但所有权并未发生转移，仍属企业存货的特殊存放形式。加工完成并验收入库后，按其用途归属于某类材料之中。(3) 低值易耗品：是指不能作为固定资产核算的各种用具物品如管理用具、玻璃器皿、劳动保护用品、各种周转使用的容器等。(4) 包装物：是指为了包装本企业产品而储备的各种包装容器，如箱、桶、瓶、袋等。(5) 产成品：是指企业加工生产完成全部生产过程，可以对外销售的产成品。(6) 自制半成品和在产品：是指已经过一定生产过程，但尚未全部完工、在销售以前还需进一步加工的中间产品或正在加工中的在产品。

(三) 存货的内部控制

存货的内部控制就是通过制定各种措施以防范存货的账实不符，其目的就是为了保证存货的安全和恰当地在会计报表中予以报告。存货的内部控制应该包括事前控制、事中控制和事后控制。购买存货之前，应由相关部门确定订单，接受存货时应将订单与实际收到的存货内容逐一核对，同时检查订单上列示的存货价格与卖方发票列示的价格的差异及其原因，并保证发票内容的真实可靠，这样方可根据发票进行有关的会计记录。在存货的保管和使用过程中，更要制定其安全措施和合理的存货领用制度，随时检查存货的丢失或毁损情况，一旦发现问题应及时采取措施加以处理。永续盘存制应该是存货控制的一种非常好的方式。

二、存货入账价值的确定

存货入账价值的准确确定，是存货核算的一个重要内容，其确定的准确与否，直接影响企业财务状况和经营成果。按照我国《企业会计准则第 1 号——存货》的规定，企业的各种存货都应当按照取得时的实际投入或实际支付的现金作为入账价值，包括采购成本、加工成本和其他成本等。由于存货的采购成本、加工成本的内容比较固定，因而，影响存货入账价值的主要因素就是存货在形成过程中发生的诸如现金折扣、其他成本和制造费用等。

不同的方式（途径）形成的存货，其入账价值包括的内容不同：

(1) 企业购入的存货，应按其实际购入成本入账，实际购入成本包括买价、运输费、装卸费、保险费、包装费、运输途中的合理损耗、入库前的整理挑选费用以及应交纳的税金等。这里需要注意的是关于税金，对于进口物资的关税计入存货成本，其他税金中的价内税计入存货成本，价外增值税如为小规模纳税企业则计入存货成本，如为一般纳税企业，且未取得增值税专用发票或完税凭证证明的，计入存货成本；如果取得了增值税专用发票或完税凭证证明的，则应作为进项税额抵扣增值税。我国税法还规定，企业购进免税农产品可按购进价格的 90%计入存货成本，另 10%可作为进项税额进行抵扣；采购存货中发生的外地运输费可按 93%计入存货成本，另 7%作为进项税额进行抵扣。

（2）自制的存货，应按其加工成本入账，实际加工成本包括在自制过程中发生的直接材料费、直接人工费、其他直接支出以及应负担的制造费用等。对于其中的制造费用，企业应按照制造费用的性质，合理选择分配方法对其进行分配之后计入。

（3）委托加工的存货，应按照实际加工成本入账，其实际加工成本包括加工过程中消耗的材料费、加工费、往返运杂费以及应负担的税金等。要注意这里的税金包括增值税和消费税，其中增值税是指加工的存货用于非应交增值税项目、免交增值税项目以及没有取得增值税专用发票的企业，应将增值税计入存货成本；消费税是指加工的应税消费品收回后，直接销售的，由受托方代扣代交的消费税应计入存货的成本。

（4）投资者投入的存货成本，应当按照投资合同或协议约定的价值确定，但合同或协议约定的价值不公允的除外。

（5）接受捐赠取得的存货，如果捐赠方提供了有关凭据，就按照凭据上标明的金额加上应支付的相关税费作为实际成本；如果捐赠方没有提供有关凭据，则按同类或类似存货在活跃市场上的估计价格加上相关税费作为实际成本，或者按同类或类似存货的预计未来现金流量现值作为实际成本。

（6）接受抵债取得的存货，应按照应收债权的账面价值减去可抵扣的增值税进项税额加上相关税费再加上（支付补价）或减去（收到补价）补价作为存货的实际成本。关于应收债权的账面价值是指应收债权减去已提的坏账准备。

（7）盘盈的存货，按照同类或类似存货的市场价格作为实际成本。

三、存货的核算

企业通过不同的途径、不同的渠道取得的存货，其核算方法不同，而且不同的存货，核算方法也不同。在企业取得存货的各种途径中，尤以购进存货的核算内容最为全面，具有代表性，因而，我们这里仅以购进的原材料为例，说明存货增加的具体核算内容。

(一) 原材料购进的核算

企业要进行正常的产品生产经营活动，就必须购买和储备一定品种、数量的原材料。企业储存备用的原材料，通常大多都是向外单位采购而得。在材料采购过程中，一方面是企业从供应单位购进各种材料，要计算购进材料的采购成本，另一方面企业要按照经济合同和约定的结算办法支付材料的买价和各种采购费用，并与供应单位发生货款结算关系。在材料采购业务的核算过程中，还涉及增值税进项税额的计算与处理问题。

1. 原材料成本的确定

原材料的核算中，一个非常重要的问题就是原材料成本的确定，包括取得原材料成本的确定和发出原材料成本的确定。

关于取得原材料成本的确定，不同方式取得的原材料，其成本的确定方法不同，成本构成内容也不同。其中购入的原材料，其实际采购成本由以下几项内容组成：

(1) 买价，是指购货发票所注明的货款金额；

(2) 采购过程中发生的运输费、包装费、装卸费、保险费等；

(3) 材料在运输途中发生的合理损耗；

(4) 材料入库之前发生的整理挑选费用；

(5) 按规定应计入材料采购成本中的各种税金，如从国外进口材料支付的关税等；

(6) 其他费用，如大宗物资的市内运杂费等，但这里需要注意的是市内零星运杂费、采购人员的差旅费以及采购机构的经费等不构成材料的采购成本。

企业会计制度规定，原材料可以按照实际成本计价组织收发核算，也可以按照计划成本计价组织收发核算，具体采用哪一种方法，由企业根据具体情况自行决定，下面以实际成本为例说明。

企业的原材料按照实际成本计价方法进行日常的收发核算，其特点是从材料的收发凭证到材料明细分类账和总分类账全部按实际成本计价。实际成本法一般适用于规模较小、存货品种简单、采购业务不多的企业。

企业购入的原材料，其实际采购成本由材料的买价和采购费用组成，这里的买价就是进货发票注明的价款，采购费用包括材料在购买过程中发生的运输费、装卸费、保险费、运输途中的合理损耗、入库前的整理挑选费用、相关税金和其他费用等。

企业原材料按实际成本核算应设置的主要账户有“原材料”账户、“在途物资”账户、“应付账款”账户、“预付账款”账户和“应付票据”账户等。其中“原材料”账户是用来核算企业库存材料实际成本（或计划成本）的增减变动及其结存情况的账户。其借方登记外购、自制、委托加工、盘盈等途径取得的原材料实际成本（或计划成本）的增加，贷方登记发出、领用、销售、盘亏等方式减少的原材料实际成本（或计划成本），期末余额在借方，表示库存材料实际成本（或计划成本）的期末结余额，“原材料”账户应按照材料的保管地点、材料的种类或类别设置明细账户，进行明细核算；“在途物资”账户是用来核算企业已经购入但尚未到达或尚未验收入库材料实际成本的增减变动及其结余情况，其借方登记已经购入但未到达或未入库材料的买价和采购费用，贷方登记结转验收入库材料的实际成本，期末余额在借方，表示尚未验收入库材料的实际成本，即在途材料的实际成本。“在途物资”账户应按照供应单位名称设置明细账户，进行明细核算。

2. 原材料购进的账务处理

企业从外部购入材料时，由于采用的结算方式和采购地点等的不同，经常会出现收料和付款时间不一致的情况，因而其账务处理也有所区别，具体说明如下：

（1）材料和有关的结算凭证同时到达，企业应根据结算凭证、购货发票、运费收据、收料单等凭证，对于买价及采购费用等借记“原材料”账户，对于购入材料的增值税进项税额借记“应交税费——应交增值税”账户，货款如果支付，则贷记“银行存款”或“其他货币资金”账户，货款如果没有支付，则贷记“应付账款”等账户，货款如果开出已承兑商业汇票，则贷记“应付票据”账户。

（2）结算凭证等单据已到，材料未到或尚未验收入库，此时形成在途材料，应根据结算凭证、购货发票等借记“在途物资”账户，对于增值税进项税额借记“应交税费——应交增值税”账户，如果货款支付，则贷记“银行存款”或“其他货币资金”账户，如果货款未付，则贷记“应付账款”等账户。待材料到达并验收入库时，再根据收料单借记“原材料”账户，贷记“在途物资”账户。

（3）材料到达企业，但有关结算凭证等未到，这种情况在月内一般暂不入账，待凭证到达之后再按前述情况入账，如果到了月末，有关凭证仍未到达，为了使得账实相符，应按暂估价或按合同价格借记“原材料”账户，贷记“应付账款——暂估应付账款”账户，下个月初用红字冲回。待有关结算凭证等到达之后，再按当月收料付款处理。

(4) 预付货款的材料到达企业，根据供货单位发来材料时附带的有关凭证，将材料的价款、税款等与原预付款进行比较，如果原预付款大于材料的价款和税款，应借记“原材料”、“应交税费——应交增值税”、“银行存款”账户，贷记“预付账款”账户；如果原预付款小于材料的价款、税款，而且其不足部分当即通过银行付清，则借记“原材料”、“应交税费——应交增值税”账户，贷记“预付账款”、“银行存款”账户。

(5) 购入材料发生短缺或损失的，应视不同情况分别进行处理。其中如果货款已付的材料在验收入库时发现短缺、毁损，应根据造成损失的原因分别以下情况进行处理：应由供货单位负责赔偿的部分，借记“应付账款”账户，应由运输部门或责任人负责赔偿的部分，借记“其他应收款”账户，尚未查明原因或超定额损耗部分，借记“待处理财产损溢”账户，贷记“在途物资”账户。如果企业购入的材料在货款支付之前发现短缺、毁损，应根据短缺、毁损的具体金额向银行办理拒付手续。

对于外购材料按实际成本计价的核算下面举例说明。

[例4—27] 探索者股份公司从友谊工厂购入下列材料：甲材料3 000千克，单价9元；乙材料2 000千克，单价14元，增值税税率17%，全部款项通过银行付清，甲、乙材料验收入库。

甲材料的价款为27 000元（=3 000×9），乙材料的价款为28 000元（=2 000×14），由此计算出的增值税税额为9 350元[=(27 000+28 000)×17%]。其会计分录为：

借：原材料——甲　　27 000
　　原材料——乙　　28 000
　　应交税费——应交增值税（进项税额）　　9 350
　贷：银行存款　　64 350

[例4—28] 探索者股份公司从红星工厂购进丙材料6 000千克，发票注明的价款30 000元，增值税税额为5 100元（=30 000×17%），材料的运杂费1 400元。材料已运达公司并已验收入库。账单、发票已到，但材料价款、税金及运杂费尚未支付。

材料的价款和运杂费构成购入材料的采购成本，款项未付形成公司的应付账款，其会计分录为：

借：原材料——丙　　31 400

　　应交税费——应交增值税（进项税额）　　5 100

　　贷：应付账款　　36 500

[例 4—29]　探索者股份公司购入一批原材料并已验收入库，直到月末有关发票账单等也未到达公司。该批材料的估计价款为 62 000 元。

由于材料到货但账单未到，因而，在月末应按估价入账，下个月初再用红字冲回。其会计分录为：

（1）月末估价入账：

借：原材料　　62 000

　　贷：应付账款——暂估应付账款　　62 000

（2）下个月初红字冲回：

借：原材料　　[62 000]

　　贷：应付账款——暂估应付账款　　[62 000]

[例 4—30]　探索者股份公司从外地购入一批原材料，价款 100 000 元，专用发票注明的增值税税额为 17 000 元，运输费等 5 000 元。价款、税款通过已承兑商业汇票支付，运输费通过银行支付，材料尚未到达公司。（假设运输费不考虑增值税）

购入材料的有关账单到达公司，但材料未到的，应通过在途物资账户进行过渡性核算。其会计分录为：

借：在途物资　　105 000

　　应交税费——应交增值税（进项税额）　　17 000

　　贷：应付票据　　117 000

　　　　银行存款　　5 000

[例 4—31]　探索者股份公司前已预付款的材料本月到达公司，随货附来的发票注明价款 200 000 元，增值税税额 34 000 元，原预付款 150 000 元，其不足款项通过银行支付，材料验收入库。

预付款的材料到达公司时，应冲减预付账款，其会计分录为：

借：原材料　　200 000

　　应交税费——应交增值税（进项税额）　　34 000

　　贷：预付账款　　150 000

　　　　银行存款　　84 000

（二）发出存货的计价方法

发出存货的计价，实际上是在发出存货和库存存货（未发出存货）之间分配成本的问题。由于在一个企业中，存货的种类可能较多，进出量较大，不同时间、地点、批次购进的同一种存货，其单位成本也不可能完全一致，这就必然导致存货的实物流动与其成本流动的不一致。为此，在会计上就需要按照一个假定的存货成本流动方式来确定发出存货的成本，当然这些假定是以不背离历史成本为前提的。按照国际惯例，结合我国实际情况，《企业会计准则第1号——存货》规定对于发出的存货，按照实际成本核算的，可以分别采用先进先出法、加权平均法和个别计价法确定其实际成本，当期末结存存货的实际成本偏离市价时，采用成本与市价孰低法对那些成本低于市价的存货，计提存货跌价准备。对于发出存货采用计划成本核算的，应在会计期末结转应负担的成本差异，从而将发出存货的计划成本调整为实际成本。关于存货按实际成本计价的几种主要的方法介绍如下：

1. 先进先出法

先进先出法是指在发出存货时，根据存货入库的先后顺序，按照先入库存货的单位成本确定发出存货成本的一种方法，也就是假定最先入库的存货最先发出。其具体操作过程是：最先发出存货的成本按照第一批入库存货的成本确定，第一批存货发完后，再按第二批存货的成本计价，依此类推。采用先进先出法对存货进行计价，可以将发出存货的计价工作分散在平时进行，减轻了月末的计算工作量，可以随时了解储备资金的占用情况，期末结存存货成本比较接近于现行成本水平，更具有财务分析意义。但是，当企业的存货种类较多、收发次数比较频繁且单位成本又各不相同时，其计算的工作量就比较大，另外，先进先出法不是以现行成本与现行收入相配比，因而，当物价上涨时，会高估企业本期利润和期末结存存货的价值，造成企业虚利实亏，不利于资本的保全，显然违背了谨慎原则的要求。先进先出法下计算发出存货和结存存货成本的公式为：

$$\text{发出存货成本}=\text{发出存货数量}\times\text{先入库的存货的单位成本}$$

$$\begin{matrix}\text{期末结存}\\\text{存货成本}\end{matrix}=\begin{matrix}\text{期初结存}\\\text{存货成本}\end{matrix}+\text{本期增加存货成本}-\text{本期发出存货成本}$$

2. 一次加权平均法

一次加权平均法是以期初结存存货成本与本月入库存货成本之和除以期初结存存货与本期入库存货数量之和确定的存货平均单位成本为依据计算发出存

货成本的一种方法。采用一次加权平均法计算发出存货的成本，只有在月末才能计算出加权平均单位成本，因而平时的核算工作比较简单，但月末的核算工作量比较大，可能会影响有关成本计算的及时性，也不能随时从账簿中观察到各种存货的发出和结存情况，不便于对存货占用资金的日常管理。一次加权平均法下有关的计算公式为：

$$存货加权平均单位成本=\frac{期初结存存货成本+本月入库存货成本}{期初结存存货数量+本月入库存货数量}$$

$$发出存货的实际成本=发出存货数量\times存货加权平均单位成本$$

$$\begin{aligned}期末结存存货成本&=期末结存存货数量\times存货加权平均单位成本\\&=期初结存存货成本+本期收入存货成本-本期发出存货成本\end{aligned}$$

3. 移动加权平均法

移动加权平均法是每收入一批单价不同的存货就计算一次加权平均单位成本，以此作为计算发出存货实际成本依据的一种方法。采用移动加权平均法计算发出存货的实际成本，能够把存货的计价工作分散在平时进行，并可以随时根据有关账簿记录了解企业存货资金的占用情况，便于管理人员对企业存货的管理。但是当企业的存货收入业务比较多同时其单价的变动比较频繁时，存货核算的工作量较大。移动加权平均法计算发出存货成本的计算公式为：

$$存货移动加权平均单位成本=\frac{本次入库前结存存货成本+本次入库存货成本}{本次入库前结存存货数量+本次入库存货数量}$$

$$发出存货的实际成本=发出存货的数量\times本次发货前存货的单位成本$$

$$期末结存存货成本=期末结存存货数量\times存货最后一次移动加权平均单位成本$$

4. 个别计价法

个别计价法是指按照某批收入存货的实际单位成本作为发出存货的单位成本，计算发出存货成本的一种方法。这种方法的成本流转与实物流转相一致，各种存货必须是可以具体辨认的，而且各种存货都要有平时入库时的详细记录。这种方法一般来说适用于为某一特定项目专门购入并单独保管的存货，而不能用于可以互换使用的存货。

下面举例说明几种主要的存货计价方法的计算过程。

[**例 4—32**] 探索者股份公司 2003 年 4 月 1 日结存甲商品 850 件，单位成本 12 元。4 月 5 日入库甲商品 500 件，单位成本 13 元，4 月 12 日发出甲商品1 000件，4 月 16 日入库甲商品 1 200 件，单位成本 14 元，4 月 22 日发出甲商品 680 件。分别采用一次加权平均法、先进先出法计算公司 4 月份发出甲商品的成本和 4 月末结存甲商品的成本。其计算的过程及结果如下：

加权平均法：

$$\text{加权平均单位成本}=(12\times850+13\times500+14\times1\,200)\div(850+500+1\,200)$$
$$=13.14(\text{元})$$

$$\text{发出甲商品成本}=13.14\times1\,680=22\,075.2(\text{元})$$

$$\text{月末结存甲商品成本}=12\times850+(13\times500+14\times1\,200)-22\,075.2$$
$$=11\,424.8(\text{元})$$

先进先出法：

$$\text{发出甲商品成本}=(12\times850+13\times150)+(13\times350+14\times330)$$
$$=21\,320(\text{元})$$

$$\text{月末结存甲商品成本}=12\times850+(13\times500+14\times1\,200)-21\,320$$
$$=12\,180(\text{元})$$

(三) 存货数量的确定方法

企业在经营过程中，对于发出或结存的存货的成本作为一种费用成本或库存资产进行核算时，其一般的表达式为单位成本乘以发出或结存存货的数量。该式中单位成本的确定方法在上一个问题中已经作了相应的介绍，所以，在这部分内容中，我们将要了解确定发出和结存存货数量的两种盘存制度，即永续盘存制和实地盘存制，以便于根据不同的盘存制度采取相应的方法确定发出存货的数量。

1. 永续盘存制

又称账面盘存制，是指在会计核算过程中，对于各种存货平时根据有关的凭证，按其数量在存货明细账中既登记存货的收入数，又登记存货的发出数，可以随时根据账面记录确定存货结存数的制度。在永续盘存制下确定存货数量的计算公式是：

$$\text{期末结存存货数量}=\text{期初结存存货数量}+\text{本期收入存货数量}-\text{本期发出存货数量}$$

采用永续盘存制确定存货的数量，要求建立、健全存货的收入、发出的严密的规章制度，随时在有关账面上能够了解到存货的收入、发出以及结存的信息，并保证这些信息的准确无误，为此，就应该对存货进行定期不定期的清查盘点，以确定账实是否相符。这种盘存制度核算手续比较严密，在一定程度上能起到防止差错、提供资料全面、便于加强管理和保护存货安全完整的作用，而且，通过存货明细账所提供的结存数，可以随时与预定的最高、最低库存限额进行比较，发出库存积压或不足的信号，以便及时处理，加速资金周转。但是，这种方法明细账核算的工作量较大，同时还可能出现账面记录与实际数量不符的情况，为此就要进行定期、不定期的核对。

按照会计制度的规定，采用永续盘存制，每年至少应对存货进行一次全面盘点，对于有些价值较高的物品，或者它们的记录内容容易发生差错，还需要对它们经常进行实物盘点。永续盘存制下的实物盘点，一般可以不定期进行，通常在生产经营的间歇时间盘点部分或全部存货，但为了确保期末财务报告的正确性，在会计期间终了时，如同定期盘存制一样，进行一次全面的实物盘点。

2. 实地盘存制

又称为以存计耗制或以存计销制，是指在会计核算过程中，对于各种存货，平时只登记其收入数，不登记其发出数，会计期末通过实地盘点确定实际盘存数，倒推计算出本期发出存货数量的一种方法。实地盘存制下有关的计算公式为：

期初结存存货＋本期收入存货＝本期耗用或销售存货＋期末结存存货

期末结存存货成本＝实际库存数量×存货单位成本

实际库存数量＝实地盘点数量＋已提未销数量－已销未提数量＋在途数量

本期发出存货成本＝期初结存存货成本＋本期收入存货成本－期末结存存货成本

采用实地盘存制，将期末存货实地盘存的结果作为计算本期发出存货数量的依据，平时不需要对发出的存货进行登记，应该说核算手续比较简单。但是，采用这种方法，无法根据账面记录随时了解存货的发出和结存情况，由于是以存计销或以存计耗倒算发出存货成本，必然将非销售或非生产耗用的损耗、短缺或贪污盗窃造成的损失，全部混进销售或耗用成本之中，这显然是不合理的，也不利于对存货进行日常的管理和控制，同时在存货品种、规格繁多的情况下，对存货进行实地盘点需要消耗较多的人力、物力，影响正常的生产经营活动，造成浪费，因此，这种方法一般适用于存货品种规格繁多且价值较低的企业，尤其适用于自然损耗大、数量不易准确确定的存货。

由以上所述我们可以看出，不论是永续盘存制还是实地盘存制，都要每年至少一次对存货进行一次实物盘点，所以，在实际工作中一个企业往往不是单一地使用永续盘存制或实地盘存制，更为实际的选择是在永续盘存制的基础上对存货进行定期盘存，把两种盘存制度结合使用，使之优势互补。

（四）发出存货的会计处理

按照上述发出存货的计价方法和发出存货数量的确定方法，就可以确定发出存货的成本。按发出存货的不同用途，分别在不同的账户中进行核算。

企业生产经营领用原材料时，借记“生产成本”、“制造费用”、“管理费用”等账户，贷记“原材料”账户，在建工程领用原材料时，借记“在建工程”账户，贷记“原材料”、“应交税费——应交增值税（进项税额转出）”账户；企业出售原材料时，借记“银行存款”、“应收账款”等账户，贷记“其他业务收入”、“应交税费——应交增值税（销项税额）”账户。

企业发出包装物用于生产、出售、出租、出借时，借记“生产成本”、“销售费用（随同产品出售不单独计价）”、“其他业务成本（随同产品出售单独计价、出租）”、“销售费用（出借）”等账户，贷记“包装物”账户。

【本章小结】

货币资金包括库存现金、银行存款和其他货币资金，是会计核算的重点内容和企业内部控制的关键环节。不同的银行结算方式不仅影响到货币资金的结算时间，还影响到账务处理方式。

交易性金融资产的核算主要涉及取得、持有和处置的内容。

企业在经营过程中发生的各种债权，构成企业的应收及预付款项，包括应收账款、应收票据、其他应收款和预付账款等，应掌握各种应收预付款项的核算方法。

存货包括的内容较多，内容不同，其核算方法和账务处理也不相同。本章重点介绍了实际成本计量下外购材料的核算方法，对于发出的存货，分别可用先进先出法、加权平均法和个别计价法等方法确定其实际成本。期末存货数量的确定方法可按永续盘存制和实地盘存制。

【复习思考题】

1. 现金管理制度主要包括哪些内容?
2. 何谓未达账项? 未达账项主要有哪几种?
3. 什么是应收票据贴现? 如何计算贴现所得额?
4. 坏账损失的核算方法有哪些? 如何进行核算?
5. 交易性金融资产如何进行会计处理?
6. 发出存货按实际成本的计价方法有哪些? 各有什么优缺点?
7. 诚信公司 2003 年 10 月发生部分经济业务如下:

(1) 10 月 2 日,将款项交存银行,开出银行汇票一张,金额 40 000 元,由采购员王强携往沈阳以办理材料采购事宜。

(2) 10 月 5 日,因临时材料采购的需要,将款项 50 000 元汇往上海交通银行上海分行,并开立采购专户,材料采购员李民同日前往上海。

(3) 10 月 9 日,为方便行政管理部门办理事务,办理信用卡一张,金额 12 000 元。

(4) 10 月 13 日,采购员王强材料采购任务完成回到企业,将有关材料采购凭证交到会计部门。材料采购凭证注明,材料价款 31 000 元,应交增值税 5 270元。

(5) 10 月 14 日,会计人员到银行取回银行汇票余款划回通知,银行汇票余款已存入企业结算户。

(6) 10 月 17 日,因采购材料需要,委托银行开出信用证,款项金额 150 000 元。

(7) 10 月 20 日,材料采购员李民材料采购任务完成回到本市,当日将采购材料的有关凭证交到会计部门,本次采购的材料价款 40 000 元,应交增值税 6 800 元。

(8) 10 月 22 日,企业接到银行的收款通知,上海交通银行上海分行采购专户的余款已转回结算户。

(9) 10 月 25 日,行政管理部门小王用信用卡购买办公用品,支付款项

3 200 元。

(10) 10 月 28 日，为购买股票，企业将款项 200 000 元存入海通证券公司。

要求：根据上述经济业务编制会计分录。

8. 星海公司 2003 年 6 月 30 日银行存款日记账的余额为 41 100 元，同日转来的银行对账单的余额 46 500 元，为了确定公司银行存款的实有数，需要编制银行存款余额调节表。经过对银行存款日记账和对账单的核对，发现部分未达账项以及一些记账方面的错误，情况如下：

(1) 6 月 18 日，公司委托银行收取的金额为 3 000 元的款项，银行已收妥入账，但公司尚未收到收款通知。

(2) 6 月 22 日，公司存入银行的 3 300 元的款项，出纳员误记为 3 000 元。

(3) 6 月 26 日，银行将本公司存入的一笔款项串户记账，金额 1 600 元。

(4) 6 月 29 公司开出的转账支票一张，持票人尚未到银行办理转账手续，金额 7 200 元。

(5) 6 月 30 日，存入银行支票一张，金额 1 500 元，银行已承办，企业已凭回单记账，对账单并没有记录。

(6) 6 月 30 日，银行收取借款利息 2 000 元，企业尚未收到支息通知。

要求：根据上述资料编制银行存款余额调节表。

9. 星海公司购入一批包装物，增值税专用发票上注明的包装物价款为 50 000元，增值税税额为8 500元，支付运杂费 200 元。款项已通过银行转账支付，包装物尚未运达。作出星海公司购入包装物的有关会计处理。

(1) 支付货款，包装物尚未运达。

(2) 包装物运达企业并验收入库。

10. 甲企业 2003 年 11 月 1 日销售一批商品给乙企业，销售收入为100 000 元，增值税税额为17 000元，商品已经发出。乙企业交来一张期限为 6 个月、票面利率为 10%的商业承兑汇票。

要求：编制甲企业收到票据、年终计提票据利息和收回货款的会计分录。

11. 企业首次计提坏账准备年度的应收账款年末余额为 1 000 000 元，提取坏账准备的比例为 4‰。第二年发生坏账损失 6 000 元，年末应收账款余额 1 300 000元。第三年发生坏账损失 3 000 元，上年已转销的应收账款中有 3 400元本年度又收回，该年度末应收账款余额为 800 000 元。

要求：作出各年相应的账务处理。

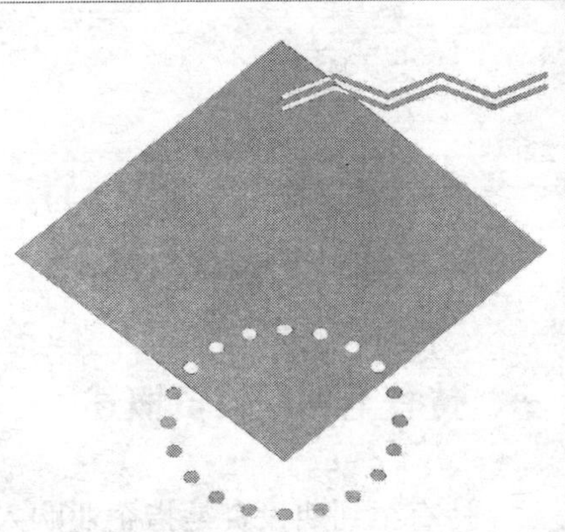

第五章 长期资产

【本章要点】

- 长期股权投资与持有至到期投资的核算；
- 固定资产取得、折旧、修理及处置的核算；
- 无形资产的内容及核算。

【本章引言】

除流动资产外，企业还有相当比例的长期资产，这些资产有一个共同的特性，长期存在并在未来若干年内为会计主体提供收益。本章主要介绍如何记录长期资产的取得，资产的取得成本如何转化为费用，以及当长期资产失去效用时如何对它们进行处置等问题。

第一节　持有至到期投资

一、持有至到期投资概述

持有至到期投资是指企业购入的到期日固定、回收金额固定或可确定，且企业有明确意图和能力持有至到期的各种债券，如国债和企业债券等。

为了反映各项持有至到期投资的取得、收益、处置等情况，可以设置“持有至到期投资”科目，并设置“债券面值”、“溢折价”、“应计利息”等明细科目。

二、持有至到期投资的取得

持有至到期投资，应按购入时实际支付的价款作为初始投资成本，实际支付的价款包括支付的债券实际买价以及手续费、佣金等交易费用。但是，实际支付的价款中如果含有发行日或付息日至购买日之间分期付息的利息，应作为一项短期债权处理，不计入债券的初始投资成本。

企业在发行日或付息日购入债券时，实际支付的价款中不含有利息，应按照购入债券的面值，借记“持有至到期投资——债券面值”科目；按照实际支付的全部价款扣除面值以后的差额，借记或贷记“持有至到期投资——溢折价”科目；按实际支付的全部价款，贷记“银行存款”等科目。

企业在发行日后或两个付息日之间购入债券时，实际支付的价款中含有自发行日或付息日至购入日之间的利息。这部分利息应分别不同情况进行处理。其中，到期一次付息债券的利息由于不能在一年以内收回，应计入投资成本，借记“持有至到期投资——应计利息”科目；分期付息债券的利息一般在一年以内能够收回，不计入投资成本，可以视为短期债权，借记“应收利息”科目。

三、持有至到期投资的收益及摊余成本

企业持有至到期投资收益的主要来源是利息收入。由于企业购入的债券还本付息的方式不同，因此投资收益的核算方法也有所不同。

（一）到期一次还本付息债券

企业购入的债券，有些是按照债券面值购入的，有些则是溢价或折价购入的。在企业按面值购入债券的情况下，各期投资收益的确认有票面利率法和实际利率法两种方法。在企业按溢折价购入债券的情况下，各期溢折价的摊销有直线法和实际利率法两种方法。我国现行会计准则规定，应采用实际利率法确认投资收益和债券溢折价摊销，并在此基础上确认债券的摊余成本。摊余成本是指初始投资成本调整应计利息和溢折价摊销以后的余额。

1. 按面值购入债券的投资收益确认与计量

采用实际利率法确认各期的投资收益，首先应以债券到期时的面值与票面利息之和作为终值，以债券的初始投资成本作为现值，计算债券的折现率，即实际利率（企业确定的折现期不同，实际利率也不同）；然后按照初始投资成本或摊余成本乘以实际利率计算利息收入，确认投资收益。采用实际利率法确认投资收益，由于以投资成本为基础确认投资收益，而债券面值、溢折价和应计利息均属于投资成本，可以将其视为一个整体，不必进行划分，因此“持有至到期投资”科目下，可以只设“投资成本”明细科目，不再设置“溢折价”和“应计利息”明细科目。

［例 5—1］ 探索者股份公司 2006 年 1 月 1 日购入 A 公司当天发行的 2 年期债券作为持有至到期投资，票面价值 100 000 元，票面利率 10%，到期一次还本利息，用银行存款实际支付价款 100 000 元，未发生交易费用。假定该公司采用实际利率法于每年年末确认投资收益。

根据以上资料，编制会计分录如下：

（1）2006 年 1 月 1 日购入债券：

借：持有至到期投资——投资成本（或债券面值）　　100 000

　　贷：银行存款　　100 000

（2）2006 年 12 月 31 日确认投资收益：

到期价值＝100 000×(1＋10%×2)＝120 000(元)

实际利率$=\sqrt{\frac{120\ 000}{100\ 000}}-1=0.095\ 45$

实际利息＝100 000×9.545％＝9 545(元)

摊余成本＝100 000＋9 545＝109 545(元)

借：持有至到期投资——投资成本（或应计利息） 9 545

贷：投资收益 9 545

(3) 2007 年 12 月 31 日确认投资收益：

实际利息＝109 545×9.545％＝10 455(元)(含尾差调整)

摊余成本＝109 545＋10 455＝120 000(元)

借：持有至到期投资——投资成本（或应计利息） 10 455

贷：投资收益 10 455

2. 溢价购入债券的投资收益确认与计量

企业溢价购入债券，各期的票面利息收入并不是真正的投资收益。因为企业在购入债券时，已经多支付债券发行者一部分价款，这部分价款属于给发行者的利息返还，应在债券的存续期内分期摊销，抵减债券的票面利息收入。企业溢价购入债券的投资收益，为票面利息与溢价摊销额的差额。

采用实际利率法摊销债券溢价及确认投资收益，可以采用与面值购入债券相同的方法直接确认投资收益，也可以在确认投资收益的基础上分别确认票面利息和溢价摊销额。如果采用后者，则应根据确认的票面利息和按照实际利率确认的投资收益的差额，确认溢价摊销额。

[例 5—2] 探索者股份公司2006年 1 月 1 日购入 B 公司当天发行的 2 年期债券作为持有至到期投资，票面价值200 000元，票面利率 10％，到期一次还本付息，用银行存款实际支付价款 206 000 元，未发生交易费用。假定该公司采用实际利率法于每年年末确认投资收益。

根据以上资料，编制会计分录如下：

(1) 2006 年 1 月 1 日购入债券：

借：持有至到期投资——投资成本 206 000

贷：银行存款 206 000

或：

借：持有至到期投资——债券面值 200 000

——溢折价 6 000

贷：银行存款 206 000

(2) 2006年12月31日确认投资收益：

到期价值＝200 000×(1＋10％×2)＝240 000(元)

$$实际利率=\sqrt{\frac{240\,000}{206\,000}}-1=0.07\,937$$

实际利息＝206 000×7.937％＝16 350(元)

摊余成本＝206 000＋16 350＝222 350(元)

借：持有至到期投资——投资成本　　16 350
　贷：投资收益　　16 350

如果分别确认票面利息和溢价摊销额：

票面利息＝200 000×10％＝20 000(元)

溢价摊销＝20 000－16 350＝3 650(元)

借：持有至到期投资——应计利息　　20 000
　贷：持有至到期投资——溢折价　　3 650
　　　投资收益　　16 350

(3) 2007年12月31日确认投资收益：

实际利息＝222 350×7.937％＝17 650(元)(含尾差调整)

摊余成本＝222 350＋17 650＝240 000(元)

借：持有至到期投资——投资成本　　17 650
　贷：投资收益　　17 650

如果分别确认票面利息和溢价摊销额：

票面利息＝200 000×10％＝20 000(元)

溢价摊销＝20 000－17 650＝2 350(元)

借：持有至到期投资——应计利息　　20 000
　贷：持有至到期投资——溢折价　　2 350
　　　投资收益　　17 650

3. 折价购入债券的投资收益确认与计量

企业折价购入债券，各期的票面利息收入也不是真正的投资收益。因为企业在购入债券时，已经少支付债券发行者一部分价款，这部分价款属于发行者给予的利息补偿，应在债券的存续期内，分期转为债券投资收益。企业折价购入债券的投资收益，应为票面利息与折价摊销额之和。

采用实际利率法摊销债券折价及确认投资收益，可以采用与面值购入债券相同的方法直接确认投资收益，也可以在确认投资收益的基础上分别确认票面利息和溢价摊销额。如果采用后者，也应根据确认的票面利息和按照实际利率确认的投资收益的差额，确认折价摊销额。

［例 5—3］　探索者股份公司 2006 年 7 月 1 日购入 C 公司当年 1 月 1 日发行的 2 年期债券作为持有至到期投资，票面价值200 000元，票面利率 10%，到期一次还本付息，用银行存款实际支付价款 204 000 元，其中包含发行半年后的应计利息 10 000 元（200 000×10%/2），未发生交易费用。假定该公司采用实际利率法于每年 6 月末和年末确认投资收益。

根据以上资料，编制会计分录如下：

（1）2006 年 7 月 1 日购入债券：

借：持有至到期投资——投资成本　　204 000
　贷：银行存款　　204 000

或：

借：持有至到期投资——债券面值　　200 000
　　　　　　　　　——应计利息　　10 000
　贷：持有至到期投资——溢折价　　6 000
　　　银行存款　　204 000

（2）2006 年 12 月 31 日确认投资收益：

到期价值＝200 000×(1＋10%×2)＝240 000(元)

$$实际利率=\sqrt[3]{\frac{240\ 000}{204\ 000}}-1=0.05\ 567$$

实际利息＝204 000×5.567%＝11 356(元)

摊余成本＝204 000＋11 356＝215 356(元)

借：持有至到期投资——投资成本　　11 356
　贷：投资收益　　11 356

分别确认票面利息和折价摊销额：

票面利息＝100 000×10%＝10 000(元)

溢价摊销＝11 356－10 000＝1 356(元)

借：持有至到期投资——应计利息　　10 000
　　　　　　　　　——溢折价　　1 356
　贷：投资收益　　11 356

（3）2007 年 6 月 30 日确认投资收益：

实际利息＝215 356×5.567%＝11 989(元)

摊余成本＝215 356＋11 989＝227 345(元)

借：持有至到期投资——投资成本　　11 989

　贷：投资收益　　11 989

分别确认票面利息和折价摊销额：

票面利息＝100 000×10％＝10 000(元)

溢价摊销＝11 989－10 000＝1 989(元)

借：持有至到期投资——应计利息　　10 000

——溢折价　　1 989

　贷：投资收益　　11 989

(4) 2007 年 12 月 31 日确认投资收益：

实际利息＝227 345×5.567％＝12 655(元)(含尾差调整)

摊余成本＝227 345＋12 655＝240 000(元)

借：持有至到期投资——投资成本　　12 655

　贷：投资收益　　12 655

分别确认票面利息和折价摊销额：

票面利息＝100 000×10％＝10 000(元)

溢价摊销＝12 655－10 000＝2 655(元)

借：持有至到期投资——应计利息　　10 000

——溢折价　　2 655

　贷：投资收益　　12 655

(二) 到期一次还本分期付息债券

到期一次还本分期付息债券的投资收益确认与计量，与到期一次还本付息债券的投资收益确认与计量基本相同，只是确认的应收票面利息作为短期债权处理，通过“应收利息”科目核算。债券溢折价的摊销也有直线法和实际利率法两种方法。我国会计准则规定，应采用实际利率法进行债券溢折价摊销，并在此基础上确认债券的摊余成本。

[例 5—4]　探索者股份公司 2006 年 1 月 1 日购入 D 公司当天发行的 2 年期债券作为长期股权投资，债券面值为 200 000 元，票面利率为 10％，每半年付息一次，付息日为 7 月 1 日和 1 月 1 日，到期还本。该公司用银行存款实际支付价款207 259元，未发生交易费用。该公司采用实际利率法进行溢价摊销，实际利率为 8％。根据以上资料，编制会计分录如下：

(1) 购入债券：

借：持有至到期投资——债券面值　　200 000
　　　　　　　　——溢折价　　7 259
　贷：银行存款　　207 259

（2）各期投资收益、溢价摊销如表5—1所示。

表5—1　　**一次还本债券溢价摊销表（实际利率法）**　　单位：元

计息日期	票面利息	投资收益	溢价摊销	持有至到期投资账面余额
	借：应收利息	贷：投资收益	贷：持有至到期投资——溢折价	
	①＝200 000×10%÷2	②＝期初价值×8%÷2	③＝①－②	④＝期初价值－③
2006.1.1				207 259
2006.6.30	10 000	8 290	1 710	205 549
2006.12.31	10 000	8 222	1 778	203 771
2007.6.30	10 000	8 151	1 849	201 922
2007.12.31	10 000	8 078	1 922	200 000
合计	40 000	32 741	7 259	—

［例5—5］　某公司2006年1月1日购入E公司当天发行的2年期债券作为长期股权投资，债券面值为200 000元，票面利率为10%，每半年付息一次，付息日为7月1日和1月1日，到期还本。用银行存款实际支付价款193 069元，未发生交易费用。该公司采用实际利率法进行折价摊销，实际利率为12%。根据以上资料，编制会计分录如下：

（1）购入债券：

借：持有至到期投资——债券面值　　200 000
　贷：持有至到期投资——溢折价　　6 931
　　　银行存款　　193 069

（2）各期投资收益、折价摊销如表5—2所示。

表 5—2　　一次还本债券折价摊销表（实际利率法）　　单位：元

计息日期	票面利息	投资收益	折价摊销	持有至到期投资账面余额
	借：应收利息	贷：投资收益	贷：持有至到期投资——溢折价	
	①＝200 000×10%÷2	②＝期初价值×12%÷2	③＝②－①	④＝期初价值＋③
2006.1.1				193 069
2006.6.30	10 000	11 584	1 584	194 653
2006.12.31	10 000	11 679	1 679	196 332
2007.6.30	10 000	11 780	1 780	198 112
2007.12.31	10 000	11 888	1 888	200 000
合计	40 000	46 931	6 931	—

四、持有至到期投资的到期兑现

持有至到期投资的到期兑现，是指一次还本债券的到期兑现。如果是一次付息的债券，到期时企业可以收回债券面值和利息；如果是分期付息的债券，到期时企业可以收回债券面值。一般来说，在债券投资到期时，溢价、折价金额已经摊销完毕，不论是按面值购入，还是溢价或折价购入，“持有至到期投资”科目的余额均为债券面值和应计利息。收回债券面值及利息时，应借记“银行存款”科目，贷记“持有至到期投资”科目。

[例 5—6]　用例 5—2 的资料。2008 年 1 月 1 日收回本息时，编制会计分录如下：

借：银行存款　　240 000

　贷：持有至到期投资——投资成本　　240 000

五、持有至到期投资的减值

企业应当在资产负债表日对持有至到期投资的账面价值进行检查，有客观证据表明该金融资产发生减值的，应当计提减值准备。持有至到期投资发生减值时，应当将该持有至到期投资的账面价值减记至预计未来现金流量现值，减记的金额确认为资产减值损失，计入当期损益，借记“资产减值损失”科目，贷记“持有至到期投资减值准备”科目。预计未来现金流量现值，可以按照该持有至到期投资初始确定的实际利率折现计算，也可以采用合同规定的现行实际利率折现计算。

持有至到期投资确认减值损失后，如有客观证据表明金融资产价值得以恢复，且客观上与确认该损失后发生的事项有关，原确认的减值损失应当予以转回，计入当期损益。但是，该转回后的账面价值不应超过假定不计提减值准备情况下该持有至到期投资在转回日的摊余成本。

第二节　长期股权投资

一、长期股权投资概述

（一）长期股权投资的性质

长期股权投资是指通过投资取得被投资企业股权且不准备随时出售的投资，其主要目的是为了长远利益而影响、控制其他在经济业务上相关联的企业。企业进行长期股权投资后，成为被投资企业的股东，有参与被投资企业经营决策的权利。

（二）投资企业与被投资企业的关系

按照投资企业对被投资企业的影响程度，投资企业与被投资企业的关系可以分为下述几种类型。

1. 控制

控制是指投资企业有权决定被投资企业的财务和经营决策，并能据以从该企业的经营活动中获取利益。一般来说，企业的重大财务和经营决策需要股东大会半数以上表决权资本通过，因此投资企业持有被投资企业半数以上表决权资本，通常认为对被投资企业具有控制权；此外，如果投资企业未持有被投资企业半数以上表决权资本，但能够通过章程、协议、法律等其他方式拥有半数以上表决权，或能够任免董事会多数成员，或在董事会中拥有半数以上投票权等，也视为对被投资企业拥有控制权。拥有控制权的投资企业一般称为母公司；被母公司控制的企业，一般称为子公司。

2. 共同控制

共同控制是指按照合同约定与其他投资者对被投资企业所共有的控制，一般来说，具有共同控制权的各投资方所持有的表决权资本相同。在这种情况下，被投资企业的重要财务和经营决策只有在分享控制权的投资方一致同意时才能通过。被各投资方共同控制的企业，一般称为投资企业的合营企业。

3. 重大影响

重大影响是指对一个企业的财务和经营决策有参与的权利，但并不能够控制或者与其他方一起共同控制这些决策的制定。一般来说，投资企业在被投资企业的董事会中派有董事，或能够参与被投资企业的财务和经营决策的制定，则对被投资企业形成重大影响。被投资企业如果受到投资企业的重大影响，一般称为投资企业的联营企业。

4. 无重大影响

无重大影响是指投资企业对被投资企业不具有控制和共同控制权，也不具有重大影响。

二、长期股权投资的取得

企业的长期股权投资，可以分为两大类：一类是企业合并取得的，另一类是非企业合并取得的。企业合并取得的长期股权投资，又分为同一控制下企业合并和非同一控制下企业合并取得的长期股权投资。不同方式取得的长期股权投资，会计处理方法有所不同。

（一）同一控制下企业合并取得的长期股权投资

同一控制下的企业合并，是指参与合并的企业在合并前后均受同一方或相同的多方最终控制，且该控制并非暂时性的。例如，A公司为B公司和C公司的母公司，A公司将其持有C公司60%的股权转让给B公司。转让股权后，B公司持有C公司60%的股权，但B公司和C公司仍由A公司所控制。

同一控制下的企业合并，在合并日取得对其他参与合并企业控制权的一方为合并方，参与合并的其他企业为被合并方。合并日，是指合并方实际取得对被合并方控制权的日期。

同一控制下的企业合并，合并双方的合并行为不完全是自愿进行和完成的，这种企业合并不属于交易作为，而是参与合并各方资产和负债的重新组合，因此，合并方可以按照被合并方的账面价值进行初始计量。

合并方以支付货币资金、转让非现金资产或承担债务等方式取得被合并方的股权，应在合并日按照享有被合并方所有者权益账面价值的份额作为长期股权投资的初始投资成本，借记“长期股权投资——投资成本”科目；按照支付现金或转让非现金资产、承担债务的账面价值，贷记“银行存款”以及相应的资产或负债科目；按照长期股权投资初始投资成本与支付的现金、转让的非现金资产以及所承担债务账面价值之间的差额，调整资本公积，资本公积不足冲减的，调整留存收益，贷记“资本公积”或借记“资本公积”、“盈余公积”、“利润分配”科目。投资企业支付的价款中如果含有已宣告发放但尚未支取的现金股利，应作为债权处理，不计入长期股权投资成本。

合并方以发行股票等方式取得被合并方的股权，应在合并日按照取得被合并方所有者权益账面价值的份额作为长期股权投资的初始投资成本，借记“长期股权投资——投资成本”科目；按照发行股份的面值总额作为股本，贷记“股本”科目；资本公积不足冲减的，调整留存收益，贷记“资本公积”或借记“资本公积”、“盈余公积”、“利润分配”科目。

合并方为进行企业合并发生的各项直接相关费用，包括为进行企业合并而支付的审计费用、评估费用、法律服务费用等，应当于发生时计入当期损益，借记“管理费用”科目，贷记“银行存款”等科目。

合并方发行债券或承担其他债务支付的手续费、佣金等，应当计入所发行债券及其他债券的初始成本。企业合并中发行权益性证券发生的手续费、佣金等费用，应当抵减权益性证券溢价收入，溢价收入不足冲减的，冲减留存收益。

[例 5—7]　A 公司为 B 公司和 C 公司的母公司。2007 年 1 月 1 日，A 公司将其持有 C 公司 60％的股权转让给 B 公司，双方协商确定的价格为 8 000 000元，以货币资金支付。合并日，C 公司所有者权益的账面价值为 12 000 000元；B 公司资本公积余额为2 000 000元。根据以上资料，编制 B 公司取得长期股权投资的会计分录如下：

B 公司初始投资成本＝12 000 000×60％＝7 200 000(元)

借：长期股权投资——投资成本　　7 200 000

　　资本公积　　800 000

　贷：银行存款　　8 000 000

[例 5—8] A公司为B公司和C公司的母公司，持有B公司70%的股权，持有C公司60%的股权。2007年1月1日，B公司以发行每股面值为1元的股票2 000 000股，换取A公司持有的C公司60%的股权，并以银行存款支付发行股票手续费20 000元。合并日，C公司所有者权益的账面值为12 000 000元。根据以上资料，编制B公司取得长期股权投资的会计分录如下：

B公司初始投资成本＝12 000 000×60%＝7 200 000(元)

借：长期股权投资——投资成本　　7 200 000

　贷：股本　　2 000 000

　　银行存款　　20 000

　　资本公积　　5 180 000

（二）非同一控制下企业合并取得的长期股权投资

非同一控制下的企业合并，是指参与合并的各方在合并前后不受同一方或相同的多方最终控制。相对于同一控制下的企业合并而言，非同一控制下的企业合并是合并各方自愿进行的交易行为，作为一种公平的交易，应当以公允价值为基础进行计量。

非同一控制下的企业合并，在购买日取得对其他参与合并企业控制权的一方为购买方，参与合并的其他企业为被购买方。购买日，是指购买方实际取得对被购买方控制权的日期。

非同一控制下的企业合并，购买方在购买日以支付现金的方式取得被购买方的股权，应以支付的现金作为初始投资成本，借记“长期股权投资——投资成本”科目，贷记“银行存款”科目。投资企业支付的价款中如果含有已宣告发放但尚未支取的现金股利，应作为债权处理，不计入长期股权投资成本。购买方在购买日以付出资产、发生或承担负责的方式取得被购买方的股权，应按照资产、负债的公允价值作为初始投资成本，借记“长期股权投资——投资成本”科目，按照资产、负债的账面价值，贷记有关资产、负债科目；将其公允价值与账目价值的差额计入当期损益，借记“营业外支出”科目或贷记“营业外收入”科目。

购买方为进行长期股权投资发生的各项直接相关费用也应计入长期股权投资成本。

[例 5—9] W公司于2007年1月1日，以货币资金10 000 000元以及一批固定资产购入X公司70%股权，固定资产的原始价值为8 000 000元，累计

折旧为3 000 000元，公允价值为6 000 000元。购买日，Y公司所有者权益的账面价值为20 000 000元，W公司与X公司不属于关联方。根据以上资料，编制W公司取得长期股权投资的会计分录如下：

W公司初始投资成本=10 000 000+6 000 000=16 000 000(元)

借：长期股权投资——投资成本　　16 000 000
　　累计折旧　　3 000 000
　贷：固定资产　　8 000 000
　　　银行存款　　10 000 000
　　　营业外收入　　1 000 000

(三) 非企业合并取得的长期股权投资

非企业合并取得的长期股权投资，其初始投资成本的确定与非同一控制下企业合并取得的长期股权投资成本的确定方法相同。以支付现金的方式取得被购买方的股权，应以支付的现金作为初始投资成本，借记“长期股权投资——投资成本”科目，贷记“银行存款”科目。以付出资产、发生或承担负债的方式取得被购买方的股权，应按照资产、负债的公允价值作为初始投资成本，借记“长期股权投资——投资成本”科目；按照资产、负债的账面价值，贷记有关资产、负债科目；将其公允价值与账面价值的差额计入当期损益，借记“营业外支出”科目或贷记“营业外收入”科目。

投资企业为进行长期股权投资发生的各项直接相关费用也应计入长期股权投资成本。

[例5—10]　A公司于2007年1月1日购入联营企业B公司40%的股权，实际支付价款4 000 000元；购买日，B公司所有者权益账面价值为9 000 000元，公允价值为10 500 000元。根据以上资料，编制A公司取得长期股权投资的会计分录如下：

借：长期股权投资——投资成本　　4 000 000
　贷：银行存款　　4 000 000

三、长期股权投资核算的成本法

(一) 投资企业能够对被投资企业实施控制的长期股权投资

由于投资企业能够对被投资企业实施控制，需要编制合并财务报表，因此，长期股权投资可以按照成本计价，以免在编制合并财务报表时，抵消过多的内部重复计算项目。

投资企业对子公司的长期股权投资采用成本法核算，在编制合并财务报表时按照权益法进行调整。

2. 投资企业对被投资企业不具有共同控制或重大影响，并且在活跃市场中没有报价、公允价值不能可靠计量的长期股权投资。由于投资企业对被投资企业不具有影响力，因此，按照重要性原则，投资成本可以按照成本计价，不再反映在被投资企业所有者权益中享有份额的变动情况。

（二）成本法下投资成本的后续计量

采用成本法核算的长期股权投资，应按照初始投资成本计价，一般不予变更，只有在追加或收回投资时才调整长期股权投资的成本。

投资企业在被投资企业宣告发放现金股利时，应作为投资收益处理，借记“应收股利”等科目，贷记“投资收益”科目。如果收到的股利为购入时的应收股利，则应冲减应收股利；如果收到的股利为股票股利，则只调整持股数量，降低每股成本，不计账务处理。

投资企业收到的清算性股利，不作为投资收益，而是视为投资的收同，冲减投资成本。清算性股利是指企业累计实际收到的现金股利大于购买日起被投资企业累计净收益中本企业所占份额的差额，属于购入日以前的被投资企业未分配利润的分配额。从理论上讲，企业购入股票的价格，受到购买日被投资企业未分配利润的影响，其数额越多，股票价格越高。也就是说，购入股票的价格中，含有被投资企业未分配利润的因素，在被投资企业用这部分未分配利润分配现金股利时，投资企业理应冲减其投资成本。企业在收到清算性股利时，应借记“银行存款”等科目，贷记“长期股权投资——投资成本”科目。

[例 5—11] 某企业根据发生的有关长期股权投资业务，编制会计分录如下：

（1）购入 A 公司普通股股票10 000股，占 A 公司普通股股本的 10%。用银行存款实际支付买价100 000元，手续费 300 元，共计 100 300 元。采用成本法进行核算。

借：长期股权投资——投资成本　　　　100 300

　贷：银行存款　　　　100 300

（2）收到 A 公司发放的购买日以后形成的净利润所分配的现金股利6 000元，存入银行。

借：银行存款　　6 000

　　贷：投资收益　　6 000

(3) 原持有B公司的股票30 000股（2005年1月购入），占B公司股本的5%，实际成本为150 000元，2005年12月实收股利9 000元，2006年12月实收股利12 000元。现（2007年12月）收到B公司发放的现金股利15 000元，存入银行。B公司2004年末未分配利润为100 000元；2005年净利润为200 000元，发放股利180 000元；2006年净利润为250 000元，发放股利240 000元；2007年净利润为210 000元，发放股利300 000元。

购入股票后累计实收股利＝9 000＋12 000＋15 000＝36 000(元)

购入股票后B公司净利润＝(200 000＋250 000＋210 000)×5%

中本企业所占的份额＝33 000(元)

收回的清算性股利＝36 000－33 000＝3 000(元)

借：银行存款　　15 000

　　贷：长期股利投资——投资成本　　3 000

　　　　投资收益　　12 000

四、长期股权投资核算的权益法

（一）权益法的适用范围

长期股权投资核算的权益法，是指长期股权投资的账面价值要随着被投资企业的所有者权益变动而相应变动，大体上反映在被投资企业所有者权益中占有的份额。

投资企业对被投资企业具有共同控制或重大影响的长期股权投资，应采用权益法进行核算。在这种情况下，投资企业不编制合并财务报表，但由于在被投资企业中占有较大的份额，按照重要性原则，应对长期股权投资的账面价值进行调整，以客观地反映投资状况。

（二）权益法核算的科目设置

采用权益法进行长期股权投资的核算，可以在“长期股权投资”科目下，设置“投资成本”、“损益调整”、“所有者权益其他变动”等明细科目。权益法下，“长期股权投资”科目的余额，反映全部投资成本。其中，“投资成本”明细科目反映购入股权时在被投资企业按公允价值确定的所有者权益中占有的份额；“损益调整”明细科目反映购入股份以后随着被投资企业留存收益的增减变动而享有份额的调整数；“所有者权益其他变动”明细科目反映购入股权以后随着被投资企业资本公积的增减变动而享有份额的调整数。

(三) 权益法下初始投资成本的调整

采用权益法进行长期股权投资的核算，为了更为客观地反映在被投资企业所有者权益中享有的份额，应将初始投资成本按照被投资企业可辨认净资产公允价值和持股比例进行调整。可辨认净资产的公允价值，是指被投资企业可辨认资产的公允价值减去负债及或有负债公允价值后的余额。

长期股权投资的初始投资成本大于投资时应享有被投资企业可辨认净资产公允价值份额的差额，性质与商誉相同，不调整长期股权投资的初始投资成本，在投资期间也不摊销；长期股权投资的初始投资成本小于投资时应享有被投资企业可辨认净资产公允价值份额的差额，应计入当期损益，同时调整长期股权投资的成本，借记“长期股权投资——投资成本”科目，贷记“营业外收入”科目。

[例 5—12] 沿用例 5—10 的资料。假定 B 公司所有者权益均为可辨认净资产。

A 公司享有 B 公司可辨认净资产公允价值的份额 ＝10 500 000×40%＝4 200 000（元）

A 公司应调整投资成本＝4 200 000－4 000 000＝2 000 000（元）

借：长期股权投资——投资成本　　200 000

　贷：营业外收入　　200 000

(四) 权益法下投资损益的确认

1. 投资收益的确认

企业持有的对联营企业或合营企业的投资，一方面应按照享有被投资企业净利润的份额认为投资收益，另一方面作为追加投资，借记“长期股权投资——损益调整”科目，贷记“投资收益”科目。

权益法下，由于长期股权投资的初始投资成本已经按照被投资企业可辨认净资产的公允价值进行了调整，因此，被投资企业的净利润应以其各项可辨认资产等的公允价值为基础进行调整后加以确定，不应仅按照被投资企业的账面净利润与持股比例计算的结果简单确定。基于重要性原则，通常应考虑的调整因素为：以取得投资时被投资企业固定资产、无形资产的公允价值为基础计提的折旧额或摊销额以及减值准备的金额对被投资企业净利润的影响。其他项目如为重要的，也应进行调整。

如果无法合理确定取得投资时被投资企业各项可辨认资产的公允价值，或者投资时被投资企业可辨认资产的公允价值与其账面价值相比，两者之间的差额不具有重要性，也可以按照被投资企业的账面净利润与持股比例计算的结果确认投资收益，但应在附注中说明这一事实，以及无法合理确定被投资企业各项可辨认资产公允价值的原因。

［例 5—13］ 沿用例 5—12 的资料。A 公司取得投资时 B 公司的固定资产账面价值为 3 000 000 元，公允价值为 4 500 000 元，其他可辨认资产的公允价值与账面价值一致。按照固定资产账面价值计提的年折旧额为 200 000 元，按照公允价应计提的折旧额为 300 000 元。被投资企业 2007 年度实现的账面净利润为1 500 000元，不考虑所得税影响，按照被投资企业的账面净利润计算确定的投资收益应为 600 000 元（1 500 000×40%）；基于投资时固定资产的公允价值调整的净利润为 1 400 000 元［1 500 000－（300 000－200 000）］，A 公司按照持股比例计算确认的当期投资收益应为 560 000 元（1 400 000×40%）。根据以上资料，编制 A 公司确认投资收益的分录如下：

借：长期股权投次——损益调整　　560 000

　　贷：投资收益　　560 000

2. 投资损失的确认

如果被投资企业发生亏损，损资企业也应按持股比例确认应分担的损失，借记“投资收益”科目，贷记“长期股权投资——损益调整”科目。被投资企业的净亏损也应以其各项可辨认资产等的公允价值为基础进行调整后加以确定。

由于投资企业承担有限责任，因此投资企业在确认投资损失时，应以长期股权投资的账面价值以及其他实质上构成对被投资企业净投资的长期权益减记至零为限，投资企业负有承担额外损失义务的除外。其他实质上构成对被投资企业净投资的长期权益，通常是指长期性的应收项目，如企业对被投资企业的长期应收款，该款项的清偿没有明确的计划且在可预见的未来期间难以收回的，实质上构成长期权益，企业存在其他实质上构成对被投资企业净投资的长期权益项目的情况下，在确认应分担被投资企业发生的亏损时，应当按照以下顺序进行处理：

（1）减记长期股权投资的账面价值。

（2）长期股权投资的账面价值减记至零时，如果存在实质上构成对被投资企业净投资的长期权益，应以该长期权益的账面价值为限减记长期股权投资的账面价值，同时确认投资损失。长期权益的账面价值不作调整。

(3) 长期权益的价值减记至零时，如果按照投资合同或协议约定需要企业承担额外义务的，应按预计承担的金额确认为投资损失，同时减记长期股权投资的账面价值。

按照以上顺序处理后，如果仍有尚未确认的投资损失，投资企业应在备查簿上登记，在被投资企业以后期间实现盈利时，在其收益分享额弥补未确认的亏损分担额后，恢复确认收益分享额。

[例 5—14] 甲公司持有乙公司 30%的股权，采用权益法进行长期股权投资的核算。2007 年 12 月 31 日，甲公司长期股权投资的账面价值为 1 200 000元，其中“投资成本”为 1 000 000 元，“损益调整”为 200 000 元；长期应收款账面价值为 300 000 元，属于实质上构成乙公司净投资的长期权益。2007 年度，乙公司发生巨额亏损，以可辨认资产等公允价值为基础调整后的净亏损为5 300 000元。2008 年度，乙公司以可辨认资产等公允价值为基础调整后实现的净利润为 700 000 元。根据以上资料，编制乙公司调整投资损益的公计分录如下：

(1) 2007 年末相关会计处理：

应分担的投资损失＝5 300 000×30%＝1 590 000(元)

以长期股权投资和长期权益账面价值为限实际确认的投资损失＝1 200 000＋300 000＝1 500 000(元)

未确认的投资损失＝1 590 000－1 500 000＝90 000(元)

借：投资收益　　1 500 000

　贷：长期股权投资——损益调整　　1 500 000

2007 年末：

长期股权投资账面价值：－300 000 元

长期应收款账面价值：300 000 元

(2) 2008 年度相关会计处理：

应享有的投资收益＝700 000×30%＝210 000(元)

实际确认的投资收益＝210 000－90 000＝120 000(元)

借：长期股权投资——损益调整　　120 000

　贷：长期股权投资——损益调整　　120 000

2008 年末：

长期股权投资账面价值：－180 000 元

长期应收款账面价值：300 000 元

（五）权益法下被投资单位分派股利的调整

采用权益法进行长期股权投资的核算，被投资企业分派的现金股利应视为投资的收回。投资企业应按照被投资企业宣告分派的现金股利持股比例计算的应分得现金股利，相应减少长期股权投资的账面价值，借记“应收股利”科目，贷记“长期股权投资——损益调整”科目。

（六）权益法下被投资企业所有者权益其他变动的调整

采用权益法进行长期股权投资的核算，被投资企业除净损益以外所有者权益的增加，投资企业应调整长期股权投资的账面价值，并计入资本公积，借记“长期股权投资——所有者权益其他变动”科目，贷记“资本公积”科目。如果被投资企业除净损益以外所有者权益减少，投资企业做相反的处理。

五、长期股权投资的处置

长期股权投资处置时，其账面价值与实际取得价款的差额，应当计入当期损益。投资企业应根据实际收到的价款，借记“银行存款”等科目；根据处置长期股权投资的账面价值，贷记“长期股权投资”等科目；根据两者的差额，借记或贷记“投资收益”科目。采用权益法核算的长期股权投资，因被投资企业除净损益以外所有者权益的其他变动而计入资本公积的数额，也应转入当期损益。

第三节 固定资产

一、固定资产概述

（一）固定资产的特征

固定资产，是指为生产商品、提供劳务、出租或经营管理而持有的、使用寿命超过一个会计年度的有形资产，包括房屋及建筑物、机器设备、运输设备、工具器具等。

使用寿命，是指企业使用固定资产的预计期间，或者该固定资产所能生产产品或提供劳务的数量。

固定资产同时满足下列条件的，才能予以确认：(1) 与该固定资产有关的经济利益很可能流入企业；(2) 该固定资产的成本能够可靠地计量。

固定资产作为一种有形的长期资产，它有两个特点：

(1) 使用时间长。固定资产的使用年限在一年以上，能连续参加若干个生产过程，可供企业长期使用，这一点与存货相区别。企业为购置固定资产所发生的支出属于资本性支出，不是收益性支出，形成固定资产的原始成本；固定资产虽然使用时间长，但其寿命是有限的，最终要废弃或重置。随着固定资产的使用，原始成本逐渐地、部分地以折旧的形式转移到成本、费用中去，随着营业收入的实现而逐步得到补偿。

(2) 在长期使用过程中保持其实物形态不变。固定资产在长期的使用过程中，虽然其价值随其实物的磨损而逐渐减少，但其原有实物形态能保持基本不变。企业拥有固定资产是以使用为目的，固定资产可供企业用于生产经营、行政管理或出租等，即固定资产的取得是为了在目前的生产经营中使用，而不是为未来的经营做准备，也不是以出售为目的。

(二) 固定资产的分类

固定资产的类别繁多，为了满足固定资产管理和会计核算的要求，主要采用以下几种标准进行分类。

(1) 按所有权分类，固定资产可分为自有固定资产和租入固定资产两大类。自有固定资产是指企业通过各种渠道取得的所有权属于企业并可自由支配和使用的固定资产。租入固定资产是指企业采用租赁的方式从其他单位租入的只拥有使用权而不拥有所有权的固定资产，包括以融资租赁方式、经营租赁方式租入的固定资产两类。在会计实务中，对融资租入固定资产应视同自有固定资产进行核算。

(2) 按经济用途分类，固定资产可分为生产经营用固定资产和非生产经营用固定资产两类。生产经营用固定资产是指参加生产经营过程或直接为生产经营服务的固定资产，包括：用于企业生产经营的房屋、建筑物、机器设备、运输设备、设施和器具等。非生产经营用固定资产是指不直接服务于生产经营过程的固定资产，如用于职工宿舍、食堂、浴室等公共福利、文化娱乐、卫生保健方面的房屋建筑物、设备和器具等。

(3) 按使用情况分类，固定资产可分为使用中固定资产、未使用固定资产和不需用固定资产三类。使用中固定资产是指企业正在使用中的经营用和非经营用固定资产。企业的房屋及建筑物无论是否在实际使用，都应作为使用中固定资产；由于季节性经营和大修理等原因暂时停用的固定资产也属于使用中固定资产；企业以经营租赁方式出租给外单位使用的固定资产，也包括在使用中固定资产一类中。未使用固定资产包括尚未正式投入使用的新增固定资产、尚待安装的固定资产、进行改扩建的固定资产（曾使用过、由于某种原因暂离生产经营过程、以后还会继续使用的固定资产)。不需用固定资产是指企业已不需要的、还未使用的或已脱离使用过程待处置的固定资产。

(三) 固定资产的计价

1. 固定资产的计价基础

固定资产计价，是以货币为计量单位计算固定资产的价值。采用什么样的计价基础，取决于对固定资产核算的要求。其计价是否合理，要看所采用的计价标准是否达到了计价目的。由于计价目的不同，采用的计价基础也就不同。固定资产的计价基础有四种：

(1) 按原始价值计价。固定资产的原始价值是指企业为取得某种固定资产使其达到预计的使用状态所支付的合理必要的支出。它是固定资产的基本计价基础，是新购建固定资产所采用的计价标准。按这种方法确定的价值，均是实际发生并有支付凭证的支出，具有客观性和可验证性的特点。这种方法也有不足之处，当经济环境和社会物价水平发生变化时，它不能反映固定资产的真实价值及企业当前的经营规模，此时，若以此标准反映企业财务状况，其真实性要打折扣。

(2) 按重置价值计价。重置价值是指在现行技术和状况下，重新购置同样的固定资产所需支付的全部金额。采用重置价值对固定资产计价，可以比较真实地反映固定资产的现实价值，一般只在取得无法确定其原始价值的固定资产时采用这种价值标准，如对盘盈的固定资产、接受捐赠（未附原始价值凭证）的固定资产。采用此种计价标准，会计操作比较复杂。

(3) 按净值计价。固定资产的净值也称折余价值，是指固定资产原始价值或重置价值减去累计折旧后的净额。它可以反映企业实际占用在固定资产上资金数额和固定资产的新旧程度。这种计价方法主要用于计算盘盈、盘亏、毁损固定资产的溢余或损失等。

（4）现值。现值是指固定资产在使用期间以及处置时产生的未来净现金流量的折现值。

2. 构成固定资产价值的内容

由于企业取得固定资产的方式和途径不同，对固定资产入账价值的确定也不相同。

（1）购入的固定资产。以固定资产购入时实际支付的价款及相关费用作为固定资产价值。包括买价、支付的运杂费、包装费、税金、安装费和专业人员服务费等。

（2）自制自建的固定资产。企业以自己生产的产品用作固定资产时，应以生产该产品的实际支出及相关税金作为固定资产原值，不包括任何内部利润。企业自建的固定资产，按建造该项资产达到预定可使用状态前所发生的必要支出作为原价。

（3）投资者投入的固定资产。企业接受固定资产投资时，应按投资合同或协议约定的价值确定，但合同或协议约定价值不公允的除外。

（4）融资租入的固定资产，按租赁开始日租赁资产的账面价值与最低租赁付款额的现值两者中较低者，作为入账价值。

（5）改建、扩建的固定资产。企业在原有固定资产基础上进行改建、扩建的固定资产，按原有固定资产的账面价值，减去改建、扩建过程中发生的固定资产变价收入，加上由于改建、扩建而增加的支出计价。

（6）接受捐赠的固定资产。若捐赠方提供有关凭据的，按凭据上标明的金额加上应支付的相关税费，作为入账价值。若捐赠方未提供有关凭据，存在同类资产活跃市场的，按市场价格加上相关税费计价入账，不存在活跃市场的，按该资产预计未来现金流量现值计价入账。当受赠的系旧的固定资产，则按上述方法确定价值后，减去按该项资产的新旧程度估计的价值损耗后的余额入账。

（7）盘盈的固定资产。企业要按照盘盈资产重置价值计价入账。

（8）非货币性交易换得的固定资产。企业要根据换出资产的账面价值加上应支付的相关税费作为计价入账价值。如涉及补价的，按以下规定确定换入固定资产的入账价值：1）收到补价的，按换出资产的账面价值加上应确认的收益和应支付的相关税费减去补价后的余额，作为入账价值。2）支付补价的，按换出资产的账面价值，加上应支付的相关税费和补价，作为换入资产的入账价值。

二、固定资产的取得

企业以不同来源方式取得的固定资产，在会计实务中其账务处理也不尽相同。企业取得固定资产的方式主要有：购入、自行建造、投资者投入、非货币性交易换得、融资租入，接受捐赠和盘盈等。

核算固定资产变动应通过“固定资产”科目进行；该科目属资产类科目，借方登记固定资产原始价值的增加额，贷方登记固定资产原始价值的减少额，余额在借方，表示企业现有固定资产的原值。该账户应按固定资产类别、使用部门和每项固定资产设置明细账，进行明细分类核算。为了反映固定资产的明细资料，企业应设置“固定资产登记簿”和“固定资产卡片”；对经营租入的固定资产，应另设置“固定资产备查簿”进行登记。

（一）购入的固定资产

企业购入的固定资产，有些不需要安装可以直接投入使用，有些需要经过安装调试以后才能投入使用。对于前一种不需要安装调试的固定资产，按购入固定资产实际支付的买价、发生的相关费用和税金，借记“固定资产”科目，贷记“银行存款”科目；当企业购入需要安装的固定资产时，由于在安装过程中可能发生各种安装成本，所以要将购入需要安装固定资产的实际支出和安装过程中发生的各种安装成本，先记入“在建工程”科目的借方，待设备安装完成交付使用，再将设备的买价、支付的运输费连同设备安装成本，一并由“在建工程”科目贷方转入“固定资产”科目借方。下面结合经济业务，说明购入固定资产的核算过程：

[例 5—15] 企业购入一台不需要安装的设备，买价100 000元，增值税17 000元，支付运杂费2 000元，款项以银行存款支付。

借：固定资产　　119 000

　　贷：银行存款　　119 000

[例 5—16] 企业购入一台需安装的设备。设备买价60 000元，增值税10 200元，支付运费1 500元，包装费 500 元。在安装过程中发生安装费用1 000元。上述款项均以银行存款支付。

借：在建工程　　73 200

　　贷：银行存款　　73 200

[例 5—17] 上述设备安装完毕交付使用。

借：固定资产 73 200

贷：在建工程 73 200

(二) 自制、自建的固定资产

企业的固定资产，除了以外购的方式取得外，还要自行建造一些符合生产经营特殊需要的机器设备及房屋建筑物。采用这种方式取得的机器设备称为自制固定资产，取得的房屋建筑物称为自建固定资产也称为在建工程。自制自建的固定资产，从开始建造到完工交付使用，一般要经历较长的时间。为了归集在建工程中发生的各种支出，合理确定实际建造成本，应设置“在建工程”科目。该科目既用于归集企业自制自建工程所发生的支出和计算固定资产实际成本，也用于核算企业改扩建工程转入的固定资产净值，还可以用于反映设备安装工程的成本。企业为工程所购入的工程材料、物资通过“工程物资”科目核算。“在建工程”科目余额反映尚未完工或虽已完工但尚未办理竣工决算的工程实际支出。在建工程按其实施的方式不同可分为自营工程和承包工程两种。下面结合经济业务，说明自制、自建固定资产的核算过程。

[例 5—18] 企业自建厂房一幢，用于工程建设的物资500 000元；为工程支付的工资费用100 000元；因工程而发生的利息费用80 000元。工程完工交付使用。

(1) 购入工程使用的材料物资时：

借：工程物资 500 000

贷：银行存款 500 000

(2) 工程领用材料物资时：

借：在建工程——厂房 500 000

贷：工程物资 500 000

(3) 支付工程人员工资时：

借：在建工程——厂房 100 000

贷：应付职工薪酬 100 000

(4) 结转工程借款的利息费用时：

借：在建工程 80 000

贷：长期借款 80 000

(5) 工程完工验收交付使用，结转成本时：

借：固定资产 680 000

贷：在建工程 680 000

(三) 投资者投入的固定资产

企业接受投资者投入的房屋、机器设备等固定资产，一方面反映本企业固定资产的增加，另一方面反映投资者投资额的增加，投入的固定资产按双方确认的价值记账。下面结合经济业务，说明投资者投入固定资产的核算过程。

[**例 5—19**] 企业接受红光公司投入的设备一套，双方协商作价 80 000 元。

借：固定资产——设备 80 000

贷：实收资本——红光公司 80 000

(四) 租入的固定资产

企业在经营过程中，为了满足生产经营活动临时性或季节性需要，或出于融资等方面的考虑，可以采用租赁的方式取得生产经营所需的固定资产。租赁按其性质和形式的不同可分为经营租赁和融资租赁两种。融资租赁是指在实质上转移了与资产所有权有关的全部风险和报酬的租赁。经营租赁是指除融资租赁以外的其他租赁。

在经营租赁模式下，出租人仍然承担持有固定资产的费用和风险，因而需为被租赁资产交纳有关税金、保险费，进行维修保养并计提折旧。承租人不必将租赁的固定资产资本化，对于租入的固定资产，通过备查登记的方式记录和管理；对于确认的租金费用，应计入“制造费用”、“管理费用”、“待摊费用”科目借方和“银行存款”科目贷方，对租入固定资产所进行的改良工程支出，应先计入长期待摊费用，然后再分期摊销。

在融资租赁模式下，出租人已将与资产所有权有关的主要风险和报酬转移给承租人。融资租赁与经营租赁相比，其特点和区别主要体现在几个方面：(1) 租期较长（一般达到租赁资产使用年限的 75%以上）；(2) 租约一般不能取消；(3) 支付的租金包括了设备的价款、租赁费和借款利息等；(4) 租赁期满，承租人有优先选择廉价购买租赁资产的权利。对于融资租赁的固定资产，承租企业应将其视同自有固定资产核算，并将承诺的分期支付的租赁费总额作为一项长期负债入账。

企业租入固定资产时，应在租赁开始日，按租赁资产的原账面价值与最低租赁付款额的现值两者中较低者作为入账价值，借记“固定资产”科目，按最低租赁付款额，贷记“长期应付款”科目，按其差额，借记“未确认融资费用”科目。融资租入的固定资产，应在“固定资产”科目下单设“融资租入固定资产”明细科目进行核算，待租赁期满，租入设备转归企业所有时，再将其从“融资租入固定资产”明细科目转入有关明细科目。

（五）接受捐赠的固定资产

企业接受捐赠的固定资产，应按下列情况分别进行计价：

（1）如果捐赠者提供了有关凭证，应按凭证中的金额加上应支付的相关税费计价。

（2）如果捐赠者没有提供有关凭证，则应按下列顺序计价：

1）同类或类似固定资产存在活跃的市场，应参照同类或类似固定资产的市场价格估计的金额，加上应支付的相关税费计价。

2）同类或类似固定资产不存在活跃的市场，应按其预计未来现金流量的现值计价。企业接受固定资产捐赠时，应根据确定的价值，借记“固定资产”科目，贷记“营业外收入”科目。

（六）接受债务人非现金资产抵债取得的固定资产

企业接受的债务人以非现金资产抵偿债务方式取得的固定资产，或以应收债权换入固定资产的，按应收债权的账面价值加上应支付的相关税费，作为入账价值。涉及补价的，按以下规定确定受让的固定资产的入账价值：

（1）收到补价的，按应收债权的账面价值减去补价，加上应支付的相关税费，作为入账价值；

（2）支付补价的，按应收债权的账面价值加上支付的补价和应支付的相关税费，作为入账价值。

三、固定资产的折旧

（一）固定资产折旧的性质

1. 固定资产折旧的含义

固定资产能够长期服务于企业，在使用过程中不改变其实物形态，其自身的价值随着固定资产的使用而逐渐损耗和减少，这部分损耗和减少的价值，就称为固定资产折旧。固定资产折旧，应当在固定资产的有效使用年限内进行分摊，形成折旧费用，计入各期成本。固定资产折旧计入生产成本的过程，即是随着固定资产价值的转移，以折旧的形式在产品销售收入中得到补偿，并转化为货币资金的过程。

固定资产的损耗分为有形损耗和无形损耗两种形式。有形损耗是指固定资产由于受自然力的影响而发生的自然损耗，如机器设备在使用过程中的磨损和自然条件下的毁损；无形损耗则指由于技术进步等原因引起的固定资产价值损耗。

固定资产折旧的过程，实质上就是固定资产价值的转移过程。这种价值的转移是企业的生产经营活动带来的，所以，从本质上讲，折旧也是一种费用。根据配比的原则，这种费用应在固定资产的预计有效使用期内，以计提折旧的方式计入各期成本费用，从各期营业收入中逐步得到补偿，从而也为将来重置固定资产准备了资金来源。故此，固定资产折旧的计提和补偿，既是正确计算产品成本和各期损益的前提条件，又是进行固定资产简单再生产的重要步骤。

2. 影响固定资产折旧的因素

（1）计提折旧的基数。是以固定资产的原始价值或固定资产账面净值作为计提固定资产折旧的基数。企业会计制度规定，一般以固定资产的原价作为计提折旧的依据，采用双倍余额递减法的企业，以固定资产的账面净值作为计提折价的依据。

（2）固定资产使用年限。固定资产使用年限长短直接关系到折旧率的高低，它是影响企业计提折旧额的主要因素。

（3）折旧方法。企业采用不同的折旧方法，其计提的折旧额相差很大。

（4）固定资产净残值。固定资产净残值是指预计固定资产清理报废时可以收回的残值扣除预计清理费用后的余额。由于固定资产的残值和清理费用只能依照历史经验事先估计，不可避免地存在主观性，因此，在会计实务中，国家对此作了限制性规定，固定资产的预计净残值一般应按固定资产原价的3%～5%估计。

3. 固定资产折旧的范围

采用工作量法，应于月末根据该月固定资产完成的工作量计提折旧。

采用其他方法，除了已经提足折旧继续使用的固定资产以及过去单独估价入账的土地不提折旧外，其他固定资产均应计提折旧。此外，提前报废的固定资产不补提折旧，其未提足折旧的净损失应计入营业外支出。

企业在具体计提固定资产折旧时，一般应按月提取，当月增加的固定资产，当月不提折旧，从下月起计提折旧，当月减少的固定资产，当月照提折旧，从下月起不提折旧。固定资产提足折旧后，不论能否继续使用，均不再提取折旧；提前报废的固定资产，也不再补提折旧。所谓提足折旧，是指已经提足该项固定资产应提的折旧总额。应提的折旧总额为固定资产原价减去预计净残值。

（二）固定资产折旧的计算方法

会计上计算折旧的方法很多，会计制度规定使用的折旧方法有年限平均法、工作量法、双倍余额递减法和年数总和法等，其中双倍余额递减法和年数总和法属于快速折旧法。由于固定资产折旧方法的选用直接影响到企业成本、费用的计算，也影响到企业的收入和纳税，从而也影响了国家的财政收入，因此对于折旧方法的选用，国家历来有较严格的规定，企业应在国家规定的范围内选择折旧计算方法。

1. 年限平均法

年限平均法也称直线法，是将固定资产的应计折旧额在固定资产的预计使用年限内平均分摊的一种方法。采用这种方法计算的折旧额每期都是相等的，其计算公式如下，

$$年折旧率=\frac{1-预计净残值率}{预计使用年限}\times 100\%$$

$$月折旧率=年折旧率\div 12$$

$$月折旧额=固定资产原始价值\times 月折旧率$$

固定资产原始价值是月初应计折旧的固定资产原始价值。折旧率按计算对象不同，分为个别折旧率、分类折旧率和综合折旧率三种。个别折旧率是按单项固定资产计算的折旧率，分类折旧率是按各类固定资产分别计算的折旧率，综合折旧率则是按全部固定资产计算的折旧率。

[例 5—20] 企业的厂房一幢，原价为 60 万元，预计使用年限 20 年，预计净残值率为 5%。该厂房的折旧率和折旧额计算如下：

$$年折旧率=\frac{1-5\%}{20}\times 100\%=4.75\%$$

$$月折旧率=4.75\%\div 12=0.4\%$$

$$月折旧额=600\,000\times 0.4\%=2\,400\ (元)$$

采用直线法计算固定资产折旧虽然简单，但也存在一定局限性。当固定资产各期的负荷程度相同，各期应分摊相同的折旧费，这时采用平均年限法计算折旧是合理的。但是，若固定资产各期负荷程度不同，采用平均年限法计算折旧时，则不能反映固定资产的实际使用情况，提取的折旧数与固定资产的损耗程度也不相符。

2. 工作量法

工作量法是根据固定资产在使用期间完成的总的工作量平均计算折旧的一种方法。

采用这种方法计提折旧，对固定资产的使用强度予以了考虑，假定固定资产在使用期内依工作量均匀损耗，按工作量平均计算折旧，在一定期间内固定资产的工作量越多，其计提的折旧也就越多，固定资产的折旧额随工作量的变动成正比例变动。计算公式如下：

$$单位工作量折旧额=\frac{固定资产原始价值\times(1-预计净残值率)}{预计总工作量}$$

$$\begin{matrix}某项固定资产\\月折旧额\end{matrix}=该项固定资产当月工作量\times单位工作量折旧额$$

［例 5—21］ 企业有运货卡车一辆，原值 200 000 元，预计净残值 5%，预计总行驶里程 500 000 公里，当月行驶 2 000 公里，该项固定资产的月折旧额如下：

单位里程折旧额＝200 000×(1—5%)÷500 000＝0.38(元/公里)

卡车月折旧额＝2 000×0.38＝760(元)

采用工作量法计算固定资产折旧，简单实用，而且应提的折旧额与资产的使用成正比例，使资产的使用效益与成本较为合理地配比起来。这种方法只考虑了固定资产有形损耗因素，而未考虑无形损耗因素，固定资产在预计使用年限内完成工作量的多少存在着主观性。工作量法适用于大型专业设备和运输设备等项资产的折旧计算。

3. 双倍余额递减法

双倍余额递减法是以固定资产的期初账面净值为折旧基数、以直线法折旧率的双倍数作折旧率来计算各期折旧额的方法。在计算折旧率时，不考虑固定资产净残值。其计算公式为：

年折旧率＝(2÷预计使用年限)×100%

年折旧额＝期初固定资产账面净值×年折旧率

月折旧率＝年折旧率÷12

月折旧额＝期初固定资产账面净值×月折旧率

由于折旧率中不考虑预计净残值，这样会导致在固定资产预计使用期满时已提折旧额总数超过应计折旧额，即固定资产处置时其账面净值低于预计净残值。为了解决这个问题，在固定资产预计使用年限的后期，如果发现使用双倍余额递减法计算的折旧额小于采用直线法计算的折旧额时，改按直线法计提折旧。为了计算方便，也可在最后两年按账面净值扣除预计残值后的净额平均摊销。

［例 5—22］ 企业对现有设备采用加速折旧法计提折旧。某项设备购置成本为 500 000 元，预计使用 5 年，预计净残值 20 000 元，每年应计提的折旧额如下：

年折旧率：(2÷5)×100%=40%

企业每年应计提的折旧额计算如表 5—3。

折旧计算表

表 5—3 （双倍余额递减法） 单位：元

年次	折旧计算	折旧额	累计折旧额	账面净值
1	500 000×40%	200 000	200 000	300 000
2	300 000×40%	120 000	320 000	180 000
3	180 000×40%	72 000	392 000	108 000
4	(108 000－20 000)/2	44 000	436 000	64 000
5		44 000	480 000	20 000

在上述加速折旧法下，各月份折旧额的计算可以采用按年折旧额除以 12 的简便方法求得。

4. 年数总和法

年数总和法，是以固定资产原值减去预计净残值后的净额为基数，以一个逐年递减的分数作折旧率来计算各年折旧额的方法。该分数的分子表示固定资产使用的年限，分母代表尚可预计使用年限的数字之和。如果固定资产使用年限为 n 年，分母即为 $1+2+3+\cdots+n=n(n+1)\div 2$。计算公式如下：

$$\text{年折旧率}=\frac{\text{尚可使用年限}}{}\div\frac{\text{预计使用年限的数字之和}}{}$$

$$=\left(\text{预计使用年限}-\text{已使用年限}\right)\div\left[\text{预计使用年限}\times\left(1+\text{预计使用年限}\right)\div 2\right]\times 100\%$$

年折旧额=(固定资产原值－预计净残值)×年折旧率

月折旧率=年折旧率÷12

月折旧额=(固定资产原值－预计净残值)×月折旧率

［例 5—23］ 企业有一台设备，账面原值为 500 000 元，预计使用年限为

5 年，预计净残值 20 000 元，采用年数总和法计提折旧。见表 5—4。

折旧计算表

表 5—4 （年数总和法） 单位：元

年次	年折旧率	折旧计算	年折旧额	累计折旧	账面净值
1	5/15	480 000×5/15	160 000	160 000	340 000
2	4/15	480 000×4/15	128 000	288 000	212 000
3	3/15	480 000×3/15	96 000	384 000	116 000
4	2/15	480 000×2/15	64 000	448 000	52 000
5	1/15	480 000×1/15	32 000	480 000	20 000

采用年数总和方法，计算折旧的基数是固定不变的，折旧率依固定资产尚可使用年限来确定，各年折旧率呈递减趋势，依此计算的折旧额也呈递减趋势。

企业在计提固定资产折旧时，可以选择以上任意一种折旧计算方法，只要能使折旧费用的分摊与固定资产带来的收益相配比，这种计算方法就是稳妥可行的。折旧方法的选择主要考虑两方面的因素，一是如何真实地反映固定资产在各期的实际损耗价值，以便准确计算收益，使财务报表能公正表述企业财务状况和经营成果；二是应考虑纳税的因素，即选择一种可以使企业在税法允许的范围内、交税最少或交税最迟的折旧方法是符合谨慎性原则要求的。但是，企业一旦选定某一种折旧方法，就应该保持前后期的一致，不得随意改变，这符合可比性原则的要求。如果必须改变折旧计算方法，也应在年初进行，以保持某一年度内折旧计算方法的一致性，并将变更的原因及其变更对损益的影响在会计报表附注中加以说明。

（三）固定资产折旧的会计处理

企业计提固定资产折旧时，应设置“累计折旧”科目核算固定资产折旧数额。“累计折旧”科目是“固定资产”科目的备抵科目，属于资产类。当计提固定资产折旧额和增加固定资产而相应增加其折旧额时，记入该科目的贷方；因出售、报废清理、盘亏等原因减少固定资产而相应转销其所提折旧额时，记入该科目的借方；该科目的余额在贷方，反映企业现有固定资产的累计折旧额。在资产负债表中，累计折旧作为固定资产的减项单独列示。“固定资产”科目借方余额与“累计折旧”科目贷方余额相抵后的差额，为固定资产净值，它可以反映固定资产的新旧程度。企业计提的固定资产折旧费，要按照固定资产的使用部门和用途分别处理，属于生产车间固定资产计提的折旧费应借记

“制造费用”科目，企业管理部门固定资产计提的折旧费应借记“管理费用”科目，经营出租固定资产计提的折旧费应借记“其他业务成本”科目；同时按当月计提的折旧总额贷记“累计折旧”科目。

企业各月计算提取折旧时，可以在上月计提折旧的基础上，对上月固定资产的增减情况进行调整后计算当月应计提的折旧额。

$$\text{当月固定资产应计提的折旧额}=\text{上月固定资产计提的折旧额}+\text{上月增加固定资产应计提的折旧额}-\text{上月减少固定资产应计提的折旧额}$$

在会计实务中，各月计提折旧的工作一般是通过编制“固定资产折旧计算表”来完成的。

［**例 5—24**］　企业 2003 年 2 月份固定资产折旧计算情况如表 5—5 所示：

固定资产折旧计算表

表 5—5　　2003 年 2 月　　**单位：元**

部门	上月折旧额	上月增加固定资产应计提折旧	上月减少固定资产应计提折旧	本月应提折旧额
第一生产车间	18 000	1 000		19 000
第二生产车间	20 000		800	19 200
第三生产车间	9 000	1 500		10 500
小计	47 000	2 500	800	48 700
企业管理部门	5 000	500		5 500
经营出租	10 000			10 000
合计	62 000	3 000	800	64 200

根据计算结果，编制会计分录：

借：制造费用　　48 700
　　管理费用　　5 500
　　其他业务成本　　10 000
　贷：累计折旧　　64 200

四、固定资产的修理

企业的固定资产在使用过程中，可能出现各种故障、发生不同程度的损坏，影响其正常使用。为了使固定资产性能得以恢复，保证其在使用中处于完好的状态，企业必须有计划地对固定资产进行检修和保养，对损坏的固定资产及时修复。固定资产的修理按其修理范围的大小、费用支出的多少、修理间隔时间的长短，可分为日常修理和大修理两种。

固定资产日常修理和大修理虽然各有特点，但界限的划分比较困难。因此在实际工作中，日常修理和大修理往往一并核算，根据不同情况采用不同的核算方法。固定资产修理的核算方法一般有直接摊销法、分期摊销法、预提法。我国现行会计准则规定，固定资产修理的核算应采用直接摊销法。

直接摊销法是指将实际发生的修理成本支出，直接计入产品成本或当期费用。

[例 5—25] 企业某月对生产中的设备进行日常维修。维修过程中领用材料 600 元，用银行存款购买配件 800 元。

借：制造费用——修理费	1 400	
贷：原材料		600
银行存款		800

五、固定资产的处置

（一）固定资产清理

固定资产清理，是指由于固定资产的报废、出售以及固定资产因非正常原因遭到损毁和损失，而对其账面价值及相关收入、支出的处理。企业在生产经营过程中，对那些不适用或不需用的固定资产，可以出售转让；对那些由于使用而不断磨损直至最终报废，或由于技术进步等原因导致提前报废，或由于遭受自然灾害等发生毁损的固定资产均应进行清理。企业因清理而减少的固定资产，通过“固定资产清理”科目进行核算，该科目属资产类科目，借方登记转入清理的固定资产净值和发生的清理费用及有关税费；贷方登记清理固定资产的变价收入和应由保险公司或过失人承担的损失。借方余额为清理损失；贷方余额为清理净收益，结转后，“固定资产清理”科目应无余额。

（二）固定资产的出售

企业将固定资产出售时，应转销出售资产的账面原值和已提折旧额，按其净值借记“固定资产清理”科目，按转出折旧额借记“累计折旧”科目，按固定资产原值贷记“固定资产”科目；收到出售固定资产价款时，借记“银行存款”科目，贷记“固定资产清理”科目，支付清理费用时，按发生额借记“固定资产清理”，贷记“银行存款”等科目；若出售建筑物等不动产，应按应交纳的营业税额借记“固定资产清理”，贷记“应交税费——应交营业税”科目；若固定资产清理后为净收益，应按“固定资产清理”科目贷方差额借记“固定资产清理”科目，同时贷记“营业外收入——处理固定资产净收益”科目；若固定资产清理后为净损失，则应按“固定资产清理”科目借方差额借记“营业外支出——处理固定资产净损失”，贷记“固定资产清理”科目。

[例 5—26] 企业出售一幢建筑物，固定资产账面原价 150 万元，已提折旧 80 万元，出售前发生清理费 5 000 元，出让的价格为 100 万元，营业税率为 5%。

（1）转出出让建筑物的账面原值和已提折旧：

	借方	贷方
借：固定资产清理	700 000	
累计折旧	800 000	
贷：固定资产		1 500 000

（2）支付发生的清理费用：

	借方	贷方
借：固定资产清理	5 000	
贷：银行存款		5 000

（3）收到出让资产的价款：

	借方	贷方
借：银行存款	1 000 000	
贷：固定资产清理		950 000
应交税费——应交营业税		50 000

（4）结转出让资产的净收益：

	借方	贷方
借：固定资产清理	245 000	
贷：营业外收入——处理固定资产净收益		245 000

（三）固定资产的报废、毁损

固定资产报废包括正常报废和非正常报废两种情况。正常报废是固定资产在长期使用过程中发生磨损消耗，导致不能使用而报废，或者由于技术进步，先进设备淘汰落后设备而使原有设备提前报废；非正常报废是因自然灾害和责任事故，致使固定资产损毁而报废。对于报废的固定资产，在会计处理上与固定资产出售的会计处理基本相同，均应转入固定资产清理。如果取得保险公司或责任人赔偿收入的，应作为其他应收款，账务处理为借记“其他应收款”科目，同时贷记“固定资产清理”科目。

[例 5—27] 企业有旧厂房一幢，账面原值2 000 000元，已提折旧1 950 000元，因使用期满，经批准报废。在清理过程中发生拆除费20 000元以银行存款支付，出售残值取得变价收入15 000元。

(1) 转出报废固定资产账面原值和已提折旧：

借：固定资产清理	50 000	
累计折旧	1 950 000	
贷：固定资产		2 000 000

(2) 支付发生的清理费用：

借：固定资产清理	20 000	
贷：银行存款		20 000

(3) 收到残值变价收入：

借：银行存款	15 000	
贷：固定资产清理		15 000

(4) 结转固定资产清理净损失：

借：营业外支出——处理固定资产损失	55 000	
贷：固定资产清理		55 000

第四节　无形资产及其他资产

一、无形资产的概念及特征

企业为了正常的生产经营活动，除了拥有或控制诸如前述的各种货币性资产和其他有形资产外，还会持有一些没有实物形态的非货币性资产，而且，这些资产也同样符合资产确认的条件，也需要会计对其进行核算，这就是无形资产。

（一）无形资产的概念

无形资产是指企业拥有或者控制的没有实物形态，且为企业带来多少经济利益具有较大不确定性的可辨认经济资源。

无形资产之所以存在并受到企业的重视，主要是由于无形资产具有优越性，它代表着某种先进成果或有利情形，这种优越性具有强烈的独占性和排他性。无形资产的独占性或来自于政府的特准，如特许经营权，或来自于法律的保护，如专利权，或来自于企业的保密措施，如秘密配方等。正因为无形资产大多是独一无二的，是获取超额盈利的源泉，一般没有可替代的同类资产，因而，无形资产的拥有者轻易不会转让，因此无形资产没有发达的交易市场。在自由竞争的市场经济条件下，资金总是向利润率高的行业和企业流动，最终将使投资报酬趋于平均。但是，如果企业拥有了无形资产，竞争就可能变成了不完全的自由竞争，其结果必然是拥有无形资产的企业在某些方面就有了垄断性，就可以获得超额利润。

（二）无形资产的特征

（1）不存在实物形态。无形资产不具有实物形态，可以说无形资产是有形资产的对称，这是无形资产不同于其他资产的最显著特征。无形资产往往是企业所拥有的一种特殊的权利，这种权利有助于企业取得高于一般水平的收益。但是，是否具有实物形态，并不是识别无形资产的唯一标志，如企业在与内、外部交往的过程中产生的各种债权，虽然也没有实物形态，但会计上却将其归为流动资产而不属于无形资产。所以，无形资产没有实物形态，但并不是没有实物形态的资产都属于无形资产。

（2）可以在多个会计期间为企业带来具有不确定性的经济利益。作为一项资产，无形资产必然具备资产的一切特性，包括能为企业带来未来经济利益等，并且其有效年限往往超过一年，因而又被称为无形固定资产。无形资产确认时的账面价值与其实际的经济价值往往相差很大。例如，企业账面上记载的商标权金额也许很小，但如果经营有方，它为企业带来的利益可能是其账面价值的数十倍；而另一方面，企业所拥有的专利权，其账面价值可能很高，在某一段时期也确实能给企业带来经济利益，但一旦科学技术有了新的突破，原有专利的价值往往会丧失殆尽。当然，由于无形资产的寿命很难确定，具体的收益期间也就不能准确的确定。

（3）不确定性。无形资产能为企业带来多少未来的经济利益具有较大的不确定性。当代科学技术的迅猛发展，使得许多无形资产的经济寿命难以准确地预计，因而也使得无形资产能为企业带来多少未来的经济利益难以准确地预计。这一特征，主要是与长期股权投资等既没有实物形态又能在较长时期内供企业使用的资产相对而言的。

（4）可辨认性。无形资产能够从企业中分离或划分出来，并能单独或者与相关合同、资产或负债一起，用于出售、转移、授予许可、租赁或者交换。这一特征，主要是与商誉等不可辨认经济资源相对而言的。

(5) 合法独占性。企业的无形资产的确认与取得，一般情况下都要经过法律程序认可，因而也就受到法律的保护。经过法律认可的无形资产只与特定的会计主体有关，供特定的主体使用并为其带来较高的不确定的未来经济利益，禁止非所有权人无偿占有和使用。

通过以上我们对无形资产的特征的阐述可以看出，一项无形资产如果要在会计上加以确认进而进行核算，首先就必须满足资产确认的一般标准，即应具有可定义性、可计量性、相关性和可靠性，符合无形资产的定义，企业能够控制该无形资产所产生的经济利益，也就是说，企业一方面有权获得无形资产所带来的经济利益，同时又能约束他人获得这些经济利益。按照《企业会计准则——无形资产》的规定，只有当企业的无形资产满足以下条件时，在会计上才能被确认为无形资产：第一，该资产产生的经济利益很可能流入企业，这里的经济利益可能表现为收入的增加、成本的降低、劳动强度的降低、污染的控制等。在确定一项无形资产创造的经济利益能否流入企业时，需要实施职业判断，考虑相关的因素，进而做出比较稳健的估计；第二，取得该资产的成本能够可靠地计量，由于无形资产具有不可再生性，没有发达的交易市场，所以，在计量其成本时，一般不能按重置成本进行计量。企业的管理部门在判断无形资产产生的经济利益是否很可能流入企业时，应遵循谨慎原则对无形资产在预计使用年限内存在的各种因素做出稳健的估计，在恰当的时间计提无形资产减值准备。

二、无形资产的内容

(一) 无形资产的分类

企业的无形资产可以按不同的标志分为不同的类别，通过这种分类，可以更好地理解无形资产的构成内容，组织无形资产的核算与管理。无形资产可以按照以下的几种方法进行分类：

无形资产按取得来源的不同，可分为外来无形资产和自创无形资产两种。外来的无形资产包括政府给予无形资产、购入无形资产、投资者投入无形资产、接受抵债取得无形资产、非货币交易换入无形资产、接受捐赠无形资产等。

无形资产按有无使用限期，可分为有限期无形资产和无限期无形资产。有限期无形资产是指法律或契约规定了使用期限的无形资产，如专利权和专营权等；无限期无形资产是指法律或契约没有规定使用期限的无形资产，如非专利技术等。

（二）无形资产的具体内容

企业的无形资产主要包括专利权、商标权、非专利技术、特许权、著作权、土地使用权等。以下我们将介绍几种主要无形资产的具体内容。

（1）专利权。专利权是指权利人（专利权拥有者）在法定期限内对某一发明创造所拥有的独占权和专有权，包括独家制造、出售其专利产品或转让其专利等权利。专利权是国家为了保护、鼓励、推广某项发明创造，利用法律手段，依法授予发明者或首创人在一定时期内对其产品的造型、配方、制造工艺等方面的发明创造所享有的专门权利。专利权的主体是依据专利法被授予专利权的单位或个人，其客体是受专利法保护的专利范围。这里需要注意的是并不是所有的专利都能给企业带来经济利益，所以，在具体核算时通常只对那些从外单位购入、投资者投入或企业自行开发并按法律程序申请取得的，并且能够为企业带来较大经济利益的专利权，才作为无形资产进行核算。

（2）商标权。在现代商品经济社会中，商标已为大家所熟悉，它是重要的购物向导，是联系企业与消费者的桥梁。商标权是指企业在某类指定的商品上使用特定的名称、图案、标记等的专门权利，是用来辨认特定的商品或劳务的标记，包括商标所有权和与此相关的商标专用权、转让权、续展权、许可权和法律诉讼权等。商标权代表的是某种商品的品质和信誉，当企业的某种商品得到了广大消费者的认可，其商标就成了一种品质和信誉的象征，众所周知的“可口可乐”等商标权往往是优质产品的代名词。商标经过注册登记，就获得了法律保障。注册商标专用权的有效期，我国规定为10年（美国为20年），到期都可以申请续展。商标权的一个重要特点是具有排他性。它给予其持有人在商标注册的范围内享有独家使用权和排除以及禁止他人对其独占使用权进行侵犯的权利。

（3）非专利技术。非专利技术也称专有技术，是指为发明人所垄断的、不公开的各种具有实用价值但未申请专利从而不享有法律保护的技术、知识和经验。在生产经营过程中，非专利技术表现出经济性、机密性和动态性等特征。与专利权相比，非专利技术不受法律保护，也没有法律规定的期限，只要能够保密下去，企业就可长期享有其利益。

非专利技术可根据合同规定从外界购入，但大多数非专利技术都是企业自创的。外购的非专利技术，应将实际发生的一切支出予以资本化。企业自行研究开发非专利技术，其结果具有不确定性，可能成功也可能失败。有关研究开发费用的具体会计处理，将在后面讨论。

（4）特许权。特许权也称专营权，是指政府或企业准许某一企业在一定地区内享有经营某种业务或销售某种特定商标产品的特许经营权。由此可见，特许权有两种形式，一是由政府机构授权于特定企业使用公共财产或在一定区域内经营某种特许业务的权利，如准许特定企业经营电力、自来水、轮渡、烟酒等；另一种形式是一家企业作为特许人依照双方签订的协议，授予另一家企业在一定范围内销售其产品或服务，使用其专利权、商标权、技术秘诀、商号等，如美国著名的麦当劳快餐公司、肯德基快餐公司等。一般来说，如果企业在取得特许权时付出了较大的代价，而且款项是集中支付的情况下，需要将其支出资本化，作为无形资产核算，否则，可将其支出直接计入当期损益。

（5）著作权。著作权是指政府依法授予某项作品的发表权、署名权、修改权、保护作品完整权、使用权和获得报酬权等。形成著作权所发生的费用一般作为期间费用处理，如果通过购买或接受投资等形式获得的著作权，其支出应予资本化，并在一定期限内摊销。著作权的法定期限一般较长，我国法律规定，公民的作品，其发表权、使用权和获得报酬权的保护期为作者终生及其死后50年；法人或非法人单位的作品，其保护期为作品首次发表后50年；计算机软件的保护期为25年，届满后可续展25年。著作权可依法转让、出售或赠予。

（6）土地使用权。土地使用权是指国家准许某一企业在一定期间内对国有土地享有开发、利用、经营的权利。土地是人类赖以生存和发展的先决条件和物质基础，是不可再生的稀缺资源，因而，在我国土地实行公有制，属于国家或集体所有，任何组织和个人不得侵占、买卖或以其他形式非法出让土地。国家可以土地所有者的身份，将土地使用权在一定期限内让与土地使用者，并由土地使用者向国家支付土地出让金。这种行为属于由政府垄断土地一级市场。土地使用权转让是指土地使用者通过出让等形式取得土地使用权后，将其拥有的土地使用权再转让的行为，它属于土地的二级市场。

企业所拥有的土地使用权，并非全部都确认为无形资产。但是，当企业将这些未入账的土地使用权有偿转让、出租、抵押、作价入股和投资时则应将其按规定补缴的土地出让金予以资本化，作为土地使用权的入账价值。如果企业有偿从政府或其他单位取得土地使用权，则应将其支付给政府的出让金或支付给其他单位的转让金以及发生的迁移补偿费、场地平整费、丈量费和法律手续费等计入土地使用权的成本。

三、无形资产入账价值的确定

按照我国的会计惯例，企业的资产通常是按实际成本即历史成本计量的，无形资产也同样如此，即以取得无形资产并使之达到预定用途而发生的全部支出，作为无形资产的入账价值。企业的无形资产有外来的，还有自创的。外来的无形资产又具体包括政府给予的、购入的、投资者投入的、接受抵债取得的、非货币交易换入的和接受捐赠等。不同来源取得的无形资产，其入账价值的确定方式不同。以下分列叙述。

（一）购入的无形资产

购入的无形资产，按实际支付的全部价款作为实际成本入账，包括买价、手续费、税金、法律费用以及其他相关费用。与有形资产同时购入的无形资产，如果该有形资产的成本比较容易确定，则用支付的价款扣除有形资产的成本，确认为无形资产的成本。

（二）投资者投入的无形资产

投资者投入的无形资产，按投资各方确定的价值作为实际成本入账。

（三）接受捐赠的无形资产

接受捐赠的无形资产，应按以下规定确定其实际成本：

（1）捐赠方提供了有关凭据的，按凭据上标明的金额加上应支付的相关税费，作为无形资产的入账价值；

（2）捐赠方没有提供有关凭据的，按如下方式确定其入账价值：

第一，同类或类似无形资产存在活跃市场的，按同类或类似无形资产的市场价格估计的金额，加上应支付的相关税费，作为无形资产的入账价值；

第二，同类或类似无形资产不存在活跃市场的，按接受捐赠无形资产的预计未来现金流量的现值，作为无形资产的入账价值。

（四）自行研究开发的无形资产

企业自行研究开发项目的支出，应当区分研究阶段支出与开发阶段支出。研究是指为获取并理解新的科学或技术知识而进行的独创性的工作；开发是指在进行商业性生产或使用前，将研究成果或其他知识应用于某项计划或设计，以生产出新的或具有实质性改进的材料、装置、产品等。

企业内部研究开发项目研究阶段的支出，应当于发生时计入当期损益。

企业自行研究开发项目开发阶段的支出，同时满足下列条件的，才能确认为无形资产：

(1) 完成该无形资产以使其能够使用或出售在技术上具有可行性；

(2) 具有完成该无形资产并使用或出售的意图；

(3) 无形资产产生经济利益的方式，包括能够证明运用该无形资产生产的产品存在市场或无形资产自身存在市场，无形资产将在内部使用的，应当证明其有用性；

(4) 有足够的技术、财务资源和其他资源支持，以完成该无形资产的开发，并有能力使用或出售该无形资产；

(5) 归属于该无形资产开发阶段的支出能够可靠地计量。

四、无形资产的核算

企业无形资产的核算包括无形资产取得的核算、无形资产摊销的核算和无形资产转让的核算等。为了核算企业无形资产的取得、摊销和处置情况，企业应设置“无形资产”账户，并按照无形资产的具体构成内容设置相应的明细账户，进行明细核算。

(一) 无形资产取得的核算

企业的无形资产可以通过不同途径取得。取得无形资产时，根据取得方式的不同，按其实际成本分别借记“无形资产”账户，贷记“银行存款”、“股本”、“应收账款”、“固定资产”、“资本公积”等有关账户。

1. 企业购入的无形资产

企业购入的无形资产，应按实际支付的价款作为购入无形资产的实际成本计价入账，同时，按照具体无形资产的类别设置明细账，组织明细核算。

[例 5—28] 探索者股份公司用银行存款购买某单位新试制成功的某产品的专利权，支付价款 520 000 元，另发生业务洽谈费等 30 000 元。其会计处理为：

借：无形资产——专利权　　550 000

　贷：银行存款　　550 000

2. 自行开发的无形资产

企业应根据自行研究开发项目在研究阶段发生的支出，借记“研发支出——费用化支出”科目，贷记有关科目；期末应根据发生的全部研究支出，借记“管理费用”科目，贷记“研发支出——费用化支出”科目。

企业开发阶段发生的支出为资本化支出，应借记“研发支出——资本化支出”科目，贷记有关科目；在确认无形资产时，应根据发生的全部开发支出，借记“无形资产”科目，贷记“研发支出——资本化支出”科目。

［例 5—29］ 探索者股份公司自行开发某项专利技术，实际发生的相关支出和注册登记费等共计 50 万元。该项专利技术研制成功。其会计处理为：

（1）发生各项支出：

借：研发支出——资本化支出	500 000	
贷：银行存款（或原材料、应付职工薪酬等）		500 000

（2）登记注册后：

借：无形资产——专利权	500 000	
贷：研发支出——资本化支出		500 000

3. 其他各种方式取得的无形资产

如接受抵债取得的无形资产、非货币性交易取得的无形资产等，其核算内容见有关章节的介绍。

（二）无形资产摊销的核算

无形资产属于企业的一项长期资产，在其有用年限内，能够持续的为企业带来未来的经济利益，本着受益负担的原则，其成本也应在有用年限内进行合理的摊销，计入到各受益期的损益中去。从理论上说，无形资产成本的摊销应根据无形资产产生经济利益的方式，选择适当的摊销方法，但是，由于无形资产的成本与该无形资产所带来的经济利益之间一般没有明显的、必然的内在联系，采用哪种摊销方法对各期损益的影响不大，为简便起见，《企业会计准则——无形资产》准则规定：无形资产的成本，应自取得当月起在预计使用年限内分期平均摊销，即采用直线法在无形资产的有用期限内平均分期摊销计入各期损益。

关于摊销期限的确定，如果预计使用年限超过了合同规定的受益年限或法律规定的有效年限，则无形资产的摊销年限按照如下的原则予以确定：

（1）合同规定了受益年限但法律没有规定有效年限的，其摊销期限不应超过合同规定的受益年限；

(2) 合同没有规定受益年限但法律规定了有效年限的，其摊销期限不应超过法律规定的有效年限；

(3) 合同规定了受益年限，法律也规定了有效年限的，其摊销期限不应超过受益年限和有效年限二者之中较短者；

(4) 使用寿命不确定的无形资产不应摊销。

企业摊销无形资产，应当自无形资产可供使用时起，至不再作为无形资产确认时止。

企业选择的无形资产摊销方法，应当反映与该项无形资产有关的经济利益的预期实现方式，可以采用直线法、工作量法、双倍余额递减法和年数总和法等。无法可靠确定预期实现方式的，应当采用直线法摊销。

无形资产的应摊销金额为其成本扣除预计残值后的金额。已计提减值准备的无形资产，还应扣除已计提的无形资产减值准备累计金额。

企业按月计提无形资产摊销，借记“管理费用”、“其他业务成本”等科目，贷记“累计摊销”。

[例 5—30] 探索者股份公司于 1990 年 1 月 1 日购入一项专利权，实际支付价款 400 万元，按照 10 年期限摊销。1994 年 12 月 31 日公司提取无形资产的减值准备 150 万元。其会计处理如下：

(1) 1990 年 1 月 1 日购入专利权时：

借：无形资产——专利权　　4 000 000

　贷：银行存款　　4 000 000

(2) 1990 年 12 月 31 日摊销专利权价值，摊销额为 40 万元（＝400÷10）：

借：管理费用——无形资产摊销　　400 000

　贷：累计摊销　　400 000

(3) 1991 年、1992 年、1993 年的摊销处理同上。

(4) 1994 年 12 月 31 日，提取减值准备 150 万元，则无形资产的摊销额为 15 万元[＝(400－40×4－150)÷6]，会计分录如下：

借：资产减值损失　　1 500 000

　贷：无形资产减值准备　　1 500 000

借：管理费用——无形资产摊销　　150 000

　贷：累计摊销　　150 000

剩余各年的摊销处理同上。

五、其他资产

其他资产是指除流动资产、持有至到期投资、长期股权投资、固定资产、无形资产以外的其他各种资产。这些资产可能是偶发性的大额支出或损失，也可能是使用受到限制的各种资产，如长期待摊费用等。

长期待摊费用也称递延资产、递延费用等，是指企业已经支出，但摊销期限在一年以上（不含一年）的各项费用，包括开办费、股份公司委托其他单位发行股票支付的数额较大的手续费或佣金减去股票发行冻结期间的利息收入后的余额、租入固定资产改良支出以及其他摊销期限在一年以上的各项支出。长期待摊费用在资产负债表中虽然也列为资产项目，但长期待摊费用本身没有交换价值，不能转让，也不能用于清偿债务。长期待摊费用在本质上是一种费用，只是由于支出数额较大，对企业生产经营活动影响的时间较长，或未来才能取得收益，若将其全部计入支出当期的费用中，势必会造成损益的非正常波动，所以，根据权责发生制原则的要求，先对其做递延处理，暂时列为一项没有实体的过渡性资产，然后再在恰当的受益期间内分期摊入有关费用中。

其他长期资产包括国家特准储备的特种物资、银行冻结存款以及临时设施和涉及诉讼中的财产等。特准储备物资是指具有专门用途但不参加企业生产经营的经国家批准储备的特种物资，其储备的目的主要是为了满足国家应付自然灾害和意外事故的需要；银行冻结存款和物资是指人民法院冻结被执行人在银行的存款或企业的物资等财产，对其实施强制执行的一种措施；涉及诉讼中的财产是指司法机关在案件当事人和其他诉讼参与人的参加和配合下，为解决案件而依照法定程序所进行的活动。

【本章小结】

持有至到期投资是指企业购入的到期日固定、回收金额固定或可确定，且企业有明确意图和能力持有至到期的各种债券。主要涉及初始投资成本的确定，溢折价摊销和摊余成本计量的方法。

长期股权投资涉及取得时的初始投资成本和取得后的新的投资成本确定，

并在持有期间，采用成本法或权益法进行会计处理。对于长期债权投资的核算，主要涉及债权投资初始投资成本和利息的确定、溢折价的摊销及处置和期末计价等问题。

固定资产有原始价值、重置价值和净值三种计价基础，以不同方式取得的固定资产，其账务处理也不尽相同。固定资产的使用过程中，通过使用年限法、工作量法、双倍余额递减法和年数总和法等折旧方法分摊其价值。固定资产核算还包括修理、处置及期末计价的内容。

无形资产主要包括专利权、商标权、非专利技术、特许权、著作权、土地使用权等，其核算包括无形资产取得的核算、摊销和转让的核算。

【复习思考题】

1. 长期股权投资的初始成本是如何确定的？
2. 如何理解长期股权投资的成本法和权益法？
3. 如何采用实际利率法确定投资收益和溢折价摊销？
4. 构成固定资产价值的内容有哪些？
5. 固定资产的计价基础是什么？
6. 固定资产的折旧方法有哪些？
7. 无形资产的内容有哪些？它们有何特征？
8. 发展公司于 2001 年初以每股 5 元的价格购买宇宙公司的普通股股票作为长期股权投资，每股面值为 1 元，支付的相关税费为成交额的 0.6%。星火公司共发行普通股 600 000 股。2001 年，宇宙公司实现净利 500 000 元；2002 年 2 月 5 日，宣告按每股 0.5 元发放 2001 年度的现金股利。发展公司于 3 月 5 日收到现金股利。2002 年度，宇宙公司发生亏损 150 000 元。

要求：(1) 假定发展公司的投资占宇宙公司全部普通股本的 15%，试按成本法为发展公司编制 2001 年、2002 年的有关会计分录。

(2) 假定发展公司的投资占宇宙公司全部普通股本的 60%，并且投资成本与应享有宇宙公司的所有者权益份额相等，试按权益法为发展公司编制 2001 年、2002 年的有关会计分录。

(3) 假定宇宙公司 2003 年度又发生亏损 200 000 元，使其股票市价下跌为每股 2 元，发展公司应如何处理?

9. 红光股份公司于 2003 年 7 月 1 日购入面值为 2 000 000 元的 5 年期债券，购买价为 2 050 000 元，该债券于 2003 年 1 月 1 日发行，票面利率 6%，自发行日起每年付息一次（次年 1 月 5 日)，到期一次还本。购入债券时支付税金、手续费等 10 000 元。

要求：

(1) 确定购买日债券的初始成本，并进行账务处理；

(2) 计算债券的折价或溢价，按直线法确定 2003 年的投资收益，并进行账务处理。

10. 诚信公司 2003 年 6 月份发生有关固定资产业务如下：

(1) 6 月 2 日，诚信公司购入一台不需要安装的设备，发票上注明设备价款 50 000 元，应交增值税 8 500 元，支付运输费、保险费、包装费等合计 2 300元。

(2) 6 月 8 日，诚信公司购入一台需要安装的设备，增值税专用发票上注明设备价款 70 000 元，应交增值税 11 900 元，发生运输费、保险费、包装费等合计 1 600 元，已通过银行支付。另外安装时支付安装成本 950 元。

(3) 6 月 20 日，诚信公司以一台面包车换入一台数控机床，支付相关费用 5 600 元，收到对方支付的补价款 10 000 元。面包车原始价值 260 000 元，已提折旧 90 000 元，已计提减值准备 8 000 元。

(4) 6 月 25 日，诚信公司接受一台全新设备的捐赠，捐赠者提供的有关价值凭证标明设备的价格为 156 000 元，办理产权过户手续时支付相关税费 3 200元。该公司适用 33%的所得税税率。

(5) 6 月 26 日，诚信公司对车间使用的固定资产进行日常修理，用银行存款支付修理费用 480 元。

(6) 2003 年 9 月 8 日，诚信公司将一栋多年闲置不用的车间整体出售，出售的价款为 1 200 000 元，已通过银行收到款项。该项固定资产的原始价值为 1 860 000 元，累计折旧 750 000 元。支付整修费用 900 元。

(7) 2003 年 9 月 12 日，诚信公司一台设备报废。该项设备原始价值 56 000元，累计折旧53 760元。报废时支付清理费用 260 元，变价收入（残料入库）720 元。

(8) 6 月 30 日，诚信公司按计划预提本月固定资产大修理费用 2 400 元。

(9) 6 月 30 日，诚信公司各车间、部门使用的固定资产应计提的折旧计算结果见表 5—6。

表 5—6 单位：元

车间、部门	折旧额
行政管理部门	5 600
基本生产车间	12 800
专营销售机构	2 300
经营出租的固定资产	600
合计	21 300

要求：根据上述经济业务编制会计分录。

11. 诚信公司一台设备，原始价值 160 000 元，预计使用年限 5 年，预计净残值率 4%。

要求：

（1）根据上述资料采用使用年限法计算固定资产的年折旧率、月折旧率、年折旧额、月折旧额；

（2）根据上述资料分别采用双倍余额递减法和年数总和法计算固定资产的年折旧率和年折旧额。

12. 星海公司的一台大型精密仪器按工作量法计算折旧。原始价值 260 000元，预计净残值率 4%，预计可工作31 200个小时。这台大型精密仪器共使用了 6 年，各年的实际工作时数分别为：第一年6 900小时，第二年6 500小时，第三年6 300小时，第四年5 600小时，第五年4 000小时，第六年1 900小时。

要求：根据上述资料计算固定资产各年的折旧额。

第六章
负　债

【本章要点】

- 负债的概念、特征及其分类；
- 应付账款与应付票据的概念及会计处理；
- 应交税费的内容及其会计处理；
- 长期借款的会计核算；
- 平价、溢价和折价发行债券、债券利息计算和债券清偿的会计核算。

【本章引言】

每个企业都需要筹集资金以满足生产营运和新投资项目的需求。企业的资金来源分为两大部分：一部分是企业所有者注入的资金，称之为所有者权益；另一部分是从银行等债权人那里借入的资金，称之为债权人权益，即负债。借入资金的形式包括：公司在生产经营中占用的其他交易方的资金；公司向银行借得的款项；公司应该发放但尚未发放的工资；公司应该上交但尚未交纳的税款；公司发行债券，从债券投资者处取得的资金等。公司因上述活动而承担的偿还责任与义务，构成了公司的主要负债。本章主要讲述公司负债的各种形式以及会计核算的处理方法。

第一节 概 述

一、负债的概念及特征

负债是指过去的交易或事项形成的、预期会导致经济利益流出企业的现时义务。从负债的定义可以看出，负债具有以下几个基本特征：

（1）负债是基于过去的交易或事项而产生的。即导致负债的交易或事项必须已经发生，例如，购置货物或使用劳务会产生应付账款。只有源于已经发生的交易或事项，会计上才有可能确认为负债。正在筹划的未来交易或事项，如，企业的业务计划，不会产生负债。

（2）负债是企业承担的现时义务。这项现时义务可能产生于商品或劳务的赊购，如企业借入资金，就有还本付息的义务；负债也可能是法律或政府机构的规定所导致，如企业必须按经营所得依法缴纳所得税等。

（3）现时义务的履行通常关系到企业放弃含有经济利益的资产，以满足对方的要求。如：支付现金；转让其他资产；提供劳务等。

（4）负债通常是在未来某一时日通过交付资产（包括现金和其他资产）或提供劳务来清偿。

二、负债的分类

负债按其流动性，划分为流动负债和长期负债两部分。

划分流动负债和长期负债的一个标准是偿付时间。以“1年或者超过1年的一个营业周期”作为划分流动负债和长期负债的界限，在1年或者超过1年的一个营业周期内偿还的负债作为流动负债，将偿还期在1年或者超过1年的一个营业周期以上的负债作为长期负债。“营业周期”，是指企业在正常的生产经营过程中从取得存货、购买劳务一直到销售商品和劳务，最后收取货款和劳务款这一时间跨度。通常，商业企业的营业周期较短，制造业的营业周期较长。

三、流动负债的概念和分类

（一）流动负债的概念

流动负债是指将在1年（含1年）或者超过1年的一个营业周期内偿还的债务，包括短期借款、应付票据、应付账款、预收账款、应付职工薪酬、应付股利、应交税费、其他暂收应付款项、预提费用和1年内到期的长期借款等。

（二）流动负债的分类

（1）按偿付金额是否确定划分，流动负债可划分三种：应付金额确定的流动负债、应付金额视经营情况而定的流动负债、应付金额需估计的流动负债。

应付金额可以确定的流动负债，指根据合同或法律规定，在到期日必须偿付，并具有确定金额的流动负债，如短期借款、应付票据、应付账款、预收账款、应付职工薪酬、预提费用、应付股利等。

应付金额视经营情况而定的流动负债，指债务的金额必须等到一个会计期末，根据企业一定时期的经营状况才能计算确定的流动负债，如应交税费、应付股利等。

应付金额需予估计的流动负债，这类负债虽然发生于过去已完成的业务并确实存在，但无确切的应付金额，有时其偿付日期和收款人也无法确定，企业必须根据已掌握的资料，凭以往的经验，予以合理估计，如预提费用等。

（2）按形成原因划分，可分为融资活动形成的流动负债、营业活动形成的流动负债和收益分配形成的流动负债。

融资活动形成的流动负债，指企业从银行或其他金融机构筹集资金时所形成的流动负债项目，包括短期借款、短期债券以及1年内到期的长期负债等。

营业活动形成的流动负债，指企业在正常的生产经营活动中所形成的流动负债。具体包括应付票据、应付账款、预收账款、应付职工薪酬和预提费用等。

收益分配形成的流动负债，这类流动负债是指企业在对所实现的净利润进行分配过程中形成的各种负债项目，如应付股利和应付利润等。

第二节　应付账款、预收账款与应付票据

一、应付账款的核算

（一）应付账款概述

应付账款是指企业经营过程中由于赊购商品、原材料或接受劳务等而发生的应付给供应单位的款项。这是一种最常见、最普遍的债务，主要是买卖双方在购销活动中由于取得物资与支付货款存在时间差而产生的债务，一般应在较短期限内支付，这笔款项在未支付前构成企业的一项流动负债。

应付账款与应付票据都是由于交易而引起的流动负债，都是属于尚未结清的债务。但两者又不同，应付票据属于一种期票，是延期付款的证明，有承诺付款的票据作为凭据，是应付账款的票据化，信用程度较应付账款更高一些；另外，应付账款不仅可用于商品交易，也可用于劳务或其他交易，而应付票据中的商业汇票仅可用于在银行开立账户的法人之间根据购销合同进行的合法的商品交易。

应付账款的入账时间理论上应以所购买物资的所有权转移或接受劳务已发生为标志。当企业取得了证明所购买物资的所有权转移或接受劳务已发生的凭据（如发票账单）时，应确认应付账款的发生。

但在实际工作中，应区别情况处理：在物资和发票账单同时到达的情况下，应付账款一般待物资验收入库后，才按发票账单登记入账，以免入账后再验收入库时发现购入物资错、漏、破损等问题再行调账；在物资和发票账单不是同时到达的情况下（即物资已到验收入库，而发票账单未到），一般暂不入账，等到发票账单到达时再入账，如果至月末仍未收到发票账单，应作为负债反映，即月末将所购物资和应付债务按暂估价格入账，下月初再用红字予以冲回，以便在“资产负债表”上客观反映企业所拥有的资产和承担的债务。

应付账款一般按应付金额的到期值入账，而不是按到期付款金额的现值入账。当购入的资产在形成一笔应付账款是带有现金折扣的条件时，应付账款入账金额的确定可按总价法（即全价法）和净价法两种方法记价。

（二）应付账款核算

为了总括地核算和监督企业应付账款的发生和偿还情况，应设置“应付账款”总账科目。该科目属于负债类，贷方登记企业购买材料、物资、接受劳务供应的应付未付款项，以及因无力支付到期商业承兑汇票而转作的应付账款；借方登记已偿还的应付账款，或以开出、承兑商业汇票抵付的应付账款，以及冲销无法支付的应付账款；期末贷方余额，反映企业尚未支付的应付账款。该科目应按供应单位开设明细科目，对应付账款进行明细核算，如果“应付账款”科目所属明细科目出现借方余额，填列资产负债表时应在“预付账款”项目内填列。

1. 应付账款的发生

企业购入材料、商品等验收入库，但货款尚未支付，应根据有关凭证，借记“原材料”或“材料采购”等科目，按专用发票上注明的增值税税额，借记“应交税费——应交增值税（进项税额）”科目，按应付的货税款及供应单位代垫的运杂费，贷记“应付账款”科目。

企业接受供应单位提供劳务而发生的应付未付款项，应根据供应单位的发票账单，借记“生产成本”、“制造费用”、“管理费用”等科目，贷记“应付账款”科目。

企业因无力支付到期的商业承兑汇票，而将应付票据转化为应付账款时，借记“应付票据”科目，贷记“应付账款”科目。

2. 应付账款的偿付、抵付及划转

企业开出转账支票或以其他结算方式支付应付账款时，借记“应付账款”科目，贷记“银行存款”科目；企业开出并承兑商业汇票抵付应付账款，则借记“应付账款”科目，贷记“应付票据”科目。

企业将应付账款划转出去，或者确实无法支付的应付账款，报经有关部门批准，直接转入资本公积，借记“应付账款”科目，贷记“资本公积”科目。

举例说明：

［例 6—1］ 某企业经税务部门核定为一般纳税人，存货按实际成本计价核算，某月份该企业发生的材料采购等业务及相应的账务处理如下：

（1）5 日，向 A 公司购入原材料一批，取得的增值税专用发票上注明的价款为50 000元，增值税税额为8 500元，A公司代垫运费1 000元，发票账单等结算凭证已经收到，材料已验收入库，但货税款尚未支付。（按照目前税制规定，企业外购货物所支付的运输费中，可按7%的扣除率计算准予抵扣增值税。）

借：原材料　　50 930

　　应交税费——应交增值税（进项税额）　　8 570

　贷：应付账款——应付A公司　　59 500

（2）12日，开出转账支票支付所欠A公司货税款59 500元。

借：应付账款——A公司　　59 500

　贷：银行存款　　59 500

（3）15日，企业开出一张银行承兑汇票7 250元，交给供应单位C公司，以抵付上月购料所欠的货款。

借：应付账款——C公司　　7 250

　贷：应付票据　　7 250

（4）20日，企业按有关规定转销确实无法支付的应付账款1 000元。

借：应付账款　　1 000

　贷：资本公积　　1 000

（5）26日，向B公司购入甲材料，材料已运到，并已验收入库，但发票账单等结算凭证尚未收到，货款未付。

（暂不作账务处理）

（6）月末，计算本月应付电费120 000元（不含税），其中：基本生产车间用于产品生产的电费为90 000元，基本生产车间照明用电费为10 000元，行政管理部门用电费为20 000元。电费尚未支付。

借：生产成本——基本生产成本　　90 000

　　制造费用　　10 000

　　管理费用　　20 000

　贷：应付账款——供电公司　　120 000

（7）月末，仍未收到已于26日验收入库材料的发票账单等结算凭证，即按暂估价值60 000元入账。

借：原材料　　60 000

　贷：应付账款——暂估应付账款　　60 000

下月初，再用红字将上述分录原账冲回。

3. 现金折扣条件下应付账款的核算

折扣是供货方按规定给予购货方的一种价格优惠，包括商业折扣与现金折扣两种，企业的销售收入应按扣除商业折扣后的净值入账；附有现金折扣的应付账款，其核算方法有总价法和净价法两种。

采用总价法，应付账款发生时，直接按发票上的应付金额记账。如果在折扣期内付款，所取得的现金折扣收入作为理财收益处理。采用净价法，现金折扣被视为每一购货企业在正常经营情况下均能获得的一种收益，因此，应付账款按发票上的全部应付额扣除最大现金折扣后的净额记账；如果企业未能在规定的折扣期内付款，丧失的现金折扣作为企业的理财费用处理。理财收益和理财费用计入“财务费用”。我国采用总价法核算应付账款。

［**例 6—2**］　某公司于 2001 年 6 月 1 日购入商品一批，价款为600 000元，增值税率为 17%，商品当日入库，付款条件为 2/10、N/30。

按总价法核算时，相关分录如下：

（1）6 月 1 日购进货物时，会计分录为：

借：材料采购　600 000
　　应交税费——应交增值税（进项税额）　102 000
　贷：应付账款　702 000

（2）企业在 6 月 1～10 日之内付款的，会计分录为：

借：应付账款　702 000
　贷：银行存款　687 960
　　　财务费用　14 040

（3）企业在 6 月 10 日以后付款的，则需按发票金额全额支付，会计分录如下：

借：应付账款　702 000
　贷：银行存款　702 000

按净价法核算时，相关会计分录如下：

（1）6 月 1 日购进货物时，会计分录为：

借：材料采购　588 000
　　应交税费——应交增值税（进项税额）　99 960
　贷：应付账款　687 960

（2）6 月 1～10 日付款的，会计分录为：

借：应付账款　687 960
　贷：银行存款　687 960

（3）6 月 10 日后付款的，会计分录为：

借：应付账款　687 960
　　应交税费——应交增值税（进项税额）　2 040
　　财务费用　12 000
　贷：银行存款　702 000

二、预收账款的核算

（一）预收账款概述

预收账款指销货单位按照合同规定向购货单位预收的款项，需用未来的商品和劳务偿付。

它一般发生在以下三种情况下：一是企业的产品或劳务在市场上供不应求；二是购货单位的信用不佳；三是生产周期长的企业（如建筑业、造船业等）为解决生产资金不足而向购货单位收取定金。

（二）预收账款的核算

对预收账款的核算可以采用两种核算方法：

一种是企业预收款项比较多的，可单独设置“预收账款”科目核算。这种方法能完整地反映这项负债的发生及偿付情况，并且便于填列会计报表。

单独设置“预收账款”科目的企业，按合同规定向购货单位预收款项时，按所收金额借记“银行存款”科目，贷记“预收账款”科目。产品发出或劳务提供后，销售实现时，按实现的收入和应交的增值税销项税额等应收款项，借记“预收账款”科目，按实现的营业收入，贷记“主营业务收入”科目，按专用发票上注明的增值税税额，贷记“应交税费——应交增值税（销项税额）”等科目。收到购货单位补付的款项时，按收到金额数借记“银行存款”科目，贷记“预收账款”科目；若为退回购货单位多付的款项，则做相反的会计处理。

［例 6—3］　某公司按合同预收 A 公司货款20 000元。一段时间后，按合同供货50 000元（含税价，税率为 17%），余款用支票结算。

（1）收到预付款时，会计分录如下：

借：银行存款　20 000
　贷：预收账款　20 000

（2）产品销售实现时，会计分录如下：

借：预收账款　20 000

银行存款　　30 000

　贷：产品销售收入　　42 735

　　应交税费——应交增值税（销项税额）　　7 265

另一种方法是企业预收款项不多，可以不设“预收账款”科目，将企业预收的货款直接作为应收账款的减项，反映在“应收账款”科目的贷方，待发出商品或提供劳务后而发生的应收账款，再在“应收账款”科目进行结算。这种方法在“应收账款”科目中能够完整地反映与购货方结算的情况，但在填列会计报表时需要根据“应收账款”科目的明细科目余额进行分析填列。

不单独设置“预收账款”科目核算的企业，按合同规定向购货单位预收款项时，借记“银行存款”科目，贷记“应收账款”科目；产品销售实现时，按应收的款项，借记“应收账款”科目，按实现的营业收入及专用发票上注明的增值税税额，贷记“主营业务收入”、“应交税费——应交增值税（销项税额）”等科目。收到购货单位补付的货款，借记“银行存款”科目，贷记“应收账款”科目；退回购货单位多付的货款，则借记“应收账款”科目，贷记“银行存款”科目。

三、应付票据的核算

(一) 应付票据概述

应付票据是由出票人签发的，委托付款人在指定日期无条件支付确定的金额给收款人或者持票人的票据。它通常是因企业购买材料、商品和接受劳务供应等而开出、承兑的商业汇票，包括银行承兑汇票和商业承兑汇票两种。

在采用商业承兑汇票方式下，承兑人应为付款人，承兑人对这项债务在一定时期内支付的承诺，作为企业的一项负债；付款人应于商业承兑汇票到期前将票款足额交存开户银行。商业承兑人汇票到期日付款人账户不足支付的，其开户银行不负责付款，而是将商业承兑汇票退还给收款人或被背书人，由收款人与付款人自行处理。

在采用银行承兑汇票方式下，商业汇票应由在承兑银行开立存款账户的存款人签发，由银行承兑，付款人应在银行承兑汇票到期前将款项足额存入银行。银行承兑汇票到期时，若付款人的账户未能足额支付，银行将无条件支付票据款，并对付款人尚未支付的汇票金额按照每天万分之五计收罚息。但是，由银行承兑的银行承兑汇票，只是为收款人按期收回债权提供了可靠的信用保证，对付款人来说，不会由于银行承兑而使这项负债消失。因此，即使是由银行承兑的汇票，付款人的现存义务依然存在，应将其作为一项负债。我国商业汇票的付款期限最长不超过 6 个月。因此，将应付票据归于流动负债进行管理和核算。

（二）应付票据的核算

对应付票据的核算，需要设置“应付票据”总账账户，其贷方登记因购买材料等开出并承兑的商业汇票，借方登记票据到期支付的款项，期末贷方余额为尚未到期的应付票据款。

为了加强对应付票据的核算和管理，应设置“应付票据备查簿”，详细登记应付票据的种类、号数、签发日期、到期日、票面金额、经济合同交易号、收款单位名称或收款人姓名、付款日期、付款金额等内容。应付票据到期付清时，应在备查簿内逐笔注销。

应付票据的核算主要包括以下几个部分：

1. 应付票据发生、归还的一般处理

企业因购买材料、商品等而开出、承兑商业汇票时，不论是否带息，均借记“原材料”或“材料采购”、“应交税费——应交增值税（进项税额）”等科目，按汇票面值，贷记“应付票据”科目；企业是以开出、承兑商业汇票抵付原欠货款或应付账款时，借记“应付账款”科目，贷记“应付票据”科目；对支付银行承兑汇票的手续费，借记“财务费用”科目，贷记“银行存款”科目。

收到银行支付到期商业汇票的付款通知时，借记“应付票据”科目，贷记“银行存款”科目。

2. 应付票据利息的账务处理

企业开出、承兑的商业汇票，如为带息票据，应于期末计算应付利息，借记“财务费用”科目，贷记“应付票据”科目；票据到期支付本息时，按票据账面余额（含面值及已入账的应计利息），借记“应付票据”科目，按未计的利息，借记“财务费用”科目，按实际支付的金额，贷记“银行存款”科目。

3. 逾期应付票据的处理

应付票据到期，企业如果无力支付票款，若为不带息的商业承兑汇票，应按应付票据的面值，借记“应付票据”科目，贷记“应付账款”科目；若为带息的商业承兑汇票，应按应付票据的账面余额，借记“应付票据”科目，按未计的利息，借记“财务费用”科目，按汇票本息，贷记“应付账款”科目。

若为银行承兑汇票，到期本企业存款余额不足支付票款时，承兑银行先代企业付款，再向企业执行扣款，将尚未扣回的承兑金额转为企业的短期借款。因此，对不带息的银行承兑汇票，按其面值，借记“应付票据”科目，贷记“短期借款”科目；对带息的银行承兑汇票，则应按应付票据的账面余额，借记“应付票据”科目，按未计的利息，借记“财务费用”科目，按已以存款余额支付部分款项，贷记“银行存款”科目，对银行代为支付的款项，则贷记“短期借款”科目。对转作逾期贷款部分银行计收的利息，按短期借款利息的处理办法处理。

[例 6—4] 某公司 2002 年发生如下有关应付票据的业务：

(1) 4 月 20 日，开出一张面额60 000元，票面利率 6%，期限 4 个月的银行承兑汇票，用以抵偿应付账款，会计分录如下：

借：应付账款　　60 000

　贷：应付票据　　60 000

(2) 4 月 25 日，购进一批材料，货款5 000元，增值税税额 850 元，开出一张期限为 2 个月的商业承兑汇票，会计分录如下：

借：原材料　　5 000

　　应交税费——应交增值税（进项税额）　　850

　贷：应付票据　　5 850

(3) 6 月 25 日，支付期限为 2 个月的商业承兑汇票，会计分录如下：

借：应付票据　　5 850

　贷：银行存款　　5 850

如到期未能支付，则应作如下会计分录：

借：应付票据　　5 850

　贷：应付账款　　5 850

(4) 8 月 20 日，支付期限为 4 个月的银行承兑汇票，会计分录如下：

应计利息＝60 000×6%×4/12＝1 200（元）

借：应付票据　　60 000

　　财务费用　　1 200

　贷：银行存款　　61 200

如到期未能如数支付，则承兑银行代 A 公司付款后，A 公司作如下会计分录：

借：应付票据　　60 000

财务费用 1 200

贷：短期借款 61 200

第三节 应交税费

一、应交税费概述

应交税费，是企业应交纳而尚未交纳的各种税款，如应交增值税、消费税、营业税、所得税、资源税、土地增值税、城市维护建设税、房产税、土地使用税、车船使用税、个人所得税等。

为了核算企业应交纳的各种税金，应设置“应交税费”总账账户。该账户的贷方登记应交的各种税金，借方登记已交纳的各种税金，期末贷方余额为未交的税金，期末借方余额为多交的税金。在此账户下，应按以下应交税费的种类设置明细账户进行明细核算：“应交增值税”、“未交增值税”、“应交消费税”、“应交营业税”、“应交土地使用税”，“应交城市维护建设税”、“应交资源税”、“应交房产税”等。

需要注意的是，企业交纳的印花税、耕地占用税以及其他不需要预计应交数的税金，不通过“应交税费”科目核算。另外，由于各种税金的计税基础和计税方法不同，会计处理方法也不尽相同。

二、应交税费的核算

（一）增值税的核算

增值税，是以商品销售或应税劳务营业额为计税依据，对在我国境内销售货物或者提供加工、修理修配劳务，以及进口货物的单位和个人，就其取得的货物或应税劳务销售额，以及进口货物金额计算税款，并实行税款抵扣制的一种流转税。

1. 科目设置

增值税暂行条例将纳税人分为一般纳税企业和小规模纳税企业。

一般纳税企业对应交的增值税，应在“应交税费”科目下设置“应交增值税”明细科目进行核算。“应交增值税”明细科目的贷方反映销售货物或提供应税劳务按规定收取的增值税（销项税）额、出口货物退税、转出已支付或应分担的增值税、转出多交增值税；其借方反映企业购进货物或接受应税劳务支付的进项税额、实际已交纳的增值税、减免税款、转出未交增值税；期末如果有借方余额，则反映企业尚未抵扣的增值税。在“应交税费——应交增值税”明细账内，还应分别设置“进项税额”、“已交税金”、“转出未交增值税”、“减免税款”、“销项税额”、“出口退税”、“进项税额转出”、“出口抵减内销产品应纳税额”、“转出多交增值税”等专栏。小规模纳税企业只需设置“应交增值税”明细科目，不需要在“应交增值税”明细科目中设置上述专栏。

为了核算一般纳税企业在月终时当月应交未交的增值税或多交的增值税，在“应交税费”科目下还应设置“未交增值税”明细科目。该明细科目贷方登记自“应交增值税”明细科日转出的未交增值税；借方登记自“应交增值税”明细科目转出的多交增值税和本月实际交纳的以前月份尚未交纳的增值税；期末贷方余额反映未交的增值税，若为借方余额则反映多交的增值税。

2. 一般纳税企业部分增值税业务的账务处理

一般纳税企业采购物资时，按专用发票上注明的增值税额，借记“应交税费——应交增值税（进项税额）”科目，按专用发票上记载的应当计入采购成本的金额，借记“材料采购”、“生产成本”、“管理费用”等科目，按应付或实际支付的金额，贷记“应付账款”、“应付票据”、“银行存款”等科目。购入物资发生的退货，作相反账务处理。

销售物资或提供应税劳务时，按实现的营业收入和按规定收取的增值税额，借记“银行存款”、“应收账款”、“应收票据”等科目，按专用发票上注明的增值税额，贷记“应交税费——应交增值税（销项税款）”科目，按实现的营业收入，贷记“主营业务收入”等科目。发生的销售退回，作相反的账务处理。

购进的物资或在产品、产成品发生非正常损失，以及购进物资改变用途等，其进项税额应相应转入有关科目，借记“待处理财产损溢”、“在建工程”、“应付福利费”等科目，贷记“应交税费——应交增值税（进项税额转出）”科目。属于转作待处理财产损失的部分，应与遭受非正常损失的购进货物或在产品、产成品成本一并处理。

本月上交本月的应交增值税时，借记“应交税费——应交增值税（已交税费)”科目，贷记“银行存款”科目。月度终了，将本月应交未交增值税自“应交税费——应交增值税”明细科目转入“应交税费——未交增值税”明细科目，即借记“应交税费——应交增值税（转出未交增值税)”科目，贷记“应交税费——未交增值税”科目；或将本月多交的增值税自“应交税费——应交增值税”明细科目转入“应交税费——未交增值税”明细科目，即借记“应交税费——未交增值税”科目，贷记“应交税费——应交增值税（转出多交增值税)”科目。本月上交上期应交未交的增值税时，应借记“应交税费——未交增值税”科目，贷记“银行存款”科目。

[**例 6—5**] 某企业本月发生以下业务：

(1) 购入原材料一批，专用发票上注明的价款为120 000元，增值税额为20 400元，款项已用转账支票支付，会计分录如下：

借：材料采购　　120 000
　　应交税费——应交增值税（进项税额）　　20 400
　贷：银行存款　　140 400

(2) 出售产品一批，不含税销售额为180 000元，增值税为30 600元，款项已存入银行，会计分录如下：

借：银行存款　　210 600
　贷：产品销售收入　　180 000
　　　应交税费——应交增值税（销项税额）　　30 600

(3) 某项工程领用生产用材料一批，成本为13 500元，进项税额为2 295元，会计分录如下：

借：在建工程　　15 795
　贷：原材料　　13 500
　　　应交税费——应交增值税（进项税额转出）　　2 295

(4) 将材料一批对外投资，双方协议按成本作价。该批材料的成本400 000元，计税价格为440 000元，增值税率为17%，会计分录如下：

借：长期股权投资——××公司　　474 800
　贷：原材料　　400 000
　　　应交税费——应交增值税（销项税额）　　74 800

(5) 将本企业生产的产品一批用于工程。产品的成本为200 000元，计税价格为250 000元，增值税率为17%，会计分录如下：

借：在建工程　　242 500

贷：产成品　　200 000

　　应交税费——应交增值税（销项税额）　　42 500

3. 小规模纳税企业的账务处理

小规模纳税企业购入货物（包括劳务），无论是否取得增值税专用发票，其支付的增值税额均不计入进项税额，不得从销项税额中抵扣，而是计入购进货物的成本。相应地，其他企业从小规模纳税企业购买货物或接受劳务支付的增值税额，如果不能取得增值税专用发票，也不能作为进项税额抵扣，而应计入购入货物或应税劳务的成本。小规模纳税企业销售货物或提供劳务时，只能开具普通发票，普通发票不注明销项税额和进项税额。因而，小规模纳税企业的销售收入应按不含税价格计算，采用销售额和应纳税额合并方法计算，即：

销售额＝含税销售额÷(1＋征收率)

[例 6—6]　A 企业核定为小规模纳税企业，本期购入原材料一批，按照增值税专用发票上记载的原材料价款为1 000 000元，支付的增值税额为170 000元，企业开出承兑商业汇票，材料尚未到达。该企业本期销售产品，销售价格总额为800 000元（含税），货款尚未收到。增值税率为 6%。根据上述经济业务，企业会计分录如下：

(1) 购进货物时，会计分录为：

借：材料采购　　1 170 000

　贷：应付票据　　1 170 000

(2) 销售货物：

不含税销售额＝800 000÷（1＋6%）＝754 717（元）

应交增值税＝754 717×6%＝45 283（元）

会计分录为：

借：应收账款　　800 000

　贷：主营业务收入　　754 717

　　应交税费——应交增值税　　45 283

(3) 实际交纳增值税时，会计分录为：

借：应交税费——应交增值税　　45 283

　贷：银行存款　　45 283

(二) 营业税的核算

营业税是对提供劳务、出售无形资产或者销售不动产的单位和个人征收的税种。营业税按照营业额和规定的税率计算应纳税额，其计算公式如下：

应纳营业税额＝营业额×税率

公式中的营业额是指企业提供应税劳务、出售无形资产或者销售不动产而向对方收取的全部价款和价外费用。价外费用包括向对方收取的手续费、基金、集资费、代收款项、代垫款项及其他各种性质的价外收费。

企业按规定应交的营业税，要在“应交税费”科目下设置“应交营业税”明细科目进行核算。

1. 一般账务处理

企业营业收入应交的营业税，通过“营业税金及附加”科目核算。企业按营业额和规定的税率计算应交纳的营业税，借记“营业税金及附加”等科目，贷记“应交税费——应交营业税”科目。

[例 6—7] 甲公司对外提供运输劳务，收入100 000元，营业税税率3%。企业结转应交营业税的账务处理如下：

应交营业税＝100 000×3%＝3 000（元）

借：营业税金及附加　　3 000

　贷：应交税费——应交营业税　　3 000

2. 销售不动产的账务处理

企业销售不动产如厂房、建筑物等，应当向不动产所在地主管税务机关申报交纳营业税。企业销售不动产按规定应交的营业税，在“固定资产清理”科目核算。而房地产开发企业经营房屋不动产所交纳的营业税，应通过“营业税金及附加”科目核算。

[例 6—8] 甲公司（非房地产开发企业）出售一栋厂房，厂房原价2 000 000元，已提折旧300 000元。出售所得收入1 900 000元已存入银行，以银行存款支付清理费用10 000元，营业税税率为 5%。根据这项经济业务，该公司应作如下账务处理：

销售厂房应交的营业税＝1 900 000×5%＝95 000（元）

（1）固定资产转入清理：

借：固定资产清理　　1 700 000

　　累计折旧　　300 000

　贷：固定资产　　2 000 000

（2）支付清理费：

借：固定资产清理　　10 000

　贷：银行存款　　10 000

（3）收到价款：

借：银行存款　　1 900 000

　贷：固定资产清理　　1 900 000

（4）计算应交营业税：

借：固定资产清理　　95 000

　贷：应交税费——应交营业税　　95 000

（5）结转净收益：

借：固定资产清理　　95 000

　贷：营业外收入　　95 000

3. 转让无形资产应交营业税的核算

［例 6—9］　A企业转让一项专有技术的所有权，转让时该专有技术的账面价值为120 000元，转让收入为180 000元，款项均通过银行收付，营业税率为5%。根据资料作出会计处理如下：

应交营业税＝180 000×5%＝9 000（元）

借：银行存款　　180 000

　贷：无形资产——专有技术　　120 000

　　应交税费——应交营业税　　9 000

　　营业外收入　　51 000

（三）消费税的核算

为了正确引导消费方向，国家在普遍征收增值税的基础上，选择部分消费品，再征收一道消费税。消费税的征收方法采取从价定率和从量定额两种方法。

实行从价定率办法计征的应纳税额的税基为销售额，如果企业应税消费品的销售额中未扣除增值税税款，或者因不能开具增值税专用发票而发生价款和增值税税款合并收取的，在计算消费税时，按公式“应税消费品的销售额＝含增值税的销售额÷(1＋增值税税率或征收率)”换算为不含增值税税款的销售额。

应纳消费税＝销售额（不含增值税）×消费税税率

实行从量定额办法计征的应纳税额的销售数量是指应税消费品的数量。属于销售应税消费品的，为应税消费品的销售数量；属于自产自用应税消费品的，为应税消费品的移送、使用数量；属于委托加工应税消费品的，为纳税人收回的应税消费品数量；进口的应税消费品，为海关核定的应税消费品进口征税数量。

1. 科目设置

企业按规定应交的消费税，在“应交税费”科目下设置“应交消费税”明细科目核算。“应交消费税”明细科目的借方发生额，反映实际交纳的消费税和待扣的消费税；贷方发生额，反映按规定应交纳的消费税；期末贷方余额，反映尚未交纳的消费税；期末借方余额，反映多交或待扣的消费税。

2. 销售、对外投资应税消费品的账务处理

企业对外销售产品应交纳的消费税，应通过“营业税金及附加”科目核算。企业按规定计算出应交的消费税，借记“营业税金及附加”科目，贷记“应交税费——应交消费税”科目。

[例 6—10] 甲公司九月份销售 50 辆摩托车，每辆销售价格9 800元（不含应向购买方收取的增值税额），货款尚未收到，摩托车每辆成本为5 000元。摩托车的增值税税率为 17%，消费税税率为 10%。有关账务处理如下：

应向购买方收取的增值税＝9 800×50×17%＝83 300（元）

应交纳的消费税＝9 800×50×10%＝49 000（元）

	借方	贷方
（1）借：应收账款	573 300	
贷：主营业务收入		490 000
应交税费——应交增值税（销项税额）		83 300
（2）借：营业税金及附加	49 000	
贷：应交税费——应交消费税		49 000
（3）借：主营业务成本	250 000	
贷：库存商品		250 000

企业以生产的应税消费品作为对外股权投资，或用于在建工程、非生产机构等其他方面，按规定应交纳的消费税，应计入有关的成本，即借记“长期股权投资”、“固定资产”、“在建工程”、“营业外支出”等科目，贷记“应交税费——应交消费税”科目。

企业以银行存款上交消费税时，借记“应交税费——应交消费税”科目，贷记“银行存款”科目。

3. 委托加工应税消费品

委托加工应税消费品是指由委托方提供原料和主要材料，受托方只收取加工费和代垫部分辅助材料加工应税消费品。受托方在向委托方交货时代收代缴税款（除受托加工或翻新改制金银首饰按规定由受托方交纳消费税外）。

委托加工的应税消费品，委托方用于连续生产应税消费品的，所纳税款准

予按规定抵扣。对于由受托方提供原材料生产的应税消费品，或者受托方先将原材料卖给委托方，然后再接受加工的应税消费品，以及由受托方以委托方名义购进原材料生产的应税消费品，都不作为委托加工应税消费品，而应当按照销售自制应税消费品交纳消费税。委托加工的应税消费品直接出售的，不再征收消费税。

企业进行会计核算时，需要交纳消费税的委托加工应税消费品，于委托方提货时，由受托方代扣代交税款。受托方按应扣税款金额，借记“应收账款”、“银行存款”等账户，贷记“应交税费——应交消费税”账户。

委托加工应税消费品收回后，直接用于销售的，委托方应将代扣代交的消费税计入委托加工的应税消费品成本，借记“委托加工物资”、“生产成本”等账户，贷记“应付账款”、“银行存款”等账户，待委托加工应税消费品销售时，不需要再交纳消费税；委托加工的应税消费品收回后用于连续生产应税消费品，按规定准予抵扣的，委托方应按代扣代交的消费税款，借记“应交税费——应交消费税”账户，贷记“应付账款”、“银行存款”等账户，待用委托加工的应税消费品生产出应纳消费税的产品销售时，再交纳消费税。

企业受托加工或翻新改制金银首饰按规定由受托方交纳消费税。企业向委托方交货时，应按规定交纳的消费税，借记“营业税金及附加”账户，贷记“应交税费——应交消费税”账户。

[例 6—11] A 企业委托外单位加工材料（非金银首饰），原材料价款200 000元，加工费用50 000元，由受托方代收代交的消费税5 000元，材料已经加工完毕并验收入库，加工费用尚未支付。假如该企业材料采用实际成本核算。根据这项经济业务，委托方应作如下会计处理：

(1) 如果委托方收回加工后的材料用于继续生产应税消费品，委托方的会计处理如下：

借：委托加工物资	200 000	
贷：原材料		200 000
借：委托加工物资	50 000	
应交税费——应交消费税	5 000	
贷：应付账款		55 000
借：原材料	250 000	
贷：委托加工物资		250 000

(2) 如果委托方收回加工后的材料直接用于销售，委托方的账务处理如下：

借：委托加工物资　　200 000
　　贷：原材料　　200 000
借：委托加工物资　　55 000
　　贷：应付账款　　55 000
借：原材料　　255 000
　　贷：委托加工物资　　255 000

(四) 其他税金的核算

1. 资源税

资源税是国家对在我国境内开采矿产品或者生产盐的单位和个人征收的一种税。资源税按照应税产品的课税数量和规定的单位税额计算，公式为："应纳税额＝课税数量×单位税额"。这里的课税数量为：开采或者生产应税产品销售的，以销售数量为课税数量；开采或者生产应税产品自用的，以自用数量为课税数量。

企业按规定应交的资源税，在"应交税费"科目下设置"应交资源税"明细科目核算。"应交资源税"明细科目的借方发生额，反映企业已交的或按规定允许抵扣的资源税；贷方发生额，反映应交的资源税；期末借方余额，反映多交或尚未抵扣的资源税；期末贷方余额，反映尚未交纳的资源税。

2. 土地增值税

国家从 1994 年起开征了土地增值税，转让国有土地使用权、地上建筑物及其附着物并取得收入的单位和个人，均应交纳土地增值税。土地增值税按照转让房地产所取得的增值额和规定的税率计算征收。这里的增值额是指转让房地产所取得的收入减除规定扣除项目金额后的余额。企业转让房地产所取得的收入，包括货币收入、实物收入和其他收入。计算土地增值额的主要扣除项目有：(1) 取得土地使用权所支付的金额；(2) 开发土地的成本、费用；(3) 新建房屋及配套设施的成本、费用，或者旧房及建筑物的评估价格；(4) 与转让房地产有关的税金。

在会计处理时，企业交纳的土地增值税通过"应交税费——应交土地增值税"科目核算。兼营房地产业务的企业，应由当期收入负担的土地增值税，借记"营业税金及附加"科目，贷记"应交税费——应交土地增值税"科目。转让的国有土地使用权与其地上建筑物及其附着物一并在"固定资产"或"在建工程"科目核算的，转让时应交纳的土地增值税，借记"固定资产清理"、"在建工程"科目，贷记"应交税费——应交土地增值税"科目。企业在项目全部竣工结算前转让房地产取得的收入，按税法规定预交的土地增值税，借记“应交税费——应交土地增值税”科目，贷记“银行存款”等科目；待该项房地产销售收入实现时，再按上述销售业务的会计处理方法进行处理。该项目全部竣工、办理结算后进行清算，收到退回多交的土地增值税，借记“银行存款”等科目，贷记“应交税费——应交土地增值税”科目，补交的土地增值税做相反的会计分录。

3. 城市维护建设税

为了加强城市的维护建设，扩大和稳定城市维护建设资金的来源，国家开征了城市维护建设税。城市维护建设税的计税依据是企业实际交纳的增值税、消费税和营业税的税额，规定税率因纳税人所在地区不同而异。

在会计核算时，企业按规定计算出的城市维护建设税，借记“营业税金及附加”等科目，贷记“应交税费——应交城市维护建设税”科目；实际上交时，借记“应交税费——应交城市维护建设税”科目，贷记“银行存款”。

4. 房产税、土地使用税、车船使用税和印花税

房产税是国家对在城市、县城、建制镇和工矿区征收的由产权所有人缴纳的税；土地使用税是国家为了合理利用城镇土地、调节土地级差收入、提高土地使用效益、加强土地管理而开征的一种税，以纳税人实际占用的土地面积为计税依据，依照规定税额计算征收；车船使用税由拥有并且使用车船的单位和个人交纳，车船使用税按照适用税额计算交纳。

企业按规定计算应交的房产税、土地使用税、车船使用税，借记“管理费用”账户，贷记“应交税费——应交房产税”、“应交税费——土地使用税”、“应交税费——车船使用税”账户；上交时，借记“应交税费——应交房产税”、“应交税费——应交土地使用税”、“应交税费——应交车船使用税”，贷记“银行存款”账户。

印花税是对书立、领受购销合同等凭证行为征收的税款，实行由纳税人根据规定自行计算应纳税额，购买并一次贴足印花税票的交纳方法。应纳税凭证包括：购销、加工承揽、建设工程承包、财产租赁、货物运输、仓储保管、财产保险、借款、技术合同或者具有合同性质的凭证；产权转移书据；营业账簿；权利、许可证照等。纳税人根据应纳税凭证的性质，分别按比例税率或者按件定额计算应纳税额。

企业交纳的印花税不需要通过“应交税费”账户核算，在购买印花税票时，直接借记“管理费用”或“待摊费用”账产，贷记“银行存款”账户。

5. 企业所得税

企业所得税是对企业的生产经营所得和其他所得征收的一种税。根据《中华人民共和国企业所得税暂行条例》的规定，中华人民共和国境内的企业，除外商投资企业和外国企业外，应当就其生产、经营所得和其他所得，依照该条例交纳企业所得税。

企业应交纳的所得税，在“应交税费”账户下设置“应交所得税”明细账户核算；企业按照一定方法计算所得税时，借记“所得税费用”账户，贷记“应交税费——应交所得税”；交纳所得税时，借记“应交税费——应交所得税”，贷记“银行存款”。

6. 耕地占用税

耕地占用税是国家为了利用土地资源，加强土地管理，保护农用耕地而征收的税款。耕地占用税以实际占用的耕地面积计税，按照规定税额一次征收。企业按规定计算交纳的耕地占用税，借记“在建工程”账户，贷记“银行存款”账户。

7. 个人所得税

个人所得税是对个人从中国境内境外取得的各项应税所得征收的一种税。个人所得税的扣缴义务人，是指支付个人应纳税所得的单位和个人。因此，企业职工按规定应交纳的个人所得税通常是由单位代扣代交的。

企业按规定计算应代扣代交的职工个人所得税时，借记“应付工资”科目，贷记“应交税费——应交个人所得税”科目；实际交纳个人所得税时，借记“应交税费——应交个人所得税”科目，贷记“银行存款”科目。

第四节　其他流动负债

一、短期借款的核算

短期借款是指企业借入的期限在1年以下的各种借款。短期借款一般是企业为维持正常的生产经营所需的资金而借入的或者为抵偿某项债务而借入的款项。短期借款的债权人一般为银行、其他金融机构。具体包括生产周转借款、结算借款、票据贴现借款等。

短期借款的核算，需设置“短期借款”总账账户，其贷方登记取得的短期借款，借方登记已归还的短期借款，期末贷方余额为尚未归还的短期借款。根据企业核算需要，在该账户下应按债权人设置明细账，并按借款种类进行明细核算。

短期借款核算的内容有三个方面：第一，取得短期借款的处理；第二，短期借款利息的处理；第三，归还短期借款的处理。

（一）取得短期借款的处理

企业从银行或其他金融机构借入款项时，应签订借款合同，注明借款金额、借款利率和还款时间等。取得短期借款时，应借记“银行存款”科目，贷记“短期借款”科目。“短期借款”科目应按债权人以及借款种类、还款时间设置明细账。

（二）短期借款利息的处理

1．预提法

按照权责发生制原则，当月应计提的利息费用，即使在当月没有支付，也应作为当月的利息费用处理，应在月末估计当月的利息费用数额，进行预提，借记“财务费用”科目，贷记“预提费用”科目。在实际支付利息的月份，按已经预提的利息金额，借记“预提费用”科目；按实际支付的利息金额与已经预提的利息金额的差额（即尚未计提的部分），为当月应负担的利息费用，借记“财务费用”科目。根据实际支付的利息金额，贷记“银行存款”科目。在实际支付利息的月份，也可以根据实际支付的利息借记“预提费用”科目，贷记“银行存款”科目；月末再调整预提费用的差额，借记“财务费用”科目，贷记“预提费用”科目。采用月末调整预提费用差额的方法，能够在预提费用明细账中全面反映借款利息的预提和支出数额。

2．直接摊销法

在短期借款的数额不多、各月负担的利息费用数额不大的情况下，也可以采用简化的核算办法，即于实际支付利息的月份，将其全部作为当月的财务费用处理，借记“财务费用”科目，贷记“银行存款”科目。一般来说，企业的所得税应于年末决算，采用这种方法不会对年度所得税的计算产生影响。但在年末如果有应由本年负担但尚未支付的借款利息，应予预提，否则会影响年度所得税的计算。

（三）归还短期借款的处理

企业在短期借款到期偿还本金时，应借记“短期借款”科目，贷记“银行存款”科目。

[例 6—12] 甲公司于 4 月 1 日因生产经营的临时需要，向银行借入短期借款500 000元，期限 4 个月，年利率为 6%。

(1) 取得借款时：

	借方	贷方
借：银行存款	500 000	
贷：短期借款		500 000

(2) 每月计算借款利息时：月利息＝500 000×6%×1÷12＝2 500（元）

1) 4 月和 5 月底：

	借方	贷方
借：财务费用	2 500	
贷：预提费用		2 500

2) 6 月底支付该季度利息时：

	借方	贷方
借：财务费用	2 500	
预提费用	5 000	
贷：银行存款		7 500

(3) 7 月底，借款到期偿还并支付利息时：

	借方	贷方
借：短期借款	500 000	
财务费用	2 500	
贷：银行存款		502 500

二、应付职工薪酬的核算

（一）应付职工薪酬的性质

职工薪酬，是指职工在职期间和离职后提供给职工的全部货币性薪酬和非货币性薪酬，既包括提供给职工本人的薪酬，也包括提供给职工配偶、子女或其他被赡养人的福利等。职工薪酬包括：

(1) 职工工资、奖金、津贴和补贴

(2) 职工福利费

(3) 医疗保险费、养老保险费、失业保险费和生育保险费等社会保险费

(4) 住房公积金

(5) 工会经费和职工教育经费

(6) 非货币性福利

(7) 因解除与职工的劳动关系给予的补偿

(8) 其他与获得职工提供的服务相关的支出

为了反映职工薪酬的发放和提取情况，应设置“应付职工薪酬”科目进行核算，该科目应按照职工薪酬的类别设置明细科目。

(二) 应付工资

1. 应付工资概述

应付工资是指企业支付给职工的工资总额，它是企业在一定时期内支付给职工的全部劳动报酬。一般来说，企业的工资总额由以下部分构成：

(1) 计时工资。计时工资是指按计时工资标准（包括地区生活费补贴）和工作时间支付给个人的劳动报酬。

(2) 计件工资。计件工资是指对已做工作按计件单价支付的劳动报酬。

(3) 奖金。奖金是指支付给职工的超额劳动报酬和增收节支的劳动报酬。

(4) 津贴和补贴。津贴和补贴是指为了补偿职工特殊或额外的劳动消耗和因其他特殊原因支付给职工的津贴和补贴。

(5) 加班加点工资。加班加点工资是指按规定支付给职工的加班工资和加点工资。

(6) 特殊情况下支付的工资。如根据国家法律、法规和政策规定，因病、工伤、产假、计划生育假、婚丧假、探亲假、定期休假、停工学习、执行国家或社会义务等原因按计时工资标准或计时工资标准的一定比例支付给职工的工资。

2. 应付工资的核算

(1) 设置“应付职工薪酬”账户。为了反映企业应付给职工的工资，应设置“应付职工薪酬——工资”账户，该账户贷方反映应付职工的工资，借方反映实际支付给职工的工资，期末贷方余额，反映应付未付的工资；如为借方余额，反映多支付的工资。

(2) 支付应付工资的账务处理。财会部门应按照劳动工资制度的规定，根据企业定期编制“工资单”及“工资汇总表”，并进行账务处理。

发放工资时，企业财会部门根据“工资汇总表”所列的实发工资金额开出现金支票，向其开户银行提取现金。借记“库存现金”账户，贷记“银行存款”账户。

用现金支付工资时，借记“应付职工薪酬”账户，贷记“库存现金”账户。

如果直接将银行存款按照各位员工应得的工资金额划入他们的银行卡中，

则企业可以借记“应付职工薪酬”账户，贷记“银行存款”账户。

从应付工资中扣除的各种款项，如代垫的房租、家属药费、个人所得税等，借记“应付职工薪酬”，贷记“其他应收款”、“应交税费——代扣代交个人所得税”等账户。

［例 6—13］ 根据“工资结算汇总表”中实发工资金额为60 800元，开出现金支票，向银行提取现金，会计分录为：

借：库存现金　　60 800

　贷：银行存款　　60 800

用 60 800 元现金发放工资，会计分录为：

借：应付职工薪酬——工资　　60 800

　贷：库存现金　　60 800

根据“工资结算汇总表”结转本月代扣款项，房租为 500 元，代扣个人所得税为 50 元，会计分录如下：

借：应付职工薪酬——工资　　550

　贷：其他应收款　　500

　　应交税费——代扣代交个人所得税　　50

(3) 工资分配的账务处理。月度终了，应将本月应发的工资进行分配：按照工资的用途和成本费用管理的要求，企业基本生产车间生产工人的工资应记入“生产成本——基本生产成本”账户的借方；辅助生产车间生产工人的工资应记入“生产成本——辅助生产成本”账户的借方；各车间管理人员的工资记入“制造费用”账户的借方；企业管理人员的工资记入“管理费用”账户的借方；由采购、销售费用开支的人员工资记入“营业费用”账户的借方；由工程负担的工资记入“在建工程”账户的借方；同时按应付工资总额，贷记“应付职工薪酬”账户。

［例 6—14］ 月末根据“工资结算汇总表”计算分配应付工资。假定工资结算汇总表的各类工资情况如下：

生产车间工人工资	600 000
辅助生产车间工人工资	300 000
车间管理人员工资	60 000
施工工程人员工资	90 000
厂部行政管理人员工资	110 000
销售部门人员工资	100 000

根据上述资料，会计分录如下：

借：生产成本——基本生产成本	600 000
生产成本——辅助生产成本	300 000
制造费用	60 000
在建工程	90 000
管理费用	110 000
销售费用	100 000
贷：应付职工薪酬——工资	1 260 000

（三）应付福利费的核算

1. 应付福利费概述

企业除了有义务承担必要的劳动报酬外，还必须承担对职工个人福利方面的义务。应付福利费是企业准备用于企业职工福利方面的资金。

我国企业中按规定用于职工福利方面的资金来源，包括从成本、费用中提取和从税后利润中提取。从成本、费用中提取的职工福利费主要用于职工个人的福利，在会计核算中将其作为一项负债；从税后利润中提取的福利费主要用于集体福利设施，在会计核算中将其作为所有者权益。从成本、费用中提取的职工福利费，按职工工资总额的14%提取，其工资总额的构成与统计上的口径一致，不作任何扣除。

职工福利费主要用于职工的医药费（包括企业参加职工医疗保险交纳的医疗保险费），医护人员的工资、医务经费，职工因公负伤赴外地就医路费、职工生活困难补助，职工食堂、浴室、理发室、幼儿园、托儿所人员的工资等。

2. 应付福利费的核算

企业从成本、费用中提取的职工福利费是一种负债性资金，是应付而未付给职工的债务。为了核算和监督企业职工福利费的计提和使用情况，企业应设置“应付职工薪酬——福利费”科目。该科目属于负债类，贷方登记本期已按规定提取的职工福利费；借方登记已支付的职工福利费；期末余额在贷方，表示应付福利费的结余。

企业从成本费用中按应付工资总额的14%计提的职工福利费，按照职工所在的岗位分别列支。其计入成本、费用的方法原则上是跟随各种用途的工资一起计入成本费用。但是，按福利人员应付工资计提的职工福利费，列入管理费用。为了计提职工福利费，企业一般应编制“职工福利费提取计算表”。

企业支付的职工医药卫生费用、职工困难补助、福利部门用品的购置等其他福利费，以及应付的医药、福利部门人员工资等，作冲减应付福利费处理，记入“应付职工薪酬——福利费”科目的借方。

[例6—15] 根据例3的资料，应提取福利费182 000（1 300 000元×14%），会计分录如下：

借：生产成本——基本生产成本 84 000
生产成本——辅助生产成本 42 000
制造费用 8 400
在建工程 12 600
管理费用 21 000
销售费用 14 000
贷：应付职工薪酬——福利费 182 000

企业支付给职工困难补助款40 000元，会计分录为：

借：应付职工薪酬——福利费 40 000
贷：银行存款（库存现金） 40 000

三、应付股利（利润）的核算

企业作为独立核算的经济实体，对其实现的经营成果除了按照税法及有关法规规定交税、交费外，还必须对运用投资者投入的资金给予一定的回报，作为投资者应该分享的所得税后的利润分配，取得投资收益。因此，企业分配给投资者的现金股利或利润，在实际未支付给投资者之前，形成了一笔负债。

为了核算企业经董事会或股东大会，或类似机构决议确定分配的现金股利或利润的应付、已付情况，在会计核算中，应设置“应付股利”科目。该科目属于负债类，贷方反映根据通过的股利或利润分配方案，应支付给投资者的现金股利或利润；其借方反映已经实际支付的现金股利或利润；期末贷方余额，反映企业尚未支付的现金股利或利润。企业与其他单位或个人的合作项目，如按协议或合同规定，应支付给其他单位或个人的利润，也应通过“应付股利”科目核算。“应付股利”科目应按投资者开设明细科目，进行明细核算。企业分配的股票股利，不通过“应付股利”科目核算。

企业按照股利或利润分配方案中应分配给投资者的现金股利或利润，借记

“利润分配”科目，贷记“应付股利”科目；实际支付现金股利或利润时，借记“应付股利”科目，贷记“库存现金”、“银行存款”科目。

［**例 6—16**］ 某股份公司 2002 年 3 月 10 日根据股东大会决议，宣布发放现金股利：优先股每 10 股 1.5 元，普通股每 10 股 1 元。公司流通在外的优先股2 000 000股，普通股为6 000 000股，共计发放现金股利900 000元。4 月 10 日发放。相关会计分录如下：

（1）宣告日（2002 年 3 月 10 日）：

借：利润分配——应付优先股股利	300 000	
——应付普通股股利	600 000	
贷：应付股利		900 000

（2）股利发放日（2002 年 4 月 10 日）：

借：应付股利	900 000	
贷：库存现金		900 000

四、其他应付款的核算

其他应付款是指企业除应付账款、应付票据、预收账款和应付工资等以外的其他应付、暂收其他单位或个人的款项，如应付经营性租入固定资产和包装物的租金、存入保证金、按本月职工工资总额计提的工会经费和职工教育经费、应付及暂收其他单位的款项、职工未按期领取的工资、从工资中代扣的公积金等。这些暂收应付款，构成了企业的一项流动负债。

企业为了核算和监督其他应付款的发生和支付情况，应设置“其他应付款”科目。该科目属于负债类，贷方登记其他应付、暂收款的发生数；借方登记已经偿还给其他单位和个人的款项；期末余额在贷方，表示尚未偿还其他单位和个人的款项。该科目应按“应付租金”、“存入保证金（××单位）”等其他应付和暂收的类别和单位或个人设置明细科目，进行明细分类核算。

企业在期末计算出应付经营性租入固定资产或包装物的租金时，借记“制造费用”或“管理费用”科目，贷记“其他应付款——应付××租金”科目；收到存入的保证金时，借记“库存现金”或“银行存款”科目，贷记“其他应付款——存入保证金”科目；企业支付租金或退回客户的押金时，借记“其他应付款”科目，贷记“库存现金”或“银行存款”科目。

［**例6—17**］ 甲公司对外出租包装物一批，对方交来保证金3 000元，已存入银行，会计分录为：

借：银行存款　　3 000

　贷：其他应付款——存入保证金　　3 000

当租入方按期归还包装物时，甲企业退回押金，会计分录为：

借：其他应付款——存入保证金　　3 000

　贷：银行存款　　3 000

第五节　长期负债

长期负债是指偿还期在一年或者超过一年的一个营业周期以上的债务，包括企业的长期借款、应付债券、长期应付款等。企业出于生产经营的需要，可以通过举借长期债务的方式来弥补企业资金的不足，它是企业从债权人那里筹集到的可供长期使用的一项资金来源，它同企业的流动负债相比具有偿还期长、风险高、数额大、利息多等特点，一般用于企业固定资产的购建和长期投资。通过长期负债取得的资金而不仅靠增加所有者权益来筹资，可保持企业资本结构的合理比例并减少筹资成本。同时，由于长期负债的利息按规定可作为税前的减项，因此可获得税收方面的好处，起到财务杠杆的作用。

长期负债按筹措方式不同主要包括长期借款、应付债券和长期应付款三项。

一、长期借款的核算

（一）长期借款概述

1. 企业取得长期借款的一般程序

长期借款是指企业向银行或其他金融机构借入的期限在一年以上（不含一年）的各项借款。企业取得长期借款的一般程序是：

（1）企业提出申请。企业向银行借入长期借款，首先应向银行提出申请。申请的内容一般包括以下几项：借款用途、借款期限、借款数额和还款方式。

(2) 银行进行审批。银行接到企业的申请后，要按照有关政策和贷款条件，对企业进行审查，以决定是否对企业贷款。银行审查的内容主要有：企业的财务状况、企业的信用情况、企业盈利的稳定性、企业的发展前景和企业借款投资项目的可行性。

(3) 签订借款合同。银行经审查批准借款申请后，与借款企业可进一步协商借款的具体条件，签订正式的借款合同，明确规定贷款的数额、利率、期限和一些限制性条款。

(4) 企业取得借款。借款合同生效后，银行可在核定的贷款指标范围内，根据企业的用款计划和实际需要，一次或分次将贷款转入企业的存款结算户，以便企业支用。

(5) 企业归还借款。借款期满，企业应按合同规定还本付息。

2. 长期借款利息的计算和处理

企业借入的长期借款，除按规定办理借入手续和按期归还借款外，还应按期计算和支付利息。对长期借款利息的计算目前有单利和复利两种方法。

单利就是只按本金计算利息，其所生成利息不再加入本金重复计算利息。计算公式为：

借款本利和＝本金＋本金×利率×期数

复利是指不仅按本金计算利息，对尚未支付的利息也要计算应付利息，俗称“利滚利”。在西方国家，长期借款利息一般按复利计算。在我国，国内企业的长期借款利息一贯采用单利；外商投资企业、中外合营企业的长期借款利息则一般按复利计算。计算公式为：

借款本利和＝本金×（1＋利率)^n

长期借款利息的处理有两种方法，一种是在发生时直接确认为当期费用（即费用化），另一方法则是于发生时直接计入该项资产（即资本化）。具体做法是：

企业发生的借款费用，可直接归属于符合资本化条件的资产的购建或者生产的，应当予以资本化，计入相关资产成本；其他借款费用，应当在发生时根据其发生额确认为费用，计入当期损益。符合资本化条件的资产，是指需要经过相当长时间的购建或者生产活动才能达到预定可使用或者可销售状态的固定资产、投资性房地产和存货等资产。

借款费用同时满足下列条件的，才能开始资本化：

(1) 资产支出已经发生，资产支出包括为购建或者生产符合资本化条件的资产而以支付现金、转移非现金资产或者承担带息债务形式发生的支出；

（2）借款费用已经发生；

（3）为使资产达到预定可使用或者可销售状态所必要的购建或者生产活动已经开始。

在资本化期间内，每一会计期间的利息（包括折价或溢价的摊销）资本化金额，应当按照下列规定确定：

（1）为购建或者生产符合资本化条件的资产而借入专门借款的，应当以专门借款当期实际发生的利息费用，减去将尚未动用的借款资金存入银行取得的利息收入或进行暂时性投资取得的投资收益后的金额确定。

专门借款，是指为购建或者生产符合资本化条件的资产而专门借入的款项。

（2）为购建或者生产符合资本化条件的资产而占用了一般借款的，企业应当根据累计资产支出超过专门借款部分的资产支出加权平均数乘以所占用一般借款的资本化率，计算确定一般借款应予资本化的利息金额。资本化率应当根据一般借款加权平均利率计算确定。资本化期间，是指从借款费用开始资本化时点到停止资本化时点的期间，借款费用暂停资本化的期间不包括在内。

借款存在折价或者溢价的，应当按照实际利率法确定每一会计期间应摊销的折价或者溢价金额，调整每期利息金额。

在资本化期间内，每一会计期间的利息资本化金额不应当超过当期相关借款实际发生的利息金额。

在资本化期间内，外币专门借款本金及利息的汇兑差额，应当予以资本化，计入符合资本化条件的资产的成本。

专门借款发生的辅助费用，在所购建或者生产的符合资本化条件的资产达到预定可使用或者可销售状态之前发生的，应当在发生时根据其发生额予以资本化，计入符合资本化条件的资产的成本；在所购建或者生产的符合资本化条件的资产达到预定可使用或者可销售状态之后发生的，应当在发生时根据其发生额确认为费用，计入当期损益。

（二）长期借款的核算

为了反映和监督长期借款的借入、应计利息和归还本息的情况，企业应设置“长期借款”账户。

“长期借款”是负债类账户，该账户的贷方反映借入的本金及应计利息，借方反映归还借款的本息，余额在贷方，表示尚未偿还的长期借款本息额。该科目应按贷款单位和借款种类设置明细科目，进行明细核算。

企业借入长期借款时，借记“银行存款”、“在建工程”、“固定资产”等科目，贷记“长期借款”科目。

发生的借款费用（包括利息、汇兑损失等），应分别按不同情况进行处理。

[例6—18] 某企业为建造厂房，于2001年1月1日向银行借入3年期，年利率为8%的长期借款人民币1 500 000元，每年计息一次（单利），到期一次归还，该厂建造期为2年，第三年正式交付使用。根据以上资料作出以下账务处理：

（1）取得长期借款时，会计分录为：

借：银行存款　　　　1 500 000

　贷：长期借款　　　　1 500 000

（2）第一年计提利息120 000元（=1 500 000×8%），会计分录为：

借：在建工程　　　　120 000

　贷：长期借款　　　　120 000

（3）第二年计提利息的会计分录与第一年的相同。

（4）第三年计提利息120 000元，会计分录为：

借：财务费用　　　　120 000

　贷：长期借款　　　　120 000

（5）长期借款到期时，会计分录为：

借：长期借款　　　　1 860 000

　贷：银行存款　　　　1 860 000

二、应付债券的核算

（一）应付债券概述

企业由于生产经营的需要，除向银行或其他金融机构贷款外，还可以通过发行债券来筹集资金。应付债券亦称为公司债券，是指企业为筹集长期资金而依照法定程序发行的，约定在一定期限还本付息的有价证券。公司债券本质上是一种债权债务关系的凭证，通常公司债券的票面上应当记载以下主要内容：（1）公司名称；（2）债券面额；（3）债券利率；（4）还本期限和还本方式；（5）利息的支付方式；（6）债券的发行日期。公司债券由于向社会和公众发行，所以其筹资的范围要比从银行或其他金融机构大得多，而且债券依照规定可以上市交易流通，因此是一种较为有效的融资手段。

公司债券可以按是否记名分为记名公司债券和无记名公司债券。记名公司债券上注明债权人姓名，并在发行公司账簿上进行登记。无记名公司债券是指债券上未注明债权人姓名，也不在发行公司账簿上登记。

公司债券按有无抵押担保分为抵押公司债券和无抵押公司债券。抵押公司债券是用一定财产作为公司偿债保证的债券，抵押可以是动产、不动产，也可以用股票、债券、其他有价证券；无抵押公司债券是无抵押公司作为保证的债券，它仅凭公司的信用作为债券的担保。

公司债券按偿还方式可分为一次还本债券和分次还本债券。一次还本债券是指在规定期满时，一次偿还债券本金的债券；分次还本债券是指分期偿还本金的债券。

（二）债券发行价格的确定

债券的发行价格就是债券发行时使用的价格，也就是投资者购买债券时所支付的价格或发行公司发售债券时从投资者手上所收取的价格。债券发行价格的高低受诸多因素的影响，其中最主要的就是债券的票面利率与市场利率的一致程度。债券的票面金额、票面利率在债券发行前即已参照市场利率和发行公司的具体情况确定下来并已于债券印制时载明于债券之上。但印制债券到发行债券尚有一个时间过程，到债券实际发行时，市场利率有可能已经发生了变动。这时，为了协调债券购销双方的利益，使债券能够顺利地发行，就需要调整债券的发行价格。债券的发行价格实际上就是债券到期所归还的本金（债券面值）及按票面利率计算的各期利息按市场利率折算的现值，一般是按复利计算的，公式如下：

$$\text{债券发行价格} = \frac{\text{债券面值}}{(1+\text{市场利率})^n} + \sum_{n=1}^{n} \frac{\text{债券面值}\times\text{票面利率}}{(1+\text{市场利率})^n}$$
$$= \text{债券面值的复利现值} + \text{各期债券利息的年金现值}$$

注：n 为付息期数

［例 6—19］ A 公司经批准于 2000 年 7 月 1 日如期发行债券 10 万张，每张面值为 100 元。期限 2 年。票面利率为 10%，每年于 1 月 1 日和 7 月 1 日各付息一次。

（1）假定发行日市场利率为 10%，则发行价格计算如下：

$$\text{发行价格} = \frac{100}{(1+5\%)^4} + \sum_{n=1}^{4} \frac{100\times 5\%}{(1+5\%)^n} = 82.27 + 17.73 = 100(\text{元})$$

可见，当市场利率与票面利率相一致时，债券可以按面值发行。

(2) 假定债券发行时，市场利率为 8%，则发行价格计算如下：

$$发行价格=\frac{100}{(1+4\%)^4}+\sum_{n=1}^{4}\frac{100\times5\%}{(1+4\%)^n}$$
$$=85.48+18.15=103.63(元)$$

可见，当市场利率低于票面利率时，债券应该按高于债券面值的价格发行，即溢价发行。

(3) 假定债券发行时，市场利率为 12%，则发行价格计算如下：

$$发行价格=\frac{100}{(1+6\%)^4}+\sum_{n=1}^{4}\frac{100\times5\%}{(1+6\%)^n}=79.21+17.33=96.54(元)$$

可见，当市场利率高于票面利率时，债券只能以低于债券面值的价格发行，即折价发行。

(三) 应付债券的核算

为了反映和监督应付债券的资金收入、归还和付息情况，企业应设置“应付债券”账户。该账户贷方登记债券票面金额、债券溢价和应付利息，借方登记债券折价和支付的债券本息，期末贷方余额为企业应付的债券及利息。“应付债券”总账账户下应设“债券面值”、“债券溢价”、“债券折价”和“应计利息”等明细账户进行分类核算。

1. 平价发行债券的核算

当债券的票面利率与市场利率一致时，债券平价发行。

[例 6—20] 某企业 2001 年 1 月 1 日按面值发行债券，用于生产经营活动，该债券面值为200 000元，年利率为 9%，期限为 3 年，每半年付息一次。

(1) 平价发行债券收到款项时，会计分录为：

借：银行存款	200 000	
贷：应付债券——债券面值		200 000

(2) 每月计提利息时，会计分录为：

借：财务费用	1 500	
贷：应付债券——应计利息		1 500

(3) 每半年支付利息时，会计分录为：

借：应付债券——应计利息	9 000	
贷：银行存款		9 000

(4) 债券 3 年后到期，归还本金和支付最后半年的利息时，会计分录为：

借：应付债券——债券面值　　200 000

　　　　　——应计利息　　9 000

　贷：银行存款　　209 000

2. 溢价发行债券的核算

当债券的票面利率大于市场利率时，企业溢价发行债券。溢价发行债券时，发行价格大于面值的部分称为债券溢价。溢价要在债券期限内摊销完，也就是说，债券到期，债券的面值一定与“应付债券——债券面值”数额一致。

[例 6—21]　某企业于 2000 年 1 月 1 日发行债券用于生产经营活动，债券面值200 000元，票面年利率为 8%，期限 2 年，实际收到款项为220 000元。

(1) 溢价发行债券收到款项时，会计分录为：

借：银行存款　　220 000

　贷：应付债券——债券面值　　200 000

　　　　　　——债券溢价　　20 000

(2) 溢价发行债券，其实际收到的金额与债券票面金额的差额，应在存续期间分期摊销。

债券溢价的摊销方法有直线法和实际利率法两种。我国现行会计准则要求采用实际利率法。直线法是指将企业债券的溢价平均摊于各期的一种摊销方法，即在计算各期债券的利息时以相等的金额将债券溢价冲减利息费用。采用直线法摊销溢价时，各期摊销溢价的计算公式为：

每期摊销额＝发行债券溢价总额÷债券付息期数

实际利率法是根据企业发行时的市场利率来计算每期利息费用，再与实际应付利息相比较，以求得各期应摊销的溢价金额。

按照实际利率法摊销债券溢价时，是在逐期减少的债券账面价值（各期债券的账面价值等于债券的面值加尚未摊销的溢价金额）上乘以固定的利率（发行时的市场利率）确定利息费用的，因此，实际利息费用的金额将逐期减少，从每期支付的固定利息中减去逐期递减的利息费用，得出各期的溢价摊销额是递增的。随着溢价的摊销，债券的账面价值最终递减至债券面值，即到期应清偿的价值。溢价是发行债券的企业由于未来多支付名义利息而在现在获得的补偿，溢价的摊销则是对未来多支付名义利息的冲减，企业实际承担的利息负担是名义利息减去溢价摊销的结果。

每月计提利息和并用直线法摊销溢价时，会计分录为：

借：财务费用　　500

应付债券——债券溢价 833

贷：应付债券——应计利息 1 333

(3) 每半年付息时，会计分录为：

借：应付债券——应计利息 8 000

贷：银行存款 8 000

(4) 债券 2 年到期，支付最后半年的利息时，会计分录为：

借：应付债券——债券面值 200 000

——应计利息 8 000

贷：银行存款 208 000

[例 6—22] 某公司经批准于 2006 年 7 月 1 日发行面值为 100 元、票面利率为 10%的 2 年期债券 10 万张。规定每年的 1 月 1 日和 7 月 1 日为付息日，发行时市场利率为 8%，故以 10 362 989.52 元的价款发行完全部债券，溢价总额为 362 989.52 元，现采用实际利率法进行摊销。见表 6—1。

债券溢价摊销表

表 6—1 （实际利率法） 单位：元

计息日期	票面利息	市场利息	溢价摊销	未摊销溢价	应付债券账面价值
	①＝面值×票面利率÷12×计息月数	②＝⑤×市场利率÷12×计息月数	③＝①－②	④＝④－③	⑤＝⑤－③
发行日				362 989.52	10 362 989.52
2007.1.1	500 000	414 519.58	85 480.42	277 509.10	10 277 509.10
2007.7.1	500 000	411 100.36	88 999.64	188 609.46	10 188 609.46
2008.1.1	500 000	407 544.38	92 455.62	96 153.84	10 096 153.84
2008.7.1	500 000	403 846.15	96 153.84	0	10 000 000

(1) 溢价发行债券收到款项：

借：银行存款 10 362 989.52

贷：应付债券——债券面值 10 000 000

——债券溢价 362 989.52

(2) 分期摊销：

1) 第一个计息日（2007 年 1 月 1 日）应作会计分录如下：

借：财务费用 414 519.58

应付债券——债券溢价　　85 480.42

贷：应付债券——应计利息　　500 000

2）第二个计息日（2007 年 7 月 1 日）应作会计分录如下：

借：财务费用　　411 100.36

应付债券——债券溢价　　88 899.64

贷：应付债券——应计利息　　500 000

3）第三个计息日（2008 年 1 月 1 日）应作会计分录如下：

借：财务费用　　407 544.38

应付债券——债券溢价　　92 455.62

贷：应付债券——应计利息　　500 000

4）第四个计息日（2008 年 7 月 1 日）应作会计分录如下：

借：财务费用　　403 846.15

应付债券——债券溢价　　96 153.84

贷：应付债券——应计利息　　500 000

（3）每半年付息时：

借：应付债券——应计利息　　500 000

贷：银行存款　　500 000

（4）到期还本：

借：应付债券——债券面值　　10 000 000

贷：银行存款　　10 000 000

3. 折价发行债券的核算

当债券的票面利率小于市场利率时，企业折价发行债券，折价发行时，债券发行价格小于债券面值的部分称为债券折价。

折价发行债券时，其实际收到的金额与债券票面金额的差额，应在存续期间分期摊销。

债券折价的摊销方法有直线法和实际利率法两种。我国现行会计准则要求采用实际利率法。

直线法是指将企业债券的折价平均摊于各期的一种折价摊销方法，即在债券的各付息期内以相等的金额将债券折价摊销，从而将名义利息调整为实际利息的方法。采用这种方法，各期摊销折价的计算公式为：

每期摊销额＝发行债券折价总额÷债券付息期数

实际利率法是根据企业发行时的市场利率来计算每期利息费用，再与实际应付利息相比较，以求得各期应摊销的折价金额的摊销方法。

按照实际利率法摊销债券折价时，是在逐期增加的债券账面价值（各期债券的账面价值等于债券的面值减去尚未摊销的折价金额）上乘以固定的利率（发行时的市场利率）确定利息费用的，因此，实际利息费用的金额是逐期增加的，从递增的利息费用中减去每期支付的固定名义利息，得出的折价摊销额是逐期递增的。债券的账面价值则随着折价的摊销最终递增至债券面值，即到期应清偿的价值。债券的折价是由于发行债券企业未来少支付名义利息而在发行时少得的金额，折价的摊销则是对未来少支付名义利息的追加，即企业实际承担的利息负担是各期支付的名义利息与折价摊销额之和。

[例 6—23] 某企业于 2000 年 1 月 1 日发行债券用于生产经营活动，此债券面值为200 000元，票面利率为 8%，期限为 3 年，实际收到款项180 000元。

(1) 折价发行债券收到款项时，会计分录为：

	借方	贷方
借：银行存款	180 000	
应付债券——债券折价	20 000	
贷：应付债券——债券面值		200 000

(2) 每月计提利息和并用直线法摊销折价时，会计分录为：

	借方	贷方
借：财务费用	1 889	
贷：应付债券——应计利息		1 333
——债券折价		556

(3) 每半年支付利息时，会计分录为：

	借方	贷方
借：应付债券——应计利息	8 000	
贷：银行存款		8 000

(4) 债券到期并支付最后半年利息时，会计分录为：

	借方	贷方
借：应付债券——债券面值	200 000	
——应计利息	8 000	
贷：银行存款		208 000

[例 6—24] 某公司经批准于 2006 年 7 月 1 日发行面值为 100 元，票面利率为 10%的 2 年期债券 10 万张。规定每年的 1 月 1 日和 7 月 1 日为付息日，发行时市场利率为 12%，故以 9 653 489.44 元的价款发行完全部债券，折价总额为 346 510.56 元，现采用实际利率法进行摊销。见表 6—2。

债券折价摊销表

表 6—2 （实际利率法） 单位：元

计息日期	票面利息	市场利息	折价摊销	未摊销折价	应付债券账面价值
	①＝面值×票面利率÷12×计息月数	②＝⑤×市场利率÷12×计息月数	③＝②－①	④＝④－③	⑤＝⑤＋③
发行日				346 510.56	9 653 489.44
2007.1.1	500 000	579 209.37	79 209.37	267 301.19	9 732 698.81
2007.7.1	500 000	583 961.93	83 961.93	183 339.26	9 816 660.74
2008.1.1	500 000	588 999.64	88 999.64	94 339.62	9 905 660.38
2008.7.1	500 000	594 339.62	94 339.62	0	10 000 000

（1）折价发行债券收到款项：

借：银行存款 9 653 489.44

应付债券——债券折价 346 510.56

贷：应付债券——债券面值 10 000 000

（2）分期摊销：

1）第一个计息日（2007 年 1 月 1 日）应作会计分录如下：

借：财务费用 579 209.37

贷：应付债券——应计利息 500 000

——债券折价 79 209.37

2）第二个计息日（2007 年 7 月 1 日）应作会计分录如下：

借：财务费用 583 961.93

贷：应付债券——应计利息 500 000

——债券折价 83 961.93

3）第三个计息日（2008 年 1 月 1 日）应作会计分录如下：

借：财务费用 588 999.64

贷：应付债券——应计利息 500 000

——债券折价 88 999.64

4）第四个计息日（200 年 7 月 1 日）应作会计分录如下：

借：财务费用 594 339.62

贷：应付债券——应计利息 500 000

——债券折价 94 339.62

(3) 每半年付息时：

借：应付债券——应计利息 500 000

贷：银行存款 500 000

(4) 到期还本：

借：应付债券——债券面值 10 000 000

贷：银行存款 10 000 000

三、其他长期负债的核算

其他长期负债是指企业除长期借款和应付债券以外的其他各种长期应付款项，包括采用补偿贸易方式引进国外设备款、应付融资租入固定资产的租赁费等。这类负债具有数额大、偿还期长、外币折算和分期付款等特点。

为了反映和监督其他长期负债的发生和归还情况，企业应设置“长期应付款”账户。该账户贷方登记发生的长期应付款；借方登记归还的长期应付款；期末贷方余额反映企业尚未归还的各种长期应付款。该账户应按长期应付款种类设置明细账。

(一) 应付引进设备款的核算

应付引进设备款是指企业与外商签订来料加工、装配业务和补偿贸易合同而引进国外设备所发生的应付款项。应付引进设备款在企业设备投产后，要按合同规定的还款方式，用应收加工装配业务收入或出口产品所得进行偿还。为了核算企业的应付引进设备款，可在“长期应付款”账户下设置“应付引进设备款”明细账户进行明细分类核算。

[例 6—25] 某工业企业开展补偿贸易业务，从国外引进设备价款折合为人民币 50 万元（不需要安装就可投产使用），企业准备用所生产的产品归还引进设备款。引进设备投产后，第一批生产产品 100 件，每件销售价格1 000元，销售成本 800 元，这一批产品全部用于还款。根据这项经济业务，企业应作会计分录如下：

(1) 引进设备时：

借：固定资产 500 000

贷：长期应付款——应付引进设备款 500 000

(2) 第一批产品销售时:

借: 应收账款　　100 000

　贷: 主营业务收入　　100 000

(3) 结转成本时:

借: 主营业务成本　　80 000

　贷: 库存商品　　80 000

(4) 用第一批产品价款偿还设备价款时:

借: 长期应付款——应付引进设备款　　100 000

　贷: 应收账款　　100 000

(二) 应付融资租赁款的核算

企业对融资租入方式取得的固定资产所发生的费用,应当在“长期应付款”账户下设置“应付融资租赁款”进行明细分类核算。该账户贷方登记应支付的融资租赁费,借方登记支付的融资租赁费。

企业融资租入固定资产,按应支付的融资租赁费借记“在建工程”账户,贷记“长期应付款”账户;支付安装费用时,借记“在建工程”账户,贷记“银行存款”等账户;应付融资租赁利息费用时,在设备完工交付使用前记入“在建工程”账户,完工交付使用后记入“财务费用”账户;工程完工交付使用时,借记“固定资产”账户,贷记“在建工程”账户;按期支付融资租赁费时,借记“长期应付款”账户,贷记“银行存款”账户。

【本章小结】

流动负债的会计核算是财务会计的重要内容,包括短期借款、应付票据、应付账款、预收账款、应付工资、应付福利费、应付股利、应付税金、其他暂收应付款项、预提费用等。

长期负债包括长期借款、应付债券、长期应付款、融资租赁业务形成的负债等。

应付债券是根据市场利率和票面利率的关系,债券可以溢价发行、折价发行或平价发行。名义利息经过折价摊销或溢价摊销调整后得到的金额,才是企业真正的利息负担。

长期应付款主要包括补偿贸易引进设备应付款、融资租入固定资产应付款等。

【复习思考题】

1. 什么是负债？有何特征？如何分类？
2. 流动负债的概念及内容是什么？
3. 应付账款与应付票据如何核算？
4. 增值税、消费税和营业税如何核算？
5. 其他应付项目包括哪些内容，如何核算？
6. 长期借债费用的处理有哪些原则性规定？
7. 长期借款如何核算？
8. 债券的发行价格如何确定？应付债券如何核算？
9. 甲公司于2000年5月1日向银行借入流动资金100万元，借款期限6个月，月利率1%，利息在两季季末结算。请作上述业务的会计分录。

10. A公司向其供应商购买一批原材料，总计100万元，供应商开列的付款条件为3/10，2/20，n/30。请作出A公司分别于购买原材料后10天内付款、20天内付款、30天后付款的会计分录。

11. 某公司为融资需要，于2000年1月1日向公众公开发行5年期，票面利率为3%，面值为10 000元的债券，公司的出售价格为6 803元，市场利率为4%。请作出相应的会计分录。假设该公司采用直线法摊销债券折价。

12. A公司核定为小规模纳税企业，本期购入乙商品，按照增值税专用发票上记载的商品价款为900 000元，支付的增值税额为153 000元，货款尚未支付，商品尚未到达。该公司本期销售该商品，销售价格总额为600 000元（含税），货款尚未收到。增值税率为6%。根据以上资料，作出会计分录。

13. 理达公司从外地的红星公司购进钢材，货款共计40 000元，增值税率为17%，理达公司开出一张期限为3个月的无息商业汇票，同时支付承兑手续费40元。根据以上资料，作出开出汇票、汇票到期的会计分录。

14. A企业本月份应付工资总额为80 000元，其中代扣职工所得税3 000元，代扣水电费1 000元，实发工资76 000元。根据以上资料，作出提取现金、实际发放工资时的会计分录。

15. 甲公司按照补偿贸易方式引进一条国外先进的生产线，该生产线到岸价格为100万元，合同规定以甲公司生产的产品偿还设备款。这条生产线发生的运费为20 000元，安装调试费为100 000元，请为甲公司作出相应的会计分录。

16. 某公司2001年1月发生下列经济业务：

(1) 公司根据生产经营需要向银行借款150 000元，期限为半年，年利率为5%，按月计提利息，到期一次还本付息。

(2) 公司采购材料一批，价值80 000元，增值税率17%，开出并承兑商业汇票一张，期限为6个月，面值为93 600元。

(3) 公司购入材料一批，货款60 000元，增值税10 200元，材料已验收入库，款项尚未支付。

(4) 公司与A公司签订一供货合同，金额为90 000元。合同规定，A公司先预付货款的50%，余款在交货时结清，该商品的增值税率为17%。

(5) 公司2001年1月份工资汇总表资料如下：

公司1月份应付工资总额为300 000元。其中：车间生产工人工资200 000；企业管理部门人员工资50 000；在建工程人员工资30 000；医务及福利人员工资20 000；应发工资总额300 000。

(6) 公司按工资总额的14%提取职工福利费。

(7) 公司对外出租包装物一批，对方交来保证金5 000元，已存入银行。

(8) 公司按协议规定计算出应付给其他单位投资利润65 000元。

(9) 公司计算出当月应交的教育费附加25 000元。

要求：根据以上资料，编制相应的会计分录。

17. 甲公司发生下列经济业务（该公司为一般纳税人）：

(1) 从C公司购入材料一批，购价为80 000元，增值税率为17%，款项均已支付，材料已验收入库。

(2) 销售产品一批，售价140 000元，增值税率17%，款项均已收到。

(3) 交纳本月增值税。

(4) 将应消费税产品对外投资，产品成本80 000元，销售价格100 000元，假设无增值税，消费税率10%，计提消费税。

(5) 对外提供应税劳务，收入60 000元，营业税率5%，计提营业税。

(6) 将自产矿产品300吨用于产品生产，每吨资源税为4元，计提资源税。

要求：根据以上经济业务编制会计分录。

18. 华兴公司发生下列有关经济业务：

(1) 公司向银行借入 3 年期的长期借款200 000元，年利率为 5%，每年计算一次，到期一次还本付息。

(2) 公司为购置固定资产，年初从银行借款400 000元，期限为 3 年，年利率为 6%，按复利计息，每年计息一次，到期一次还本付息，所借款项存入银行。

(3) 企业为扩大再生产，于 2000 年 3 月 1 日向银行借入长期借款200 000元，用于扩建新的生产线。该项借款期限为 5 年，年利润为 8%。借款合同规定采用复利，本金到期一次偿还，每年计算并结息一次，该工程于 2003 年 12 月 31 完工验收。

(4) 公司 2001 年 1 月 1 日发行 5 年期的公司债券600 000元，年利率为 8%，每半年付息一次，实际收到的款项存入银行，债券到期时一次偿还本金。

(5) 若公司发行上述债券时，市场利率为 6%，公司溢价发行债券，溢价按直线法摊销。

(6) 若公司上述债券发行时的市场利率为 10%，公司折价发行债券，折价按直线法摊销。

(7) 公司发行的600 000元公司债券已经到期，利息已经付清，用银行存款偿还本金。

要求：根据上述资料，编制相关的会计分录。

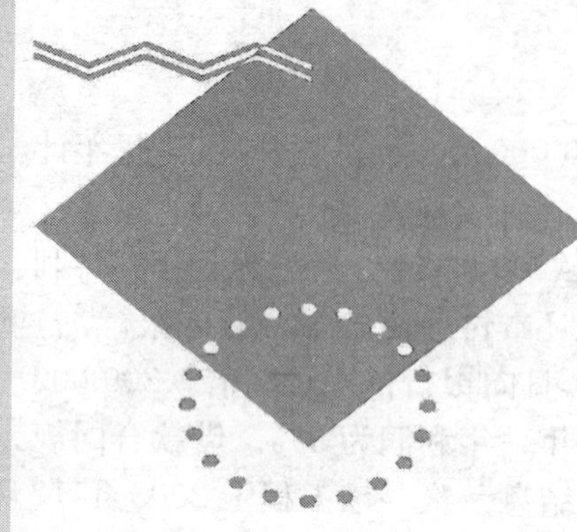

第七章 所有者权益

【本章要点】

- 所有者权益的性质和内容；
- 投入资本的会计核算；
- 资本公积的形成及核算；
- 盈余公积的形成及核算；
- 利润分配的程序和会计处理。

【本章引言】

公司通过向现有股东和新股东出售股票以募集股本，这是公司投入资本增加的主要来源，同时公司因股票溢价、资产重估增值和接受捐赠也给企业带来投入资本的增加，而公司在生产经营中不断累积未分配利润，这也使得企业的留存收益因经营创利而不断地增加。公司的投入资本和留存收益构成了企业的股东权益。本章主要讲述所有者权益的各项内容——股本、盈余公积和未分配利润及其会计处理。

第一节　所有者权益概述

一、所有者权益的性质

所有者权益是指所有者对企业净资产的要求权，其金额为资产减去负债后的余额。企业的全部资产来源于两条渠道：一是负债；二是投资者的投资及其增值，即所有者权益。债权人和投资者虽然都对企业的资产拥有求偿权，然而两者在性质上有着根本的区别，主要表现在以下几个方面：

（1）两者的对象不同，对企业资产的要求权不同。负债的对象是债权人，所有者权益的对象是所有者或股东；负债是债权人对企业资产的要求权，而所有者权益是所有者或股东对企业净资产（净资产＝总资产—总负债）的要求权。债权和所有权满足的先后次序不同，债权优先于所有权，是第一要求权，当企业清算时，只有在归还债务之后还有剩余财产时，所有者才能按出资比例获得偿还。即所有者的求偿权位于债权人之后。

（2）两者体现的经济关系不同，对公司享有的权利也不同。负债体现的是企业与债权人之间的债权债务关系；而所有者权益体现的是企业与所有者或股东之间的产权关系。正因为如此，负债和所有者权益所拥有的权利不同。债权人只是将资产有偿地借给企业周转使用，因而没有参与企业经营管理和决策的权利，也没有参与企业盈利分配的权利；而所有者或股东将资产投入企业，是企业的主人，因而就具有参与企业经营管理和决策的权利，即具有法定的管理企业和委托他人经营企业的权利，同时还具有参与企业盈利分配的权利。

（3）两者的投资期限不同。负债需要偿还，所有者权益不需偿还，除非发生减值、清算。这是两者的核心区别。所有者权益与企业共存，在规定的经营期内，企业无需向所有者偿还其投入的资本，所有者也不得要求企业返还资本，即使是对利润分配的时间也是由董事会或企业决策机构根据企业的生产经营情况决定的；而负债则有规定的偿还期限，必须按期还本付息。

(4) 两者承担的风险不同，获得的利益不同。一般情况下，企业的债权人虽不能参与企业的利润分配，但可以按事先约定取得固定的利息收入，并在债务到期时获得返还的本金，其预期收入的金额较为固定，与企业的经营结果关系不大，承担的风险相对较小；而所有者获得的投资收益要视企业的经营状况而定，并按其投资比例享有利润分配权，有时会获得较高的投资报酬，有时要承担企业的亏损，因而风险较大。

二、所有者权益的内容

在我国现行的会计核算中，所有者权益包括实收资本（在股份有限公司称为股本）、资本公积、盈余公积和未分配利润四项。一般而言，实收资本或股本和资本公积是由所有者或股东直接投入的，如所有者的投入资本、资本或股本溢价等；而盈余公积和未分配利润则是由企业在生产经营过程中所实现的利润留存在企业所形成的，因此盈余公积和未分配利润又被称为留存收益。

(一) 实收资本（或股本）

实收资本是指投资者按照企业章程或者合同、协议的约定，实际投入企业的资本。即所有者或股东为企业经营活动投入的各种财产物资的价值。根据我国有关规定，无论是独资、合资、合伙企业，还是股份制企业，都必须拥有一定的注册资本方可设立开业，并且这部分资本不得随意抽减。投资者在注册资本数额内的投入资本，称为实收资本，在股份制企业中称为股本。我国实行的是注册资本制，因而，在投资者足额交纳资本金之后，企业的实收资本应该等于企业的注册资本。投资者向企业投入的资本，一般情况下无需偿还，并可以长期周转使用。

(二) 资本公积

资本公积是指由投资者投入但不能构成实收资本，或从其他来源取得由所有者支配的资金。资本公积包括股本溢价或资本溢价等。在股份制企业里，资本公积归全体股东享有，在转增资本时，按各个股东在实收资本中所占投资比例计算的金额，分别转增各个股东的投资金额。资本公积是一种资本储备，是一种准实收资本。

（三）盈余公积

盈余公积是指企业按照规定从税后利润中按一定比例提取形成的积累资金。属于所有投资者共同享有的公共积累。这部分公共积累是企业通过生产经营活动而形成的。企业的税后利润，不能一次性全部分配给投资者，而是先按规定提取一定比例的准备金，即盈余公积，用于扩大生产经营规模、弥补亏损以及用于职工福利设施的开支。盈余公积按用途不同，分为法定盈余公积和任意盈余公积两种。法定盈余公积按税后利润的10%提取，主要用于弥补亏损和转增资本。任意盈余公积仅限于股份公司提取，股份公司可以根据企业的具体情况，决定是否提取、提取比例多大以及在政策允许的范围内作何用途。

（四）未分配利润

未分配利润是企业实现的净利润经过弥补亏损、提取盈余公积和向投资者分配利润后留存在企业的、历年结存的利润。未分配利润属净利润中尚未指定用途的部分。通常用于留待以后年度向投资者进行分配，或在亏损年度以丰补歉，以吸引投资者。

三、企业组织形式与所有者权益的关系

从会计角度看，与所有者权益密切相关的是企业的组织形式。企业的组织形式是指企业按照民事法律的有关规定，承担民事法律责任的主体资格及其组织状况。以组织形式为标准来划分，企业可分为独资企业、合伙企业和公司（我国又分有限责任公司和股份有限公司）。

独资企业是由某一投资者单独投资兴办，并完全由该投资人所拥有和控制的企业。独资企业是最常见的企业组织形式，从数量上看，这种企业占企业总数的绝大多数。独资企业不是独立的法律实体，没有独立行为能力，企业的资产全部归个人所有，所有者权益表现为直接的业主权益。一般来说，业主直接经营并管理企业，对企业的重大经营决策及人事安排、盈利分配等具有决定权；同时，对企业的债务负全部责任，当企业的财产不足以清偿其债务时，业主必须将个人的财产用来清偿企业债务，即企业的所有者要对企业的债务负无限清偿责任。独资企业的所有者权益无须像公司制企业那样分为投入资本、资

本公积、盈余公积。无论业主向企业投入资本、从企业提款，还是从企业经营中获取利润，都可直接归于业主资本账户。但在会计核算上必须明确区分独资企业与业主个人的经济活动。

合伙企业是由两个或两个以上的投资者订立合伙协议，共同出资、共同经营、共享收益、共担风险，并对企业债务承担无限连带责任的营利性组织。与独资企业类似，在会计上，合伙企业是独立的核算实体，但在法律上，合伙企业与其所有者的财产不相分离。其所有者权益最终体现为各合伙人的资本。法律未对合伙企业盈利分配作出限制，在向合伙人支付合伙利润前无须提取公积金和公益金。合伙企业的所有者权益也无须区分为资本投入和经营中因盈利而产生的积累。一般来说，合伙人共同参与企业的经营和管理，各合伙人对企业的经营决策、人事安排、盈利分配等，是按各合伙人的投资金额比例或契约规定享有相应的决定权，并相应地对企业的债务负全部责任，当企业的财产不足以清偿其债务时，合伙人有责任以个人财产来清偿企业债务，如其中某一合伙人无力承担其应承担的责任时，其他合伙人有代其承担的责任，即合伙企业的合伙人对企业的债务负有无限连带清偿的责任。合伙企业无论是资本投入，还是业主提款或经营损益最终都需按各合伙人开设的“业主资本”账户来核算。与独资企业不同的是，追加投资和从企业提款必须符合合伙合同的规定，并证得其他合伙人的同意。

公司是依法定条件和程序设立的，以营利为目的的企业法人。我国现阶段的公司形式分为有限责任公司、国有独资公司和股份有限公司。

有限责任公司（简称有限公司）是指由两个以上的股东共同出资，每个股东以其认缴的出资额对公司行为承担有限法律责任，公司以其全部资产对其债务承担责任的企业法人。根据我国《公司法》的规定，允许设立一人有限责任公司和国有独资公司。国有独资公司是由国家授权投资的机构或者国家授权的部门单独投资设立的有限责任公司。股份有限公司（简称股份公司）是指全部资本由等额股份构成并通过发行股票筹集资本，股东以其所持股份对公司承担有限责任，公司以其全部资产对公司债务承担责任的企业法人。在公司组织中，所有者权益属于一定数目的股东，称之为股东权益。

在上述不同组织形式的企业中，资产和负债的会计处理并无重大区别，但涉及所有者权益方面的会计处理上，公司制企业其股东与债权人之间的产权关系远比独资和合伙企业复杂得多。本章主要是对所有者权益（股东权益）的会计问题作一般介绍。

第二节 实收资本

一、实收资本概述

(一) 资本金制度

资本金制度是国家围绕资本金的筹集、管理以及所有者的责权利等所作的法律规范。资本金制度的主要内容有：

(1) 设立企业必须具有法定的资本金。资本金是企业在工商行政管理部门登记的注册资本。我国设立企业采用注册资本制度，投资者出资达到法定注册资本的要求是企业设立的先决条件。因此注册资本既是企业成为法人的基本特征之一，又是企业承担风险的资本担保，同时也是投资者权益划分的标准。法定资本金，是国家规定的开办企业必须筹集的最低的资本金的数额，否则企业不得成立。设立法定资本金，一是为企业正常经营提供必要的资本保证，二是为企业法人承担其责任提供必要的物资基础。

不同性质、不同经营范围的企业，对其注册资本投入的要求是不同的。我国公司法根据行业的不同特点，规定了不同的注册资本最低限额：有限责任公司注册资本的最低限额为人民币 3 万元，其中，一人有限责任公司的注册资本最低限额为人民币 10 万元，并且股东应当一次足额缴纳公司章程规定的出资额。股份有限公司的注册资本最低限额为人民币 500 万元。其中，对于申请股票上市的公司，其股本总额不得少于人民币 3 000 万元。

(2) 资本金的构成。资本金按投资主体的不同，可分为国家资本、法人资本、个人资本和外商资本等四种。

国家资本是指有权代表国家进行投资的政府部门或者机构，以国有资产投入企业所形成的资本；法人资本是指其他法人单位以其依法可支配的资产投入企业所形成的资本；个人资本是指社会个人或本企业内部职工以个人的合法财产投入企业所形成的资本；外商资本是指外国投资者以及我国香港、澳门、台湾等地区的投资者将资产投入企业所形成的资本。

(3) 资本金的筹集方式。企业可以按照法律、法规和合同、章程的规定，采取吸收货币资金、吸收实物、无形资产以及发行股票等方式筹集资本金。对于所有者或股东以无形资产的方式出资时，企业吸收各投资者以无形资产出资的总额不得超过企业注册资本总额的 20%；因情况特殊需要超过 20%的应经有关部门审查批准，但最高不能超过 30%，国家对采用高新技术成果有特别规定的除外。企业不得吸收所有者或股东的已设立有担保物权及租赁资产的出资。为了保证注册资本的真实性，企业筹集的资本金必须聘请中国注册会计师验资并出具验资报告，由企业据以签发给投资者出资证明书。

(4) 资本金的管理。资本金实行所有权与经营管理权相分离的管理制度。企业筹集到的资本金，在生产经营期间，投资者除依法转让外，不得以任何方式抽走。投资者按照出资比例或者合同、章程的规定，分享利润和分担风险及亏损。投资者对投入的资本具有终极产权。

(二) 实收资本

企业的成立要有一定的注册资本，且不得低于国家规定的最低限额。但企业在设立时，其注册资本不一定正好就等于这个最低限额，有的可能超过了国家规定的最低限额。如何确定企业的注册资本呢？在实际工作中，企业的注册资本的确定方法有以下两种：

(1) 实收资本制。即要求在企业成立时确定注册资本金总额，并一次性足额投入其注册资本金，即实收资本与注册资本相一致，否则企业不得成立。

(2) 授权资本制。即企业成立时，虽然也要确定资本金总额，但不要求投资者一次性全部交付其资本金，只要交纳了第一期资本金，公司即可成立；没有交纳的部分，则委托董事会在公司成立后进行筹集。因此授权资本制允许在公司成立时，实收资本与注册资本不一致。

从上述两种确定资本金的方法来看，第二种方法具有一定的灵活性，但第一种方法更有利于对企业注册登记的管理，且对资本金的筹集更具有法律约束力。因此，目前我国规定采用第一种方法即实收资本制方法。当然如果企业的注册资本超过了国家规定的最低限额，也允许其所筹集的注册资本达到最低限额时，先行成立，不足部分以后再进行筹集。

资本金的确定具体采用哪一种办法，取决于企业类型。

独资企业一般是个人独资，合伙企业是两人以上按照协议共同出资、共同经营、共负盈亏的企业。这两类企业对企业债务负无限责任或连带无限责任。

有限责任公司是指投资者以其出资额对公司负责，公司以其全部资产对公司债务承担责任的企业。根据公司法的规定，设立有限责任公司的法定股东人数为 50 人以下，允许设立一人有限责任公司和国有独资公司。如果投资者某一方未按规定出资，其他投资者、企业可以依法追究违约责任。投资各方如欲将其投资转让给新的投资者，需要事先经过原有的其他投资者同意，如果其他投资者有异议，应由其他投资者出资购买，其他投资者无异议，原投资者具有优先购买权。公司欲减少注册资本，需经债权人同意。在初建有限责任公司时，一般应采用实收资本制，即在企业初建时，实收资本等于注册资本。但在企业增资时，如有新投资者介入，新介入的投资者交纳的出资额一般应大于按约定比例计算的其在注册资本中所占的份额。此时，投资者投入的资本大于注册资本。在会计处理上，超交部分不作为“实收资本”入账，而作为资本公积记入“资本公积——股本溢价”账户。

股份有限公司，简称股份公司，是指注册资本由等额股份构成并通过发行股票或股权证筹集资本，股东以其所认购的股份对公司承担有限责任，公司以其全部资产对公司债务承担责任。股份公司的设立方式一般采用发起式设立和募集式设立两种。发起式设立，由发起人认购全部股份；募集式设立是除发起人认购部分股份外，还可向发起人以外的单位、个人募集。其中，定向募集的，可向发起人以外的法人和本企业内部职工发行股票，社会募集式是指向社会公开发行股票设立公司。股份有限公司一般采用授权资本制。在企业组建初期，由于股份公司将其注册资本分为等额股份，不能突破核定的股份数（注册资本/每股面值）。所以，从总股份上讲，公司实际发行股份始终等于或小于核定股份数，如果按面值发行，公司的实收资本（股本）应小于或等于注册资本。但由于股份公司一般采用溢价发行，投资者实际交付的资本会大于实际发行股份应收的资本（发行股权数×每股面值），这部分差额称为股票溢价。现行制度规定，股票的溢价净收入（股票溢价扣除发行费用后的净额）不作为实收资本，而是作为资本公积记入“资本公积——股本溢价”账户。

二、实收资本的确认

企业可以接受现金、实物资产、无形资产或发行股票等方式吸收投资者投资，吸收的方式不同，实收资本的确认也不同。根据企业会计制度，一般企业的实收资本应按以下规定核算：

（1）投资者以现金投入的资本，应当以实际收到或者存入企业开户银行的金额作为实收资本入账。实际收到或者存入企业开户银行的金额超过其在该企业注册资本中所占份额的部分，计入资本公积。

（2）投资者以非现金资产投入的资本，应按投资各方确认的价值作为实收资本入账。为首次发行股票而接受投资者投入的无形资产，应按该项无形资产评估价值入账。

（3）投资者投入的外币，合同没有约定汇率的，按收到出资额当日的汇率折算；合同有约定汇率的，按合同约定的汇率折算，因汇率不同而产生的折算差额，作为资本公积处理。

（4）中外合作经营企业依照有关法律、法规的规定，在合作经营期间归还投资者投资的，对已归还的投资应当单独核算，并在资产负债表中作为实收资本的减项单独反映。

三、实收资本的核算

（一）一般企业投入资本的会计处理

实收资本的核算，通过设置“实收资本”账户进行。该账户贷方反映实际收到的投资者投入资本；借方反映按规定减少的资本，期末贷方余额表示实有资本数额。该账户应按投资人设置明细账。

1. 投入货币资金的核算

企业收到投资人投入的货币资金，直接以其实际收到的数额，借记“现金”、“银行存款”，贷记“实收资本”账户。若实际收到或者存入企业开户银行的金额超过其在该企业注册资本中所占的份额，应按两者的差额贷记“资本公积”账户。

［例 7—1］　某公司收到国家投入资本 30 万元，收到 A 公司投入资本 20 万元，收到个人投入资本 10 万元，已存入银行。会计分录为：

借：银行存款　　600 000
　贷：实收资本——国家资本金　　300 000
　　　　　　——法人资本金　　200 000
　　　　　　——个人资本金　　100 000

2. 投入流动资产、固定资产等实物的核算

企业收到投资者投入原材料、固定资产等实物，应按合同确认或评估的价值入账。收到原材料等流动资产，按合同或评估的价值，借记“原材料”等账户，贷记“实收资本”账户。收到固定资产，以固定资产投出前的原价，借记“固定资产”账户，按合同或评估的价值，贷记“实收资本”账户，按账面原价大于确认价值的差额，贷记“累计折旧”账户。

[例 7—2] 甲公司收到 A 工厂投入的已使用过的机器设备五台，账面原值160 000元，经双方协商确定的价值为120 000元。会计分录为：

借：固定资产　　120 000

贷：实收资本——法人资本金（A 工厂）　　120 000

[例 7—3] 某公司收到甲公司投资的原材料一批，经验收评估确认价值为85 000元。该材料增值税税率为 17%，增值税进项税额为14 450元。材料已验收入库。会计分录为：

借：原材料　　85 000

应交税费——应交增值税（进项税额）　　14 450

贷：实收资本——法人资本金（甲公司）　　99 450

3. 投入无形资产的核算

企业收到投资者以专利权、商标权、场地使用权等无形资产投资的，按评估或合同、协议约定的金额，借记“无形资产”账户，贷记“实收资本”账户。

[例 7—4] 某公司接受 A 公司投资的土地使用权一项，经资产评估机构评估确认，作价210 000元。会计分录为：

借：无形资产　　210 000

贷：实收资本——法人资本金（A 公司）　　210 000

（二）新设股份有限公司股本形成的会计处理

股份公司与其他企业相比较，最显著的特点就是将企业的全部资本划分为等额股份，并通过发行股票的方式来筹集资本。股东以其所认购股份对公司承担有限责任。股份是很重要的指标。股票的面值与股份总数的乘积为股本，股本应等于企业的注册资本，所以，为了直观地反映这一指标，在会计核算上股份公司应设置“股本”科目。

1. 筹备费用的会计处理

股份有限公司发起人在达成设立公司协议后，便可共同委托一个发起人办理公司设立的各项筹备工作。在公司筹建期间发生的各项筹建费用，如企业登

记手续费、筹备人员工资、验资费、印刷费、办公费、差旅费等等，在公司尚未成立之前应由发起人垫付。如果公司创立成功，该费用即转入新创立公司，作为股份有限公司的开办费，在公司开始生产经营的当月起一次计入生产经营当月的损益。即借记“管理费用”账户，贷记“长期待摊费用”账户。

2. 发行股票的会计处理

企业的股本应在核定的股本总额范围内，发行股票取得。不过，企业发行股票取得的收入与股本总额往往不一致，公司发行股票取得的收入大于股本总额的称为溢价发行；小于股本总额的，称为折价发行；等于股本总额的，为面值发行。我国不允许企业折价发行股票。在采用溢价发行股票的情况下，企业应将相当于股票面值的部分记入“股本”科目，其余部分在扣除发行手续费、佣金等发行费用后记入“资本公积股本溢价”科目。在按面值发行股票的情况下，由于按面值发行股票所得股款应全部计入股本科目，没有溢价收入，故支付的发行手续费及佣金如果数额较大应计入长期待摊费用科目，待公司开始生产经营时，在不超过两年的期限内平均摊销，计入管理费用。

[例 7—5]　甲股份有限公司设立时发行普通股股票20 000万股，每股面值1元，发行价 1.5 元，由某证券公司负责承销发行。甲公司与某证券公司约定按发行价总额的 1%计付发行手续费。假设股票已全部售出，收到该证券公司转来的股款29 700万元（已扣除应付发行手续费及佣金 300 万元＝20 000万股×1.5×1%），应作如下会计分录：

借：银行存款　　297 000 000
　贷：股本　　200 000 000
　　资本公积——股本溢价　　97 000 000

若甲股份有限公司的上述股票是按面值发行的，则收回的股款为19 800万元（已扣除应付发行手续费及佣金 200 万元＝20 000万股×1×1%）。应作如下会计分录：

借：银行存款　　198 000 000
　　长期待摊费用　　2 000 000
　贷：股本　　200 000 000

股东除了用货币资金投资入股外，还可以用实物资产、工业产权、非专利技术、土地使用权等无形资产投资入股。对于作为投资的实物资产和无形资产，必须按规定进行评估、作价。评估确认的资产价值应作为股东的实际出资额，借记有关资产科目，按用资产换取的股份总额和每股面值的乘积作为股本入账，贷记“股本”科目，实际出资额与股本的差额，作为股本溢价贷记“资本公积”科目。

（三）实收资本增减变动的核算

一般情况下，企业的实收资本应相对固定不变，但在某些特定情况下，实收资本也可能发生增减变化，并按规定向原登记机关申请变更登记。

1. 实收资本增加的核算

一般企业增加资本的途径主要有三条：一是将资本公积转为实收资本。会计上应借记“资本公积”科目，贷记“实收资本”科目。二是将盈余公积转为实收资本。会计上应借记“盈余公积”科目，贷记“实收资本”科目。资本公积和盈余公积均属所有者权益，转为实收资本时，如为独资企业比较简单，直接结转即可；如为股份公司或有限责任公司，应按原投资者所持股份同比例增加各股东的股权，股份公司具体可以采取发放新股的办法。三是所有者（包括原企业所有者和新投资者）投入。企业应在收到投资者投入的资金时，借记“银行存款”、“固定资产”、“原材料”等科目，贷记“实收资本”等科目。

股份公司除了上述途径外，还可以用发放股票股利的方法实现增资。股份有限公司分配股利可采取两种方式，即发放现金股利和股票股利。股票股利是指采用增发普通股的方式向股东分派股利。目前在我国发放股票股利多以配股（送股）方式进行，相当于将利润转为股本。发放股票股利通常是按法定程序办理增资手续，重新登记注册资本，并修改公司章程，然后根据股东所持有的股数按应发股利的等值比例折算后，发放给股东。

[例 7—6]　B 股份有限公司经股东大会审议批准，决定按照股票面值的 10%发放股票股利，该公司全部发行在外的普通股为1 000万股，每股面值 1 元，按每 10 股配送 1 股，共计配送 100 万股。应作如下会计分录：

借：利润分配——转作股本的股利	1 000 000	
贷：股本		1 000 000

若 B 公司按每 10 股配送 1 股的股票股利，每股面值 1 元、市价 1.5 元，则应作如下会计分录：

借：利润分配——转作股本的股利	1 500 000	
贷：股本		1 000 000
资本公积		500 000

2. 实收资本减少的核算

企业实收资本减少的原因大体有两种，一是资本过剩；二是企业发生重大亏损而需要减少实收资本。企业因资本过剩而减资，一般要发还股款。有限责任公司和一般企业发还的投资比较简单，按发还投资的数额，借记“实收资本”科目，贷记“银行存款”等科目。

股份有限公司由于采用的是发行股票的方式筹集股本，发还股款时，则要收购发行的股票，发行股票的价格与股票面值可能不同，收回股票的价格也可能与发行价格不同，会计核算较复杂。由于“股本”科目是按股票的面值登记的，收购本企业股票时，亦应按面值注销股本。超出面值付出的价格，可区别情况处理：收购的股票凡属溢价发行的，则首先冲销溢价收入，不足部分，凡提有盈余公积的，冲销盈余公积；如盈余公积仍不足以支付收购款的，冲销未分配利润。凡属面值发行的，直接冲销盈余公积、未分配利润。

[例 7—7]　某股份有限公司经批准收回本公司面值为 1 元的普通股股票 1 000 000股，以减少股本。该股票的发行价格为 1.20 元。收回股票的实际价款为 1 300 000 元。根据以上资料，编制会计分录：

（1）收回股票：

	借方	贷方
借：库存股——减资股	1 300 000	
贷：银行存款		1 300 000

（2）注销股票：

	借方	贷方
借：股本——普通股	1 000 000	
资本公积	200 000	
盈余公积	100 000	
贷：库存股——减资股		1 300 000

第三节　资本公积

一、资本公积概述

（一）资本公积的概念

资本公积是指由投资者或其他人（或单位）投入，所有权归属于投资者，但不构成实收资本的那部分资本或者资产。

(二) 资本公积的形成来源

资本公积的形成有其特定的来源。企业应当根据资本公积形成的来源，设置相应的明细科目，分别进行账务处理。资本公积形成的来源按其用途主要包括以下两类：

(1) 资本（或股本）溢价：是指企业投资者实际投入的资金超过其在注册资本中所占份额的部分。在股份有限公司称之为股本溢价。

(2) 其他资本公积：

1) 享受的被投资单位资本公积变动的份额；

2) 自用房地产或存货转换为投资性房地产公允价值与账面价值的差额；

3) 持有至到期投资转化为可供出售金融资产公允价值与账面价值的差额；

4) 可供出售金融资产的公允价值变动；

5) 以权益结算的股份支付。

(三) 资本公积的用途

资本公积可以按照法定程序转增资本。转增资本应按规定程序到工商行政管理部门变更注册资本的登记，增加注册资本额。办好增资手续后，可将资本公积转增资本。新转增的资本，按原投资者的出资比例分给投资者，作为其实收资本的增加。

二、资本公积的核算

资本公积的核算，通过设置“资本公积”账户进行。该账户贷方登记企业增加的资本公积，借方登记资本公积的减少数，期末贷方余额表示资本公积的结存数。具体核算方法是：资本公积增加时，借记有关账户，贷记“资本公积”账户；转增资本时，借记“资本公积”账户，贷记“实收资本（或股本）”账户。

(一)“资本公积”的主要账务处理

企业收到投资者投入的资本，借记“银行存款”、“其他应收款”、“固定资产”、“无形资产”等科目，按其在注册资本或股本中所占份额，贷记“实收资本”或“股本”科目，按其差额，贷记本科目（资本溢价或股本溢价）。

与发行权益性证券直接相关的手续费、佣金等交易费用，借记本科目（股本溢价），贷记“银行存款”等科目。

［例 7—8］　东方有限责任公司已创立 5 年，现拥有的所有者权益合计金额为1 000万元，其中实收资本为 800 万元，资本公积与留存收益为 200 万元。现有一新投资者甲有意出资向该企业投资，准备占有东方公司注册资本的 20%，东方公司也准备增资 200 万元，使其注册资本扩充到1 000万元。东方公司已同意甲向公司投资并占有 20%的投资比例。经协商，甲以现金 180 万元和一套生产线设备向公司投资，经双方确定生产线设备的价值为 270 万元。东方公司已将现金收存银行，生产线设备已交付车间使用。有关增资手续已办妥。应作如下会计分录：

借：银行存款	1 800 000	
固定资产	2 700 000	
贷：实收资本——甲		2 000 000
资本公积——资本溢价		2 500 000

［例 7—9］　甲股份有限公司委托某证券公司代理发行普通股股票1 000万股，每股面值 1 元，发行价 3 元。公司与证券公司约定，按发行价总额的 1%计付发行手续费，从发行款中抵扣。股票已发行完毕，公司收到证券公司转来的股款存入银行。应作如下会计分录：

甲公司实际收到发行股款：1 000×3×(1－1%)＝2 970(万元)

股本溢价金额：1 000×(3－1)－30＝1 970(万元)

借：银行存款	29 700 000	
贷：股本		10 000 000
资本公积——股本溢价		19 700 000

（二）其他资本公积

(1) 享受的被投资单位资本公积变动的份额。在长期股权投资采用权益法核算的情况下，被投资单位除净损益以外所有者权益的其他变动，企业按持股比例计算应享有的份额，借记“长期股权投资——其他权益变动”科目，贷记本科目（其他资本公积）。

(2) 自用房地产或存货转换为投资性房地产公允价值与账面价值的差额。企业将自用房地产或存货转换为采用公允价值计量时的投资性房地产，转换当日的公允价值大于原账面价值的差额，应计入其他资本公积；处置该项投资性房地产时，应转销与其相关的其他资本公积。

(3) 持有至到期投资转化为可供出售金融资产公允价值与账面价值的差

额。企业持有至到期投资转化为可供出售金融资产时，转换日该项持有至到期投资的公允价值大于其账面价值的差额，应计入其他资本公积；将可供出售金融资产转换为持有至到期投资，与其相关的原计入其他资本公积的余额，应在该项金融资产的剩余期限内进行摊销。

（4）可供出售金融资产的公允价值变动。可供出售金融资产的公允价值大于原账面余额的差额，应计入其他资本公积；反之，应冲减其他资本公积。

（5）以权益结算的股份支付。企业以权益结算的股份支付换取职工或其他方提供服务的，应按权益工具授予日的公允价值计入其他资本公积；在行权日，应按实际行权的权益工具数量计算确定的金额，转为实收资本和资本溢价。

企业经股东大会或类似机构决议，用资本公积转增资本，借记本科目（资本溢价或股本溢价），贷记“实收资本”或“股本”科目。

第四节　留存收益

一、留存收益概述

留存收益是指企业从历年实现的净利润中提取或形成的留置于企业内部的积累，包括盈余公积和未分配利润两个组成部分。

企业设立并开展生产经营活动，投资者投入资本的目的不仅是保全资本，更重要的是追求利润。企业实现的利润总额，按规定交纳所得税后，其余部分可以根据国家政策、公司章程等在投资者之间进行分配。分配时，企业必须根据国家规定，按一定标准提取盈余公积，然后才能向投资者分配利润，作为投资的回报。企业按规定提取的盈余公积以及向投资者分配后的剩余利润就形成了留存收益。

留存收益属于所有者权益，企业的所有者有权支配该部分资金。但是，为了债权人和职工的利益，也为了企业的持续经营和扩大再生产，国家规定企业必须提取盈余公积，以便用于以盈补亏，必要时也可以转增资本，实现扩张动机。

二、留存收益的核算

（一）盈余公积的核算

1. 盈余公积的构成内容

盈余公积是企业按规定从税后利润中提取的公积金。一般企业和股份有限公司的盈余公积主要包括：

（1）法定盈余公积。它是指企业按照规定的比例从净利润中提取的盈余公积。例如根据我国公司法的规定，有限责任公司和股份有限公司应按照净利润的10%提取法定盈余公积金。非公司制企业也可以按超过10%的比例提取。计提的法定盈余公积金累计额达到注册资本的50%时，可以不再提取。法定盈余公积的提取带有强制性，其主要目的是为了约束企业利润的过量分配，为企业生产经营的发展提供必要的后备资金。

（2）任意盈余公积。它是指公司制企业经股东大会或类似机构批准，按照规定的比例从净利润中提取的盈余公积金。任意盈余公积与法定盈余公积的主要区别在于各自计提的依据不同。前者的提取比例由企业自行决定，不具有强制性；而后者的提取比例则由国家的法律或行政规章决定。

2. 盈余公积的用途

企业提取的盈余公积主要有以下几个方面的用途：

（1）弥补亏损。企业弥补亏损的渠道大体有三条：一是用以后年度实现的税前利润来弥补，但连续弥补期限不得超过五年；二是用以后年度实现的所得税后利润弥补，当企业的亏损在五年内仍不足弥补时，即超过了税收规定的税前利润补亏期限时，应使用税后利润来弥补；三是用盈余公积补亏。通常当企业发生的亏损在所得税后利润仍不足弥补时，可以用所提取的盈余公积来予以弥补，但是用盈余公积弥补亏损应当由董事会提议并经股东大会批准，或者由类似的机构批准。

（2）转增资本（股本）。当企业提取的盈余公积累积比较多时，可以将盈余公积转增资本（股本）。但必须经股东大会或类似的机构批准并办理相关的增资手续。而且盈余公积转增资本（股本）后，留存的盈余公积不得少于注册资本的25%。

（3）发放现金股利或利润。在特殊情况下，当企业累积的盈余公积比较多，而未分配利润比较少，或者当年未实现利润且发生亏损时，为了维护企业形象，给投资者以合理的回报，对于符合规定条件的企业，在用盈余公积弥补了亏损以后，也可以用盈余公积分派现金股利或利润。

3. 盈余公积的核算

盈余公积的提取与使用，通过“盈余公积”账户进行核算。该账户贷方登记盈余公积的提取数额，借方登记盈余公积的支出数额，期末贷方余额表示盈余公积的实际结存额。

（1）计提盈余公积。对于一般企业或股份有限公司，在按规定提取各项盈余公积时，应当按照提取的各项盈余公积金额，借记“利润分配”科目，贷记“盈余公积”科目。

［例 7—10］ 某股份有限公司 2003 年实现净利润 300 万元，按规定计提 10%的法定盈余公积。应作如下会计分录：

借：利润分配——提取法定盈余公积　　300 000

　贷：盈余公积——法定盈余公积　　300 000

（2）盈余公积补亏。企业发生的亏损，在由董事会提议并经股东大会或类似机构决议批准后，可以用企业提取的法定盈余公积、任意盈余公积弥补。由于企业未弥补的亏损表现为“利润分配——未分配利润”科目借方余额，因此用盈余公积弥补亏损时，应先将用于弥补亏损的盈余公积转入“利润分配——盈余公积补亏”科目，再通过利润分配科目弥补亏损。

企业经股东大会或类似机构决议，用盈余公积弥补亏损时，应借记“盈余公积——法定盈余公积或任意盈余公积”科目，贷记“利润分配——其他转入”科目。

［例 7—11］ 某股份有限公司 2002 年 2 月 10 经股东大会决议，用法定盈余公积800 000元，弥补企业亏损。应作如下会计分录：

借：盈余公积——法定盈余公积　　800 000

　贷：利润分配——盈余公积补亏　　800 000

（3）盈余公积转增资本（股本）。一般企业经批准用盈余公积转增资本时应按照实际转增资本的盈余公积金额，借记“盈余公积——法定盈余公积或任意盈余公积”科目，贷记“实收资本”科目。股份有限公司经股东大会决议，用盈余公积配送新股转增股本时，应按配送新股计算的金额，借记“盈余公积”科目，按股票面值和配送新股总数计算的金额，贷记“股本”科目，若两者之间有差额，应贷记“资本公积——股本溢价”科目。

［例 7—12］ 甲股份有限公司经股东大会决议，用盈余公积向股东每 10 股派发 2 股新股，其面值每股 1 元，市场价为每股 5 元，派发新股股份总数为 100 万股。应作如下会计分录：

借：盈余公积——法定盈余公积　　5 000 000
　贷：股本　　1 000 000
　　　资本公积——股本溢价　　4 000 000

（二）未分配利润的核算

未分配利润是企业留待以后年度进行分配的结存利润，也是企业所有者权益的组成部分。相对于所有者权益的其他部分来讲，企业对于未分配利润的使用分配有较大的自主权。从数量上来讲，未分配利润是期初未分配利润，加上本期实现的净利润，减去提取的各种盈余公积和分出利润后的余额。未分配利润有两层含义：一是留待以后年度处理的利润；二是未指定特定用途的利润。

在会计核算上，未分配利润是通过“利润分配”科目进行核算的，具体来说是通过“利润分配”科目之下的“未分配利润”明细科目进行核算的。企业在生产经营过程中取得的收入和发生的成本费用，最终通过“本年利润”科目进行归集，计算出当年盈利，然后转入“利润分配——未分配利润”科目进行分配，其结存于“利润分配——未分配利润”科目的贷方余额，则为未分配利润；如为借方余额，则为未弥补亏损。年度终了，再将“利润分配”科目下的其他明细科目（提取法定盈余公积、提取任意盈余公积、应付现金股利或利润、转作股本的股利、盈余公积补亏）的余额，转入“未分配利润”明细科目。结转后，“未分配利润”明细科目的贷方余额，就是未分配利润的数额。如出现借方余额，则表示未弥补亏损的数额。

［例 7—13］ 某公司 2003 年度实现净利润 900 万元，年初未分配利润为 100 万元。本年已按规定提取法定盈余公积 90 万元，提取任意盈余公积 30 万元，分配优先股股利 200 万元、普通股股利 400 万元。年度终了，结转本年利润及进行利润分配。应作如下会计分录：

（1）结转实现净利润：

借：本年利润　　9 000 000
　贷：利润分配——未分配利润　　9 000 000

（2）结转利润分配其他明细账余额：

借：利润分配——未分配利润　　7 200 000
　贷：利润分配——提取法定盈余公积　　900 000

——提取任意盈余公积　　300 000
——应付优先股股利　　2 000 000
——应付普通股股利　　4 000 000

(3) 结转“盈余公积”和“应付股利”:

借：利润分配——提取法定盈余公积　　900 000
——提取任意盈余公积　　300 000
——应付优先股股利　　2 000 000
——应付普通股股利　　4 000 000
贷：盈余公积——法定盈余公积　　900 000
——任意盈余公积　　300 000
应付股利——应付优先股股利　　2 000 000
——应付普通股股利　　4 000 000

经过上述结转后，期末“利润分配——未分配利润”科目贷方余额为 280 万元（＝期初贷方余额 100 万元＋本期贷方发生额 900 万元－本期借方发生额 720 万元)，即为本期末未分配利润数额。

【本章小结】

所有者权益包括实收资本或股本、资本公积、盈余公积、未分配利润，投资者拥有企业的经营决策权及盈利分配权等各项权利。

实收资本或股本是指企业主权投资者按照企业章程，或合同、协议的约定，实际投入企业的资本。资本金的确定方法有实收资本制和授权资本制，对不同类型的企业应采用不同的资本金确定方法。

资本公积的来源有投资者交付的出资额超过资本金的差额、其他资本公积(享受的被投资单位资本公积变动的份额；自用房地产或存货转换为投资性房地产公允价值与账面价值的差额；持有至到期投资转化为可供出售金融资产公允价值与账面价值的差额；可供出售金融资产的公允价值变动；以权益结算的股份支付)。资本公积的主要用途是转增资本。

留存收益包括盈余公积和未分配利润两个组成部分。盈余公积是企业按规定从税后利润中提取的公积金，包括法定盈余公积和任意盈余公积。盈余公积的用途是弥补亏损、转增资本、分配红利。

未分配利润也是企业所有者权益的组成部分。从数量上来讲，未分配利润是期初未分配利润，加上本期实现的净利润，减去提取的各种盈余公积和分出利润后的余额。

【复习思考题】

1. 所有者权益包括哪些内容？它与负债有何不同？

2. 什么是资本金制度？资本金制度包括哪些内容？

3. 资本金的确定方法有哪几种？对不同类型的企业，分别适用于哪种资本金确定方法？

4. 一般企业实收资本的入账价值怎样确定？

5. 资本公积的形成来源有哪些？用途是什么？

6. 什么是留存收益？留存收益包括哪些内容？用途是什么？

7. 某设备厂本期发生下列实收资本业务：

(1) 收到甲公司投资款200 000元。

(2) 收到乙公司作为资本投入的下列物资：不需安装的设备一台，经评估确认设备的原值为150 000元，评估确认净值为120 000元；原料一批，经评估确认原料价值为50 000元，经税务部门认定增值税额为8 500元。

(3) 收到丙公司投资款50 000美元，按双方签订的协议规定，以收到投资款当天的汇率折合人民币作为实收资本。(当天的汇率为 8.25)。

要求：编制以上经济业务的会计分录。

8. 某设备厂经批准增资。收到 A 公司投资款200 000元，按投资协议商定，该公司投资比例只能占注册资本1 000 000元的 15%。编制以上经济业务的会计分录。

9. 某股份公司因缩小经营规模，资金过剩，经有关部门核准减少股本100 000元，在市场上分两次收购公司面额为 1 元的普通股股票。第一次以每股 4 元价格收购了80 000股；第二次以每股 3.5 元价格收购了20 000股，股票发行价 3 元。根据证券公司付款回执作会计处理。编制以上经济业务的会计分录。

10. 某有限责任公司 2001 年实现利润总额为 100 万元，适用所得税税率 33%，按税后净利润 10%、5%分别提取法定盈余公积和法定公益金。编制以上经济业务的会计分录。

11. 某有限责任公司用公益金 2 万元为职工之家购置了一套音响设备，音响设备已交付职工之家使用。编制以上经济业务的会计分录。

12. 某股份公司本年度发生了亏损 10 万元。经股东大会决议，用盈余公积弥补亏损。

13. 某公司于 2001 年 1 月成立。本年度发生以下有关经济业务：

（1）收到国家投入资本800 000元，款项存入银行。

（2）收到 A 公司投资货币20 000元已存入银行；原材料一批计评估价50 000元，已验收入库，该种材料的增值税税率为 17%。

（3）收到 B 公司投入机器设备五台，原始价值120 000元，经评估确认其价值93 000元。

（4）收到 C 公司投入的工业产权一项，经评估确认其价值360 000元。

（5）实现税后利润 600 万元，按 10%、5%的比例提取法定公积金、法定公益金。

（6）接受爱国华侨捐赠办公自动化设备一套。该设备目前市价300 000元，经有关部门评估该设备尚有九成新。

（7）经协商，同意 D 企业成为顺达公司的新增投资者。D 企业现有房屋和机器设备等劳动资料一批，原始价值1 000万元，评估价 400 万元；原材料一批，评估价 30 万元，该材料增值税税率为 17%；土地使用权一项，评估价 80 万元。根据顺达公司实收资本与资本公积、留存收益有关数据资料计算，D 公司投入的全部资产 70%作为实收资本，30%作为资本公积。

（8）已向工商行政管理部门办妥增资手续，将资本公积 300 万元转增资本。

（9）企业拟申请成立股份有限公司，经资产评估部门评估，法定财产增值 600 万元。

（10）全年累计实现净利润1 200万元，年末予以转账。

要求：编制以上经济业务的会计分录。

14. 某公司 1998 年年终结账前，“本年利润”账户借方累计余额60 000元，“利润分配”账户贷方余额10 000元系年初数未变；1999 年年终结账前，“本年利润”账户贷方累计余额30 000元，“利润分配”账户全年借方发生额

4 500元；2000 年年终结账前，“本年利润”账户贷方余额90 800元，“利润分配”账户全年借方发生额13 620元。

要求：编制各年年终结转本年利润的会计分录。

第八章

收入、费用和利润

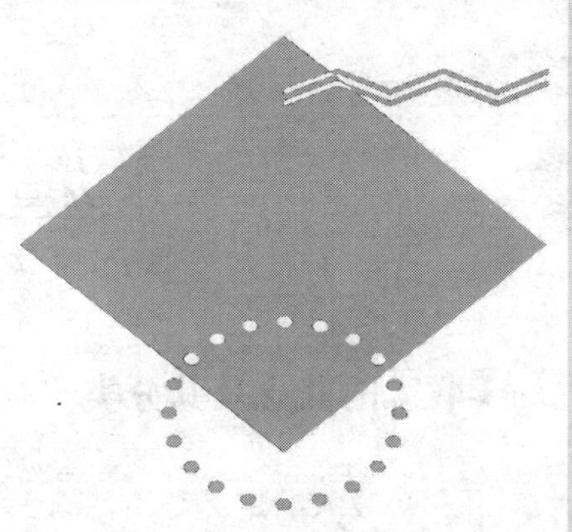

【本章要点】

- 收入确认的基本标准及特殊销售方式下收入确认的原则；
- 生产成本、财务费用、管理费用、销售费用的内容与核算；
- 利润的构成、形成及分配的核算。

【本章引言】

企业大部分的活动都是为了追求利润服务的，收入是取得利润的基础，企业在取得收入的过程中又发生了物质耗费以及工资支出和管理、营业等费用。收入与费用配比的结果产生利润或亏损。本章将介绍收入、费用和利润的核算方法。

第一节 收 入

一、收入的概念及其分类

（一）收入的定义

收入分为狭义收入和广义收入。

狭义收入是指企业在销售商品、提供劳务和让渡资产使用权等日常活动中形成的、会引起所有者权益增加的、与所有者出资无关的经济利益的总流入。我国会计准则将收入定义为狭义的收入。

广义收入是指会计期间内经济利益的总流入，其表现形式为资产增加或负债减少而引起的所有者权益增加，但不包括与所有者出资等有关的资产增加或负债减少。

（二）收入的分类

狭义的收入包括营业收入和投资收益。营业收入是指企业在从事销售商品、提供劳务和让渡资产使用权等日常经营业务过程中取得的收入；投资收益是指企业在从事各项对外投资活动中取得的净收入（各项投资业务取得的收入大于其成本的差额），其性质也属于让渡资产使用权取得到收入。

广义的收入除了包括狭义的收入之外，还包括公允价值变动收益和营业外收入。公允价值变动收益是指交易性金融资产等公允价值变动形成的收益。营业外收入是指企业在日常经营业务以外取得的收入。

二、收入的核算

（一）销售商品收入的确认

1. 基本的确认标准

企业销售商品时，如果同时符合以下四个条件，即可以确认为收入：

（1）企业已将商品所有权上的主要风险和报酬转移给买方。当一项商品发生的任何损失由买方承担，带来的经济利益也归买方所有时，则意味着该商品所有权上的全部风险和报酬已转移给买方。判断商品所有权上的主要风险和报酬是否已转移，需要关注每项交易的实质而不只是形式。通常，所有权凭证的转移或实物的交付是需要考虑的重要因素。

在大多数情况下，商品所有权凭证转移或实物交付后，商品所有权上的主要风险和报酬也随之转移，例如大多数零售交易。但在有些情况下，企业已将所有权凭证或实物交付给买方，但商品所有权上的主要风险和报酬并未转移。例如：1）有些企业销售的商品在质量、品种、规格等方面不符合合同规定的要求，又未根据正常的保证条款予以弥补，因而仍负有责任。2）有些企业销售商品的收入是否能够取得取决于代销方或受托方销售其商品的收入是否能够取得。3）有时企业尚未完成售出商品的安装或检验工作，且此项安装或检验任务是销售合同的重要组成部分。4）有时销售合同中规定了由于特定原因买方有权退货的条款，而企业又不能确定退货的可能性。

以上提到的是商品所有权上的主要风险和报酬必须转移给购货方才有可能确认收入。应该注意的是，如果企业只保留所有权上的次要风险，且符合销售确认的其他三项条件，则相应的收入应予确认。如在零售交易中，零售企业一般会承诺，顾客对购买的商品不满意可以退货。但零售企业一般能根据过去的经验及相关因素，合理估计未来的退货量，不会存在重大的不确定因素，此时可以认为企业已转移了所有权上的主要风险和报酬，相关的销售收入应予以确认。

而在另一些情况下，企业已将商品所有权上的主要风险和报酬转移给买方，但实物尚未交付。这时应在所有权上的主要风险和报酬转移时确认收入，而不管实物是否交付，如交款提货就属于此类情况。

（2）企业既没有保留通常与所有权相联系的继续管理权，也没有对已售出的商品实施控制。企业将商品所有权上的主要风险和报酬转移给买方后，如仍然保留通常与所有权相联系的继续管理权，或仍然对售出的商品实施控制，则此项销售不能成立，不能确认相应的收入。反之，如企业对售出的商品保留了与所有权无关的管理权，则不受本条件的限制。例如，某软件咨询公司销售一个成套软件给某客户，并接受客户的委托对软件进行日常管理，其中包括更新软件等。此例中，客户是成套软件的受益者，与之相关的风险也由客户承担，软件咨询公司售后的持续管理可以认为是与软件销售独立的另一项提供劳务的活动。因此，尽管软件咨询公司仍对售出软件有继续管理权，但不是与软件的所有权有关，并不阻碍软件咨询公司对销售软件收入的确认。

(3) 与交易相关的经济利益能够流入企业。经济利益是指直接或间接流入企业的现金或现金等价物。在销售商品的交易中，与交易相关的经济利益即为销售商品的价款。销售商品的价款能否有把握收回，是收入确认的一个重要条件。企业在销售商品时，如估计价款收回的可能性不大，即使收入确认的其他条件均已满足，也不应当确认收入。

企业在判断价款收回的可能性时，应进行定性分析，当确定价款收回的可能性大于不能收回的可能性时，即认为价款能够收回。一般情况下，企业售出的商品符合合同或协议规定的要求，并已将发票账单交付买方，买方也承诺付款，即表明销售商品的价款能够收回。

(4) 收入的金额能够可靠地计量。收入能否可靠地计量，是确认收入的基本前提，收入不能可靠地计量，则无法确认收入。企业在销售商品时，售价通常已经确定，但销售过程中由于某种不确定因素，也有可能出现售价变动的情况，则新的售价未确定前不应确认收入。

(5) 相关的已发生或将发生的成本能够可靠地计量。

根据收入和费用的配比原则，与同一项销售有关的收入和成本应在同一会计期间予以确认。因此，如果成本不能可靠计量，相关的收入也不能确认。

企业销售商品应同时满足上述四个条件，才能确认收入。

销售商品收入核算举例如下：

[例 8—1]　A 企业 2002 年 6 月份销售一批产品给 B 企业，按照合同约定，产品的销售价格为 100 万元，增值税率为 17%，产品品种和质量按照合同约定的标准提供，产品已经发出，并收到 B 企业开出、承兑 3 个月到期的商业承兑汇票。该批产品的实际成本为 80 万元。

在这项交易中，A 企业已将售出产品上的所有风险和报酬转移给 B 企业，并不再对该批产品实施管理权和控制权（已按合同约定的品种和质量发出产品，B 企业开出商业承兑汇票，承诺在 3 个月后付款）。营业收入是可以计量的，即按照合同约定的销售价格确定，同时该批产品的成本已经确定。按照销售成立的标志，该项销售已经成立，A 企业应确认营业收入的实现，作如下会计处理：

借：应收票据	1 170 000	
贷：主营业务收入		1 000 000
应交税费——应交增值税（销项税额）		170 000
借：主营业务成本	800 000	

贷：库存商品　　800 000

［**例 8—2**］　A 企业于 8 月 10 日以托收承付方式向 B 企业销售一批商品，成本为40 000元，增值税发票上注明：售价60 000元，增值税10 200元。A 企业在销售时已知 B 企业资金周转有暂时困难，但为避免存货积压，又考虑 B 企业资金困难只是暂时性的，仍将商品售给了 B 企业。

由于该项收入收回的可能性不能肯定，A 企业在销售该商品时不能确认收入，应将已发出商品成本转入“发出商品”科目（“发出商品”核算在一般的销售方式下，已经发出但尚未确认销售收入的商品成本）。又假设 A 企业就销售该批商品的纳税义务已经发生，则 A 企业的会计处理如下：

借：发出商品　　40 000

贷：库存商品　　40 000

同时，将增值税发票上注明的增值税额转入应收账款：

借：应收账款——B 企业（应收销项税额）　　10 200

贷：应交税费——应交增值税（销项税额）　　10 200

如果以后 A 企业得知 B 企业经营情况有所好转，并得到 B 企业近期付款的承诺后，A 企业可以确认收入：

借：应收账款——B 企业　　60 000

贷：主营业务收入　　60 000

同时：

借：主营业务成本　　40 000

贷：发出商品　　40 000

实际收到款项时：

借：银行存款　　70 200

贷：应收账款——B 企业　　60 000

应收账款——B 企业（应收销项税额）　　10 200

商品销售收入的金额应根据企业与购货方签订的合同或协议金额确定。如果无合同或协议，应按购销双方都能接受的价格确定。企业在确定商品销售收入时，不考虑各种预计可能发生的现金折扣，现金折扣在实际发生时计入当期财务费用。

2. 特殊销售业务的收入确认

在实务中，企业可能采用某些特殊的方式进行商品销售。在这些特殊情况下，商品销售可以按以下原则确认收入：

(1) 代销商品。代销商品有两种情况：

第一，视同买断。即由委托方和受托方签订协议，委托方按协议价收取所代销商品的货款，实际售价可由受托方自定，实际售价与协议价之间的差额归受托方所有。由于这种销售本质上仍是代销，委托方将商品交付给受托方时，商品所有权上的风险和报酬并未转移给受托方。因此，委托方在交付商品时不确认收入，应在收到受托方开具的代销清单时，再确认收入。

第二，收取手续费。即受托方根据所代销的商品数量向委托方收取手续费，这对受托方来说实际上是一种劳务收入。这种代销方式与视同买断方式相比，主要特点有：受托方通常应按照委托方规定的价格销售，不得自行改变售价。在这种代销方式下，委托方应在受托方将商品售出后，并向委托方开具代销清单时确认收入；受托方在商品销售后，应按收取的手续费确认收入。

[例 8—3] A 企业委托 B 企业销售甲商品 100 件，协议价为 200 元/件，该商品成本 120 元/件，增值税税率 17%。A 企业收到 B 企业开来的代销清单时开具增值税专用发票，发票上注明：售价20 000元，增值税额3 400元。B 企业实际销售时开具的增值税发票上注明：售价24 000元，增值税为4 080元。

A 企业的会计处理：

(1) A 企业将甲商品交付 B 企业时：

借：委托代销商品	12 000	
贷：库存商品		12 000

(2) A 企业收到代销清单时：

借：应收账款——B 企业	23 400	
贷：主营业务收入		20 000
应交税费——应交增值税（销项税额）		3 400
借：主营业务成本	12 000	
贷：委托代销商品		12 000

(3) 收到 B 企业汇来的货款 23 400 元时：

借：银行存款	23 400	
贷：应收账款——B 企业		23 400

B 企业的会计处理：

(1) 收到甲商品时：

借：受托代销商品	20 000	
贷：代销商品款		20 000

(2) 实际销售商品时：

借：银行存款　28 080

　贷：主营业务收入　24 000

　　应交税费——应交增值税（销项税额）　4 080

借：主营业务成本　20 000

　贷：受托代销商品　20 000

借：代销商品款　20 000

　应交税费——应交增值税（进项税额）　3 400

　贷：应付账款——A企业　23 400

(3) 按合同协议价将款项付给A企业时：

借：应付账款　23 400

　贷：银行存款　23 400

[例8—4]　假如例8—3中，B企业按每件200元的价格出售给顾客，A企业按售价的10%支付B企业手续费。B企业实际销售时，即向买方开出一张增值税专用发票，发票上注明甲商品售价20 000元，增值税额3 400元。A企业在收到B企业交来的代销清单时，向B企业开具一张相同金额的增值税发票。

A企业的会计处理：

(1) A企业将甲商品交付B企业时：

借：委托代销商品　12 000

　贷：库存商品　12 000

(2) 收到代销清单时：

借：应收账款——B企业　23 400

　贷：主营业务收入　20 000

　　应交税费——应交增值税（销项税额）　3 400

借：主营业务成本　12 000

　贷：委托代销商品　12 000

借：营业费用　2 000

　贷：应收账款——B企业　2 000

(3) 收到B企业汇来的货款净额21 400元（=23 400−2 000）：

借：银行存款　21 400

　贷：应收账款——B企业　21 400

B企业的会计处理：

（1）收到甲商品时：

借：受托代销商品　　20 000

　贷：代销商品款　　20 000

（2）实际销售商品时：

借：银行存款　　23 400

　贷：应付账款——A 企业　　20 000

　　　应交税费——应交增值税（销项税额）　　3 400

借：应交税费——应交增值税（进项税额）　　3 400

　贷：应付账款——A 企业　　3 400

借：代销商品款　　20 000

　贷：受托代销商品　　20 000

（3）归还 A 企业货款并计算代销手续费时：

借：应付账款——A 企业　　23 400

　贷：银行存款　　21 400

　　　主营业务收入（或其他业务收入）　　2 000

（2）分期收款销售。对一些价值较大的商品，如房产、汽车、重型设备等，企业可以在商品交付后，分期收回货款。合同或协议价款的收取采用递延方式，实际上具有融资性质的，应当按照应收到合同或协议价款的公允价值确定销售商品收入金额。应收的合同或协议价款与公允价值之间的差额，应当在合同或协议期间内采用实际利率法进行摊销，计入当期损益。

[例 8—5]　某公司于 2007 年 1 月 1 日采用分期收款方式销售大型设备，合同价格为 1 000 万元，分 5 年于每年年末收取。假定该大型设备不采用分期收款方式时代销售价格为 800 万元，成本为 600 万元，不考虑增值税。

（1）计算实际利率：

设实际利率为 i，则 200 万 $\times \text{PVIFA}_{i,5}=$800 万，$i=7.93\%$

（2）列表计算各年摊销额，见表 8—1。

表 8—1　　单位：元

	利息收益	每年收现	账面余额	未实现融资收益	摊余成本
销售日	0	0	1 000	200	800
第一年末	800×7.93%=63.4	200	800	200−63.4=136.6	663.4
第二年末	663.4×7.93%=52.6	200	600	136.6−52.6=84	516
第三年末	516×7.93%=40.9	200	400	84−40.9=43.1	356.9

续前表

	利息收益	每年收现	账面余额	未实现融资收益	摊余成本
第四年末	356.9×7.93%＝28.3	200	200	43.1－28.3＝14.8	185.2
第五年末	185.2×7.93%＝14.8	200	0	14.8－14.8＝0	0
合计	200	1 000			

会计处理：

（1）销售日：

借：长期应收款　　10 000 000

　贷：主营业务收入　　8 000 000

　　　未实现融资收益　　2 000 000

借：主营业务成本　　6 000 000

　贷：库存商品　　6 000 000

（2）第一年末：

借：银行存款　　2 000 000

　贷：长期应收款　　2 000 000

借：未实现融资收益　　634 000

　贷：财务费用　　634 000

…………

（3）第五年末：

借：银行存款　　2 000 000

　贷：长期应收款　　2 000 000

借：未实现融资收益　　148 000

　贷：财务费用　　148 000

（3）以旧换新销售。当企业在销售商品的同时回收与所售商品相同的旧商品时，应将回收的旧商品作为购进商品处理，售出的商品按照上述商品销售的方法确认收入。

（二）提供劳务收入的确认

企业提供劳务主要有两种情况：一是劳务的开始和完成在同一会计年度。此时企业应在劳务完成时确认收入，确认的金额为合同或协议总金额，确认方法类似商品销售收入。二是劳务的开始和完成分属不同的会计年度。对此类跨年度劳务收入，应在资产负债表日视劳务的结果是否能可靠估计来区别处理。以下重点讨论第二种情况的会计核算，然后简单说明特殊劳务收入的会计处理。

1. 提供劳务的交易结果能够可靠估计

在资产负债表日，如果提供劳务的结果能够可靠地估计，则应采用完工百分比法确认劳务收入。如果交易的结果能同时满足以下三个条件，则可以认为提供劳务的交易结果能够可靠估计。

(1) 合同总收入和总成本能够可靠地计量。合同总收入一般根据双方签订的合同或协议注明的交易总额确定。实际中随着劳务的不断提供，交易总金额可能增加或减少，应及时调整合同总收入。合同总成本包括至资产负债表日止已经发生的成本和完成劳务将要发生的成本。企业应根据实际随时修订估计的成本。

(2) 与交易相关的经济利益能够流入企业。只有当与交易相关的经济利益能够流入企业时，才能确认收入。企业可以从接受劳务方的信誉、以往的经验以及双方就结算方式和期限达成的协议等方面进行判断。

(3) 劳务的完成程度能够可靠地确定。劳务的完成程度可以采用以下方法确定：1) 已完工的测量。这是一种比较专业的测量法，由专业测量师对已经完成的工作或工程进行测量，并按一定方法计算劳务的完成程度。2) 已经提供的劳务占应提供劳务总量的比例。这种方法主要以劳务量为标准，确定劳务的完成程度。3) 已经发生的成本占估计总成本的比例。

完工百分比法是按照劳务的完成程度确认收入和费用的方法。在采用完工百分比法确认收入时，收入和相关的费用可以按以下公式计算：

$$\text{本年确认的收入}=\text{劳务总收入}\times\text{本年末止劳务的完成程度}-\text{以前年度已确认的收入}$$

$$\text{本年确认的费用}=\text{劳务总成本}\times\text{本年末止劳务的完成程度}-\text{以前年度已确认的费用}$$

[例 8—6] 某企业于 2002 年 11 月 1 日提供一项产品安装劳务，安装期 3 个月，合同总收入300 000元，至年底已预收款项220 000元，实际发生成本140 000元，估计还会发生60 000元的成本。

企业首先按实际发生的成本占估计总成本的比例确定劳务的完成程度：

实际发生的成本占估计总成本的比例＝140 000÷(140 000＋60 000)
＝70％

所以，

2002 年确认的收入＝300 000×70％－0＝210 000(元)

2002 年结转成本＝200 000×70％－0＝140 000(元)

相关的账务处理如下：

（1）实际发生成本：

借：有关生产成本科目 140 000

贷：银行存款等 140 000

（2）预收账款：

借：银行存款 220 000

贷：预收账款 220 000

（3）确认收入：

借：预收账款 210 000

贷：主营业务收入 210 000

（4）结转成本：

借：主营业务成本 140 000

贷：有关生成本科目 140 000

2. 提供劳务的交易结果不能可靠估计

在资产负债表日企业如果不能可靠估计所提供劳务的交易结果，则不能按完工百分比法确认收入。这时企业应正确预计已经收回或将要收回的款项能弥补多少已经发生的成本，区别以下情况处理：

（1）如果已经发生的劳务成本预计能够补偿，应按已经发生的劳务成本金额确认收入；同时，按相同的金额结转成本，不确认利润。

（2）如果已经发生的劳务成本预计不能全部补偿，应按能够得到补偿的劳务金额确认收入，并按已经发生的劳务成本结转成本。确认的收入金额小于已经发生的劳务成本的差额，确认为损失。

（3）如果预计已经发生的劳务成本全部不能补偿，则不应确认收入，但应将已经发生的成本确认为当期费用。

3. 特殊劳务收入的确认

（1）安装费收入。如果安装费是与商品销售分开的，则应在年度终了时根据安装的完工程度确认收入；如果安装费是商品销售的一部分，则应与所销售的商品同时确认收入。

［例 8—7］ 6 月 1 日，旺发公司销售 20 台空调给中大公司，双方约定由旺发公司负责代客户安装，费用单独核算，每台安装费 100 元。当月全部安装完毕。旺发公司有关会计处理如下：

借：银行存款 2 000

贷：主营业务收入 2 000

(2) 广告费收入。宣传媒介的佣金收入应在相关的广告或商品行为开始出现于公众面前时予以确认。广告的制作佣金收入则应在年度终了时根据项目的完成程度确认。

[例 8—8] 3 月 1 日，大唐广告公司与宏大公司签订如下合同：大唐公司负责为宏大公司制作一部宣传广告，期限两个月，全部费用为30 000元，宏大公司预支费用10 000元，广告片制作完成、投放市场时支付余额。3 月 31 日，大唐公司已完成八成制作任务，其会计处理如下：

(1) 3 月 1 日：

借：银行存款　　10 000

　贷：预收账款——宏大公司　　10 000

(2) 3 月 31 日：

借：预收账款——宏大公司　　10 000

　　应收账款——宏大公司　　14 000 (30 000×80%－10 000)

　贷：主营业务收入　　24 000 (30 000×80%)

(3) 入场费收入。因艺术表演、招待宴会以及其他特殊活动而产生的收入，应在这些活动发生时予以确认。如果是一笔预收几项活动的费用，则这笔预收款应合理分配给各项活动。

[例 8—9] 红花歌舞团 4 月 3 日为有为公司举办周年晚会，获得收入100 000元，相应的会计分录为：

借：银行存款　　100 000

　贷：主营业务收入　　100 000

(4) 申请人会费和会员费收入。这方面的收入确认应以所提供服务的性质为依据。如果所收费用只允许取得会籍，而所有其他服务或商品都要另行收费，则在款项收回不存在任何不确定性时确认为收入。如果所收费用能使会员在会员期内得到各种服务或出版物，或者以低于非会员的价格购买商品或接受劳务，则该项收费应在整个受益期内分期确认收入。

[例 8—10] 中华产业公司实行会员制商品销售模式。每年 1 月 1 日向会员收取会费共120 000元，会员在该年内可以八五折的价格购买该公司的任何一种商品。

中华产业公司相应的会计分录为：

(1) 1 月 1 日：

借：银行存款　　120 000

贷：递延收益　　120 000

（2）2月1日：

借：递延收益　　10 000

贷：主营业务收入　　10 000

（5）特许权费收入。该项收入包括提供初始及后续服务、设备和其他有形资产及专门技术等方面的收入。其中属于提供设备和其他有形资产的部分，应在这些资产的所有权转移时，确认为收入；属于提供初始及后续服务的部分，在提供服务时确认为收入。

（6）订制软件收入。该项收入主要是指为特定客户开发软件（不包括开发的商品化软件）收入，应在资产负债表日根据开发的完成程度确认收入。

（7）定期收费。有的企业与客户签订合同，长期为客户提供某一种或几种重复的劳务，客户按期支付劳务费。此时企业应在合同约定的收款日期确认收入。如某物业管理公司与某住宅小区物业产权人签订合同，为该小区所有住户提供维修、清洁、绿化、保安及代收水电费等项劳务，每月末收取劳务费，则该物业公司应在每月末将应收取的劳务费确认为当月收入。

（8）包括在商品售价内的服务费。如商品的售价内包括可区分的在售后一定期限内的服务费，应在商品销售实现时，按售价扣除该项服务费后的余额确认为商品销售收入。服务费递延至提供服务的期间内确认为收入。

[例 8—11]　4月1日，中远公司向山水公司出售专用加工机床一台，合同约定：中远公司负责培训山水公司员工1个月，培训费为10 000元，培训费计入售价，共计200 000元，增值税额为34 000元。款已付。

中远公司相应的会计分录为：

（1）4月1日：

借：银行存款　　234 000

贷：主营业务收入　　190 000

应交税费——应交增值税（销项税额）　　34 000

递延收益　　10 000

（2）4月30日：

借：递延收益　　10 000

贷：主营业务收入　　10 000

（三）让渡资产使用权收入的确认

让渡资产使用权取得的收入主要有两方面：一是因他人使用本企业现金而

取得的利息收入。这主要是指金融企业贷款形成的利息收入及同业之间发生往来形成的利息收入等。二是因他人使用本企业的无形资产（如商标权、专利权、专营权、软件、版权等）而形成的使用费收入。

利息收入和使用费收入确认时应遵循以下原则：

(1) 与交易相关的经济利益能够流入企业。这是任何交易均应遵循的一项重要原则，企业应根据对方的信誉情况、当年的效益情况以及双方就结算方式、付款期限等达成的协议等方面进行判断。如果企业估计收入收回的可能性不大，就不应确认收入。

(2) 收入的金额能够可靠地计量。利息收入根据合同或协议规定的存、贷款利率确定；使用费收入按企业与其资产使用者签订的合同或协议确定。当收入的金额能够可靠地计量时，才能确认收入。

利息收入应在每个会计期末，按未收回的存款或贷款的本金、存续期间和适当的利率计算并确认；使用费收入应按有关合同协议的收费时间和方法确认。不同的使用费收入，其收费时间和收费方法各不相同。有一次性回收固定金额的，如一次收取 10 年的场地使用费；有在协议规定的有效期内等额收回的；有分期不等额收回的，如合同规定按资产使用方每期销售额的百分比收取使用费等。如果合同、协议规定使用费一次支付，且不提供后续服务的，应视同该项资产的销售一次确认收入；如提供后续服务的，应在合同、协议规定的有效期内分期确认收入。如合同规定分期支付使用费的，应将按合同规定的收款时间和金额或合同规定的收费方法计算的金额分期确认收入。

［例 8—12］ A 企业向 B 企业转让其商品的商标使用权，合同规定 B 企业每年年末按年销售收入的 10%支付给 A 企业使用费，使用期 10 年。假设第一年 B 企业销售收入1 000 000元，第二年销售收入1 500 000元，这两年的使用费按期支付。

则 A 企业在第一年年末应确认的使用费收入为100 000元（=1 000 000×10%），在第二年年末确认的使用费收入为150 000元（=1 500 000×10%）。

（四）建造合同收入的确认

为建造诸如房屋、道路、桥梁、水坝等建筑物以及船舶、飞机、大型机械设备等而订立的合同称为建造合同。这类合同有一些共同的特征：(1) 先有买主（客户），后有标的（资产），建造资产的造价在签订合同时已经确定；(2) 资产的建设期长，一般要跨越一个会计年度，有的长达数年；(3) 所建造的资产体积大，造价高；(4) 一般为不可取消的合同。

1. 建造合同的类型

建造合同通常有两类：一类是固定造价合同，即按照固定的合同价或固定单价确定工程价款；另一类是成本加成合同，即以合同允许或其他方式议定的成本为基础，加上该成本的一定比率或定额费用确定工程价款。如某建造承包商与一客户签订合同，为客户建造一座公寓楼，合同规定建造公寓楼的总造价为3 000万元，该项合同即为固定造价合同。又如建造承包商与客户签订一建造船舶的合同，双方商定以建造该艘船舶的实际成本为基础，合同总价款以实际成本加上实际成本的1%计算确定，该项合同即为成本加成合同。

2. 合同收入的确认

合同收入包括合同中规定的初始收入以及因合同变更、索赔、奖励等形成的收入两部分。在确认建造合同收入时，首先应当判断建造合同的结果能否可靠地估计。对于固定造价合同判断的标准是同时满足四个条件：(1) 合同总收入能够可靠地计量；(2) 与合同相关的经济利益能够流入企业；(3) 在资产负债表日合同完工进度和为完成合同尚需发生的成本能够可靠地确定；(4) 为完成合同已经发生的合同成本能够清楚地区分和可靠地计量。而判断成本加成合同的结果能够可靠估计的标准是同时满足以上 (2)、(4) 两个条件。

如果建造合同的结果能够可靠地估计，应在资产负债表日根据完工百分比法确认当期的合同收入。如果建造合同的结果不能可靠地估计，应区别两种情况进行处理：(1) 合同成本能够收回的，合同收入根据能够收回的实际合同成本加以确认，合同成本在发生的当期确认为费用。(2) 合同成本不能收回的，应在发生时立即确认为费用，不确认收入。

[例 8—13] 某建筑公司签订了一项合同总金额为1 000万元的固定造价合同。合同规定的工期为三年。假设经计算第一年完工进度为 30%，第二年完工进度已达 80%，经测定前两年的合同预计总成本均为 800 万元。第三年工程全部完工，累计实际发生合同成本 750 万元。

根据完工百分比法：

第一年确认的合同收入=1 000×30%=300(万元)

第一年确认的合同毛利=(1 000−800)×30%=60(万元)

第一年确认的合同费用=300−60=240(万元)

第二年确认的合同收入=1 000×80%−300=500(万元)

第二年确认的合同毛利=(1 000−800)×80%−60=100(万元)

第二年确认的合同费用=500−100=400(万元)

第三年确认的合同收入＝1 000－(300＋500)＝200(万元)

第三年确认的合同毛利＝(1000－750)－(60＋100)＝90(万元)

第三年确认的合同费用＝200－90＝110(万元)

相应的账务处理为：

借：主营业务成本（确认的费用） 2 400 000

工程施工——毛利（确认的毛利） 600 000

贷：主营业务收入（确认的收入） 3 000 000

第二年、第三年分别按上述计算结果进行相同的账务处理。

[例 8—14] 某建筑公司与客户签订了一项总金额为 100 万元的建造合同。第一年实际发生工程成本 40 万元，双方均能履行合同规定的义务。但建筑公司在年末时对该项工程的完工进度无法可靠估计。在此情况下，该公司不能采用完工百分比法确认收入，但由于客户能够履行合同，当年发生的成本均能收回，所以公司可将当年发生的成本金额同时确认为当年的收入和费用，当年不确认利润。其账务处理如下：

借：主营业务成本 400 000

贷：主营业务收入 400 000

假设该公司当年与客户只办理价款结算 15 万元，而客户出现财务危机，其余款项可能收不回来。在此情况下，该公司只能将 15 万元确认为当年的收入，40 万元确认为当年的费用。其账务处理如下：

借：主营业务成本 400 000

贷：主营业务收入 150 000

工程施工——毛利 250 000

第二节 费 用

一、成本、费用概述

(一) 费用的定义

费用也分为狭义费用和广义费用。

狭义费用是指企业在日常活动中为了取得狭义收入而发生的耗费。

广义费用是指会计期间内经济利益的总流出，其表现形式为资产减少或负债增加而引起的所有者权益减少，但不包括与所有者分配等相关的资产减少或负债增加。

（二）费用的分类

狭义费用包括营业费用和投资损失。营业费用包括营业成本、营业税费、销售费用、管理费用和财务费用；投资损失是指企业在从事各项对外投资活动中发生的净损失（各项投资业务取得的收入小于其成本的差额）。

广义费用可以分为本年税前费用和所得税两部分。本年税前费用除了包括狭义费用外，还包括公允价值变动损失、资产减值损失和营业外支出。公允价值变动损失是指交易性金融资产等公允价值变动形成的损失；资产减值损失是指各项资产发生减值形成的损失；营业外支出是指企业在日常经营业务以外发生的支出。所得税费用是指应在会计税前利润中扣除的所得税费用。

（三）费用、成本、支出的关系

费用、成本、支出是三个既有区别又有联系的概念。

费用概念前已述及。由于广义费用要与广义收入配合起来计算利润，因而可以将其概括为期间化的耗费。

成本概念有广义和狭义之分。广义成本是指为了取得资产或达到特定目的而实际发生或应发生的价值牺牲。例如，企业为生产产品而发生的耗费是产品生产成本；企业为购建固定资产而发生的耗费为固定资产成本；企业为采购存货的耗费为存货成本；企业为提供劳务而发生的耗费为劳务成本，等等。狭义成本是指为了生产产品或提供劳务而实际发生或应发生的价值牺牲，即生产及劳务成本。这里的生产及劳务成本不仅仅是指工业生产及劳务，也包括非工业生产及劳务，如施工企业的建筑过程以及交通运输企业的劳务等。从上述成本概念可以看出，不论是广义或狭义成本概念，均将成本概括为对象化的耗费。

综上所述，可以看出，费用和成本均是对耗费按用途进行的分类。费用是对耗费按当期损益进行的归集，而成本是对耗费按对象进行的归集。

支出是指各项资产的减少，包括偿债性支出、成本性支出、费用性支出和权益性支出。偿债性支出是指用现金资产或非现金资产偿付各项债务的支出，引起资产和负债同时减少，如用银行存款偿还短期借款等；成本性支出是指某一项现金资产或非现金资产的减少而引起另一项资产增加支出，使资产总额保持不变，如用银行存款购入固定资产等；费用性支出是指某一项现金资产或非现金资产的减少而引起费用增加支出，使资产与利润同时减少，如银行存款支付广告费等；权益性支出是指某一项现金资产或非现金资产的减少而引起除利润以外其他所有者权益项目减少的支出，使资产与所有者权益同时减少，如用银行存款分配现金股利等。需要指出的是，并非所有资产的减少都属于支出。例如从银行提取现金，银行存款的减少并非支出，只是货币资金形态度转变；又如，收回应收账款存入银行，应收账款的减少也不属于支出，只是债权的收回。

支出与费用、成本之间的关系可以概括为：支出是指资产的减少，不仅包括费用性支出和成本性支出，还包括其他支出；费用是一种引起利润减少的耗费，费用性支出形成费用，然而费用中还包括未形成支出的耗费，如预提的利息费用等；成本是一种对象化的耗费，成本性支出形成成本，然而成本中也包括未形成支出的费用，如生产车间预提固定资产修理费等。

二、生产成本费用的核算

（一）账户设置

生产成本费用核算需要设置“生产成本”、“制造费用”、“应付职工薪酬”、“待摊费用”、“预提费用”、“累计折旧”和“库存商品”等账户。

“生产成本”账户用来核算生产产品而发生的各项费用。借方登记本期发生的全部生产费用，包括生产产品所消耗的材料费用，生产工人的工资和应付福利费以及应分摊的制造费用；贷方登记已经生产完工并验收入库而转出的产成品成本；期末余额在借方，表示尚未完工产品的生产成本。为了正确确定各种产品的总成本和单位成本，企业必须按产品的品种设置明细账进行明细分类核算。

“制造费用”账户用来核算企业产品生产过程中不能直接计入“生产成本”账户的各项间接生产费用，即企业生产车间为管理和组织生产而发生的各项费用。该账户的借方登记当期发生的制造费用；贷方登记按一定标准分配转入“生产成本”账户借方，由各种产品负担的制造费用；期末结转后该账户应无余额。

“待摊费用”账户用来核算企业已经支付，但应由本期和以后各期分别负担的，分摊期在一年以内的各项费用，如低值易耗品摊销、预付财产保险费等。该账户借方登记已经支付或发生的各项费用；贷方登记实际分摊的应转入本期生产成本或期间费用的待摊费用；期末余额在借方，表示已经支付或发生但尚未摊销的待摊费用。摊销期超过一年的待摊费用，如固定资产大修理支出、租入固定资产的改良支出等，应通过“长期待摊费用”账户核算。

“预提费用”账户用来核算从成本费用中预先提取但本期尚未支付的费用，如预提的固定资产修理费用、银行借款利息等。贷方登记按照规定预先提取的应计入当期成本费用的预提费用数额；借方登记实际支付的预提费用数额；期末余额在贷方，表示已经提取但尚未支付的预提费用数额。

（二）生产费用核算的原则

企业发生材料、动力、工资等各种要素费用时，应按其经济用途，分别列入不同的账户：

（1）对于直接用于产品生产的费用，发生时记入成本计算对象并记入专门开设的成本项目中。如构成产品实体的原材料费用，应单独记入“生产成本”成本计算单相应的“直接材料费用”成本项目；分配的生产工人工资及福利费，应单独记入“生产成本”成本计算单相应的“直接人工费用”成本项目内。对于几种产品共同耗用同一种费用的，一般应按各产品的耗用比例先行分配，然后再记入相应的成本项目。

（2）对于用于产品生产但没有专门设立成本项目的各项费用，如生产车间机器设备的折旧费、车间管理人员的工资及福利费、车间机物料消耗等，应列入“制造费用”账户借方予以归集，月终时，再分配转入“生产成本”成本计算单相应的“制造费用”成本项目。

（3）对于用于产品销售的费用、用于管理和组织生产经营活动的费用以及用于筹集生产经营资金的费用，则应分别记入“销售费用”、“管理费用”和“财务费用”等账户的借方进行归集。

（三）生产成本费用的核算

生产成本费用的核算包括直接材料费用、直接人工费用、制造费用的核算。现以甲工厂 2002 年 9 月份发生的有关经济业务为例，说明其核算方法。

1. 材料费用的核算

直接用于产品生产发生的材料费用叫直接生产费用。如果是生产一种产品发生的材料费用，可直接计入该产品“生产成本”账户下的“直接材料费用”成本项目。如果是生产几种产品共同发生的材料费用，可分配计入各种产品“生产成本”账户下的“直接材料费用”成本项目。材料费用在各种产品之间的分配可以采用材料定额耗用量分配法、材料定额费用分配法、重量比例分配法、实际产量分配法、标准产量分配法，等等；车间一般消耗发生的材料费用计入“制造费用”总账及其所属的明细账；企业行政管理部门发生的材料费用计入“管理费用”总账及其所属的明细账等等。

［**例 8—15**］　仓库部门编制的本月“发出材料汇总表”显示：生产 A 产品耗用材料22 800元，B 产品耗用材料19 200元，车间一般性消耗材料2 400元，共计耗用材料44 400元。

上述领用材料的经济业务，应编制如下会计分录：

借：生产成本——A 产品	22 800	
生产成本——B 产品	19 200	
制造费用	2 400	
贷：原材料		44 400

2. 工资和应付福利费的核算

从事产品生产的工人工资，计入产品的生产成本；车间管理人员的工资，先计入“制造费用”科目，月末再分配计入产品成本；企业行政管理人员的工资，计入“管理费用”科目，月末结转“本年利润”科目；工程建设人员的工资计入工程成本，即计入“在建工程”科目。

在计时工资形式下，如果车间只生产一种产品，则生产该产品的工人工资可直接计入该产品成本；如果车间生产多种产品，则生产工人工资应按一定的分配标准分配计入各种产品成本。通常采用生产工时（实际或定额）作为分配标准。

［**例 8—16**］　工厂根据职工劳动时间和生产产品数量的有关记录，计算出应付工资数额为：生产 A 产品的工人工资7 920元，生产 B 产品的工人工资6 000元，车间管理和工程技术人员的工资2 400元。共计应付工资总额16 320元。

根据企业本月计算的应付工资数额，应编制如下会计分录：

借：生产成本——A 产品	7 920	
生产成本——B 产品	6 000	
制造费用	2 400	
贷：应付职工薪酬——工资		16 320

按照国家规定，企业应按工资总额的一定比例（现行规定为 14%）从成本费用中计提职工福利费，用于职工的个人福利开支，如企业医务福利人员工资、职工困难补助、医疗费等。允许企业将计提的福利费计入成本费用，这是

国家执行的一项福利政策。计提职工福利费计入的成本费用科目与工资费用分配计入的成本费用科目是一样的，即按职工的工作岗位确定。但按医务福利部门人员工资计提的职工福利费不应在职工福利费列支，而应在管理费用中开支，其会计分录为："借：管理费用；贷：应付职工薪酬——福利费"。

[例 8—17] 接例 8—16，根据我国现行制度的有关规定，按工资总额的14%计提职工福利费。

会计分录为：

借：生产成本——A 产品　　1 108.80

　　生产成本——B 产品　　840.00

　　制造费用　　336.00

　贷：应付职工薪酬——福利费　　2 284.80

[例 8—18] 从银行提取现金16 320元，直接发放职工资，会计分录为：

借：应付职工薪酬——工资　　16 320

　贷：银行存款　　16 320

3. 制造费用的核算

制造费用是指工业企业为生产产品而发生的、应计入产品成本，但是在产品成本明细账上没有专设成本项目的费用。制造费用的费用项目一般包括工资及福利费、折旧费、修理费、租赁费（不包括融资租赁费）、保险费、机物料消耗、低值易耗品摊销、运输费、取暖费、水电费、劳动保护费、生产车间办公费、差旅费、设计制图费、试验检验费、在产品盘亏、毁损和报废（减盘盈）、季节性及修理期间的停工损失等。

制造费用的归集和分配通过"制造费用"科目来进行的。发生制造费用时，借记"制造费用"科目，贷记"银行存款"、"原材料"、"应付职工薪酬"、"累计折旧"、"待摊费用"、"预提费用"等科目。分配制造费用时，借："生产成本——××产品"，贷："制造费用"。

若一个生产车间只生产一种产品，则该车间发生的制造费用可直接计入该产品的成本。若一个车间生产的产品不止一种，则该车间发生的制造费用应采用一定的分配标准分配计入各种产品的成本。制造费用的分配方法包括：生产工时比例分配法、机器工时比例分配法、生产工人工资比例分配法和按年度计划分配率分配法。

[例 8—19] 用银行存款支付本月各车间水电费1 600元。会计分录为：

借：制造费用　　1 600

贷：银行存款 1600

［例 8—20］ 某车间技术人员出差送检新产品，预借差旅费 240 元，以现金付讫。

会计分录为：

借：其他应收款——×× 240

贷：库存现金 240

［例 8—21］ 摊销上年已预付的全年报纸杂志费1 200元，本月生产车间应摊销 100 元。会计分录为：

借：制造费用 100

贷：待摊费用 100

［例 8—22］ 车间技术员××出差后回厂，经审核有关单据，应报销差旅费 180 元，余款 60 元如数退回现金。会计分录为：

借：制造费用 180

库存现金 60

贷：其他应收款——×× 240

［例 8—23］ 月末，预提车间固定资产大修理费用 180 元。

为了保证机器设备的正常运转及延长其使用寿命，需要经常性地进行维护和修理。其中，修理费用大、间隔期间长、具有局部更新性质的修理，称为固定资产大修理。为了积累足够的资金满足修理业务，以及保持各期修理费用的均衡性，企业可以采取先预提大修理费用的办法。根据预提修理费用的有关凭证，编制如下会计分录：

借：制造费用 180

贷：预提费用 180

［例 8—24］ 月末，计提本月生产车间固定资产折旧费1 500元。

固定资产是工业企业的主要劳动资料，如厂房、机器设备、运输工具等。在企业生产经营活动过程中，固定资产的实物形态虽然保持不变，但其价值却伴随着生产经营活动的进行逐渐地转移到产品的生产成本之中。固定资产因磨损而不断损耗的价值称为折旧，转入产品生产成本中的固定资产磨损价值称为折旧费用。根据计提折旧费用的有关计算凭证，编制如下会计分录：

借：制造费用 1 500

贷：累计折旧 1 500

［例 8—25］ 月末，将本月发生的制造费用8 696元，分配计入产品生产

成本。

制造费用是产品成本的组成部分，一般在月末将已发生的全部制造费用采用一定的方法分配计入产品生产成本。本企业按实际人工工时分配制造费用，其中A产品7 200小时，B产品4 800小时。计算过程和结果为：

制造费用分配率＝8 696÷（7 200＋4 800）＝0.72（元/工时）

A产品应负担的制造费用＝0.72×7 200＝5 184（元）

B产品应负担的制造费用＝8 696—5 184＝3 512（元）

分配制造费用的会计分录为：

借：生产成本——A产品	5 184	
生产成本——B产品	3 512	
贷：制造费用		8 696

（四）产品生产成本的计算

成本计算是会计核算的主要内容之一。进行产品生产成本计算，就是将企业生产过程中为制造产品所发生的各种费用，按照所生产产品的品种（即成本计算对象）进行分配和归集，计算各种产品的总成本和单位成本。计算产品生产成本，既为入库产成品提供了计价的依据，也是确定各会计期间盈亏的需要。

1. 产品生产成本计算的一般程序

（1）确定成本计算对象。进行成本计算，首先要确定成本计算对象。所谓成本计算对象，就是指生产费用归属的对象，即通常所说的计算什么的成本。例如要计算各种产品的成本，那么产品品种就是成本计算对象。成本计算对象的确定，是设置产品成本明细账（或称成本计算单），归集生产费用，正确计算产品成本的前提。不同类型的企业由于生产特点和管理要求不同，成本计算对象也不一样，而不同的成本计算对象又决定了不同成本计算方法的特点。但是，不论采用哪种方法，最终都要按照产品品种算出产品成本，因而按照产品品种计算成本，是产品成本计算的最基本方法。

（2）按成本项目分配和归集生产费用。计入产品成本的生产费用在生产过程中的用途是不同的。有的直接用于产品生产，如原材料、生产工人工资，有的间接用于产品生产，如制造费用。为了具体地反映计入产品成本的生产费用的各种用途和产品成本的构成，还应该进一步划分为若干项目，即产品成本项目，也就是说，计入产品成本的生产费用，还应进一步按成本项目进行归集，计算成本。

工业企业一般设立以下三个成本项目：直接材料、直接人工和制造费用。

产品成本明细账就是按照上述成本项目设置专栏或专行，用来归集应计入各种产品的生产费用。

在以产品品种为成本计算对象的企业或车间，如果只生产一种产品，计算产品成本时，只需为这种产品开设一本明细账，账内按照成本项目设立专栏或专行。在这种情况下，发生的生产费用全部都是直接计入的生产费用，可以直接计入产品成本明细账，而不存在在各成本计算对象之间分配费用的问题。如果生产的产品不止一种，就应按照产品品种分别开设产品成本明细账，发生的费用中，凡能分得清为哪种产品所消耗的，应根据有关凭证直接计入该种产品成本明细账；凡分不清的，如制造费用或几种产品共同耗用的某种原材料费用、生产工人的计时工资等，则应采取适当的分配方法在各成本计算对象之间进行分配，然后计入各产品成本明细账。由于前面已阐述，兹不赘述。

(3) 计算产品生产成本。如果月末某种产品全部完工，该种产品成本明细账所归集的费用总额，就是该种完工产品的总成本，其除以该种产品的总产量即可计算出该种产品的单位成本；如果月末某种产品全部未完工，该种产品成本明细账所归集的费用总额，就是该种产品在产品的总成本；如果月末某种产品一部分完工一部分未完工，这时，归集在产品成本明细账中的费用总额，还要采用适当的分配方法在完工产品和在产品之间进行分配，然后才能计算出完工产品的总成本和单位成本。生产费用如何在完工产品和在产品之间进行分配，是成本计算中的一个既重要而又复杂的问题，关于这方面的问题将在成本会计课程中详细讲述。

承例 8—25，假定月末 A 产品全部完工、B 产品全部未完工。将前面所述的有关产品生产的各项费用直接计入或分配计入 A、B 两种产品的成本明细账（见表 8—2、表 8—3）之后，即可据以计算出 A 种产品的完工产品成本和 B 种产品的在产品成本。

表 8—2　　产品成本明细账

产品名称：A 产品　　单位：元

项目	产量（件）	直接材料	直接人工	制造费用	合计
本月生产费用		22 800	9 028.80	5 184	37 012.80
结转完工产品成本		22 800	9 028.80	5 184	37 012.80
完工产品单位成本	10	2 280	902.88	518.4	3 701.28

表 8—3　　产品成本明细账

产品名称：B产品　　单位：元

项目	产量	直接材料	直接人工	制造费用	合计
本月生产费用		19 200	6 840	3 512	29 552
月末在产品成本		19 200	6 840	3 512	29 552

[例 8—26] 月末，计算并结转已完工入库产品的实际生产成本37 012.80元。

应编制如下会计分录：

借：产成品——A　　37 012.80

　　贷：生产成本——A　　37 012.80

三、销售费用、管理费用和财务费用的核算

（一）销售费用、管理费用和财务费用的内容

期间费用是指发生的期间易于明确，而应归属于什么成本计算对象不易明确的费用。其在发生的当期直接列入该期损益，与产品成本计算无关。期间费用包括管理费用、营业费用和财务费用。

管理费用是指企业行政管理部门为组织和管理生产经营活动而发生的各种费用。其内容包括：企业的董事会和行政管理部门在企业的经营管理中发生的，或者应当由企业统一负担的公司经费（包括行政管理部门职工工资、物料消耗、低值易耗品摊销、办公费和差旅费等）、业务招待费、咨询费、诉讼费、印花税、土地使用税、车船使用税、房产税、技术转让费、矿产资源补偿费、排污费、董事会费等。

销售费用是指企业在销售产品，自制半成品和工业性劳务等过程中发生的各项费用以及专设销售机构的各项经费。其内容包括：包装费、运输费、装卸费、保险费、展览费、广告费以及企业为销售产品而专设的销售机构（含销售网点、售后服务网点等）的职工工资及福利费、类似工资性质的费用、业务费等费用。

财务费用是指企业筹集生产经营所需资金而发生的费用。其内容包括：利息支出（减利息收入）、汇兑损失（减汇兑收益）、借款手续费及其他筹资费用。为购建固定资产而专门借款所发生的借款费用，在固定资产达到预定可使

用状态前按规定应予以资本化的部分，不作为财务费用核算。

(二) 期间费用的核算

企业为了核算各种期间费用的发生与结转情况，应设置“销售费用”、“管理费用”、“财务费用”三个账户。该类账户的借方登记费用的发生数额，贷方登记期末转入“本年利润”账户的数额，结转后期末无余额。

1. 直接支付费用的核算

直接支付费用的核算，是指以货币资金支付费用，并形成相应期间费用的核算方式。如开支办公费、业务招待费、支付销售费用等。

[例 8—27] 某工厂 2006 年 10 月 5 日用现金支付 600 元的办公用品费。会计分录如下：

借：管理费用——办公费　　600

　贷：库存现金　　600

2. 转账摊销费用的核算

转账摊销费用的核算，是指通过转账结转某些资产损耗费所形成的期间费用的核算方式。在核算上又有资产备抵转账摊销方式和非备抵转账摊销方式两种，前者如固定资产折旧、计提坏账准备等；后者如无形资产摊销、包装物摊销等。

[例 8—28] 某工厂 2006 年 8 月 1 日接受投资的专利权 24 万元，分 10 年摊销，每年摊销 2.4 万元，各月摊销额为2 000元。编制会计分录如下：

借：管理费用——无形资产摊销　　2 000

　贷：累计摊销　　2 000

3. 已付待摊费用的核算

已付待摊的核算是指依据权责发生制的原则，对支付金额过大，需在当期及以后各期平均摊销费用的核算方式。如对推销费用、广告费用摊销等。

[例 8—29] 某工厂 2006 年 1 月 2 日支付全年的产品电视广告费 12 万元，由本年 12 个月分别负担。编制有关会计分录如下：

(1) 支付款项时

借：待摊费用——广告费　　120 000

　贷：银行存款　　120 000

(2) 1～12 月每月月末，摊销应由本月负担的广告费。会计分录如下：

借：销售费用——广告费　　10 000

　贷：待摊费用——广告费　　10 000

4. 预提应付费用的核算

预提应付费用的核算，是指因依据权责发生制的原则，需预先计入费用，但尚未实际支付款项时所采用的核算方式。如预提借款利息、预提有关应付费用等。

[例 8—30] 某工厂 2006 年 9 月 30 日按月计提短期借款利息8 000元。编制会计分录如下：

借：财务费用　　8 000

　贷：预提费用　　8 000

第三节　利　润

一、利润概述

利润也称为净利润或净收益。

从狭义的收入、费用来讲，利润包括收入与费用的差额，以及其他直接计入损益的利得、损失。

从广义的收入、费用来讲，利润是指收入与费用的差额。

利润按其形成过程，分为税前利润和税后利润。税前利润也称利润总额；税前利润减去所得税费用，即为税后利润，也称净利润。

营业利润＝营业收入－营业成本－营业税金及附加－销售费用
　　　　－管理费用－财务费用－资产减值损失＋公允价值变动收益
　　　　＋投资收益

利润总额＝营业利润＋营业外收入－营业外支出

净利润＝利润总额－所得税费用

二、利润形成的核算

(一) 账户设置

为了核算实现的利润或发生的亏损，企业应设置“本年利润”账户，以及

“投资收益”、“营业外收入”、“营业外支出”、“所得税”账户。

“本年利润”账户是将收入与费用进行配比的财务成果账户，按经济内容分类时它属于所有者权益账户。一个会计期间终了，企业应将各收入和收益类账户的余额转入“本年利润”账户的贷方，将各成本费用类账户的期末余额转入“本年利润”账户的借方。转账后，“本年利润”账户若为贷方余额，反映本年度自年初开始累计实现的净利润；若为借方余额，反映本年度自年初开始累计发生的净亏损。本年度终了，应将“本年利润”账户的全部累计余额转入“利润分配”账户。若为净利润，借记“本年利润”账户，贷记“利润分配”账户；若为净亏损，编制相反的会计分录。本年度结账后，该账户应无余额。

“投资收益”账户属于损益类账户，贷方登记对外投资取得的收益，借方登记对外投资发生的亏损。企业出售股票等取得收益时，借记“银行存款”、“应收股利”等账户，贷记“投资收益”账户；如果发生亏损，则借记“投资收益”账户，贷记有关账户，期末贷方余额表示当期取得的投资收益，将其转入“本年利润”账户的贷方；若为借方余额则表示发生的投资亏损，将其转入“本年利润”账户的借方，结转后该账户应无余额。

“营业外收入”账户属于损益类账户，用于核算企业发生的与生产经营活动无直接关系的各项收入，如盘盈固定资产的净值、处置固定资产的净收益。发生各项营业外收入时，记入该账户的贷方，期末将其累计余额转入“本年利润”账户的贷方，结转后该账户应无余额。

“营业外支出”账户属于损益类账户，用于核算企业发生的与生产经营活动无直接关系的各项支出，如盘亏固定资产的净值、处置固定资产的净损失、各种自然灾害引起的非常损失等。发生各项营业外支出时，记入该账户的借方，期末将其累计余额转入“本年利润”账户的借方，结转后该账户应无余额。

“所得税费用”账户属于损益类账户，用于核算企业按当期应税所得计算的所得税费用。该账户的借方登记应从当期利润总额中扣除的所得税费用，贷方登记期末转入“本年利润”账户的金额，结转后该账户应无余额。

（二）利润形成的核算

期末结转本年利润时，有关账务处理如下：

（1）将主营业务收入、其他业务收入、营业外收入等账户的期末余额，分别转入“本年利润”账户的贷方，借记“主营业务收入”、“其他业务收入”、“营业外收入”等科目，贷记“本年利润”科目。

（2）将主营业务成本、营业税金及附加、其他业务成本、销售费用、管理费用、财务费用、营业外支出、所得税等账户的期末余额，分别转入“本年利润”账户的借方，借记“本年利润”科目，贷记“主营业务成本”、“营业税金及附加”、“其他业务成本”、“销售费用”、“管理费用”、“财务费用”、“营业外支出”、“所得税”等科目。

（3）将“投资收益”账户的净收益，转入“本年利润”账户的贷方，借记“投资收益”科目，贷记“本年利润”科目。如为净损失，则作相反会计分录。

［例 8—31］ 甲企业收到 A 公司发放的现金股利2 888元，款项收存银行。会计分录为：

借：银行存款 2 888

　贷：投资收益 2 888

［例 8—32］ 甲企业本月盘亏固定资产的净值1 500元，经批准，列作营业外支出。会计分录为：

借：营业外支出 1 500

　贷：待处理财产损溢 1 500

［例 8—33］ 甲企业向 A 公司转让一项专利权，转让作价21 820元，专利权账面余额为21 000，相关税费不计。会计分录为；

借：银行存款 21 820

　贷：无形资产 21 000

　　营业外收入 802

［例 8—34］ 假设甲企业本月实现主营业务收入223 000元、其他业务收入58 000元、投资收益2 888元、营业外收入 820 元；发生主营业务成本119 400元、其他业务成本44 958元、营业税金及附加22 300元、销售费用7 130元、管理费用4 704元、财务费用 400 元、营业外支出1 500元，予以转账。

结转各项收入和收益的会计分录为：

借：主营业务收入 223 000

　其他业务收入 58 000

　投资收益 2 888

　营业外收入 820

　贷：本年利润 284 708

结转各项费用和支出的会计分录为：

借：本年利润　　200 392
　贷：主营业务成本　　119 400
　　其他业务成本　　44 958
　　营业税金及附加　　22 300
　　销售费用　　7 130
　　管理费用　　4 704
　　财务费用　　400
　　营业外支出　　1 500

[例 8—35]　甲企业本月实现利润总额84 316元（=284 708－200 392），未发生纳税调整项目，该企业所得税税率为 33%，本月应交纳所得税27 824.28元（=84 316×33%）。会计分录为：

借：所得税费用　　27 824.28
　贷：应交税费——应交所得税　　27 824.28

结转所得税费用时，会计分录为：

借：本年利润　　27 824.28
　贷：所得税　　27 824.28

三、利润分配的核算

企业实现的利润总额，扣除所得税费用以后，就是企业的净利润。企业实现的净利润，应按规定的程序和办法进行分配。主要的分配内容有：提取盈余公积、向投资者分配股利等。

为了核算利润分配的过程、去向和结果，企业应设置“利润分配”账户。该账户属于所有者权益账户，也是“本年利润”的调整账户。账户的借方平时登记已分配的利润数额，贷方登记年终从“本年利润”账户转来的全年实现的净利润额。该账户的年末贷方余额为企业的未分配利润，年末若为借方余额则为企业的未弥补亏损。企业提取盈余公积、计算应付股利时，借记“利润分配”账户，贷记“盈余公积”、“应付股利”账户。年终将全年实现的净利润转入时，借记“本年利润”账户，贷记“利润分配”账户；如果当年为亏损，则编制相反的会计分录。

“盈余公积”账户是所有者权益类账户，用于核算企业从当年实现的净利润中提取的盈余公积及其使用情况。提取盈余公积时，记入该账户的贷方；用盈余公积弥补亏损或转增资本时，记入该账户的借方；期末余额在贷方，表示提取盈余公积的结余数。

“应付股利”账户是负债类账户，用于核算应支付给投资者的股利。企业按规定计算出应支付给投资者的股利时，记入该账户的贷方；实际发放股利时，记入该账户的借方；期末余额一般在贷方，表示尚未支付的股利。

[例 8—36] 甲企业本月实现净利润56 491.72元，按国家规定比例提取10%的法定盈余公积金。会计分录为：

借：利润分配——提取法定盈余公积 5 649.17

贷：盈余公积——法定盈余公积 5 649.17

[例 8—37] 根据利润分配方案，计算出应分配给投资者的股利为3 390元。会计分录为：

借：利润分配——应付股利 3 390

贷：应付股利 3 390

[例 8—38] 年末，结转全年实现的净利润1 500 000元，会计分录为：

借：本年利润 1 500 000

贷：利润分配 1 500 000

将记入“利润分配”账户贷方的本年实现的净利润与记入“利润分配”账户借方的本年实际分配的利润额进行对比，如果余额在贷方，表示年末未分配利润数额；如果余额在借方，表示未弥补亏损数额。

【本章小结】

狭义的收入包括营业收入和投资收益。一般行业和一般条件下确认收入的原则是同时符合四个条件，特殊行业和特殊业务以一般行业的确认标准为依据，考虑自身特点确认收入。

费用与成本既有联系也有区别，两者的区别具体表现为成本是对象化了的费用，费用是成本的构成要素；二者与会计期间的联系不同；两者的联系表现在成本与费用在一定的业务范围内可以相互转化。

狭义的费用包括营业成本、营业税费、管理费用、销售费用、财务费用和投资损失。

利润包括营业利润、利润总额和净利润，本年净利润与年初未分配利润构成可供分配的利润用于利润分配。

【复习思考题】

1. 如何理解收入？收入的特征有哪些？怎样判断收入和利得？

2. 确认收入的条件有哪些？怎样理解？

3. 怎样确认跨年度劳务收入？

4. 什么是费用？什么是成本？费用和成本有哪些联系和区别？

5. 怎样进行生产成本费用的核算？

6. 利润是怎样构成的？怎样进行利润实现、利润分配的核算？

7. 东方股份有限公司（以下简称东方公司）为增值税一般纳税人，适用的增值税税率为17%，适用的所得税税率为33%，销售单价除标明为含税单价外，均为不含增值税价格。东方公司按单项存货计提跌价准备。该2003年12月发生以下经济业务：

（1）12月3日，向甲企业赊销A产品100件，单价为2 000元，单位销售成本为1 000元。

（2）12月10日，以分期收款销售方式向乙企业销售B产品10件，单价为800元，单位销售成本为500元，根据分期收款销售合同，该销售价款分四次平均收回，每三个月收款一次，第一次应收取的款项已于当日如数收存银行。

（3）12月15日，向丙企业销售材料一批，价款为10 000元，该材料发出成本为6 000元，当日收取面值为11 700元的商业承兑汇票一张。

（4）12月18日，丁企业要求退回11月20日购买的10件A产品，该产品单价为2 000元，单位销售成本为1 000元，其销售收入20 000元已确认入账，价款尚未收取，经查明退货原因系发货错误，同意丁企业退货，并办理退货手续和开具红字增值税专用发票。东方公司收到退回的货物。

（5）12月20日，收到外单位租用本公司办公用房下一年度租金60 000元，款项已收存银行。

(6) 12 月 21 日，甲企业来函提出 12 月 3 日购买的 A 产品质量不完全合格，经协商同意按销售价款的 10%给予折让，东方公司开具红字增值税专用发票，剩余款项收到存入银行。

(7) 委托戊企业销售 A 产品 100 件，协议价为每件2 000元，该产品单位成本为1 000元，东方公司收到戊企业开来的代销清单，代销清单上注明戊企业已销售 A 产品 20 件。东方公司尚来收到款项。

(8) 接受神州公司的委托，代其销售 E 产品 100 件，按售价的 10%收取手续费。E 产品每件的协议价为 200 元，东方公司已将受托的 E 产品按每件 200 元全部售出，并同时收到款项，东方公司向神州公司开出代销清单，并收到神州公司开具的增值税专用发票。东方公司将手续费扣除后，将剩余款项归还给神州公司。

要求：根据以上经济业务编制会计分录。

8. 甲企业 2003 年 9 月份发生以下有关经济业务：

(1) 5 日，水灾造成产成品损失4 000元，保险公司赔偿3 000元，款项收存银行，另外1 000元经批准列作营业外支出。

(2) 30 日，本月主营业务收入180 000元，其他业务收入6 000元，营业外收入15 000元，投资收益10 000元。发生的成本费用为：主营业务成本84 000元，主营业务税金及附加12 000元，营业费用7 500元，管理费用7 400元，财务费用 900 元，其他业务支出4 000元，营业外支出1 800元，结转到“本年利润”账户。

(3) 30 日，对本月实现的利润总额93 400元，按 33%的所得税税率计算和结转应交所得税。

(4) 30 日，按税后利润的 10%、5%提取法定盈余公积和公益金。

(5) 30 日，以税后利润的 50%向投资者分配，款项待次月支付。

根据上述经济业务编制会计分录；

9. 某工厂 2003 年 9 月份发生以下有关经济业务：

(1) 1 日，生产产品领用材料30 000元。其中：A 产品耗用20 000元，B 产品耗用10 000元。用于车间维修的材料1 000元，用于厂部维修及后勤管理部门的材料3 000元。

(2) 10 日，本月工资结算汇总表列示的应付工资额为：生产产品工人工资8 000元，其中：A 产品工人工资6 000元，B 产品工人工资2 000元；车间管理人员工资1 800元，厂部管理人员及工程技术人员工资3 000元；专设销售机构人员的工资1 300元。

(3) 10日，从银行提取现金14 100元，准备发放工资。

(4) 10日，用现金14 100元发放职工工资。

(5) 12日，按工资总额的14%计提职工福利费。

(6) 20日，用现金300元购买办公用品一批，由有关办公部门办理手续直接领用。

(7) 22日，用银行存款向保险公司支付本月财产保险费2 000元。其中车间负担1 200元，厂部负担800元。

(8) 25日，用现金支付某修理厂本月修理费用980元。其中，生产车间应负担400元，厂部负担580元。

(9) 26日，摊销应由本月负担的报纸杂志费200元，全部由厂部负担。

(10) 26日，用银行存款支付上季度已预提的银行借款利息6 000元。

(11) 28日，按合同规定，以银行存款900元预付兴业集团公司第四季度房屋租金。

(12) 28日，计提本月固定资产折旧费5 000元，其中生产车间固定资产折旧费3 000元，厂部固定资产折旧费2 000元。

(13) 30日，按生产工人工资比例分配和结转本月制造费用。

(14) 30日，A、B产品各1 000千克均系当月投产，全部生产完工并验收入库。计算和结转完工产品成本。

要求：根据上述经济业务编制会计分录。

第三篇

财务报表编制与分析

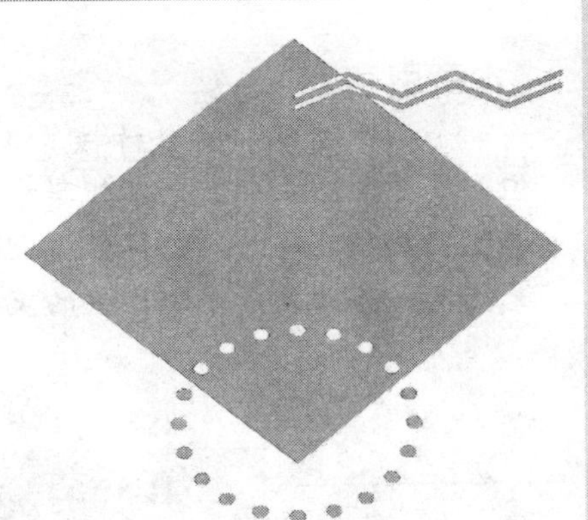

第九章
财务报表编制

【本章要点】

- 财务报表概述；
- 利润表的作用与编制；
- 资产负债表的作用与编制；
- 现金流量表的作用与编制；
- 所有者权益变动表的作用与编制；
- 财务报表附注的内容。

【本章引言】

企业通过日常的会计核算工作，将经济业务分类、系统地登入账簿，但账簿记录独立分散，不能集中反映该会计期间的财务状况和经营成果的全貌。所以，有必要根据账簿记录，编制会计报表，并辅以注释说明，补充揭示财务报表中无法反映的重要信息，满足信息使用者的需求。

第一节　财务报表概述

一、财务报表的内容

财务报表是综合反映企业一定时期财务状况、经营成果以及现金流量情况的书面文件，是对企业财务状况、经营成果和现金流量的结构性描述。主要由财务报表和财务报表附注组成。

财务报表是以企业的会计凭证、会计账簿和其他会计资料为依据，按照规定的格式、内容和填制要求定期编制并对外报送的书面报告文件，它是以货币为计量单位总括地反映企业财务状况、经营成果和现金流量的报告文件。企业通过日常的会计核算工作，将经济业务分类、系统地登入账簿。在账簿中记录会计信息虽然比会计凭证所反映的信息更加条理化、系统化，但账簿记录独立分散，不能集中反映该会计期间的财务状况和经营成果的全貌。所以，有必要根据账簿记录，编制会计报表，并辅以注释说明，补充揭示财务报表中无法反映的重要信息，满足信息使用者的需求。

财务报表至少应当包括下列组成部分：资产负债表、利润表、现金流量表、所有者权益（或股东权益）变动表、附注等。资产负债表是指反映企业在某一特定日期的财务状况的报表，通过提供资产负债表可以反映企业在某一特定日期所拥有或控制的经济资源、所承担的现时义务和所有者对净资产的要求权。利润表是指反映企业在一定会计期间的经营成果的报表，通过提供利润表可以反映企业在一定会计期间收入、费用、利润或亏损的数额构成情况。现金流量表是反映企业在一定会计期间现金和现金等价物流入和流出的报表，通过现金流量表可以为报表使用者提供企业一定会计期间内现金和现金等价物流入和流出的信息。所有者权益（或股东权益）变动表全面反映企业的股东权益在年度内的变化情况，便于会计信息使用者深入分析企业股东权益的增减变化情况。

财务报表附注是财务报告中不可缺少的部分，是对财务报表本身难以充分表达或无法表达的内容和项目，以另一种形式所作的补充说明和详细解释，有助于报表使用者更好地了解会计报表且可以随同财务报表一同报出的重要信息。附注是对在资产负债表、利润表、现金流量表和所有者权益变动表等报表中列示项目的文字描述或明细资料，以及对未能在这些报表中列示项目的说明等。

二、财务报表的分类

财务报表可以按不同标准分类。

（一）按反映内容分类

按报表反映的内容，可分为动态报表和静态报表。动态报表是反映企业一定期间经营情况或现金流量情况的报表，如利润表和现金流量表；静态报表是反映企业一定时点资产、负债和所有者权益状况的报表，如资产负债表。

（二）按编报时间分类

按报表的编报时间，可分为月报、季报、半年报和年报。月报要求简明扼要、及时反映，除特别重大的事项外，可不提供注释；年报要求充分揭示、全面反映；半年报提供的信息比年报略为简化；季报的会计信息详尽程度介于月报和年报之间。

（三）按编制单位分类

按报表的编制单位，可分为单位报表和汇总报表。单位报表是指由企业在自身会计核算基础上对账簿记录进行加工而编制的会计报表，主要用以反映企业自身的财务状况、经营成果和现金流量情况；汇总报表是指根据所属单位报送的会计报表，连同本单位会计报表汇总编制的综合性会计报表。

（四）按服务对象分类

按报表的服务对象，可分为内部报表和外部报表。内部报表是指为适应企业内部经营管理需要而编制的不对外公布的会计报表，它一般不需要规定统一的格式，也没有统一的指标体系；外部报表则是指企业向外提供的会计报表，称财务报表，主要供投资者、债权、政府部门和社会公众等使用，通常有统一的格式和规定的指标体系。

（五）按编报主体分类

按报表的编报会计主体的不同，可分为个别财务报表和合并财务报表。个别财务报表是指只反映单一企业本身的财务状况和经营情况的会计报表，包括对内和对外会计报表。合并财务报表是指将母公司和其投资总额占被投资企业的资本总额的50%以上（不含50%），或虽然占该单位注册资本总额不足50%但具有实质控制权的子公司作为一个完整的会计主体，综合反映该会计主体的财务状况、经营成果和现金流动情况的会计报表。合并财务报表一般只编制对外报送的财务报表。

三、财务报表编制的基本要求

为了实现会计报表的编制目的，最大限度地满足信息使用者的信息需求，保证会计报表及时、准确、完整地反映企业的财务状况和经营成果，企业在编制会计报表时应做到真实可靠、相关可比、全面完整、编报及时和便于理解。

（一）客观性

财务报表必须根据核实无误的账簿记录来编制，不得弄虚作假，必须如实反映企业的财务状况、经营成果和现金流量情况，即报表各项目的数据必须建立在真实可靠的基础上，以免误导信息使用者。企业财务报表所填列的数字必须真实可靠，能准确反映企业的财务状况和经营成果。不得以估计数字填列财务报表，更不得弄虚作假、篡改或伪造数字。

（二）相关性

财务报表应该向信息使用者提供与决策相关的信息，并且便于信息使用者作出不同企业间、不同时期间的分析比较，从而使信息使用者了解企业的发展趋势及其在同行业中的地位，为信息使用者的决策服务。

（三）充分披露

为了保证会计报表的全面完整，企业应按照有关准则、制度规定的格式和内容填写，不得漏编漏报，力求充分揭示。企业必须按照有关法律、法规的规定，编制和报送各种报表，不得缺表；每张报表的具体项目要完整，不得遗漏，更不能隐瞒；对于某些资料如果报表的主体部分容纳不下的，可以写入括号内，或利用附注、附表加以说明，以保证会计信息的充分披露和内容的完整性。

（四）及时性

会计信息具有很强的时效性，再完整、真实的报表一旦失去时效，也就失去了价值，所以会计报表必须及时编制、及时呈送，以利于信息使用者的使用。按企业会计准则规定，月度财务报告应于月份终了后 6 天内（节假日顺延，下同）对外提供；季度中期财务报告应于季度终了后 15 天内对外提供；半年度中期财务报告应于年度中期结束后 60 天内（相当于两个连续的月份）对外提供；年度财务报告应于年度终了后 4 个月内对外提供。

（五）明晰性

财务报表提供的信息应该清楚明了，便于理解。如果会计信息晦涩难懂，使用者就无法据以作出合理判断，报表也就失去了其报送的价值。

第二节　利润表

一、利润表的作用

利润表，又称损益表，收益表，是反映企业在一定期间经营成果的会计报表，它以“收入－费用＝利润”会计等式为理论依据，以计算列示排列的财务报表，是一张动态的财务报表。利润表从整体上反映企业一定期间经营成果，具体包括营业收入、成本、费用、税金、投资净收益、营业外收支和净利润或净损失等项目。编制利润表的主要目的是将企业经营成果的信息，提供给报表用户，以供他们作为决策的依据或参考。利润表的作用主要表现为以下几个方面。

（一）可据以解释、评价和预测企业的经营成果和获利能力

经营成果通常指以营业收入、其他业务收入和非常利得扣除成本、费用、税金、非常损失等项目后的差额所表示的净利润（或净损失）的信息。经营成果是一个绝对值指标，可以反映企业财富增长的规模，经营成果的信息直接由利润表反映。获利能力是一个相对值指标，它指企业运用一定经济资源（如人

力、物力）获取经营成果的能力，这里，经济资源可以因报表用户的不同需要而有所区别，如可以是资产总额、净资产，可以是资产的耗费（成本或费用），还可以是投入的人力（如职工人数）。因此，衡量获利能力的指标包括资产收益率、净资产（税后）收益率、成本收益率以及人均实现收益等指标，而获利能力的信息除利润表外，还要借助于其他会计报表及其附注才能得到。

（二）可据以解释、评价和预测企业的偿债能力

偿债能力指企业以资产清偿债务的能力。利润表本身并不提供偿债能力的信息，然而企业的偿债能力不仅取决于资产的流动性和资本结构，也取决于获利能力。企业在个别年份获利能力不足，不一定影响偿债能力，但若一家企业长期丧失获利能力，则资产的流动性必然由好转坏，因此利润表可以间接地反映企业的偿债能力，尤其是长期偿债能力。债权人和管理部门通过分析和比较利润表的有关信息，可以间接地解释、评价和预测企业的偿债能力，揭示偿债能力的变化趋势，进而作出各种信贷决策和改进企业管理工作的决策，如维持、扩大还是收缩现有信贷规模，应提出何种信贷条件等。

（三）企业管理人员可据以作出经营决策

比较和分析利润表中各种构成要素，可知悉各项收入、成本、费用与收益之间的消长趋势。发现各方面工作中存在的问题，揭露缺点，找出差距，改善经营管理，努力增收节支，减少损失的发生，作出合理的经营决策。

（四）可据以评价和考核管理人员的绩效

比较前后期利润表上各项收入、费用、成本及收益的增减变动情况，并考查其增减变动的原因，可以较为客观地评价各职能部门、各生产经营单位的绩效，以及这些部门和人员的绩效与整个企业经营成果的关系，以便评判各部门管理人员的功过得失，及时作出采购、生产、销售、筹资和人事等方面的调整，使各项活动趋于合理。

利润表要真正地发挥上述的功能，与它所揭示的信息质量的好坏直接相关。而信息的质量则取决于企业在收入确认、费用确认以及利润表其他项目确认时所采用的方法。由于会计程序和方法的可选择性，企业可能会选用对其有利的程序和方法，从而导致收益偏高或偏低。因此，报表使用者只有与资产负债表和现金流量表结合起来分析，才能全面评估一个企业经营成果的质量。

二、利润表的编制

（一）利润表的格式和内容

目前比较通用的利润表格式主要有单步式利润表和多步式利润表两种。我国一般采用多步式利润表格式，所谓多步式利润表是指按一定的格式经过多个步骤计算出企业的利润。我国企业会计准则中规定的利润表包括四个部分，具体构成为：

第一部分反映营业利润的各项要素，即由营业收入减去营业成本、营业税金及附加、销售费用、管理费用、财务费用和资产减值损失，加上公允价值变动收益和投资收益构成。

第二部分反映利润总额（或亏损总额）的各项要素，即由营业利润加上营业外收入，减去营业外支出构成。

第三部分反映净利润（或净亏损），即利润总额（或亏损总额）减去本期所得税费用后的余额。

第四部分反映每股收益，是对公开上市的公司需要披露的信息，包括基本每股收益和稀释每股收益。

多步式利润表的具体格式见表 9—1 所示。

表 9—1 **利润表**

编制单位： 年 月 单位：元

项目	本月数	本年累计数
一、营业收入		
减：营业成本		
营业税金及附加		
销售费用		
管理费用		
财务费用		
资产减值损失		
加：公允价值变动收益（损失以“—”号填列）		
投资收益（损失以“—”号填列）		
其中：对联营企业和合营企业的投资收益		
二、营业利润（亏损以“—”号填列）		
加：营业外收入		
减：营业外支出		
其中：非流动资产处置损失		
三、利润总额（亏损总额以“—”号填列）		

续前表

项目	本月数	本年累计数
减：所得税费用		
四、净利润（净亏损以“－”号填列）		
五、每股收益：		
（一）基本每股收益		
（二）稀释每股收益		

（二）利润表的编制方法

利润表各项目的填制：

（1）“营业收入”项目，反映企业营业活动中所取得的收入总额，是构成利润的主要来源。本项目应根据“主营业务收入”和“其他业务收入”账户的发生额填列。如果该账户的借方记录有销售退回等事项，应抵消本期的销售收入，按其销售收入的净额填列。

（2）“营业成本”项目，反映企业营业活动中发生的实际成本。本项目应根据“主营业务成本”和“其他业务成本”账户的发生额填列。如果该账户的贷方记录有销售退回等事项，应抵消借方发生额，按已销产品的实际成本填列。

（3）“营业税金及附加”项目，反映企业营业活动中应负担的营业税、消费税、城市维护建设税、资源税、土地增值税和教育费附加等，但不包括增值税。本项目应根据“营业税金及附加”账户的发生额填列。

（4）“销售费用”项目，反映企业在销售商品过程中发生的包装费、广告费等费用和为销售本企业商品而专设的销售机构的职工薪酬、业务费等经营费用。本项目应根据“销售费用”账户的发生额填列。

（5）“管理费用”项目，反映企业行政管理部门为组织和管理生产经营活动而发生的各项管理性费用。本项目应根据“管理费用”账户的发生额填列。

（6）“财务费用”项目，反映企业在筹资过程中发生的各项财务性费用。本项目应根“财务费用”账户的发生额填列。

（7）“资产减值损失”项目反映企业计提各项资产减值准备所形成的损失，包括应收款项、存货、长期股权投资、持有至到期投资、固定资产、在建工程、无形资产等资产。本项目应根据“资产减值损失”账户的发生额填列。

（8）“公允价值变动收益”项目反映企业交易性金融资产、交易性金融负债，以及采用公允价值模式计量的投资性房地产、衍生工具、套期保值业务等公允价值变动形成的应计入当期损益的利得或损失。本项目应根据“公允价值变动收益”账户发生额填列，如果是损失则以“—”号填列。

(9)“投资收益”反映企业对外投资所取得的扣除投资损失后的净收益，包括交易性金融资产、持有至到期投资、可供出售金融资产和长期股权投资在持有期间和处置过程中所获得的收益。本项目应根据“投资收益”账户的发生额填列，如果为投资净损失，则本项目以“—”号填列。

(10)“营业外收入”项目和“营业外支出”项目，反映企业发生的与其生产经营无直接关系的各项收入和支出。本项目应根据“营业外收入”项目和“营业外支出”账户的发生额填列。

(11)“利润总额”项目，反映企业实现的利润总额，如为亏损，以“—”号填列。

(12)“所得税费用”项目，反映企业按规定从本期利润中扣除的所得税。本项目应根据“所得税费用”账户的发生额填列。

(13)“净利润”项目，反映企业税后净利润，如为亏损，以“—”号填列。

(14)“每股收益”为公开发行普通股以及正处于公开发行普通股公司的列报项目。基本每股收益为企业应当按照归属于普通股股东的当期净利润除以发行在外普通股的加权平均数。当企业存在稀释性潜在普通股的，应当计算稀释每股收益。潜在普通股主要包括：可转换公司债券、认股权证和股份期权等企业存在稀释性潜在普通股的，应当分别调整归属于普通股股东的当期净利润和发行在外普通股的加权平均数，并据以计算稀释每股收益。

在编制月度利润表时，表中“本年累计数”栏反映各项目自年初起至本月末止的累计实际发生数。根据上月利润表中“本年累计数”栏的数字，加上本月利润表中“本月数”栏的数字，可以得出各项本月的“本年累计数”，然后填入相应的项目内。

在编制年度利润表时，应将“本月数”栏改为“上年数”栏，填列上年全年累计实际发生数，从而与“本年累计数”栏各项目进行比较。如果上年度利润表与本年度利润表的项目名称和内容不相一致，应对上年度报表项目的名称和数字按本年度的规定进行调整，填入“上年数”栏内。12 月份利润表的“本年累计数”，就是年度利润表的“本年累计数”。

以下举例说明利润表的编制过程。

2006 年度 A 公司有关利润表账户的本年累计发生额及余额见表 9—2：

表 9—2　　**利润表账户的本年累计发生额及余额**　　单位：元

账户名称	年初余额	借方发生额	贷方发生额	年末余额
主营业务收入			6 500 000	
主营业务成本		3 900 000		
营业税金及附加		500 000		
其他业务收入			2 602 000	
其他业务成本		1 800 000		
销售费用		980 000		
管理费用		1 030 000		
财务费用		120 000		
资产减值损失		230 000		
投资收益			28 000	
营业外收入			60 000	
营业外支出		110 000		
所得税费用		200 000		

根据表 9—2 编制的利润表如表 9—3 所示：

表 9—3　　**利润表**

编制单位：　　年　月　　单位：元

项目	本年实际数	上年实际数
一、营业收入	9 102 000	
减：营业成本	5 700 000	
营业税金及附加	500 000	
销售费用	980 000	
管理费用	1 030 000	
财务费用	120 000	
资产减值损失	230 000	
加：公允价值变动收益（损失以“—”号填列）	0	
投资收益（损失以“—”号填列）	28 000	
其中：对联营企业和合营企业的投资收益		
二、营业利润（亏损以“—”号填列）	570 000	
加：营业外收入	60 000	
减：营业外支出	110 000	
其中：非流动资产处置损失	0	
三、利润总额（亏损总额以“—”号填列）	520 000	
减：所得税费用	200 000	
四、净利润（净亏损以“—”号填列	320 000	
五、每股收益：		
（一）基本每股收益		
（二）稀释每股收益		

第三节　资产负债表

一、资产负债表作用和局限性

资产负债表是反映企业某一特定日期财务状况的财务报表，它以“资产＝负债＋所有者权益”会计等式为理论依据，按照一定的分类标准和顺序，将企业一定日期的资产、负债、所有者权益项目适当排列编制而成，是一张静态财务报表。

（一）资产负债表的作用

资产负债表可以反映某一日期的资产、负债及所用者权益的总额及其结构，其作用表现在下述几个方面。

1. 有助于评价企业拥有或控制的经济资源及权益结构状况

资产负债表把企业拥有和控制的资产按经济性质、用途分类为流动资产、长期股权投资、固定资产和无形资产等，将全部经营资金分为负债和所有者权益两大类，每类中具体列示出个明细项目。因此，从资产负债表中可直观的了解到某一特定日期的资产、负债及所有者权益的总量及其构成。

2. 有助于了解和评价企业的短期偿债能力

偿债能力指企业以其资产偿付债务的能力，短期偿债能力主要体现在企业资产和负债的流动性上。除现金以外的流动资产转换成现金的时间越短，速度越快，表明流动性越强；而负债到期日越短，其流动性愈强，表明愈早要动用现金。短期债权人关注的是，企业有否足够的现金和足够的资产可及时转换成现金，以清偿短期内即将到期的债务。长期债权人及企业所有者也要评价和预测企业的短期偿债能力，短期偿债能力越低，企业越有可能破产；越没有得到投资回报的保障，越有可能收不回投资。资产负债表分门别类地列示流动资产与流动负债，本身虽未直接反映出短期偿债能力，但通过将流动资产与流动负债的比较，并借助于报表注释，可以了解、评价和预测企业的短期偿债能力。

3. 有助于了解和评价企业的长期偿债能力和资本结构

企业的长期偿债能力主要指企业以全部资产清偿全部负债的能力。一般认为资产越多，负债越少，其长期偿债能力越强，反之，若资不抵债，则企业缺乏长期偿债能力。所以，企业的长期偿债能力一方面取决于它的获利能力，另一方面取决于它的资本结构。资产负债表按资产、负债和所有者权益三大会计要素分类，列示了重要项目，可据以解释、评价和预测企业的长期偿债能力和资本结构，为管理部门和债权人信贷决策提供重要的依据。

4. 有助于了解和评价企业的经营效率

资产负债表中资产表示企业控制或拥有的经济资源，反映了不同权益的资产，与利润表结合起来，有助于评价企业的经营效率，并可以此为依据深入剖析企业效率优劣的原因，为管理部门和投资人的决策提供依据。

（二）资产负债表的局限性

尽管资产负债表具有上述重要作用，但也存在一定的局限性。资产负债表的局限性表现为：

（1）资产负债表是以原始成本计量为报告基础的，它不反映资产、负债和所有者权益的现行市场价值。因而表中信息虽有客观、可验证之优点，但账面上的原始成本与编表日的现时价值有可能已相去甚远。决策者在使用资产负债表信息时，应充分考虑资产市场价值，作为原始成本信息的补充，以提高会计信息的决策有效性。

（2）货币计量是会计的一大特点，会计信息主要是能用货币表述的信息，因此，资产负债表难免遗漏许多无法用货币计量的重要经济资源和义务的信息，如企业的人力资源、固定资产的先进程度、企业所承担的社会责任等等。此类的信息对决策均具有影响力，然而因无法数量化，或至少无法用货币计量，现行实务并不将其作为资产和负债纳入资产负债表中。

（3）资产负债表的信息包含了许多估计数。例如，备抵坏账、固定资产累计折旧和无形资产摊销，分别基于对坏账百分比、固定资产使用年限和无形资产摊销期限等因素的估计。此外，诸如预提修理费用、或有负债等均需估计。估计的数据难免主观，从而影响信息的可靠性。

二、资产负债表的编制

（一）资产负债表的格式和内容

资产负债表反映资产、负债和所有者权益构成的财务状况，其结构分为账户式和报告式。所谓账户式资产负债表，即按“T”形账户的形式设计的资产负债表，资产列在左方，负债和所有者权益列在右方，左右两方总额相等。该报告模式所反映的资产与权益的关系一目了然。所谓报告式资产负债表，就是将资产、负债及所有者权益采用垂直分列的形式报告。该报告模式便于增设栏目，多项列示数据，进行对比分析。

我国企业会计准则中规定的资产负债表的基本格式为账户式，如表9—4所示。

表9—4　　资产负债表

编制单位：　　年　月　日　　单位：元

资产	期末余额	年初余额	负债和所有者权益	期末余额	年初余额
流动资产：			流动负债：		
货币资金			短期借款		
交易性金融资产			应付票据		
应收票据			应付账款		
应收账款			预收款项		
预付款项			应付职工薪酬		
应收利息			应交税费		
应收股利			应付利息		
其他应收款			应付股利		
存货			其他应付款		
一年内到期的非流动资产			一年内到期的非流动负债		
其他流动资产			其他流动负债		
流动资产合计			流动负债合计		
非流动资产：			非流动负债：		
持有至到期投资			长期借款		
长期应收款			应付债券		
长期股权投资			长期应付款		
固定资产			预计负债		
在建工程			其他非流动负债		
工程物资			非流动负债合计		
固定资产清理			负债合计		
无形资产			所有者权益：		
开发支出			实收资本（或股本）		

续前表

资产	期末余额	年初余额	负债和所有者权益	期末余额	年初余额
商誉			资本公积		
长期待摊费用			减：库存股		
其他非流动资产			盈余公积		
非流动资产合计			未分配利润		
			所有者权益合计		
资产总计			负债和所有者权益总计		

(二) 资产负债表的编制方法

资产负债表的各项目的编制：

(1)“货币资金”项目，反映企业库存现金、银行结算户存款、外埠存款、银行汇票存款、银行本票存款、信用卡存款、信用证保证金存款等的合计数。本项目应根据“库存现金”、“银行存款”、“其他货币资金”账户期末余额的合计数填列。

(2)“交易性金融资产”项目，反映企业持有的以公允价值计量且其变动计入当期损益的，为交易目的所持有的债券投资、股票投资、基金投资、权证投资等金融资产。本项目应当根据“交易性金融资产”账户的期末余额填列。

(3)“应收票据”项目，反映企业因销售商品提供劳务等而收到的商业汇票，包括银行承兑汇票和商业承兑汇票。本项目应根据“应收票据”账户的期末余额减去“坏账准备”账户中有关应收票据计提的坏账准备期末余额后的金额填列。

(4)“应收账款”项目，反映企业因销售商品提供劳务等经营活动应收取的款项。本项目应根据“应收账款”和“预收账款”账户所属各明细账户的期末借方余额合计数，减去“坏账准备”账户中有关应收账款计提的坏账准备期末余额后的金额填列，如应收账款账户所属明细账户期末有贷方余额的应在本表预收款项项目内填列。

(5)“预付款项”项目，反映企业按照购货合同规定预付给供应单位的款项等。本项目应根据“预付账款”和“应付账款”账户所属各明细账户的期末借方余额合计数，减去“坏账准备”账户中有关预付款项计提的坏账准备期末余额后的金额填列，如预付账款账户所属各明细账户期末有贷方余额的应在资产负债表应付账款项目内填列。

(6)“应收利息”项目，反映企业应收取的债券投资等的利息。本项目应根据“应收利息”账户的期末余额减去“坏账准备”账户中有关应收利息计提的坏账准备期末余额后的金额填列。

(7)“应收股利”项目，反映企业应收取的现金股利和应收取其他单位分配的利润。本项目应根据“应收股利”账户的期末余额减去“坏账准备”账户中有关应收股利计提的坏账准备期末余额后的金额填列。

(8)“其他应收款”项目，反映企业除应收票据应收账款、预付账款、应收股利、应收利息等经营活动以外的其他各种应收暂付的款项。本项目应根据“其他应收款”账户的期末余额减去“坏账准备”账户中有关其他应收款计提的坏账准备期末余额后的金额填列。

(9)“存货”项目，反映企业期末在库、在途和在加工中的各种存货的可变现净值。本项目应根据“材料采购”、“原材料”、“低值易耗品”、“库存商品”、“委托加工物资”、“生产成本”等账户的期末余额合计数，减去“存货跌价准备”账户期末余额后的金额填列。

(10)“一年内到期的非流动资产”项目，反映企业将于一年内到期的非流动资产项目金额。本项目应根据有关账户的期末余额填列。

(11)“其他流动资产”项目，反映企业除上述流动资产以外的其他流动资产。本项目应根据有关账户的期末余额填列。

(12)“持有至到期投资”项目，反映企业投资的到期日固定、回收金额固定或可确定，且企业有明确意图和有能力持有至到期的各种债券。本项目应根据“持有至到期投资”账户的期末余额减去“持有至到期投资减值准备”账户的期末余额后的金额填列。

(13)“长期应收款”项目，反映企业的长期应收款项，包括融资租赁产生的应收款项、采用递延方式具有融资性质的销售商品和提供劳务等产生的应收款项等。本项目应根据“长期应收款”账户的期末余额填列。

(14)“长期股权投资”项目，反映企业持有的对子公司联营企业和合营企业的长期股权投资。本项目应根据“长期股权投资”账户的期末余额减去“长期股权投资减值准备”账户的期末余额后的金额填列。

(15)“固定资产”项目，反映企业各种固定资产原价减去累计折旧和累计减值准备后的净额。本项目应根据“固定资产”账户的期末余额减去“累计折旧”和“固定资产减价准备”账户期末余额后的金额填列。

(16)“在建工程”项目，反映企业期末各项未完工程的实际支出包括交付安装的设备价值、未完建筑安装工程已经耗用的材料工资和费用支出、预付出包工程的价款等的可收回金额。本项目应根据“在建工程”账户的期末余额减去“在建工程减值准备”账户期末余额后的金额填列。

(17)“工程物资”项目，反映企业尚未使用的各项工程物资的实际成本。本项目应根据“工程物资”账户的期末余额填列。

(18)“固定资产清理”项目，反映企业因出售、毁损、报废等原因转入清理，但尚未清理完毕的固定资产的净值以及固定资产清理过程中所发生的清理费用和变价收入等各项金额的差额。本项目应根据“固定资产清理”账户的期末借方余额填列，如固定资产清理账户期末为贷方余额以“—”号填列。

(19)“无形资产”项目，反映企业持有的无形资产，包括专利权、非专利技术商标权、著作权、土地使用权等。本项目应根据“无形资产”的期末余额减去“累计摊销”和“无形资产减值准备”账户期末余额后的金额填列。

(20)“开发支出”项目，反映企业开发无形资产过程中能够资本化形成无形资产成本的支出部分。本项目应当根据“研发支出”账户中所属的资本化支出明细账户期末余额填列。

(21)“商誉”项目，反映企业合并中形成的商誉价值。本项目应根据“商誉”账户的期末余额填列。

(22)“长期待摊费用”项目，反映企业已经发生但应由本期和以后各期负担的分摊期限在一年以上的各项费用，长期待摊费用中在一年内（含一年）摊销的部分在资产负债表一年内到期的非流动资产项目填列。本项目应根据“长期待摊费用”账户的期末余额减去将于一年内含一年摊销的数额后的金额填列。

(23)“其他非流动资产”项目，反映企业除长期股权投资、固定资产、在建工程、工程物资、无形资产等以外的其他非流动资产。本项目应根据有关账户的期末余额填列。

(24)“短期借款”项目，反映企业向银行或其他金融机构等借入的期限在一年以下（含一年）的各种借款。本项目应根据短期借款账户的期末余额填列。

(25)“应付票据”项目，反映企业购买材料商品和接受劳务供应等而开出承兑的商业汇票，包括银行承兑汇票和商业承兑汇票。本项目应根据“应付票据”账户的期末余额填列。

(26)“应付账款”项目，反映企业因购买材料商品和接受劳务供应等经营活动应支付的款项。本项目应根据“应付账款”和“预付账款”账户所属各明细账户的期末贷方余额合计数填列，如应付账款账户所属明细账户期末有借方余额的应在资产负债表预付款项项目内填列。

(27)“预收款项”项目，反映企业按照购货合同规定预付给供应单位的款项。本项目应根据“预收账款”和“应收账款”账户所属各明细账户的期末贷方余额合计数填列，如预收账款账户所属各明细账户期末有借方余额应在资产负债表应收账款项目内填列。

(28)“应付职工薪酬”项目，反映企业根据有关规定应付给职工的工资、职工福利、社会保险费、住房公积金、工会经费、职工教育经费、非货币性福利、辞退福利等各种薪酬，外商投资企业按规定从净利润中提取的职工奖励及福利基金也在本项目列示。本项目应根据“应付职工薪酬”账户的期末余额填列。

(29)“应交税费”项目，反映企业按照税法规定计算应交纳的各种税费，包括增值税、消费税、营业税、所得税、资源税、土地增值税、城市维护建设税、房产税、土地使用税、车船使用税、教育费附加、矿产资源补偿费等，企业代扣代交的个人所得税也通过本项目列示。企业所交纳的税金不需要预计应交数的，如印花税、耕地占用税等不在本项目列示。本项目应根据“应交税费”账户的期末贷方余额填列，如应交税费账户期末为借方余额应以“一”号填列。

(30)“应付利息”项目，反映企业按照规定应当支付的利息，包括分期付息到期还本的长期借款应支付的利息、企业发行的企业债券应支付的利息等。本项目应当根据“应付利息”账户的期末余额填列。

(31)“应付股利”项目，反映企业分配的现金股利或利润，企业分配的股票股利不通过本项目列示。本项目应根据“应付股利”账户的期末余额填列。

(32)“其他应付款”项目，反映企业除应付票据、应付账款、预收款项、应付职工薪酬、应付股利、应付利息、应交税费等经营活动以外的其他各项应付暂收的款项。本项目应根据“其他应付款”账户的期末余额填列。

(33)“一年内到期的非流动负债”项目，反映企业非流动负债中将于资产负债表日后一年内到期部分的金额，如将于一年内偿还的长期借款。本项目应根据有关账户的期末余额填列。

(34)“长期借款”项目，反映企业向银行或其他金融机构借入的期限在一年以上（不含一年）的各项借款。本项目应根据“长期借款”账户的期末余额填列。

(35)“应付债券”项目，反映企业为筹集长期资金而发行的债券本金和利息。本项目应根据“应付债券”账户的期末余额填列。

（36）“其他非流动负债”项目，反映企业除长期借款、应付债券等项目以外的其他非流动负债。本项目应根据有关账户的期末余额填列。

（37）“实收资本或股本”项目，反映企业各投资者实际投入的资本或股本总额。本项目应根据“实收资本或股本”账户的期末余额填列。

（38）“资本公积”项目反映企业资本公积的期末余额。本项目应根据“资本公积”账户的期末余额填列。

（39）“盈余公积”项目，反映企业盈余公积的期末余额。本项目应根据“盈余公积”账户的期末余额填列。

（40）“未分配利润”项目，反映企业尚未分配的利润。本项目应根据“本年利润”账户和“利润分配”账户的余额计算填列，未弥补的亏损在本项目内以“一”号填列。

资产负债表通常列示“年初数”和“期末数”，“年初数”栏内各项数字即为上年末资产负债表中的年末数，“期末数”应根据各项目有关账户或明细账户的期末余额直接填列或分别填列，年终时“期末数”即为“年末数”。下面说明资产负债表的编制，A公司2006年末各账户余额见表9—5。

表9—5　　2006年A公司各账户年末余额表　　单位：元

账户名称	借方余额	贷方余额
库存现金	12 000	
银行存款	168 000	
交易性金融资产	150 000	
应收票据	160 000	
应收账款	470 000	
坏账准备	30 000	
其他应收款	50 000	
原材料	450 000	
产成品	120 000	
低值易耗品	80 000	
长期股权投资	500 000	
固定资产	2 470 000	
累计折旧	720 000	
在建工程	0	
无形资产	120 000	

续前表

账户名称	借方余额	贷方余额
短期借款		350 000
应付票据		150 000
应付账款		230 000
其他应付款		70 000
应付职工薪酬		57 000
应交税费		15 000
应付股利		8 000
长期借款		500 000
应付债券		200 000
股本		1 000 000
资本公积		640 000
盈余公积		470 000
未分配利润		310 000

根据表 9—5 编制资产负债表，见表 9—6。

表 9—6 **资产负债表**

编制单位：A 公司 2006 年 12 月 31 日 单位：元

资产	年初数	期末数	负债和所有者权益	年初数	期末数
流动资产：			流动负债：		
货币资金	120 000	180 000	短期借款	400 000	350 000
交易性金融资产	80 000	150 000	应付票据	102 000	150 000
应收票据	20 000	160 000	应付账款	140 000	230 000
应收账款	380 000	440 000	应付职工薪酬	40 000	57 000
其他应收款	0	50 000	其他应付款	10 000	70 000
存　货	450 000	650 000	应交税费	18 000	15 000
待摊费用	0	0	应付股利	2 000	8 000
一年内到期的非流动资产	0	0			
流动资产合计	1 050 000	1 630 000			
非流动性资产			一年内到期的非流动负债	0	0
持有至到期投资	0	0			
长期股权投资	500 000	500 000			

续前表

资产	年初数	期末数	负债和所有者权益	年初数	期末数
			流动负债合计	820 000	880 000
			非流动负债：		
			长期借款	500 000	500 000
			应付债券	0	200 000
固定资产	1 100 000	1 750 000	非流动负债合计	500 000	700 000
在建工程	20 000	0	负债合计	1 320 000	1 580 000
固定资产清理	0	0			
			所有者权益：		
			股本	750 000	1 000 000
无形资产	130 000	120 000	资本公积	150 000	640 000
长期待摊费用	0	0	盈余公积	250 000	470 000
其他非流动资产	0	0	未分配利润	330 000	310 000
非流动资产合计	17 500 000	2 370 000	所有者权益合计	1 480 000	2 420 000
资产总计	2 800 000	4 000 000	负债和所有者权益	2 800 000	4 000 000

第四节　现金流量表

一、现金流量表作用

（一）现金的概念及分类

现金流量表系财务状况变动表演进而来的，是反映企业一定期间现金流转情况的会计报表，是一张“动态”会计报表。与利润表不同，现金流量表是以收付实现制为基础编制的一张报表。

现金流量表中的现金包括现金和现金等价物。现金是指企业的库存现金以及可随时用于支付的存款。现金等价物是指企业持有的期限短、流动性强、易于转换为已知金额现金、价值变动风险很小的投资，一般指在3个月内到期的国库券投资、国家重点建设债券投资、金融债券投资等。

现金流量是指企业一定时期现金流入量和流出量，我国《企业会计准则——现金流量表》将企业在一定期间产生的现金流量按照其经营业务发生的性质归为三类：

（1）经营活动产生的现金流量。经营活动是指企业投资活动和筹资活动以外的所有交易和事项，包括销售商品、提供劳务、购买货物、交纳税款等。

（2）投资活动产生的现金流量。投资活动是指企业长期资产的购建和不包括在现金等价物范围内的投资及其处置活动。包括购建固定资产、无形资产、收到投资回报的现金等。

（3）筹资活动产生的现金流量。筹资活动是指导致企业资本及债务规模和构成发生变化的活动，包括吸收投资、发行股票、分配利润等。

（二）现金流量表的作用

市场竞争的激烈，企业现金的短缺，使得报表使用者更关注企业的现金流量。我国在1998年就用现金流量表取代了财务状况变动表，并在这几年的使用过程中显示出其重要作用。

1. 有利于直接揭示企业当前的偿债能力和支付能力

现金流量表有助于评价企业当前支付股利的能力和偿还债务的能力。通过现金流量表和资产负债表，将经营现金净流量与流动负债进行比较，计算出现金流动负债比率，该指标反映出企业是否有足够的现金偿还到期债务；可将经营现金净流量净额与发行在外的普通股加权平均股数进行比较，计算出每股现金流量，该指标反映出企业支付现金股利的能力。流动资产中各项流动资产的流动性是不同的，而现金流量是收付实现制计量的结果，更客观地体现了企业的支付能力，便于投资者作出投资决策和债权人作出信贷决策。

2. 有助于预测企业未来的现金流量

现金流量表所反映的是企业过去一定期间的现金流量，通过该表可以了解经营活动产生的多少现金流量，企业对外部资金的依赖程度，了解企业现金的来源和使用是否合理，可据以预测企业未来现金流量，为投资者和债权人评价企业的未来现金流量、作出投资和信贷决策提供必要的信息资料。

3. 有助于分析、评价现金净流量和企业的收益质量

利润表中的净利润反映了企业的经营成果，是体现企业经营业绩的重要指标。但利润表是按照权责发生制原则编制的，在会计处理上包含了许多主观判断，从而有一定的局限性，若将经营活动产生的现金流量与净利润相比较，就可以从现金流量的角度了解净利润的质量，为投资者分析和判断企业的收益质

量提供依据。

4. 有助于提高会计信息的真实性

现金流量表是按照收付实现制原则编制的，而现金流量较难被企业所操纵，排除了企业对同样的交易和事项采用不同的会计处理对会计报表所产生的影响，从而提高了不同企业经营业绩报告的可比性，也在一定程度上防止企业利用会计方法来粉饰财务状况与操纵财务成果的现象，可以提高会计信息的真实性。

二、现金流量表的编制

（一）现金流量表的格式与内容

现金流量表由正表与补充资料两部分组成，按正表与附表分别表达企业现金流量的目的是为了更完整地披露现金流量信息，我国企业现金流量表的基本格式（补充资料略）见表 9—7。

表 9—7 **现金流量表**

编制单位： 年度 单位：元

项　目	金　额
一、经营活动产生的现金流量：	
销售商品、提供劳务收到的现金	
收到的税费返还	
收到的其他与经营活动有关的现金	
现金流入小计	
购买商品、接受劳务支付的现金	
支付给职工以及为职工支付的现金	
支付的各项税费	
支付的其他与经营有关的现金	
现金流出小计	
经营活动产生的现金流量净额	
二、投资活动产生的现金流量：	
收回投资所收到的现金	
取得投资收益所收到的现金	
处置固定资产、无形资产和其他长期资产所收回的现金净额	
收到的其他与投资活动有关的现金	
现金流入小计	
购建固定资产、无形资产和其他长期资产所支付的现金	

续前表

项　目	金　额
投资所支付的现金	
支付的其他与投资活动有关的现金	
现金流出小计	
投资活动产生的现金流量净额	
三、筹资活动产生的现金流量：	
吸收投资所收到的现金	
借款所收到的现金	
收到的其他与筹资活动有关的现金	
现金流入小计	
偿还债务所支付的现金	
分配股利、利润或偿付利息所支付的现金	
支付的其他与筹资活动有关的现金	
现金流出小计	
筹资活动产生的现金流量净额	
四、汇率变动对现金的影响	
五、现金及现金等价物净增加额	
加：期初现金及现金等价物金额	
六、期末现金及现金等价物余额	

现金流量表正表部分要求企业采用直接法表达经营活动的现金流量，同时揭示企业投资活动与筹资活动的现金流量。采用直接法揭示经营活动的现金流量，其主要优点是：直接表达销售收入收现、销售成本付现数等项目，通过经营活动的现金流入与流出与利润表各个具体项目的比较，使报表使用者可以据此分析企业的经营与资产质量如何。但是直接法的显著缺点是，对经济业务繁多的企业，由权责发生制转换为现金制比较麻烦。

（二）现金流量表的编制方法

以直接法为基础经营活动现金流量直接法的计算。

经营活动现金流量直接法的计算与利润表中确定本期利润（或亏损）的交易有关。它是以本期营业收入为起算点，调整与经营活动有关的非现金流动资产与流动负债的增减变动，直接列示各项收入收现数，各项费用付现数，并不需要调整利润表中的不涉及现金的收入与费用项目，以及不需要调整由投资活动或筹资活动所产生的损益项目。通过调整，将权责发生制利润转换为经营活动的现金流量。

根据表 9—2、表 9—3、表 9—5、表 9—6 分析编制现金流量表，如表 9—8（只含主体部分）所示。

表 9—8 **现金流量表**

编制单位：A 公司 2003 年度 单位：元

项　目	金　额
一、经营活动产生的现金流量：	
销售商品、提供劳务收到的现金	6 250 000
收到的税费返还	0
收到的其他与经营活动有关的现金	0
现金流入小计	6 250 000
购买商品、接受劳务支付的现金	4 044 000
支付给职工以及为职工支付的现金	996 000
支付的各项税费	780 000
支付的其他与经营有关的现金	0
现金流出小计	5 820 000
经营活动产生的现金流量净额	430 000
二、投资活动产生的现金流量：	
收回投资所收到的现金	80 000
取得投资收益所收到的现金	25 000
处置固定资产、无形资产和其他长期资产所收回的现金净额	0
收到的其他与投资活动有关的现金	0
购建固定资产、无形资产和其他长期资产所支付的现金	605 000
投资所支付的现金	150 000
现金流入小计	105 000
支付的其他与投资活动有关的现金	0
现金流出小计	755 000
投资活动产生的现金流量净额	−650 000
三、筹资活动产生的现金流量：	
吸收投资所收到的现金	400 000
借款所收到的现金	550 000
收到的其他与筹资活动有关的现金	0
现金流入小计	950 000
偿还债务所支付的现金	400 000
分配股利、利润或偿付利息所支付的现金	280 000
支付的其他与筹资活动有关的现金	0

续前表

项　目	金　额
现金流出小计	680 000
筹资活动产生的现金流量净额	120 000
四、汇率变动对现金的影响	0
五、现金及现金等价物净增加额	60 000
加：期初现金及现金等价物余额	120 000
六、期末现金及现金等价物余额	180 000

第五节　所有者权益变动表

一、所有者权益变动表的性质与作用

所有者权益变动表是一张反映企业在一定期间内构成所有者权益的各组成部分的增减变动情况的报表。它反映三个方面的内容：一是因资本业务而导致所有者权益总额发生变动的项目，即所有者投入资本和向所有者分配利润；二是所有者权益项目内部的变动，例如，提取盈余公积；三是综合收益导致的所有者权益的变动。综合收益又由两部分构成：（1）直接计入所有者权益的利得和损失；（2）净利润。该表在一定程度上体现企业综合收益的特点。

二、所有者权益变动表的编制

所有者权益变动表的格式如表 9—9 所示。本表各项目应当根据当期净利润、直接计入所有者权益的利得和损失项目、所有者投入资本和向所有者分配利润、提取盈余公积等情况分析填列。

在本表中，直接计入当期损益的利得和损失应包含在净利润中；直接计入所有者权益的利得和损失，例如，可供出售金融资产公允价值变动净额、现金流量套期工具公允价值变动净额等，应单列项目反映。

表 9—9 **所有者权益变动表**

编制单位 年 月 日 单位：元

项目	本年金额						上年金额					
	实收资本	资本公积	减:库存股	盈余公积	未分配利润	所有者权益合计	实收资本	资本公积	减:库存股	盈余公积	未分配利润	所有者权益合计
一、上年年末余额												
加:会计政策变更												
前期差错更正												
二、本年年初余额												
三、本年增减变动金额(减少以“—”号填列)												
(一)净利润												
(二)直接计入所有者权益的利得和损失												
1. 可供出售金融资产公允价值变动净额												
2. 权益法下被投资单位其他所有者权益变动的影响												
3. 与计入所有者权益项目相关的所得税影响												
4. 其他												
上述(一)和(二)小计												
(三)所有者投入和减少资本												
1. 所有者投入资本												
2. 股份支付计入所有者权益的金额												
3. 其他												
(四)利润分配												

续前表

项目	本年金额						上年金额					
	实收资本	资本公积	减:库存股	盈余公积	未分配利润	所有者权益合计	实收资本	资本公积	减:库存股	盈余公积	未分配利润	所有者权益合计
1. 提取盈余公积												
2. 对所有者(或股东)的分配												
3. 其他												
(五)所有者权益内部结转												
1. 资本公积转增资本(或股本)												
2. 盈余公积转增资本(或股本)												
3. 盈余公积弥补亏损												
4. 其他												
四、本年年末余额												

第六节　财务报表附注

一、财务报表的编制基础

企业财务报表的编制是在持续经营条件下编制并列报。但企业管理层对持续经营能力产生重大怀疑的，应当在附注中披露导致对持续经营能力产生重大怀疑的不确定因素。

当企业正式决定或被迫在当期或将在下一个会计期间进行清算或停止营业的，表明其处于非持续经营状态，应当采用其他基础编制财务报表，在附注中声明财务报表未以持续经营为基础列报，并披露未以持续经营为基础的原因以及财务报表的编制基础。

二、遵循企业会计准则的声明

企业应当明确说明编制的财务报表符合企业会计准则体系的要求，真实、完整地反映了企业的财务状况、经营成果和现金流量。

三、重要会计政策和会计估计及其变更的说明

重要会计政策，包括财务报表项目的计量基础和会计政策的确定依据等；重要会计估计，包括下一会计期间内很可能导致资产和负债账面价值重大调整的会计估计的确定依据等。企业应当披露重要的会计政策和会计估计，不重要的会计政策和会计估计可以不披露。在披露重要会计政策和会计估计时，应当披露重要会计政策的确定依据和财务报表项目的计量基础，以及会计估计中所采用的关键假设和不确定因素。

企业至少应当披露的重要会计政策包括存货、长期股权投资、固定资产、无形资产、非货币性资产交换、资产减值、职工薪酬、收入、借款费用、所得税、合并财务报表、每股收益、分部报告等。

同时当会计政策或会计估计发生变更时应披露：(1) 会计政策变更的内容和理由；(2) 会计政策变更的影响数；(3) 累积影响数不能合理确定的理由；(4) 会计估计变更的内容和理由；(5) 会计估计变更的影响数；(6) 会计估计变更不能合理确定的理由；(7) 重大会计差错的内容；(8) 重大会计差错的更正金额。

四、重要报表项目的说明

对重要报表项目的明细说明，应当按照资产负债表、利润表、现金流量表、所有者权益变动表的顺序以及报表项目列示的顺序进行披露。企业应当尽可能以列表形式披露重要报表项目的构成或当期增减变动情况，采用文字和数字描述相结合进行披露，并与报表项目相互参照。

对已在资产负债表、利润表、所有者权益变动表和现金流量表中列示的重

要项目的进一步说明，包括终止经营税后利润的金额及其构成情况等。

五、或有事项的说明

或有事项是指企业过去交易或事项形成的一种状况，其结果须通过不完全由企业控制的未来不确定事项的发生或不发生予以证实。包括：(1) 预计负债的种类、形成原因以及经济利益流出不确定性的说明。(2) 与预计负债有关的预期补偿金额和本期已确认的预期补偿金额。(3) 或有负债的种类、形成原因及经济利益流出不确定性的说明。(4) 或有负债预计产生的财务影响，以及获得补偿的可能性；无法预计的，应当说明原因。(5) 或有资产很可能会给企业带来经济利益的，其形成的原因、预计产生的财务影响等。(6) 在涉及未决诉讼、未决仲裁的情况下，披露全部或部分信息预期对企业造成重大不利影响的，披露该未决诉讼、未决仲裁的性质以及没有披露这些信息的事实和原因。

六、资产负债表日后事项的说明

企业在披露时应说明：股票和债券的发行、对一个企业的巨额损失、自然灾害导致的资产损失以及外汇汇率发生较大变动等非调整事项的内容、估计对企业的财务状况和经营成果的影响，如无法作出估计，应说明其原因。

七、关联方关系及其交易的说明

在企业存在有关联方时，企业可能会利用关联方关系操纵交易，所以应在附注中披露关联方关系及其交易。包括：

1. 母公司和子公司的名称

母公司不是该企业最终控制方的，说明最终控制方名称。母公司和最终控制方均不对外提供财务报表的，说明母公司之上与其最相近的对外提供财务报表的母公司名称。

2. 母公司和子公司的业务性质、注册地、注册资本（或实收资本、股本）及其当期发生的变化

3. 母公司对该企业或者该企业对子公司的持股比例和表决权比例

4. 企业与关联方发生关联方交易的，该关联方关系的性质、交易类型及交易要素

交易要素至少应当包括：

(1) 交易的金额；

(2) 未结算项目的金额、条款和条件，以及有关提供或取得担保的信息；

(3) 未结算应收项目的坏账准备金额；

(4) 定价政策。

5. 企业应当分别关联方以及交易类型披露关联方交易

【本章小结】

财务报表是企业对外提供财务信息的主要形式，是企业会计核算的最终结果。企业对外提供的财务报表包括利润表、资产负债表、现金流量表和报表附注等。

利润表从整体上反映企业在一定期间经营成果的信息，为报表使用者评价企业的获利能力、考核管理人员的绩效等提供的依据。资产负债表从整体上反映了企业特定日期财务状况，为报表使用者评价企业的偿债能力和资产运用效率等提供依据。现金流量表反映了企业一定期间经营活动、筹资活动和投资活动现金流转量，可揭示企业当前的偿债能力和支付能力和预测企业未来的现金流量。

财务报表附注是财务报告中不可缺少的部分，是对会计报表本身难以充分表达内容的补充说明。

【复习思考题】

1. 如何认识财务报表的分类？
2. 编制财务报表的基本要求是什么？
3. 利润表的作用是什么？如何编制利润表？

4. 资产负债表的作用和局限性有哪些？如何编制资产负债表？

5. 如何理解现金流量表中现金的概念和现金流量的分类？

6. 现金流量表的作用是什么？

7. 如何理解“净利润”与“经营活动产生的现金流量净额”？

8. 财务报表附注披露的意义是什么？

9. 某股份有限公司为工业一般纳税企业，其适用的所得税税率为33%，增值税税率为17%；销售价格中均不含应向购买者收取的增值税；库存材料采用实际成本核算。其2004年1月1日的科目余额表见表9—10。

表9—10 单位：元

科目名称	借方余额	科目名称	贷方余额
库存现金	5 600	短期借款	300 000
银行存款	480 000	应付票据	48 710
交易性金融资产	500 000	应付账款	790 000
应收票据	15 000	应付职工薪酬	99 000
应收账款	400 000	其他应付款	60 000
其他应收教	18 000	预提费用	5 000
坏账准备	—2 090	应交税费	20 000
原材料	180 000	其他应交款	6 000
包装物	30 000	长期借款	1 600 000
低值易耗品	50 000	其中：一年内到期的长期借款	1 000 000
库存商品	1 020 000	股本	4 000 000
长期股权投资	500 000	盈余公积	100 000
固定资产	1 500 000	利润分配（未分配利润）	167 800
累计折旧	—400 000		
在建工程	2 000 000		
无形资产	800 000		
递延资产	100 000		
合计	7 196 510	合计	7 196 510

该公司2004年发生如下经济业务：

（1）购入原材料一批，用银行存款支付货款300 000，其中，增值税专用发票上注明购入材料支付的增值税额为51 000元，货款已付，材料收到。

（2）购入需要安装的设备一台，价款为120 000元，包装费、运杂费2 000元，价款及包装、运杂费等均以银行存款支付。

（3）短期债券投资到期进行兑付，收到款项230 000元，该债券账面成本为200 000元，款项已存入银行。

（4）提取现金680 000元准备支付职工工资。

（5）支付工资680 000元。

（6）分配支付的职工工资，其中生产人员380 000元，车间管理人员120 000元，行政管理人员100 000元，在建工程人员80 000元。

（7）提取职工福利费，其中生产人员福利费53 200元，车间管理人员福利费16 800元，行政管理人员福利费14 000元，在建工程人员福利费11 200元。

（8）工程完工，计算应负担的借款利息110 000元。

（9）基本生产车间报废一台设备，原价280 000元，已提折旧160 000元，清理费用1 000元，残值收入2 000元，已用银行存款收支。

（10）从银行借入5年期借款500 000元，借款存入银行，该项借款用于在建工程。

（11）销售产品一批，销售价款1 800 000元，应收的增值税税额306 000元，销售产品的实际成本为1 020 000元，货款已收到并存入银行。

（12）采用分期收款方式销售产品一批，销售价款为450 000元，本年应收取全部销售价款的40%；该批产品的销售成本为300 000元。本年应收的款项尚未收到。

（13）拥有其100%股份的被投资企业本年度实际净利润1 000 000元，该被投资企业适用的所得税税率为33%。

（14）计提生产车间用固定资产年折旧，其原价为1 000 000元，从1998年12月投入使用，会计折旧年限为5年，采用直线法计提折旧，预计净残值为零。税法规定的折旧年限为2年。

（15）销售材料一批，销售价款为380 000元，增值税额为64 600元，款项已收到并存入银行，该批材料的实际成本为200 000元。

（16）计提本年销售应负担的城市维护建设税80 000元，其中产品销售应负担的城市维护建设税为60 000元。

（17）计提本年销售应负担的教育费附加4 000元，其中产品销售应负担的教育费附加3 000元。

（18）以银行存款支付违反税收规定的罚款20 000元，非公益性捐赠支出100 000元。

（19）计提应计入本期损益的短期借款利息50 000元。

(20) 归还短期借款本金 200 000 元及利息 25 000 元。

(21) 摊销无形资产 60 000 元。

(22) 收到应收账款 200000 元，款项存入银行；计提本年坏账准备 5 000 元。

(23) 用银行存款支付广告费 10 000 元，其他管理费用 150 000 元。

(24) 用银行存款交纳城市维护建设税 80 000 元、教育费附加 4 000 元。

(25) 偿还长期借款本金 1 000 000 元，偿还上年所欠贷款 390 000 元。

(26) 将各损益类科目结转到本年利润账户。

(27) 计算所得税费用和应交所得税。

(28) 按净利润的 10%提取法定盈余公积金，按净利润的 10%提取法定公益金，按净利润的 5%提取任意盈余公积金，按净利润的 30%向投资人分派现金红利。

(29) 支付投资人的现金股利。

(30) 将利润分配各明细科目的余额转入“未分配利润”科目。

要求：

(1) 编制该公司 2004 年度经济业务的会计分录。

(2) 编制该公司 2004 年的资产负债表、利润表及利润分配表。

10. 案例

上网查找一家上市公司的年度报告，回答下列问题：

(1) 总资产规模多大？哪项资产的金额最大？哪项资产的变动额最大？哪项资产的变动幅度最大？

(2) 负债及所有者权益的构成及变化？

(3) 营业收入变化趋势如何？

(4) 利润的变动趋势如何？利润的构成及构成的变动情况如何？

(5) 经营活动中产生的现金净流量与净利润的关系？

(6) 投资活动中主要的现金来源及用途？

(7) 筹资活动中主要的现金来源及用途？

(8) 根据报表附注的某项具体内容，说明它对决策的有何影响？

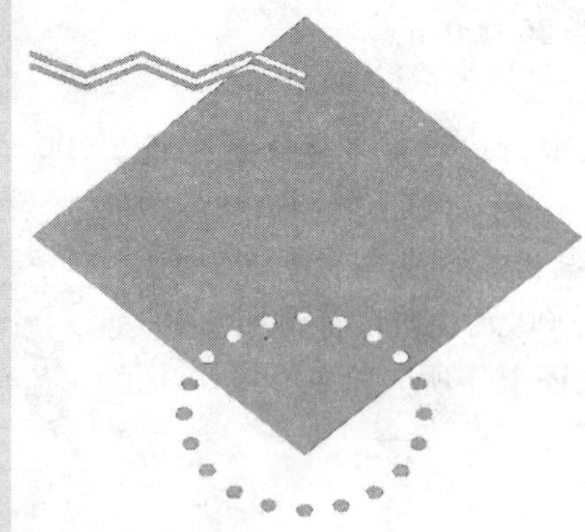

第十章 财务报表分析

【本章要点】

- 财务报表分析的目的和方法；
- 从与投资、销售和股本之间的关系分析衡量企业盈利能力的财务指标；
- 从短期和长期分析衡量企业偿债能力的财务指标；
- 从资产周转角度分析衡量企业营运能力的财务指标；
- 从企业整体分析角度介绍杜邦分析法和企业效绩评价体系。

【本章引言】

财务报表是企业经营活动的缩影，是传递会计信息的工具。但财务报表本身只能体现未经整理过的信息，分析者们应该依据不同的分析目的，应用一定分析工具和方法，从财务报表中寻求有用的信息，正确地评价和预测企业的财务状况、经营成果和现金流量，为信息使用者提供决策依据。

第一节　财务报表分析的目的和方法

财务报表分析主要是以企业的会计核算材料为基础，通过对财务报告数据进行加工整理，得出一系列科学的、系统的财务指标，以便进行比较、分析和评价。除此以外，还要以企业的一些非财务资料为依据，如市场份额情况、研究与开发状况等，同时分析者还需要搜集企业外部的一些数据，如行业数据、其他主要竞争对手的数据、宏观经济环境及金融环境等情况，以便对企业的经营和财务状况做出客观公正的评价。

一、财务报表分析的目的

为何要进行财务报表分析？不同的财务报表分析主体会有不同分析目的。

投资者、贷款提供者、供应厂商和政府宏观管理部门以及社会公众进行财务分析，主要是为投资决策、信贷决策、销售决策和宏观经济决策等提供依据。例如，投资者为初始投资决策、追加投资决策和转让投资决策而进行企业获利能力和发展能力方面的财务分析；企业的贷款提供者，如银行，为选择贷款企业，决定贷款规模、期限和利率而对企业的偿债能力、信用和风险情况进行的财务分析；企业的供应厂商为选择赊销企业，决定赊销规模、标准和条件而对企业的偿债能力、信用和风险情况进行的财务分析。

投资者、企业客户和政府财务会计监督部门以及社会公众进行财务分析，主要是为企业经营管理业绩评价、监督和选择经营管理者提供依据。例如，投资者为任免企业经营管理者和评价企业经营管理业绩而进行的企业发展能力和财务趋势以及财务总体方面的财务分析；企业的客户为选择供应厂商，社会公众作为消费者选购产品而对企业的发展能力和财务趋势方面进行的财务分析。

二、财务报表分析的主体和标准

(一) 财务报表分析的主体

所谓财务分析的主体是指与企业存在一定的现时或潜在的经济利益关系，为特定的目的对企业进行财务分析的单位、团体和个人。一般而言，与企业有着经济利益的方方面面都会成为企业财务报表的用户，他们并且站在各自的立场，为了各自的目的，对企业的财务状况、经营成果及现金流量进行分析和评价。这些用户均构成财务分析的主体，包括企业所有者、企业贷款人、管理者、供应商和客户、政府部门、职工、潜在投资人等。

1. 企业所有者

按照现代企业理论，股东或业主是企业的所有者，拥有企业净资产的所有权，他们与企业经营者之间是委托代理关系。由于现代企业所有权与经营权的分离，作为委托代理关系的委托人，一方面有权要求企业提供有关财务信息，了解企业财务状况、经营成果及现金流量，对其投资风险和投资回报作出估计和判断，为投资决策提供依据；另一方面委托人需要选择优秀的经营管理者从事企业的经营活动，只有通过财务信息对企业经营者受托责任履行情况进行分析评价，才能为选择经营管理者提供依据。因此，企业所有者是最重要的主体，他们对企业的投资回报及投资风险最为关注。另外对于上市公司的股东而言，他们还关心公司股票的市场价值，关心其在二级市场上的投资收益和风险。

2. 企业贷款人

企业贷款人包括向企业提供信贷资金的银行、公司及债券持有者等。作为企业信贷资金的提供者，贷款人不得不对自己的贷款风险进行判断和评估，而企业的财务报表恰恰能够帮助贷款人判断企业的偿债能力，因此贷款人需要对企业的信用和风险情况及其偿债能力进行分析。

3. 经营管理者

按照现代企业委托代理理论，企业经营管理者受托代理企业的经营管理业务，对股东投入的资本负有保值增值的责任。他们负责企业的日常经营活动，必须确保企业支付给股东与风险相适应的收益，及时偿还各种到期债务，并使企业的各种经济资源得到有效利用。因此经营管理者对企业财务状况的各个方面均感兴趣。

4. 供应商和客户

供应商是企业原材料等资源的提供者，在现代企业契约关系中，供应商是企业的经济利益关系人。在赊购业务过程中，企业与供应商形成商业信用关系，他们必须判断受信企业的信用状况、风险情况及偿债能力，因此供应商和贷款人类似，他们对企业的信用和风险情况及其偿债能力尤为关注。

企业商品的消费者是客户，也是企业的经济利益关系人。企业在为客户提供商品和劳务时，同时承担着商品质量担保的义务。客户关心的是企业的连续提供商品或劳务的能力，希望通过财务信息了解企业销售能力和企业发展能力。

5. 政府部门

政府与企业的关系表现在多种形式上。政府一方面可以通过持有股权对企业行使全部或部分的业主权益，此时政府是以所有者身份看待财务信息，关心的是资本的保值和增值；另一方面政府对几乎所有企业实行程度不同的管制权，此时政府是以社会管理者的身份利用企业财务报表，吸取对其宏观经济管理、制定宏观经济政策有用的信息。因此应该说政府部门关心企业各方面的财务信息。

6. 职工

企业的职工通常与企业存在着长久、持续的关系。他们关心工作岗位的稳定性、工作环境的安全性及取得报酬的持续性和增长性。因此他们关注企业的盈利能力及发展前景。

7. 潜在投资者

潜在投资者的投资目的尽管千差万别，但都是出于投资收益和资源的有效利用的考虑，因此为了对自己的未来投资收益率作出合理的判断和评估，理所当然地会关注未来投资对象的财务状况和经营成果。

（二）财务分析的标准

财务分析标准是财务分析过程中据以评价分析对象的基准。任何事物都必须有比较才有鉴别，才能分出优劣。财务分析的过程实质上是采用特定的方法进行比较的过程，而比较的基准就是财务分析标准。

按照分类对象的不同，财务分析标准有不同的分类方式，按照标准的制定级别，有国家制定标准、企业制定标准及社会公认标准；按照分析比较依据，有目标标准、行业标准、历史标准等；按照分析者的不同，有内部分析者使用标准和外部分析者使用标准。下面按目标标准、行业标准、历史标准具体分析如下：

（1）目标标准。它是根据企业内部或外部有关背景资料，企业发展规划的要求，所确定的企业预期应达到最佳或理想标准，如计划标准、定额标准等。企业可以将实际发生数据与目标标准对比，了解和分析其差异，进而分析产生差异的原因，为财务管理决策提供依据。目标标准一般为内部分析者进行内部考核时运用。

（2）行业标准。它是指同行业在一定时期内的平均水平，是根据行业的有关资料通过统计的方法测算出来的。企业可以将本企业的实际数据与行业标准对比，了解与行业水平的差异，判断企业在行业水平中的优劣等级，判断企业在行业中所处的地位，为管理者决策提供依据。同时，也制定企业的目标标准提供参考。

（3）历史标准。它是以本企业的最佳状况或最近一期的状况作为比较基准。由于各企业的实际情况千差万别，企业的财务状况和经营成果必然受到各种因素的影响，用发展的眼光看待企业，将其实际数据与企业历史最高水平或上期水平进行对比，以判断企业的发展状况。

上述分析标准的实质是从不同的侧面形成比较的参照物，在实际财务分析中，分析者可以根据分析的目的，选择恰当的分析标准。如果是分析企业的预算执行情况，则使用目标标准；如果对企业的发展趋势进行分析，则使用历史标准；如果外部分析者对企业进行独立分析，则应使用行业标准。在实际财务分析时，分析标准的选择是比较灵活的，有时只选择一种标准，有时是几种标准并用，以对企业的财务状况和经营成果进行全方位评价。

三、财务报表分析方法

（一）比较分析法

比较分析法是将企业某项目财务指标的变化进行对比，计算出财务指标变动值的大小，是财务分析中最常用的方法，也是其他分析方法运用的基础。比较分析法最主要的特点是区分相比较指标之间的差异，包括差异大小、差异方向和差异性质。通过比较分析，可了解财务指标存在的差距，结合其他分析方法的运用，寻找差异产生的原因，为决策提供依据。按比较对象的不同，比较分析法有以下两种比较方式。

1. 绝对数的比较分析

绝对数的比较是将某指标的实际数与标的值进行比较，通常包括：(1) 与计划（或目标、定额）相比较，了解实际完成计划、定额的情况；(2) 与前期相比较了解分析指标的发展趋势；(3) 与历史最高水平相比较，了解本期与历史最高水平的差距；(4) 与国内外同行业先进水平相比较，了解本企业与国内外同行业先进水平的差距；(5) 与主要竞争对手的比较，了解本企业与竞争对手的差距。

2. 百分率的比较分析

绝对数的比较分析反映出增减变化的绝对额，但无法消除规模的影响，可通过计算百分率解决问题。百分率的计算分为完成百分率和增减百分率，其计算公式为：

$$\text{完成百分率}=\frac{\text{指标的实际值}}{\text{指标的标的值}}\times 100\%$$

$$\text{增减百分率}=\frac{\text{指标的实际值}-\text{指标的标的值}}{\text{指标的标的值}}\times 100\%$$

在运用比较分析法时，应注意指标的相关性，分析的指标在性质上是同类，能够说明经济业务的内在联系。还应注意指标的可比性。具体表现在：首先计算口径一致，即相比较的财务指标所包括的内容、范围是一致的；其次时间长度一致，即相比较的财务指标应当是相同时间段、相同时间长度的结果；最后计算方法一致，即相比较财务指标的影响因素一致。

（二）比率分析法

比率分析法是指在同一报表的不同项目之间，或在不同报表的有关项目之间进行对比，从而计算出各种不同经济含义的比率，据以评价企业财务状况和经营成果的一种方法。运用比率分析法进行指标对比的结果是相对数，具体对比的方法有下述几种。

1. 结构比率分析

通过个体指标与总体指标的对比，计算出个体指标占总体指标的比重，分析构成项目的变化，掌握经济活动的特点及变化趋势。

2. 相关比率分析

这是指不同的但又相互联系的指标之间的对比，计算出另一经济含义的指标。分析时应确定不同指标之间客观上所存在的相互关系，如企业的净利润与所有者权益的对比，计算出所有者权益收益率；负债总额与资产总额的对比，计算出资产负债率。

运用比率分析法来评价企业的财务状况和经营成果十分有效，分析者可以从复杂的经济信息中超脱出来，关注企业财务方面的相互关系上，因此在实践中广为应用。比率分析法从出现至今，经历了一个不断发展和完善的过程，由最初仅为债权人分析企业短期偿债能力，发展到今天全方位、多视角的财务指标体系的形成，显示出比率分析法在财务分析中的重要地位。

（三）趋势分析法

趋势分析法是通过比较企业连续数期的会计报表，运用动态数值表现各个时期的变化，揭示其发展趋势与规律的分析方法。企业的经济现象是复杂的，受多方面因素变化的影响，如果只从某一时期或某一时点很难看清它的发展趋势和规律，因此必须把连续数期的数据按时期或时点的先后顺序整理为数列，并计算它的发展速度、增长速度、平均发展速度和平均增长速度，用发展的思路分析问题。

发展速度是全部数列中个比较期与基期水平之比，反映各个比较期的数值为基期的百分比，从而考察总时期内各个时期的变动情况和发展速度。发展速度指标按比较标准的时期不同，分为定基发展速度和环比发展速度，其计算公式如下：

$$\text{定基发展速度}=\frac{\text{分析期某指标数值}}{\text{固定基期某指标数值}}$$

$$\text{环比发展速度}=\frac{\text{分析期某指标数值}}{\text{前期某指标数值}}$$

趋势分析法常用于财务报表的横向比较和纵向比较。横向比较是将连续财务报表各个项目绝对数在不同时间上比较。横向比较是将连续财务报表各个项目绝对数在不同时间上比较，以观察各项目的变化趋势；纵向比较是将连续财务报表各个项目换算成百分比的形式，分析各项目在不同时期所占比重的变化情况。

（四）因素分析法

因素分析法，又称连环替代法，是指在分析某一因素变化时，假定其他因素不变，分别测定各个因素变化对分析指标的影响程度的计算方法。因素分析法的基本特点是：在有两个以上因素存在着相互联系的制约关系时（具体表现为构成经济指标各因素之间存在相乘或相除的关系），对于一个经济指标发生变化，为了确定各个因素的影响程度，首先要以基期指标为基础，把各个因素基期数按照一定顺序依次地以实际数来代替，每次代替一个就得出一个新结果。在按顺序代替第一因素时，要假定其他因素不变，即保持基期水平。依次逐个代替其他因素时，以已代替过的因素的实际数为基础，其余尚未代替的因素，仍保持基期水平。这样，将其他因素包括已代替过的和未代替过的都保持相同，才可以计算这一被代替的影响。如此代替下去，有几个因素就代替几次，最后一次代替指标就是实际指标。将每次代替后的指标与该因素未代替前的指标相比，两者的差异就是某一因素的影响程度。将各因素的影响数值相加，应等于实际指标与基期指标之间的总差异。

具体推算如下：

设某一经济指标为 N，N 由 A、B、C 三个因素的乘积所构成，则

实际指标 $N_1=A_1\times B_1\times C_1$　　　基期指标 $N_0=A_0\times B_0\times C_0$

实际与基期的差异 $D=N_1-N_0$

测算各因素变化对 N_1-N_0 的影响：

A 变化对 N_1-N_0 的影响为 D_A：

$$D_A=A_1B_0C_0-A_0B_0C_0=(A_1-A_0)B_0C_0$$

B 变化对 N_1-N_0 的影响为 D_B：

$$D_B=A_1B_1C_0-A_1B_0C_0=(B_1-B_0)A_1C_0$$

C 变化对 N_1-N_0 的影响为 D_C：

$$D_C=A_1B_1C_1-A_1B_1C_0=(C_1-C_0)A_1B_1$$

最终，$D=D_A+D_B+D_C$

需要指出的是，运用因素分析法时，应该区别数量因素和质量因素，先替代数量因素，后替代质量因素，否则计算的个体差异即 D_A、D_B、D_C 是不一致的，但并不影响 $D=D_A+D_B+D_C$ 的计算结果，方法的运用仍然有效。运用因素分析法的关键是建立经济指标与各因素之间的关系，只有乘积关系的数学表达式运用因素分析法才有意义，如果是代数和形式的数学表达式，则应通过引入指标将其转化为乘积形式的数学表达式，再用因素分析法进行分析。

第二节　企业盈利能力分析

盈利能力分析是企业财务分析的重点，因为盈利能力是企业各环节经营活动的具体表现，企业经营的好坏，都会通过盈利能力表现出来。通过对盈利能

力的深入分析，可以发现经营管理中的重大问题，进而采取措施加以解决，提高企业收益水平。无论是企业管理人员、债权人还是股东（投资人），都非常关心企业的盈利能力并重视对利润率及其变动趋势的分析与预测。

一、与投资有关的盈利能力分析

企业收入的取得是以企业一定的原始投资为基础的。一般说来，企业的投资额大，收入相对就多，利润的绝对数也就多；反之，企业的投资额少，收入相对就少，利润的绝对数也较少。所以，一个企业所获利润的多少，是与企业的投资紧密相关的。要正确考核企业的盈利能力，就必须计算企业的投资报酬率指标。

投资报酬率指标一般包括总资产报酬率和净资产收益率。

（一）总资产报酬率

总资产报酬率是指企业息税前利润与平均总资产的比率，用于衡量企业运用全部资产获利的能力。其计算公式为：

$$总资产报酬率=\frac{利润总额+利息支出}{平均资产总额}\times 100\%$$

根据表9—3、表9—6计算如下：

$$总资产报酬率=\frac{520\ 000+120\ 000}{(2\ 800\ 000+4\ 000\ 000)/2}\times 100\%=18.82\%$$

有关总资产报酬率的分析如下：

(1) 总资产报酬率表示企业全部资产获取收益的水平，全面反映了企业的获利能力和投入产出状况。该指标越高，表明企业投入产出的水平越好，企业的资产运营效果越有效。

(2) 一般情况下，企业可据此指标与市场利率进行比较，如果该指标大于市场利率，则表明企业具有有效财务杠杆的效应，可进行适度的负债经营，以获取债务避税和股东收益的增加。

(3) 评价总资产报酬率时，仅用一期的比率是不够的，需要与前期的比率、与同行业其他企业这一比率进行比较评价。同时，为了进一步对企业的总资产报酬率进行分析，也可以对总资产报酬率进行因素分析。

（二）净资产收益率

净资产收益率是指企业一定时期内的净利润与平均净资产的比率。该指标充分体现了投资者投入企业的自有资本获取净收益的能力，突出反映了股东投资与报酬的关系，其计算公式为：

$$净资产收益率=\frac{净利润}{平均净资产}\times 100\%$$

根据表 9—3、表 9—6、表 9—8 计算如下：

$$净资产收益率=\frac{320\ 000}{(1\ 480\ 000+2\ 420\ 000)/2}\times 100\%=16.41\%$$

有关净资产收益率的分析如下：

(1) 净资产收益率是评价企业自有资产及其积累获取报酬水平的最具综合性与代表性的指标，它反映了企业资产运营的综合效益。该指标通用性强，适应范围广，不受行业局限。在我国上市公司业绩综合排序中，该指标居于首位。

(2) 一般认为，企业净资产收益率越高，企业自有资本获取收益的能力越强，运营效益越好，对企业投资人、债权人的保证程度越高。

(3) 该指标具有很强的综合性，是杜邦分析体系中的核心指标。

二、与销售有关的盈利能力分析

在企业利润的形成中，营业利润是主要的来源，而其中更重要的原因，则是取决于产品销售利润的增长幅度。产品销售利润的高低，直接反映了企业生产经营状况和经济效益好坏，因此对企业销售的获利能力的分析是企业获利能力分析的重点。

(一) 销售(营业)利润率

销售（营业）利润率是指企业一定时期销售（营业）利润同销售（营业）收入净额的比率。它表明企业每单位销售（营业）收入能带来多少销售（营业）利润，反映了企业主营业务的获利能力，是评价企业销售盈利能力的主要指标。其计算公式为：

$$营业利润率=\frac{营业利润}{营业收入金额}\times 100\%$$

根据表 9—3 计算如下：

$$营业利润率=\frac{570\ 000}{9\ 102\ 000}\times 100\%=6.26\%$$

有关营业利润率的分析如下：

（1）营业利润率是从企业经营的盈利能力和获利水平方面对资本金收益率指标的进一步补充，体现了企业营业利润对利润总额的贡献，以及对企业全部收益的影响程度。

（2）该指标体现了企业经营活动最基本的获利能力，没有足够大的营业利润率就无法形成企业的最终利润，为此，结合企业的营业收入进行营业成本分析，能够充分反映出企业成本控制、费用管理、产品营销、经营策略等方面的不足与成绩。

（3）该指标越高，说明产品附加值高，营销策略得当，主营业务市场竞争力强，发展潜力大，获利水平高。

（二）营业净利率

营业净利率是指净利润与营业收入净额的百分比，其计算公式为：

$$营业净利率=\frac{净利润}{营业收入净额}\times 100\%$$

根据表 9—3 计算如下：

$$营业净利率=\frac{320\ 000}{9\ 102\ 000}\times 100\%=3.52\%$$

有关营业净利率分析如下：

（1）营业净利率反映每一元销售收入带来的净利润的多少，表示营业收入的收益水平。从营业净利率的指标关系看，净利额与营业净利率成正比关系。而营业收入额与营业净利率成反比关系。企业在增加营业收入额的同时，必须相应地获得更多的净利润，才能使营业净利率保持不变或有所提高。通过分析营业净利率的升降变动，可以促使企业在扩大销售的同时，注意改进经营管理，提高盈利水平。

（2）营业净利率可分解成为营业毛利率、营业税金率、营业成本率、营业期间费用率等。

（三）营业毛利率

营业毛利率是指毛利占营业收入的百分比，其中毛利是营业收入与营业成本的差。其计算公式为：

$$营业毛利率=\frac{营业收入-营业成本}{营业收入}\times 100\%$$

根据表 9—3 计算如下：

$$营业毛利率=\frac{9\ 102\ 000-5\ 700\ 000}{9\ 102\ 000}\times 100\%=37.38\%$$

有关营业毛利率的分析如下：

（1）该指标表示每一元销售收入扣除营业成本后，有多少钱可以用于各项期间费用和形成盈利。营业毛利率是企业营业净利率的最初基础，没有足够大的毛利率便不能盈利。

（2）通常说来，毛利率随行业的不同而高低各异，但同一行业的毛利率一般相差不大。与同期企业的平均毛利率相比较，可以揭示企业在定价政策、产品或生产成本控制方面存在的问题。

三、与股本有关的盈利能力分析

股本获利能力的高低对于股东来讲不仅关系到其目前的收益水平高低，而且对其所持股票的未来股价也产生较大影响。此外，股本获利能力的高低对于上市公司而言也关系到其财务状况是否稳定，发展前景是否良好等一系列问题。通常用一些财务比率指标来反映股本的获利能力。

（一）每股收益

每股收益是指净利润扣除应发放的优先股股利后的余额与发行在外的普通股的平均股数之比。其计算公式为：

$$\text{每股收益}=\frac{\text{净利润}-\text{优先股股利}}{\text{发行在外的普通股加权平均数}}$$

根据表9—3、表9—6计算如下：

$$\text{每股收益}=\frac{320\ 000}{(750\ 000+1\ 000\ 000)/2}=0.365\ 7(\text{元})$$

有关每股收益指标的分析如下：

（1）每股收益是衡量上市公司盈利能力最重要的财务指标，它反映普通股的获利水平。从收益的绝对值方面来分析公司的盈利水平往往是不准确的。

（2）对于普通股股东来说，每股收益总是越高越好。因为股票投资者投资于股票，其收益有两个来源：一是分得的股利，二是股票涨价收入。而后者又与前者密切相关。股利水平越高，则股票价格必然上涨，相应地投资者从股票价格的上涨中获得的收入就越多。而股利的多少和股票价格的高低在很大程度上取决于每股收益的多少。每股收益越多，可用于分配给股东的每股盈利也就越多，而每股股利越多，则投资者从每股中取得的收益也就越多，这样股票价格就会随之上涨，而股东的收益也就越多。反之，每股盈余越少，用以分配给股东的每股股利也就越少，股票价格上涨缓慢甚至有时候还会下降，投资者收益就会减少，甚至发生损失。

(3) 对于公司的股东而言，通过每股收益不仅可以评价股本获利能力，同时还可以来衡量普通股票的投资价值。首先，公司股东可比较上市公司前后数年的每股收益，如每股收益逐年增加，表示公司的获利能力在不断提高，说明公司股票成长性较好，股价可能会不断上升；反之，则公司股票成长性下降，股价可能会下断下降；其次，公司股东可将上市公司的每股盈余，与同行业其他上市的每股收益相比较，如该公司每股收益高，则表示其获利能力比其他公司好，应该继续持有该公司股票。最后，公司股东可将上市公司的每股收益与股票市场上的平均市盈率相乘，即是该公司股票的合理价值。以该价值与该股票的交易价格相比，如比股票的交易价格低，则应把该股票卖出；反之，则应把这种股票买进。

(二) 每股股利

每股股利是指股利总额与期末普通股股份总数之比。其计算公式为：

$$每股股利=\frac{现金股利}{年末普通股股份总数}$$

式中，股利总额是指用于分配普通股现金股利的总额。

有关每股股利的分析如下：

(1) 每股股利反映的是上市公司每一普通股获取股利的大小。每股股利越大，则公司股本获利能力就越强。每股收益只是从账面上反映了股本获利能力的高低，每股股利则从股利发放的角度直接反映了股东获取股利的多少，因此它更能直观地说明股本获利能力的高低。

(2) 影响上市公司每股股利发放多少的因素，主要取决于上市公司的获利能力。通常上市公司的获利能力强，则每股股利的发放也会较多。此外，公司的股利发放政策也是影响每股股利发放多少的重要因素。如果公司为了今后的扩大再生产，现在多留公积金，以增强公司发展的后劲，则当前的每股股利必然减少；反之，则当前的每股股利会增加。

(三) 每股经营现金流量

每股经营现金流量是指普通股每股与经营活动中产生的现金净流量的比率，其计算公式为：

$$每股经营现金流量=\frac{经营活动产生的现金净流量}{期末普通股股数}$$

根据表 9—3、表 9—6 计算如下：

$$每股经营现金流量=\frac{430\ 000}{1\ 000\ 000}=0.43（元）$$

有关每股经营现金流量指标分析如下：

（1）每股经营现金流量成为每股收益指标的重要补充，反映每股产生的经营现金流量，从短期来看，每股现金流量也比每股收益更能显示公司从事营运、资本性支出及支付股利的能力。该指标越大，表明公司每股获得经营现金能力越强，对企业发展越有利。

（2）经营活动现金流量是企业最为重要指标之一。经营活动的现金量大小，反映公司自身获得现金的能力，是公司获得资金持续来源的主要途径。一般而言，公司经营活动产生的净现金流量应为正数，而且经营活动的现金流量占全部现金流量的比重越大，表明公司的财务状况越稳定。

（3）盈利是公司生存和发展的基础，而现金则是公司日常经营中的“血液”。基于会计体系对利润的计量是按权责发生制进行的，因此利润存在相当的弹性操作空间，而现金流量则是按收付实现制为基础确定，相当明确，更具有客观性，可以检验公司利润的质量。

（四）市盈率

市盈率是指普通股每股市价与每股收益的比率。其计算公式为：

$$市盈率=\frac{普通股每股市价}{普通股每股收益}$$

有关市盈率指标的分析如下：

（1）市盈率反映股票持有者对每元净利润所愿支付的价格，可以用来估计股票的投资报酬和风险。一般而言，市盈率越高，表明市场对公司的未来越看好。在市价确定的情况下，每股收益越高，市盈率越低，投资风险越小，反之亦然。在每股收益确定的情况下，市价越高，市盈率越高，风险越大；反之亦然。仅从市盈率高低的横向比较看，高市盈率说明公司能获得社会信赖，具有良好发展前景；反之亦然。

（2）该指标不能用于不同行业公司的比较。因为市盈率高低要受净利润的影响，而净利润受可选择的会计政策的影响，从而使得公司间的比较受到限制。一般而言，充满扩展机会的新兴行业市盈率普通较高，而成熟工业的市盈率普遍较低。由于一般的期望报酬率为 5%～10%，所以正常的市盈率为 10 倍～20 倍。

第三节　企业偿债能力分析

企业的偿债能力是指企业偿还各种到期债务的能力。偿债能力的高低，是任何与企业有关联的人所关心的重要问题之一。对债权人而言，企业的偿债能力高低关系到其债权是否能及时收回，利息是否能按期取得。对投资者而言，如果企业的偿债能力欠佳，就会使企业的资金因主要用于偿债而影响企业正常的生产经营活动，使企业盈利受到影响，从而最终影响到投资者的利益。对企业而言，一旦偿债能力大幅度下降，甚至出现资不抵债的地步，就有可能导致企业破产。

偿债能力分析包括短期偿债能力分析和长期偿债能力分析。

一、短期偿债能力分析

（一）流动比率

流动比率是企业一定时期流动资产同流动负债的比率。流动比率衡量企业短期债务偿还能力，评价企业偿债能力的强弱。其计算公式为：

$$流动比率=\frac{流动资产}{流动负债}\times100\%$$

根据表 9—6 计算如下：

$$流动比率=\frac{1\ 630\ 000}{880\ 000}\times100\%=185.23\%$$

有关流动比率指标的分析如下：

（1）流动比率衡量企业资金流动性的大小，充分考虑流动资产规模与流动负债规模之间的关系，判断企业短期债务到期前，可以转化为现金用于偿还流动负债的能力。

（2）从债权人角度来看，该指标越高，说明债权越有保障，企业的短期偿债能力越强。因为该指标越高，表明企业流动资产流转得越快，偿还流动负债的能力越强。但是，对于企业经营者来说，流动比率并不是越高越好。因为过高的流动比率使流动资产在全部资产中的比重上升，而流动资产，特别是变现能力最强的资产如现金、银行存款、有价证券等，是盈利能力最低的资产，这部分资产的上升意味着企业获利能力的下降。因此从企业的角度来看，该指标应控制在一个合理的范围内，既要保证偿债能力，同时又要资产的获利能力。国际上公认标准比率为 200%，这是因为处在流动资产中变现能力最差的存货金额，约占流动资产总额的一半，剩下的流动性较大的流动资产至少要等于流动负债，企业的短期偿债能力才会有保证。

(3) 一般而言，如果行业生产周期较长，则材料、产成品等存货量必然加大，应收账款的周期速度较慢，则企业的流动比率就会相应提高；如果行业生产周期较短，其存货量必然减少，应收账款的周转速度也加快，则企业的流动比率可以相对降低。在实际操作时，应将该指标与行业的平均水平进行分析比较。如果一个企业的流动比率等于或高于该行业平均的或正常的水平，则说明其短期偿债能力较强，反之则较弱。

（二）速动比率

速动比率是企业一定时期的速动资产同流动负债的比率。速动比率衡量企业的短期偿债能力，评价企业流动资产变现能力的强弱。其计算公式为：

$$速动比率=\frac{速动资产}{流动负债}\times 100\%$$

式中，速动资产是指扣除存货后流动资产的数额，速动资产＝流动资产－存货。

根据表 9—6 计算如下：

$$速动比率=\frac{1\ 630\ 000-650\ 000}{880\ 000}\times 100\%=111.36\%$$

有关速动比率指标的分析如下：

(1) 速动资产是指几乎可以立即用来偿付流动负债的那些资产，包括货币资金、交易性金融资产、应收票据等。计算速动资产之所以要剔除存货，是因为存货是流动资产中变现速度最慢的资产，而且存货在销售时受到市场价格的影响，使其变现价值带有很大的不确定性，在市场萧条或产品不对路的情况下又可能成为滞销货而无法转换为现金。当企业流动比率较高时，如果流动资产中存货占较大比重，则其可立即用来支付债务的资产减少，其偿债能力也是较差的。反之，即使流动比率较低，但流动资产中的大部分都可以在较短时间内转化为现金，其偿债能力也很强。因此，以速动资产来评价企业的短期偿债能力，消除了变现能力最差的存货的影响，可以部分地弥补流动比率指标存在的缺陷，用其来评价的短期偿债能力可能更准确一些。

（2）与流动比率相似，对该指标进行分析时要从不同的角度来分析，从债权人角度来看，速动比率越高，表明企业偿还流动负债的能力越强；从企业经营者角度来看，由于既要考虑速动资产的偿债能力，又要考虑速动资产的获利能力，因此他们并不愿意维持一个过高的速动比率。国际上一般认为保持在100%的水平比较好。这表明企业既有良好的债务偿还能力，又有合理的流动资产结构，我国目前较好的比率在90%左右。

（3）由于行业间的关系，速动比率合理水平值的差异较大。例如，商品零售业，由于大量都是现金销售，几乎没有应收账款，大大低于100%的速动比率是很正常的。因此在实际运用中，应结合行业特点分析判断。

（三）现金流动负债比率

现金流动负债比率是企业一定时期的经营现金净流入同流动负债的比率。现金流动负债比率是从现金流动角度来反映企业当期偿付短期负债的能力。其计算公式为：

$$现金流动负债比率=\frac{年经营现金净流入}{年末流动负债}\times 100\%$$

根据表9—6、表9—8计算如下：

$$现金流动负债比率=\frac{430\ 000}{880\ 000}\times 100\%=48.86\%$$

有关现金流动负债比率指标分析如下：

（1）现金流动负债比率是从现金流入和流出的动态角度对企业实际偿债能力进行再次修正。

（2）由于有利润的年份不一定有足够的现金来偿还债务，所以利用以收付实现制为基础的现金流动负债比率指标，充分体现企业经营活动所产生的现金净流入可以在很大程度上保证当期流动负债的偿还，直观地反映出企业偿还流动负债的实际能力。从债权人的角度来看，它比流动比率、速动比率更真实、更准确地反映了企业短期偿债能力。

（3）该指标越大，表明企业经营活动产生的现金净流入越多，能够保障企业按时偿还到期债务。

二、长期偿债能力分析

（一）资产负债率

资产负债率是指企业一定时期负债总额同资产总额的比率。资产负债率表示企业总资产中有多少是通过负债筹资的，该指标是评价企业负债水平的综合指标。其计算公式为：

$$资产负债率=\frac{负债总额}{资产总额}\times 100\%$$

根据表 9—6 计算如下：

$$资产负债率=\frac{1\ 580\ 000}{4\ 000\ 000}\times 100\%=39.5\%$$

有关资产负债率指标分析如下：

（1）资产负债率是衡量企业负债水平及风险程度的重要判断标准。该指标不论对企业投资人还是企业债权人都十分重要。从投资者角度看，由于企业通过举债筹措的资金与所有者提供的资金在经营中发挥同样的作用，所以所有者关心的是总资产报酬率是否超过借入款项的利率，如果前者大于后者，则所有者所得到的利润就会加大。相反，则对所有者不利，因为借入资本的多余利息要用所有者所得的利润份额来弥补。因此，从所有者的立场看，在总资产报酬率高于借款利息率时，负债比例越大越好，否则反之。从债权人的立场看，他们最关心的是贷给企业的款项的安全程度，也就是能否按期收回本金和利息。如果所有者提供的资本与企业资本总额相比，只占很小的比例，则企业的风险将主要由债权人负担，这对债权人来讲是不利的。因此，他们希望债务比例越低越好，企业偿债有保证，贷款不会有太大的风险。此外，对于企业而言，资产负债率应适度，既要体现企业利用债权人提供资金进行经营活动的能力，又要确保债权人所提供资金的安全性，具有较强的偿债能力。

（2）资产负债率是国际公认的衡量企业负债偿还能力和经营风险的重要指标，比较保守的经验判断一般为不高于 50%，国际上一般公认 60%比较好。不同行业中企业的资产负债率各不相同。

（3）在企业管理实践中，难以简单用资产负债率的高或低来判断负债状况的优劣。因为资产负债率过高表明企业财务风险太大，而过低的资产负债率则表明企业对财务扛杆利用不够。企业究竟应该确定怎样的一个负债比率，取决于企业管理者对企业资产报酬率的预测状况，以及未来财务风险的承受能力，将二者作权衡后，才能作出正确的决策。

（二）已获利息倍数

已获利息倍数是企业一定时期息税前利润与利息支出的比值。已获利息倍数反映了企业偿付债务利息的能力。其计算公式为：

$$已获利息倍数=\frac{息税前利润}{利息支出}$$

式中息税前利润是指企业当年实现的利润总额与利息支出的合计数，息税前利润＝利润总额＋实际利息支出。理论上利息支出不仅包括财务费用中的利息费用，还应包括计入固定资产成本的资本化利息。由于我国现行利润表“利息费用”没有单列，而是混在“财务费用”之中，因此外部报表使用者可用“利润总额＋财务费用”来估计。

根据表 9—3、表 9—6 计算如下：

$$已获利息倍数=\frac{520\ 000+120\ 000}{120\ 000}=5.33（倍）$$

有关已获利息倍数指标的分析如下：

(1) 已获利息倍数指标反映了当期企业经营收益是所需支付的债务利息的多少倍，从偿债资金来源角度考察企业债务利息的偿还能力。该指标越高，表明企业的债务偿还越有保证；相反，则表明企业没有足够的资金来源偿还债务利息，企业偿债能力低下。对于企业而言，往往需要选择计算企业连续几个会计年度已获利息倍数，这是因为企业在好年景和坏年景一样都需要偿付利息，某个年度利润很高，已获利息倍数也会很高，但不能年年如此，所以从稳健性角度出发应通常选择连续 5 年中最低的已获利息倍数比率作为最基本的偿付利息能力指标。

(2) 因企业所处的行业不同，已获利息倍数有不同的标准界限，国际上公认的已获利息倍数为 3。一般情况下，该指标若大于 1，则表明企业负债经营能够赚取比资金成本更高的利润，但这仅表明企业能维持经营，还远远不够；若小于 1，则表明企业无力赚取大于资金成本的利润，企业债务风险很大。

第四节　企业营运能力分析

一、应收账款周转率分析

应收账款周转率又叫应收账款周转次数，是指企业一定时期内营业收入净额与平均应收账款余额的比率，它表明年度内应收账款转为现金的平均次数，说明应收账款流动的速度。用时间表示的周转速度是应收账款周转天数，也叫平均应收账款回收期或平均收现期，它表示企业从取得应收账款的权利到收回款项、转换为现金所需要的时间。其计算公式为：

$$应收账款周转率(次)=\frac{营业收入金额}{平均应收账款余额}$$

$$应收账款周转天数=\frac{360}{应收账款周转率}$$

式中“平均应收账款”是指未扣除坏账准备的应收账款金额，它是资产负债表中“期初应收账款余额”与“期末应收账款余额”的平均数。尽管从理论上用“赊销金额”来代替“营业收入”计算更为合理些（因为现金销售与应收账款无关），但是，不仅财务报表的外部使用人无法取得该数据，而且财务报表的内部使用人也未必能很容易地取得该数据。因此，在会计实务中多采用“营业收入”来计算应收账款周转率。事实上，只要保持历史的一贯性，这种近似计算一般不影响对该指标的分析和利用。

根据表 9—3、表 9—6 计算如下：

$$应收账款周转率(次)=\frac{9\ 102\ 000}{(380\ 000+440\ 000)/2}=22.2(次)$$

$$应收账款周转天数=\frac{360}{22.2}=16.22(天)$$

有关应收账款周转率的分析如下：

(1) 一般而言，应收账款周转率越高，平均收款期越短，说明企业的应收账款回收得越快，企业资产流动性增强，企业短期清偿能力也强；同时提高这一比率也降低了坏账发生的可能性，为企业安全收款提供保障；反之，则企业的营运资金过多的呆滞在应收账款上，会严重影响企业资金的正常周转。但是如果这一比率过高，可能是由于企业的信用政策、付款条件过于苛刻所致，这样会限制企业销售量的扩大，从而影响企业的盈利水平。

(2) 在某些特殊情况下会影响该指标计算的正确性，这些因素包括：1) 由于企业生产经营的季节性原因，使应收账款周转率不能正确反映公司销售的实际情况；2) 企业在产品销售中大量采用分期付款的方式；3) 大量地使用现金结算的销售；4) 企业年末大量销售或年末销售大幅度下降。这些因素都会对该指标计算结果产生较大的影响。财务报表的使用人可以将计算出的指标与该企业前期指标，与行业平均水平或其他类似企业的指标相比较，判断该指标的高低。

二、存货周转率分析

存货周转率是企业一定时期营业成本与平均存货的比率。它是衡量和评价企业购入存货、投入生产、销售收回等各环节管理状况的综合性指标。其计算公式为：

$$存货周转率(次)=\frac{营业成本}{平均存货}$$

$$存货周转天数=\frac{360}{存货周转率}$$

式中，营业成本是指企业销售产品、商品或提供劳务等经营业务的实际成本；存货是指企业在生产经营过程中为销售或用于储备的材料。平均存货是存货年初数与年末数的平均值，即平均存货=(存货年初数+存货年末数)/2。

根据表 9—3、表 9—6 计算如下：

$$存货周转率(次)=\frac{5\ 700\ 000}{(450\ 000+650\ 000)/2}=10.36(次)$$

$$存货周转天数=\frac{360}{10.36}=34.75\ (天)$$

有关存货周转率的分析如下：

(1) 一般来讲，存货周转速度越快，存货的占用水平越低，流动性越强，存货转换为现金或应收账款的速度越快。提高存货周转率可以提高企业的变现能力，而存货周转率慢则变现能力越差，但是存货周转率过高，也可能说明企业管理方面存在其他方面的一些问题，如存货水平太低，甚至经常缺货，或者采购次数过于频繁，批量太小等。因此合理的存货周转率重视产业特征、市场行情及企业自身特点而定。

(2) 由于对发出存货的计价处理存在着不同的会计方法，如先进先出法、后进先出法、加权平均法等，因此与其他企业进行比较时，应考虑到会计处理方法不同而产生的影响。

三、流动资产周转率分析

流动资产周转率是指企业一定时期营业收入金额同平均流动资产总额的比值。流动资产周转率是评价企业资产利用效率的主要指标。其计算公式为：

$$流动资产周转率(次)=\frac{营业收入金额}{平均流动资产总额}$$

$$流动资产周转天数=\frac{360}{流动资产周转率}$$

式中，营业收入金额同前；平均流动资产总额是指企业流动资产总额的年初数与年末数的平均值，平均流动资产总额=(流动资产年初数+流动资产年末数)/2。

根据表 9—3、表 9—6 计算如下：

$$流动资产周转率(次)=\frac{9\ 102\ 000}{(1\ 050\ 000+1\ 630\ 000)/2}=6.79(次)$$

$$流动资产周转天数=\frac{360}{6.79}=53.02(天)$$

有关流动资产周转率指标分析如下：

(1) 流动资产周转率反映了企业流动资产的周转速度，是从企业全部资产中流动性最强的流动资产角度对企业资产的利用效率进行分析，以进一步揭示影响企业资产质量的主要因素。

(2) 该指标将营业收入金额与企业资产中最具活力的流动资产相比较，既能反映企业一定时期流动资产的周转速度和使用效率，又能进一步体现每单位流动资产实现价值补偿的高与低，以及补偿速度的快与慢。

(3) 一般情况下，该指标越高，表明企业流动资产周转速度越快，利用越好。在较快的周转速度下，流动资产会相对节约，其意义相当于流动资产投入的扩大，在某种程度上增强了企业的盈利能力；而周转速度慢，则需补充流动资金参加周转，形成资金浪费，降低企业盈利能力。

(4) 要实现该指标的良性变动，应以销售（营业）收入增幅高于流动资产增幅作保证。在企业内部，通过对该指标的分析对比，一方面可以促进企业加强内部管理，充分有效地利用其流动资产，如降低成本、调动暂时闲置的货币资金用于短期投资创造收益等；另一方面也可以促进企业采取措施扩大销售，提高流动资产的综合使用效率。

第五节　企业财务的综合分析

所谓财务的综合分析就是将各项财务指标作为一个整体，系统、全面、综合地对企业财务状况和经营情况进行剖析、解释和评价，说明企业整体财务状况和效益的好坏。这是财务分析的最终目的。显然，要达到这样一个分析目的，只测算几个简单的、孤立的财务比率，或者将一些孤立的财务分析指标堆积在一起，彼此毫无联系地考察，是不可能得出合理、正确的综合性结论的，有时甚至会得出错误的结论。因此，只有将企业偿债能力、营运能力、盈利能力及发展趋势等各项分析指标有机地联系起来，作为一套完整的体系，相互配合使用，才能对企业的财务状况做出系统的综合评价。

一、杜邦分析体系

企业的各项财务活动、各项财务指标是相互联系着的，并且相互影响，这便要求财务分析人员将企业财务活动看作一个大系统，对系统内相互依存、相互作用的各种因素进行综合分析。杜邦分析体系就是将若干个用以评价企业经营效率和财务状况的比率按其内在联系有机地结合起来，形成一个完整的指标体系，并最终通过净资产收益率来作综合反映。采用这一分析体系，可使财务比率分析的层次更加清晰、调理更加突出，为报表使用者全面了解企业经营和盈利状况提供方便。

杜邦分析体系是采用“杜邦图”（见图10—1），将有关指标按内在联系排列而成，其核心指标为净资产收益率。该体系中主要体现了以下一些关系：

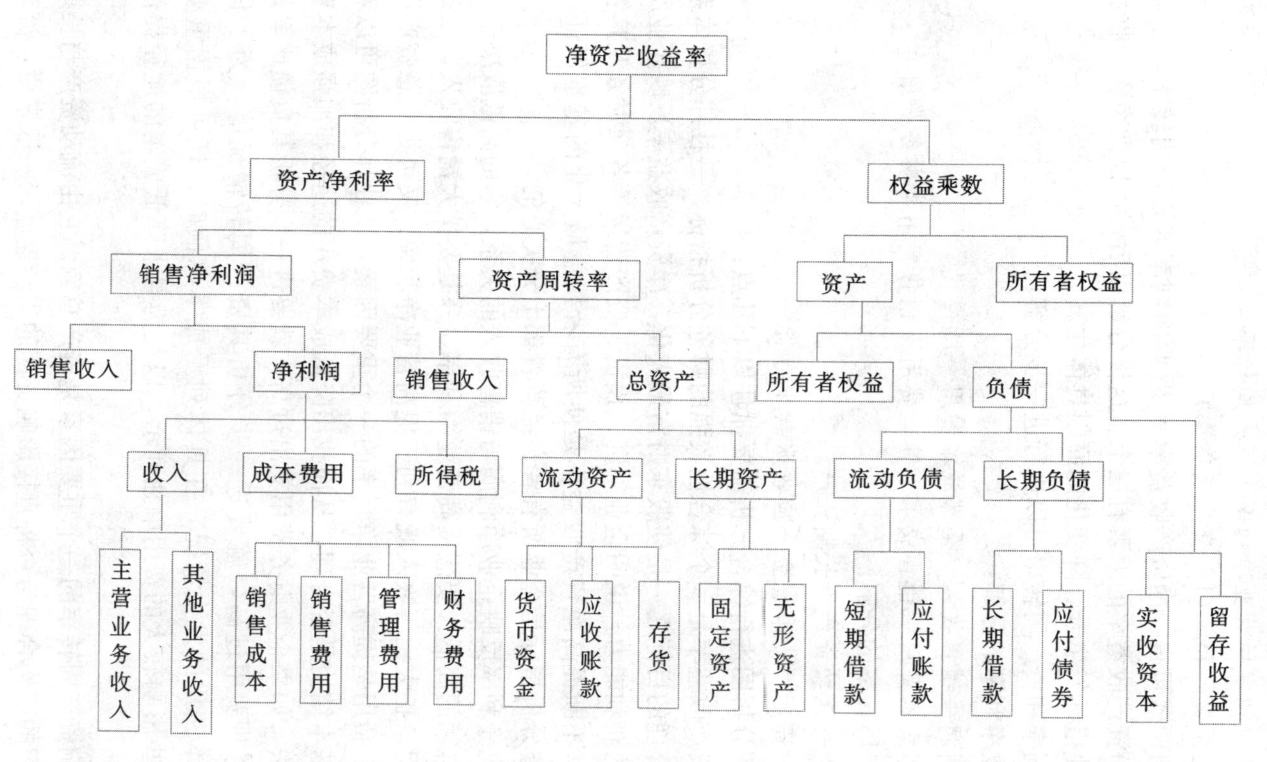

图 10—1　杜邦分析体系

净资产收益率
资产净利率
权益乘数
销售净利润
资产周转率
资产
所有者权益
销售收入
净利润
销售收入
总资产
所有者权益
负债
收入
成本费用
所得税
流动资产
长期资产
流动负债
长期负债
主营业务收入
其他业务收入
销售成本
销售费用
管理费用
财务费用
货币资金
应收账款
存货
固定资产
无形资产
短期借款
应付账款
长期借款
应付债券
实收资本
留存收益

净资产收益率＝资产净利率×权益乘数

资产净利率＝营业净利率×资产周转率

权益乘数＝1÷（1－资产负债率）

由以上前两式可得：净资产收益率＝ 营业净利率×资产周转率×权益乘数，即决定净资产收益率的因素有三个。这样分解以后，可以把净资产收益率这一项综合性指标发生升、降变化的原因具体化。

营业净利率和资产周转率可以进行进一步分解：

一是营业净利率的分解：

净利润＝销售收入－全部成本费用－所得税

全部成本费用＝销售成本＋管理费用＋销售费用＋财务费用

二是资产周转率的分解：

资产＝流动资产＋长期资产

流动资产＝货币资金＋应收账款＋存货

利用杜邦分析图进行综合分析需要抓住以下几点：

（1）净资产收益率是一个综合性较强的财务分析指标，是杜邦分析体系的核心。财务管理的目标之一是使股东财富最大化，净资产收益率反映企业所有者投入资本的获利能力，说明企业筹资、投资、资产营运等各项财务及其管理活动的效率，不断提高净资产收益率是使所有者权益最大化的基本保证。所以，这一财务分析指标是企业所有者、经营者都十分关心的。

（2）营业净利率反映企业净利润与销售收入的关系，它的高低取决于销售收入与成本总额的高低。要想提高营业净利率，一是要扩大销售收入，二是要降低成本费用。扩大销售收入既有利于提高营业净利率，又可提高总资产周转率。降低成本费用是提高营业净利率的一个重要因素，从杜邦分析图可以看出成本费用的基本结构是否合理，从而找出降低成本费用的途径和加强成本费用的控制的办法。如果企业财务费用支出过高，就要进一步分析其负债比率是否过高；如果管理费用过高，就要进一步分析其资产周转情况等。为了详细了解企业成本费用的发生情况，在具体列示成本总额时，还可根据重要性原则，将那些影响较大的费用单独列示，以便为寻求降低成本的途径提供依据。

（3）影响资产周转率的一个重要因素是资产总额。它由流动资产与长期资产组成。它们的结构合理与否将直接影响资产的周转速度。一般来说，流动资产直接体现企业的偿债能力和变现能力，而长期资产则体现了企业的经营规模、发展潜力。两者之间有一个合理的比例关系。如果发现某项资产比重过大，影响资金周转，就应深入分析原因，例如企业持有的货币资金超过业务需要，就会影响企业的盈利能力；如果企业占有过多的存货和应收账款，则既会影响获利能力，又会影响偿债能力。因此，还应进一步分析各项资产的占用数额和周转速度。

（4）权益乘数主要是受资产负债率指标的影响。负债比率越大，权益乘数就越高，说明企业的负债程度比较高，给企业带来了较多的杠杆利益，同时，也带来了较多的风险。对权益乘数的分析要联系销售收入，分析企业的资产使用是否合理，联系权益结构分析企业的偿债能力。在资产总额不变的条件下，适当开展负债经营，可以减少所有者权益所占的份额，从而达到提高所有者净资产收益率的目的。

二、企业效绩评价体系

1999 年财政部、国家经贸委、人事部和国家计委联合发布了《国有资本金效绩评价规则》。制定该规则的目的是“完善国有资本金监管制度，科学解析和真实反映企业资产运营效果和财务效益状况”。根据《国有资木金效绩评价规则》，2002 年 2 月财政部、国家经贸委、中共中央企业工作委员会、劳动和社会保障部、国家发展计划委员会等联合发布《企业效绩评价操作细则（修订）》。企业效绩评价是指运用科学、规范的评价方法，对企业一定经营期间的财务效益、资产运营、偿债能力、发展能力等状况，进行定量及定性对比分析的综合评价方法。企业效绩评价，主要是政府为主体的评价行为，由政府有关部门组织，并委托社会中介机构实施。评价的对象是国有及国家控股企业。除政府外的其他评价主体，在对其投资对象进行评价时，也可参照本办法进行。

企业效绩评价指标体系实行百分制，指标权数采取专家意见法——特尔菲法确定，该体系共有 28 个指标，其中计量指标权重为 80%，有 8 个基本指标和 12 个修正指标，非计量指标（评议指标）权重为 20%，有 8 个指标。具体见表 10—1。

表 10—1　　企业效绩评价指标体系

定量指标（权重 80%）			定性指标（权重 20%）
指标类别（100 分）	基本指标（100 分）	修正指标（100 分）	评议指标（100 分）
财务效益状况（38 分）	净资产收益率（25） 总资产报酬率（13）	资本保值增值率（12） 主营业务利润率（8） 盈余现金保障倍数（8） 成本费用利润率（10）	经营者基本素质（18） 产品市场占有能力（16） （服务满意度） 基础管理水平（12） 发展创新能力（14） 经营发展战略（12） 在岗员工素质（10） 技术装备更新水平（10） （服务硬环境） 综合社会贡献（8）
资产运营状况（18 分）	总资产周转率（9） 流动资产周转率（9）	存货周转率（5） 应收账款周转率（5） 不良资产比率（8）	
偿债能力状况（20 分）	资产负债率（12） 已获利息倍数（8）	现金流动负债比率(10) 速动比率（10）	
发展能力状况（24 分）	销售增长率（12） 资本积累率（12）	三年资本平均增长率(9) 三年销售平均增长率(8) 技术投入比率（7）	

基本指标反映企业的基本情况，是对企业效绩的初步评价。基本指标评价的参照水平即标准值由财政部定期颁布，分为五档。不同行业、不同规模的企业有不同的标准值（标准值由财政部统计评价司定期颁布）。基本指标有较强的概括性，但是不够全面。为了更全面地评价企业效绩，另外设置了 4 类 12 项修正指标，根据修正指标的高低计算修正系数，用得出的系数去修正基本指标得分。然后通过评议指标的计算最后得出综合得分，借以评价企业的效绩状况。

【本章小结】

本章以财务报表分析基本理论为基础，根据不同的财务报表的分析主体，运用比率分析法论述衡量企业盈利能力、偿债能力和营运能力的一系列财务指标。同时，从企业整体出发，运用杜邦分析法和我国目前正在推广应用的企业效绩评价方法，进行财务的综合分析与评价。

盈利能力的高低直接关系到企业的未来发展，衡量盈利能力指标主要包括总资产报酬率、净资产收益率、销售利润率、每股收益、每股股利等。

偿债能力的高低影响到企业的生存，衡量偿债能力指标分主要包括流动比率、速动比率、现金流动负债比率、资产负债率、已获利息倍数等。

营运能力反映企业资产的周转能力，主要包括应收账款周转率、存货周转率、流动资产周转率财务指标。

企业财务的综合分析是将各项财务指标作为一个整体，系统、全面、综合地对企业财务状况和经营情况进行剖析、解释和评价，说明企业整体财务状况和效益的好坏。

【复习思考题】

1. 财务报表分析的基本方法有哪些？
2. 作为投资者，应该如何进行财务报表的分析？
3. 作为债权人，应该如何进行财务报表的分析？
4. 反映盈利能力的指标有哪些？如何计算？
5. 反映偿债能力的指标有哪些？如何计算？
6. 反映营运能力的指标有哪些？如何计算？
7. 什么是杜邦分析体系？
8. 什么是企业效绩评价体系？
9. 某公司 2002 年资产负债表和利润表如表 10—2，表 10—3：

资产负债表

表 10—2 2003 年 12 月 31 日 单位：千元

资产	年初数	年末数	负债及所有者权益	年初数	年末数
货币资金	1 250	1 500	流动负债	2 976	2 100
应收账款净额	796	995	长期负债	2 000	3 000
存货	869	928	实收资本	3 500	3 500
固定资产净值	6 500	7 000	盈余公积	800	1 400
无形资产	85	77	未分配利润	224	500
资产合计	9 500	10 500	负债及所有者权益合计	9 500	10 500

利润表

表 10—3 2003 年度 单位：千元

项目	本年实际数	上年实际数
产品销售收入	12 400	9 800
产品销售利润	4 333	3 420
其他业务利润	350	400
管理费用	1 355	1 200
财务费用	620	550
营业利润	2 713	2 070
利润总额	2 800	2 200
净利润	1 876	1 474

要求计算 2002 年下列财务指标：(1) 速动比率；(2) 资产负债率；(3) 利息保障倍数；(4) 应收账款周转率；(5) 营业净利率。

10. 公司年末资产负债表如表 10—4，该公司的年末产权比率为 0.7；以销售额和年末存货计算的存货周转率 14 次；以销售成本和年末存货计算的存货周转率为 10 次；本年销售毛利额为40 000元。

表 10—4 **A 公司资产负债表** 单位：元

资产	金额	负债及所有者权益	金额
货币资金	5 000	应付账款	10 000
应收账款净额	?	应交税费	7 500
存货	?	长期负债	?
固定资产净额	50 000	实收资本	60 000
		未分配利润	?
合计	85 000	总计	?

要求：利用资产负债表中已有数据和以上资料计算表中空缺的项目金额。

11. 填写表 10—5 中各单项经济业务对各项指标的影响。用“+”表示增加的影响，用“－”表示减少的影响，用“+－”表示有影响，但不能确定是增加还是减少，用“0”表示无影响。

表 10—5

项目	流动比率	负债比率	利息保障倍数
用银行存款购买固定资产			
用银行存款偿还短期借款			
融资租赁固定资产			

续前表

项目	流动比率	负债比率	利息保障倍数
赊购原材料			
收到被投资方分配的现金股利			
收到投资人追加投入资本			
债权人发生债务重组损失			

12. 某公司的全部流动资产为 3 423 万元，流动比率为 1.63。该公司刚完成下列两项经济业务：(1) 从银行借入短期借款 800 万元；(2) 以现金 100 万元购买一项专利技术。要求计算每项经济业务完成后的流动比率。

13. 某公司年末会计报表上部分数据为：流动负债 60 万元，流动比率 2，速动比率为 1.2，销售成本 100 万元，年初存货为 52 万元，计算当年存货周转次数，存货周转天数。

14. A 公司有关数据和财务比率如表 10—6 所示。

表 10—6

项目	2002 年	2003 年
资产负债率	40%	50%
资产总额	7 000	8 000
销售收入	12 000	14 400
净利润	1 200	1 500

要求：计算 2003 年 A 公司净资产收益率，并按杜邦分析体系确定销售净利率、资产周转率和权益乘数对净资产收益率的影响程度。

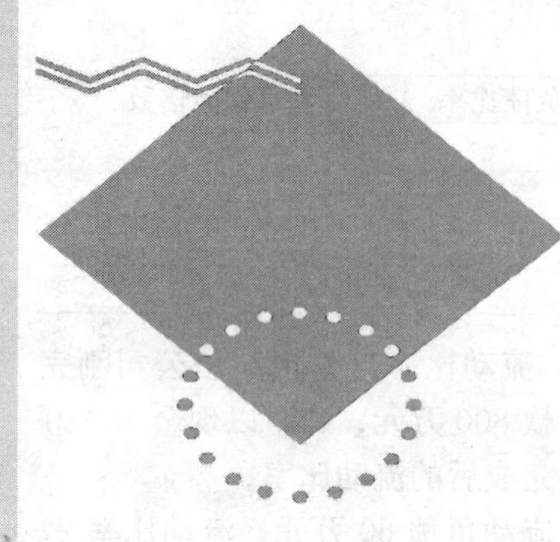

参考文献

[1] [美] Robert N. Anthony. 会计学 . 北京：北京大学出版社，1999

[2] [美] 罗伯特・F・麦格斯 . 会计学 . 北京：机械工业出版社，2004

[3] 葛家澍，余绪缨 . 会计学 . 北京：高等教育出版社，2001

[4] 财政部注册会计师考试委员会办公室 . 会计 . 北京：中国财政经济出版社，2003

[5] 谢获宝，李淑平，郭均英 . 会计学 . 武汉：武汉大学出版社，2003

[6] 纪寿乐等 . 会计学教程 . 北京：立信会计出版社，2001

[7] 马卫寰等 . 基础会计 . 成都：西南财经大学出版社，2002

[8] 徐武 . 基础会计 . 北京：中国审计出版社，2000

[9] 王俊生 . 基础会计学 . 北京：中国财政经济出版社，1997

[10] 刘岳兰 . 会计学 . 北京：机械工业出版社，2001

[11] 管一民 . 基础会计 . 上海：上海财经大学出版社，2000

[12] 宫兆辉等 . 会计学基础 . 北京：经济科学出版社，2003

[13] 卢雁影 . 财务分析 . 武汉：武汉大学出版社，2002

图书在版编目(CIP)数据

会计学(第二版)/卢雁影,常树春主编
北京:中国人民大学出版社,2007.5
21世纪高等继续教育精品教材
ISBN 978-7-300-05610-4

Ⅰ.会…
Ⅱ.①卢…②常…
Ⅲ.会计学-高等学校-教材
Ⅳ.F230

中国版本图书馆CIP数据核字(2007)第068276号

21世纪高等继续教育精品教材
会计学(第二版)
主编　卢雁影　常树春

出版发行	中国人民大学出版社		
社　址	北京中关村大街31号	**邮政编码**	100080
电　话	010－62511242(总编室)		010－62511398(质管部)
	010－82501766(邮购部)		010－62514148(门市部)
	010－62515195(发行公司)		010－62515275(盗版举报)
网　址	http://www.crup.com.cn		
	http://www.ttrnet.com(人大教研网)		
经　销	新华书店		
印　刷	北京密兴印刷厂	**版　次**	2004年6月第1版
规　格	170 mm×228 mm　16开本		2007年5月第2版
印　张	23.75 插页1	**印　次**	2011年10月第4次印刷
字　数	409 000	**定　价**	30.00元
